부산의 도시혁신을 위한 거버넌스 구축과 과제

부/산/의
도시혁신과
거버넌스

부산의 도시혁신을 위한 거버넌스 구축과 과제

부/산/의 도시혁신과 거버넌스

신라대학교 부산학연구센터 편

권승, 김인, 김창수, 김홍수, 문유석, 박수홍, 박재욱,
우양호, 정승진, 조윤식, 차재권, 최성두, 최우용, 허용훈

KSi 한국학술정보㈜

이 책은 신라대 부산학연구센터가 2006년도 11월에 '부산의 도시혁신을 위한 거버넌스 구축과 과제'라는 주제로 개최한 학술심포지엄에서 발표한 논문들을 수정 보완하여 정리한 결과물이다.

신라대 부산학연구센터는 2002년 개소 이래 매년 연례 학술심포지엄을 개최하여 부산학과 관련된 기획주제의 논의를 통해 부산학의 지속적 발전을 위해 노력하고 있다. 구체적으로 2002년 '지역학으로서의 부산학', 2003년 '부산의 구조변동과 정체성', 2004년 '21세기 동북아 해양거점도시의 발전과 전망', 그리고 2005년에는 '사상구 개청 10주년의 성과와 과제'라는 대주제로 심포지엄을 개최한 바 있다.

21세기는 국가 간 경쟁뿐만 아니라 도시 간 경쟁의 시대이기도 하다. 국내외로부터 파생되는 도시의 생존 위협을 극복하기 위해서는 중앙으로부터의 지역분권화, 도시의 국제경쟁력 강화, 그리고 지역 내 자원의 합리적 이용에 의한 내발적 발전 등 모든 부문에 있어 도시발전의 선진화 전략이 절실히 요구되고 있다.

이러한 선진화 전략의 일환으로서 제시되는 도시혁신 전략은 주지하다시피 지역의 성장 잠재력을 개발하고 혁신역량을 결집시키는 것을 목적으로 하는 지역개발의 새로운 패러다임이다. 도시혁신 전략의 성패는 전략의 지속성·타당성, 중앙 및 지방정부의 효과적인 지원책, 그리고 민관협력 및 파트너십의 효율성에 달려 있다고 볼 수 있으며, 특히 민관파트너십을 핵심으로 하는 거버넌스의 구축은 실천적으로 매우 중요한 과제로 제기되고 있다.

여기서 도시혁신 전략을 달성함에 있어 필수적인 '도시 거버넌스'(urban governance) 구축의 의미는 행정기관, 기업, 시민집단 간의 '관계'에 근거하여 공사 간의 구분 없이 협력과 참여라는 파트너십(partnership)을 통하여 도시의 공공문제를 해결해 나가는 방식을 지칭한다. 따라서 기존 제도의 변형적 차원을 넘어서는 제도창안적인 혁신적인 사고가 무엇보다 중요하다.

본 기획은 이러한 민관협력을 통한 도시 거버넌스 구축방안을 단순한 이론적 논의 차원에서 벗어나, 실사구시적 입장에서 주요 세부과제로 나누어 구체적이고 실천적인 정책과제와 프로그램을 논의하고 제시함으로써 부산지역발전에 일조하려는 목적으로 추진되었다. 본서에 기고하신 필자들은 법학, 사회복지학, 행정학, 정치학, 경제학, 관광학, 교육학 등 분야에서 부산지역에서 가장 전문적인 권위를 지니고 있는 분들로서, 본서는 단지 부산지역발전을 위한 거버넌스뿐만 아니라 학제 간 거버넌스라는 의미에서도 향후 지역발전을 위한 바람직한 거버넌스의 밑거름이 될 것으로 믿어 의심치 않는다. 본서의 내용을 개략적으로 살펴보면 다음과 같다.

먼저 제1편 "시정혁신 거버넌스"에서 최우용 교수의 "지방분권과

시민참여: 그 이상과 법학적 한계"는 지방분권과 시민참여에 관한 조금은 생소한 주제를 법학적인 관점에서 접근한 글이다. 급변하는 분권과 참여민주주의 시대에 법학은 과연 어떤 역할과 기능을 수행하였던가? 라는 질문에 답하기 위해 이 글은 지방분권과 시민참여를 모토로 한 참여정부에서의 법학의 기능과 현실을 반성하면서 행정법적인 측면에서의 법학과 시민사회의 조화로운 발전을 위한 하나의 방안을, 시민사회의 역할을 중심으로 모색하고자 한다. 특히 지방분권 시대의 시민사회의 역할과 기능을 법학적인 측면에서 살펴보고 분권 거버넌스의 가능성을 모색하기 위함이다. 주요내용으로는, 법학과 거버넌스의 문제, 참여정부와 시민사회의 관련성을 한국 시민사회의 뿌리와 개략을 통하여 고찰하고, 분권 거버넌스를 반영한 우리 지방자치법상의 과제 및 시민참가와 법학적 사고의 관련성에 대해서 논한다. 마지막으로는 분권 거버넌스의 주체가 될 시민사회의 주역인 '시민'이란 무엇인가라고 하는 문제를 묻고 있다. 시민이란 자유와 평등이라고 하는 덕성을 갖춘 자발적 인간형, 따라서 시민자치를 가능하게 하는 덕성을 갖춘 인간형이라고 말할 수 있다. 그것은 '계급규정'과는 다른 차원의 '인간형'의 문제이다. 이 시민적 인간형에 대해서는 현실적으로 존재하고 있지 않는 이상적인 이론이라는 비판이 성립한다. 그렇지만 시민적 인간형은 이상(理想) 개념이 아니라 규범 개념이다. 민주정치 그리고 헌법이라고 하는 제도 이미지 자체도 또한, 이 시민적 인간형을 전제로 하지 않고는 성립할 수 없는 규범 개념에 지나지 않는다. 분권 거버넌스의 성공도 이 '시민'상을 우리가 어떻게 형성하고 정립할 것인가에 달려 있다 하겠다.

권승 교수는 "로컬 복지 거버넌스의 현주소와 개선전략: 부산광역시 지역사회복지협의체 구성을 중심으로"라는 논문에서 2003년 개정 사회복지사업법에 근거하여 전국 234개 지자체에 구성하도록 되어 있는 지역사회복지협의체와 관련하여 협의체 구성을 위한 준비단 구성 여부, 협의체 구성방식, 실무협의체 구성 여부, 분야별 참여위원 비율, 공동위원장 여부, 상근 민간유급간사 유무, 협의체 회의 개최 횟수 및 협의체 운영 예산액 등 총 8개 영역의 다양한 제 측면들에 관해 16개 시·도별 또는 부산시 16개 구·군별 비교를 시도하였다. 이러한 비교분석을 통해, 부산광역시의 복지 거버넌스 구현 의지의 정도를 실증적으로 분석함으로써 부산복지 거버넌스 형성 정도를 파악하고, 부산광역시 지역사회복지협의체 구성의 문제점과 개선방향을 탐색하여 성숙한 로컬 복지 거버넌스 형성을 위한 대안을 제시하고자 하였다. 본 연구의 분석결과, 부산시는 8개 영역 모두에서 다른 시·도에 비해 지역사회복지협의체의 구성과 운영에 있어 관 주도적이거나 또는 형식적인 민간참여 형태로 운영되고 있는 것으로 나타났다. 따라서 부산시는 민-관의 상호인식전환을 기반으로 협의체 위원들의 대표성은 물론 협의체의 정상적 운영을 위한 예산을 조속히 확보함으로써 실질적인 주민참여를 통한 성숙한 거버넌스를 구현해야 함을 제언한다.

박재욱 교수의 "지역혁신체계(RIS)의 효율적 경영을 위한 시정혁신방안"은 지방정부의 혁신역량 강화를 중심으로 논의하고 있다. 논문에서 지역개발 과정에서의 다양한 주체들에 의한 조직적 협력관계 구축의 중요성과 더불어 이 과정에서 지방정부의 역할이 위계적 통제양식에서 전략적 조정과 협력의 활성화를 위한 양식으로 재정의될 필요성을 강조한다. 또한 효과적인 지역개발을 위해서는 다원적 주체들이 연합형성의 과정에 개방적으로 참여하고 다양한 자원을 동원하는데 의존할 수 있도록 협력의 절차에 대한 제도화가 요구된다. 이에 따라, 연구의 주요 초점은 효율적 지역혁신체계 구축을 위해 제도영역적 차원에서 다루어지고 있는 지역혁신체계의 이론적 논의를 토대로 부산시 지방정부의 지원정책방안 및 내부역량 강화방안을 개발하는 데 맞추어져 있으며, 구체적인 실행을 위한 방안들을 제시하고 있다.

김홍수 교수는 "부산의 동북아협력 거버넌스: 현황, 특징, 과제"에서 글로벌화는 국가차원 뿐만 아니라 지방정부 차원에서도 아주 중요한 시대적 흐름이라는 전제하에, 부산시의 동북아협력 거버넌스의 현황과 과제를 모색하였다. 부산시의 동북아협력 거버넌스의 구축과 실질적인 성과를 거두기 위해서는 부산의 도시혁신이 우선되어야 한다는 점을 중요하게 다루고 있다. 동북아란 구체적으로 한국, 일본, 중국(대만, 홍콩 포함), 러시아, 몽골, 북한 등 6개 국가를 가리킨다. 동북아는 세계 GDP 20%, 세계 인구 23.6%, 세계 교역액 33%를 차지하고 있다. 연구결과 부산시의 글로벌 유형은 지방정부 주도형과 민간정부 파트너십의 중간에 위치하고 있다. 부산의 동북아협력 거버넌스의 현황을 보면, 도시비전과 발전전략을 위한 동북아 교류 인식에는 동북아시대를 포인트로 하여 해양수도임을 강조하고 있다. 국제화 전담부서 차원에서 일본과의 문화관광분야, 중국과의 경제교류 및 일반적인 외자유치는 경제진흥실, 부산에 거주하는 외국인에 대해서는 부산시 산하 재단법인 국제교류재단이 담당하고 있다. 또한 국제관계 자문대사 제도를 두고 있다. 부산시는 16개국 16개 도시와 자매도시를 체결했고, 국제회의체에도 12개 기구에 가입되어 있다. 특히, 부산시는 2005년 APEC 개최와 2006년 세계한상대회 개최를 통해 부산의 도시 브랜드를 높인 바 있다. 하지만 기능분야별 현황을 보면, 첫째, 전국적으로 매년 실시하는 지방자치단체국제화재단에서 평가하는 광역 및 기초단체의 국제화 사업 공모에 2004년에서 2006년까지 3년 동안 실적이 없었다. 둘째, 동북아 도시교류 활성화를 위한 동남권 광역지방정부의 협력 성과는 초보적인 수준으로 나타났다. 셋째, 외자유치·통상분야는 항만도시답게 싱가포르와 네덜란드가 가장 비중이 컸다. 넷째, 국제교류분야는 부산시뿐만 아니라 부산국제영화제, 그린닥터스의 개성병원지원 등 민간분야의 활동도 활발했다. 다섯째, 내향적 국제화는 재단법인 국제교류재단을 중심으로 아주 활발했다. 결과적으로 부산의 동북아협력 거버넌스 활성화를 위해서는 부산시의 단순한 비전이 아니라 시장의 글로벌에 대한 철학이 뚜렷해야 하고, 부산시, 구, 민간(대학, 시민단체)이 상생적, 협력적 시스템을 구축해야 한다는 점을 확인하였다.

제2편 "환경 및 공공서비스 혁신 거버넌스"의 첫 논문인 김창수 교수의 "하천 살리기 네트워크의 성공조건: 부산광역시 온천천과 동천 복원사례의 비교분석"은 전혀 상황이 다른 부산광역시의 대표적인 도심하천인 온천천과 동천의 수질개선사례를 분석하였다. 온천천의 경우 1990년대 중반 이후 시민사회의 주도로 협력적 네트워크가 작동하였고, 동천의 경우 2005년 APEC을 준비하는 과정에서 부산시

의 주도로 협력적 네트워크가 작동하였다. 온천천의 경우 자연하천의 조건을 갖춘 상태에서 시민사회가 주도했고 주거지를 관통하는 여건 때문에 행위자의 다양성이 높고 연계망 역시 견고하며, 제도 도입이 느리게 이루어졌지만 매우 높은 안정성을 보이고 있는 것으로 나타났다. 동천의 경우 상업지역을 관통하고 주민의 접근이 어려운 상황 때문에 관료제 내부의 네트워크는 물론 관료제와 시민사회의 네트워크 역시 미약한 것으로 나타났다. 따라서 동천의 경우 신뢰의 기반을 2003년 형성된 민·관 협력체인 '부산하천 살리기 시민운동본부'의 리더십에 의지하는 것으로 나타났다. 동천의 경우 시민사회의 참여와 협력의 과제를 안고 있는 상태에서 제도화된 협력규칙을 바탕으로 정책결정과 추진이 빠르게 안정성을 찾아가는 것으로 나타났다. 이처럼 온천천과 동천의 경우 정책상황에서 차이를 보이고 정책도입의 배경과 속도에서도 차이를 보였다. 온천천의 경우 관료제와 시민사회의 불신의 악순환 고리를 끊고 신뢰의 선순환 고리를 연결한 성공적인 협력사례로 평가된다. 동천의 경우 아직 성과가 미진한 상태에서 관료제가 시민사회의 협력과 신뢰를 끌어내야 하는 과제가 남아 있다.

차재권 교수는 "부산시 환경 거버넌스의 현황과 과제: '지방의제 21'의 사례를 중심으로"라는 논문에서 1995년 '부산환경선언문' 채택을 통해 전국 지자체 중 최초로 '지방의제 21'의 추진의제와 행동계획을 작성 발표한 부산광역시의 '녹색도시부산 21' 추진 현황과 성과를 중심으로 부산시의 환경 거버넌스의 과거와 현재를 냉철히 평가하고 나아가 '지속 가능한 미래의 발전'을 위한 과제를 살펴보는 데 초점을 두고 있다. '녹색도시부산 21 추진협의회'를 중심으로 형성된 부산시의 환경 거버넌스 구조는 정부행위자에 비해 시민사회나 시장(기업)의 영향력이 상대적으로 약할 뿐 아니라 장기적 관점에서의 지역적 전략논의와 이를 바탕으로 한 구체적 사업 실천보다는 당장의 현실적 필요에 따른 단위활동에만 매몰되는 경향이 지배적이어서 지역을 대표하는 환경 거버넌스 구조로서 마땅히 지녀야 할 사회적 대표성과 지도성을 상실해 가고 있다. 이러한 문제점을 해결하기 위해서는 무엇보다 먼저 시민공모제 도입, 실질적인 갈등관리기능 이식을 통해 시민사회와 시장(기업)의 자발성과 대표성을 강화함으로써 성숙된 시민사회와 시장(기업)의 영향력을 복원해 내고 이를 일본, 중국 등 동북아 역내국가중심으로 광범하고 다양한 형태로 형성되고 있는 지역(regional) 환경 거버넌스 구조와 다자적으로 연결해 나가는 노력이 필요하다. 아울러 지방자치단체 공무원들의 적극적 참여를 강제할 수 있는 법 규정, 조례의 제정 등 법적 제도화의 노력 또한 절실히 요구된다.

   김인 교수와 우양호 선생은 "부산광역시 주차행정의 문제점과 발전방향: 주차 거버넌스 구축을 통한 불법주차 근절방안을 중심으로"라는 주제연구를 통해 대도시의 심각한 도로상의 불법주차 문제는 주차서비스와 관련되어 있고, 불법주차가 도로에서 이루어진다는 점, 그리고 해결을 위해서는 다양한 이해관계자들과의 공동의 문제인식과 협력이 요망된다는 점에서 보면 불법주차 문제는 주차서비스의 공급과 생산, 공유자원의 효율적 관리, 주차 거버넌스라는 관점에서 파악·해결해야 한다고 주장한다. 부산광역시의 경우 불법주차 단속건

수가 아주 많으며, 이에 대해 시민들의 불만도 높으며, 불법주차도 만연되어 있다. 이것은 부산광역시에서 주차 거버넌스의 미구축, 주차질서에 대한 시민의식 부족, 주정차선의 타당성 결여, 주차단속의 타당성 결여 및 제재의 미흡, 정부 일방적인 주차행정, 민간업자들의 참여부족 등에 기인한다. 따라서 부산광역시는 주차 거버넌스 구축을 위해 노력해야 하고, 이를 위해 주차 거버넌스에 대한 시장과 시의회의 관심제고, 주차서비스 개선위원회의 구성, 주차문제 해결을 위한 장기적인 로드맵 수립, 민간주차업에 대한 적극적 참여 유도, 주차문제와 관련한 시민담론문화 조성과 신뢰구축, 주차선 정비를 통한 주차선의 타당성 제고, 불법주차의 철저한 단속과 캠페인 병행 등이 요망된다.

허용훈·문유석 교수는 "성공적 지역경찰활동을 위한 경찰과 지역사회 간의 협력관계에 관한 연구: 경찰과 주민단체 간의 파트너십을 중심으로"라는 논문의 서문에서 연구목적을 경찰과 주민단체들 간의 협력이 지역치안의 확보에 필수적인 요소라고 보고, 양자 간의 협력의 실태와 영향 요인을 분석하여 협력을 증진시키는 방안을 모색하는 데 있다고 밝히고 있다. 연구를 위한 자료수집은 부산광역시 각 경찰서의 순찰지구대 경찰관들을 대상으로 실시된 설문조사를 통해 이루어졌다. 평균값 분석을 통해서 살펴본 경찰과 주민단체들 간의 협력 수준은 현재로서는 만족할 만한 정도에 이르고 있지 못하며, 특히 치안과 관련된 의사결정과정에서의 주민참여와 치안서비스의 전달과정에서의 공동생산의 수준은 상당히 낮은 단계에 머무르고 있는 것으로 나타났다. 다중회귀분석을 통한 경찰과 주민단체 간의 협력관계의 영향 요인 분석에서는 상호신뢰, 주민단체역량, 지역사회의 특성 등이 협력에 유의미하고도 긍정적인 영향을 미치는 것으로 나타났다. 본 연구는 이러한 결과들을 바탕으로 경찰과 주민단체들 간의 협력증진을 위한 방안으로서 경찰 측의 주도적인 주민관계개선운동과 더불어 순찰지구대에 대한 주민의 접근성 제고 등을 제시하였고, 나아가 협력적인 지역치안을 위한 제도적인 틀로서의 자치경찰제의 실시 등을 제안하였다.

제3편은 "전략산업 혁신 거버넌스"에 관한 것으로서, 먼저, 최성두 교수는 "부산항 경쟁력과 항만행정 거버넌스의 혁신"이라는 주제논문을 통해 부산항의 항만경쟁력 강화를 위해 필요한 해양수도 부산의 항만행정 거버넌스의 주요 혁신방안을 제안하고 있다. 현재 부산항 항만행정 거버넌스의 핵심은 부산항만공사－부산광역시－해양수산부 삼자 간 네트워크 관계와 상호작용이지만, 향후 이들 삼자 외에도 다양한 구성 주체들의 참여가 제도적으로 보장되어 이들 간의 자유경쟁과 개별역량 극대화를 통해 부산항이 발전되도록 해야 한다. 부산항의 직접 관리를 맡고 있는 부산항만공사(BPA)의 최고의사결정체계와 항만경영체계는 향후 단계적으로 개방성과 자율성을 더욱 강화하여야 한다. 부산광역시 항만행정체계는 현행 기능별 행정조직편제에서 탈피하여 항만관련부처의 산재된 기능을 한 부서에 통합함으로써 부산항만행정의 시너지 효과를 극대화하는 대상별 조직편제를 구축하는 것이 바람직하다. 부산항 항만경쟁력 강화를 위해 현행보다 향후 더욱 다양하게 구축해야 할 항만 거버넌스의 유형에

는 사업별로 환적 거버넌스, 물류 거버넌스, C·I·Q 거버넌스, 항만도시기능 거버넌스, 항만시설 및 배후물류단지 거버넌스, 항만배후 교통연계 거버넌스, 항만 노·사·정 거버넌스, 항만방재 및 안전 거버넌스 등이 있고, 구성 주체별로 부산항이용자 거버넌스, 국내항만도시 거버넌스, 국외항만도시 거버넌스 등이 있다.

정승진 박사의 "부산지역 산업정책 거버넌스 구축방안"은 산업자원부 지역혁신사업을 중심으로 지역산업정책 거버넌스의 문제점을 살펴보고 부산지역 산업정책 거버넌스의 특징을 분석하였다. 참여정부의 지역혁신사업은 지역산업 클러스터 구축이라는 이론적 근거를 기반으로 지역혁신을 위한 모든 분야를 망라하여 사업이 추진되고 있으며 사업의 성과도 크다. 그러나 중앙정부 주도로 사업이 추진되면서 부처별로 사업이 분산되고 있으며, 중앙정부 차원에서 공모방식으로 사업을 선정하여 지역 간 과당경쟁을 유발하여 사업 주체 간 연계성을 가지기 어려운 한계점이 있다. 국가혁신시스템과 지역혁신시스템 간의 연계기능도 미흡하다. 이를 해소하기 위해서는 지역산업정책 기획·평가기능의 분권화를 통하여 지역의 역할이 강화되어야 한다.

부산지역의 경우 부산테크노파크를 지역혁신거점기관으로 육성하여 지리적·기능적으로 클러스터를 구축하였다. 테크노파크 구역 내에 기술지원센터를 집적시키는 하드웨어적 클러스터와 테크노파크의 부설기관으로 센터를 설치하는 소프트웨어적인 클러스터를 동시에 구축하였다. 나아가 기업지원기능의 종합적인 수행을 위해 지원기관을 통합한 부산경제진흥원의 설립을 추진하고 있다. 부산지역의 산업정책은 워킹그룹, 지역혁신협의회 등을 통해 산학연관의 전문가들이 정책수립에 참여하고 이에 근거하여 매년 전략산업육성정책을 수정하는 일관된 정책수립체계를 갖추고 있다. 또한 산업정책의 기획·평가기관으로서 전략산업기획단의 역할을 강화하여 사업 기획, 사업 추진과정 모니터링, 사업성과 평가, 사업의 수정기획 등 산업정책의 전 과정을 시스템화함으로써 정책효과를 극대화할 수 있도록 하고 있다. 그러나 최종 의사결정 권한이 중앙정부에 있어 지역 차원의 거버넌스 구축에 한계가 있으므로 예산제도 개편, 추진체계의 분권화를 통해 지역의 실질적인 권한과 책임을 강화해야 할 것이다.

조윤식 교수는 "부산관광 거버넌스의 현황과 개선방안: BCVB의 거버넌스화를 중심으로"라는 주제 논문에서 최근 "government"의 대안으로 다양한 구성원들이 함께 참여하여 상호독립을 유지하면서 네트워크 상황에서 공유된 목적을 수행하는 새로운 공적인 업무의 수행방법인 "governance"가 제시되면서 지금까지는 일부 분야에서 거버넌스의 개념을 도입하여 활용해 왔으나, 관광분야의 경우, 아직 거버넌스 개념의 도입이 이루어지지 않고 있다고 주장한다. 따라서, 관광분야에서도 거버넌스의 개념을 도입하여 관광분야가 안고 있는 불확실하고 복잡한 문제들을 거버넌스의 관점에서 접근할 필요성이 대두되고 있으며, 부산컨벤션뷰로 즉, BCVB가 안고 있는 문제점을 해결하기 위한 방안으로 거버넌스 개념 도입을 제의하고 있다. 국제회의와 같은 컨벤션산업의 특성상 전시컨벤션센터의 대표 한 사람 또는 비전문가 직원 몇 사람이 국제회의 등 컨벤션행사를 연간 지속적으로 유치한다는 것은 거의 불가능하다고 볼 수 있다. 국제회의와 같은 컨벤션산업은 그 특성상 중앙정부, 지방정부, 해당 전시컨벤션센터, 지역의 관광협회, 시민단체, 학술단체 등 수많은 관련 기관들이 공유된 목표를 설정하고 합심하여 노력을 할 때 가능한데, 이렇게 할 수 있는 방안이 바로 거버넌스이다. 그러나 BCVB의 외형은 거버넌스의 개념을 도입하고 있는 것처럼 보이지만 실질적으로는 거버넌스로서는 너무나 많은 한계점을 지니고 있어 누가, 언제, 어디에서 운영하고 있으며(Who, When, Where), 무엇을 운영하고 있고, 왜(Why), 어떻게(How) 운영하고 있는지를 체계적으로 분석하였다.

끝으로 박수홍 교수는 "지역인적자원개발 활성화를 위한 거버넌스의 역할"이라는 논문을 통해 RHRD(지역인적자원개발)의 활성화를 위한 거버넌스에 대한 향후 발전방향을 논하기 위해 우선, RHRD와 지역 거버넌스의 개념을 살펴본 후, 지역 거버넌스의 실체라고 할 수 있는 부산인적자원개발원의 현황, 문제점을 파악하고 향후 발전방향을 제시하고 있다. 특히 본 글에서는 지역발전의 전략에 영향을 줄 수 있는 전략 RHRD의 관점에 초점을 맞추고 있다. 본 논문에서 RHRD란 지역의 전략적 이슈인 지역경제 활성화 및 매력적 문화를 구축하기 위한 교육적 또는 교육외적 해결방안을 실천하는 활동이라고 정의하고 있으며, 지역 거버넌스의 개념을 지역의 다양한 관련당자자의 역량(전문가 집단의 노하우, 공유비전, 추진력)을 결집하여 지역의 전략적 이슈를 해결하기 위한 협력적 통치과정으로 보고 있다. 한편, 부산지역에서 인적자원개발 거버넌스의 핵심 역할을 수행하고 있는 부산인적자원개발원이 전국에서 처음으로 부산지역에 설립된 것은 지역발전의 핵심이 인재개발이라는 관점에서 의미가 크다고 보고 있으며, 부산인적자원개발원의 현황 및 부산인적자원개발원의 현황 및 기능에 대하여 탐색하고 있다. 끝으로 지역인적자원개발 거버넌스에서 드러나는 문제점으로, 부산지역의 산업체의 부재, 인적자원개발의 전문가 발굴의 미흡, RHRD 전문가 집단의 다양성 부재, 지역 경제에 임팩트를 가할 수 있는 RHRD에 대한 공유된 비전의 결여를 들고 있으며, 향후 지역인적자원개발을 위한 효과적인 거버넌스로 거듭나기 위해서는 지역 비전을 달성하기 위한 전략 전문가 집단의 역량구축 (capacity building)을 제도화하여야 하며, 고객 및 서비스 지향의 역량을 강화하고, 학습조직 및 지식경영의 전도사, 무형자산에 대한 균형평가 기능이 강화되어야 할 것으로 보고 있다.

2008년 초 이명박 정부가 출범하면서 광역경제권을 축으로 지역의 경제발전과 경쟁력을 강화하려는 정책기조를 제시한 바 있으며, 이는 현 광역 시도 지방정부를 뛰어넘은 초광역 간 협력과 통합을 목적으로 한 초광역 거버넌스의 구축이 필수적이다. 그러나 이러한 초광역 거버넌스도 기존의 광역지방정부 내부의 지방정부, 기업, 대학, 연구기관, 시민 간 거버넌스의 원활한 구축이 선행되지 않고서는 논리적으로나 현실적으로 어려운 과제가 될 것으로 생각한다. 따라서 성공적인 초광역 거버넌스의 출발점이자 토대는 현 광역지방정부 내부의 다양한 분야에서의 거버넌스의 구축에서 찾을 수 있을 것이라 믿는다. 본서에서 제시한 각 분야의 거버넌스의 이론과 제안을 중심으로 이를 실행에 옮길 수 있다면 책 작업에 참여한 모든 필자들은 크나큰 보람으로 삼을 수 있겠다.

끝으로, 편집자의 나태함으로 인해 오랜 시간 책 출간을 기다려주신 필자 여러 분들에게 죄송스러운 마음을 전하며, 사회경제적으로 날로 어려움을 겪고 있는 부산지역을 비롯한 지방 각 도시의 지역발전에 본서가 조금이나마 기여를 할 수 있는 기회가 주어지기를 기대해 본다. 그리고 본 부산학연구센터를 물심양면으로 지원해 주고 계신 본교 정홍섭 총장님께 감사말씀을 드리고 싶다.

백양산 자락에서
집필자들을 대표하여

2008년 5월
신라대학교 부산학연구센터장 박재욱

목 차

제 1 편
시정혁신 거버넌스

제1장

지방분권과 시민참여: 그 이상과 법학적 한계*

최우용(동아대학교 법과대학)

Ⅰ. 들어가며

(1) 행정법은 행정에 관한 국내공법이라고 일반적으로 정의되고 있다. 그리고 이 행정법을 지도하는 지도원리로서 소위 民主主義의 원리와 法治國家의 원리가 있다. 전자의 주요내용으로서는 직업공무원제, 지방자치제, 국민의 행정에의 참가 등이 있고, 후자의 예로서는 행정의 법률적합성과 법률유보를 중심으로 전개하고 있다.[1](김남진, 2008, 33~37) 그러나 우리 행정법은 법조문의 해석과 행정의

---

* 본 고는 강구철 교수 화갑기념논문집 "韓國 公法學의 發見-현안과 쟁점-" (松潤 강구철 교수 화갑기념논문집 간행위원회, 2007)에 기 게재한 논문을 수정·보완한 것임을 밝혀 둡니다.
1) 김남진, 행정법Ⅰ(제12판), 법문사, 33~37면.

법률적합성 및 법률유보에 치중한 해석법학을 중심으로 전개해 왔다. 그리하여 교과서적으로는 민주주의의 원리가 행정법의 주요원리가 되어는 있지만, 현실적으로는 법치국가의 원리가 중심이 되어 전개되어 오고 있다. 즉 법치주의가 중심을 이루고 있고, 주민참여를 위한 법제의 논의, 민주주의에 대한 법제상의 논의는 아직 미비한 수준이다. 자치행정에 대해서도 이와 같은 상황은 마찬가지이다.

(2) 이는 작금과 같은 참여와 분권의 시대에 법학이라는, 특히 행정법이라는 학문이 제 기능을 못 하고 있는 하나의 원인이라고도 하겠다. 급변하는 사회의 변화에 제 기능을 못 하는 법학은 이미 개혁의 대상이기 이전에 개혁의 필수전제요건이 되고 있는 것이다.

급변하는 분권과 참여민주주의 시대에 법학은 과연 어떤 역할과 기능을 수행하였던가? 참여정부가 들어서고 분권이 정책기조로 터 잡으며 무수히 많은 법률이 만들어졌지만, 적어도 행정법의 분야에서는 법학자의 관여는 극히 소수에 불과했다. 이는 참여정부의 정책과 이의 찬반 여부를 떠나 법학자에 대한 의도적인 배제가 아니면 자연스러운 소외라고 생각한다. 이 글은 이처럼 참여정부에서 제 기능을 발휘하지 못하고 있는 법학의 현실을 반성하면서 행정법적인 측면에서의 법학과 시민사회의 조화로운 발전을 위한 하나의 방안을, 시민사회의 역할을 중심으로 모색하기 위한 글이다. 특히 지방분권 시대의 시민사회의 역할과 기능을 법학적인 측면에서 살펴보고 분권 거버넌스의 가능성을 모색하기 위함이다.

Ⅱ. 법학과 거버넌스

1. 법학에서의 거버넌스 개념

행정학계 및 정치학계와 달리 '거버넌스(governance)'라는 개념은 아직 법학자들에게는, 적어도 대다수의 법학자들에게는 생소한 개념일 것이라 생각한다. 이는 우리 법학이 법치주의의 원리에 입각한 해석법학이 중심이었고, 이 현대 법치주의라는 것이 대의제민주제에 의한 의회입법을 원칙으로 하는 관계로 '私人[여기서는, 시민, 시민단체 모두 해당된다 할 것이다]'에 의한 행정, 사인과의 협의에 의한 행정의 원리는 비교적 우리 법이론에는 아직 정착되지 않은 탓도 있으리라.2)

---

2) 물론 법학계에서 '私人에 의한 행정의 원리'가 논의가 되지 않고 있는 것은 아니다. 최근 빈번히 논의되고 있는 행정계약이나 행정계획에 있어서의 주민절차의 중시 등은 단적인 예라 하겠다. 또한 보조금 행정, 경찰 행정, 공물의 설치 및 관리 등의 영역에서는 이미 사인에 의한 행정, 즉 협치가 이미 시행되고 있는 부분도 있다. 이에 대한 단행본으로 유익한 것으로는, 米丸恒治『私人による行政』(日本評論社、1999). 거버넌스에 관한 법학적인 차원의 문제를 해결해 나가려고 한 것에, 이계수, 참여민주주의의 이상과 현실: 헌법이론적 진단, 참여민주주의의 공법적 결산(공법학회 제131회 학술발표[2006.10.14] 자료집), 12면.

법학적인 관점에서의 거버넌스의 개념은 정부와의 접근성을 강조하나 동시에 그것과는 선을 긋고 나타난다. 정부는 명확한 권한구조 및 권력관계라는 근거하에 혹은 그것을 전제한 (낡은) 방식의 통치형태를 말한다. 헌법학에서 지지되고 있는 민주주의 모델은 정부라는 통치형태를 염두에 두고 있지만, 거버넌스는 그와 달리 명확한 권한 및 위계제와 정부, 시민사회, 경제계의 파트너들 사이의 협력, 합의 창출, 협상이라는 형태의 혼합을 강조한다.[3] 따라서 거버넌스 개념에 입각한 개별민족국가 차원의 정치과정에서는 의회의 방침규정 설정 및 행정부의 결정이 점차 경제계 및 시민사회의 행위자와 국가의 협상으로 대체된다.[4]

이러한 거버넌스에 대해 헌법학을 중심으로 한 법학계에서는 좋은 거버넌스와 나쁜 거버넌스에 대한 논의가 전개되고 있다. 좋은 거버넌스란 '성공적인 지방화가 지역단체와 사회, 각 그룹의 소속원들이 개인적 자율성을 증대하고 함께 일할 수 있는 인센티브제를 제고하는 상황을 창조해 나가는 열쇠'라고 하는데 이러한 의미에서의 거버넌스는 곧 참여의 확대가 좋은 거버넌스를 초래한다고 보는 것이다.[5] 그러나 이에 대해서는 좋은 거버넌스와 참여의 확대를 바로 연결시킬 수 없다는 비판도 있다.[6]

---

3) Andreas Fishan, "Experten in der Democratie", 25-26(이계수 전게논문에서 재인용).
4) 히르쉬, NGO, 국가의 새로운 외피: 비정부기구와 국가의 국제화(상), 월간사회진보연대, 2005.5, 통권 54호.
5) 오동석, 지방자치의 필요충분조건으로서의 지방분권과 참여민주주의, 법과 사회, 제23호, 2002, 13면.

거버넌스의 대두 배경에 사회의 분화와 복잡성이라는 것이 있지만, 이의 중요한 원인은 탈규제를 위한 경제적인 배경이 있다는 것이다. 즉 탈규제 때문에 복잡성이 늘어나는 것이기 때문에 해결책은 산업자본 및 금융자본의 활동에 대한 규제강화 혹은 노동법상의 규제강화를 통해 사회의 분화와 복잡성에 대응해야 한다는 것이다. 이러한 변화에 대해 법학자들은 관심이 저조하고 신자유주의를 내세운 탈규제를 내부적으로 주장하는 거버넌스 제창자들은 '사실적인 것의 규범력' 획득 작업에 온 힘을 기울인다. 그리하여 민주주의와 정치적인 함수관계의 변화가 일어나고 특히 헌법의 오랜 명제였던 국민주권, 합법성의 원칙(법치국가 원리), 권력분립원리에 미치는 영향이 지대하게 되었다는 것이다.[7]

그리하여 거버넌스의 중요성이 더해지면 질수록 기존 헌법체제하에서의 법치국가의 원리는 위협을 받게 되고, 아래와 같은 법학적인 측면의 문제점을 야기하게 된다.

첫째, 거버넌스 체제는 국민주권으로 표현되어 있는 민주주의 원리와 국가주권원리에 대한 현저한 제약을 가져온다. 그러나 이러한 변화는 '국가'주권이 '국민 또는 시민주권'으로 변화되어 가는 현시대에서는 긍정적인 측면, 즉 시민참여를 통한 민주적 정당성의 확보도 보장받게 된다는 장점도 있다. 이러한 점에서 일본의 마츠시타(松下) 교수가 일찍이 주장한 주권의 分節性은 상당한 의미를 주는

---

6) 이계수, 참여민주주의의 이상과 현실: 헌법 이론적 진단, 한국공법학회 제131회 정기학술대회 발표 논문집, 12면.
7) 이계수, 전게논문, 12 - 13면.

것이라 하겠다.[8]

둘째, 민주주의적 법치국가의 변형이다. 특히 행정의 여러 부문에서 일어나고 있는 관민의 협동체제에 의한 행정, 특히 환경법의 영역에서 보여주는 기업과의 협상을 통한 환경정책의 구현, 각 개인에 의한 자율적인 규칙 준수를 전제로 한 환경영향평가 등을 들 수 있다.[9] 이렇게 되면 규범은 이제 보편적이기를 그치고, 규범적 효력은 협상의 상대방에 따라 달라진다. 보편일률적인 원리에 입각한 현대 법치국가에 닥친 위기라고 할 수 있다.

셋째, 삼권분립의 변형이다. 전통적이고 목가적인 형태의 삼권분립 원리가 더 이상 관철되지 않는 일이 어제오늘의 일만은 아니다. 예전부터 이론가들은 기능적, 합리적, 동태론적 권력분립론(뢰벤슈타인), 다원적, 포괄적 권력분립론(베르너) 등 이른바 새로운 권력분립론을 제기해 왔다. 그러나 오늘날 분명한 것은 권력이 오로지 국가에만 있는 것은 아니며, 그러기에 권력분립의 문제도 국가권력과 시장권력, 노동조합권력 사이의 적절한 균형이 문제가 되고 있을 뿐이라는 사실이다. 그리고 그 균형과 적절한 견제를 위하여, 국민에 의한 참여, 주민에 의한 지역정치에의 참여, 시민단체 및 조합에의 단체원과 조합원의 참여라는 것이 강조되는 것이다. 권력분립론의 역

---

8) 마츠시타 케이치 저(최우용 역), 지방자치의 기초이론[원제: 시민자치의 헌법이론], 동아대학교 출판부, 2006 참조. 여기서 마츠시타 교수는 기존의 국가중심의 주권을 시민중심의 주권개념으로 재정립할 것을 일관되게 주장하고 있다.
9) 최근 입법개정논의가 있는 환경영향평가에 있어서의 스코핑제도는 바로 이를 대변해 준다.

사와 전개가 새로운 전기를 맞이하고 있음은 이를 말해 주고 있다.

또한 이와 같은 법치주의 행정의 변화는 지방자치단체의 행정에 있어서는 한층 더 중요한 문제를 야기한다. 중앙정부에 의한 공행정의 결손으로 인하여 한층 더 지방자치에 있어서의 거버넌스는 중요한 개념을 가지게 되는 것이다.

2. 거버넌스의 법학적 문제

위에서 살펴본 바와 같이 법학적인 차원에서의 거버넌스의 문제는 헌법적인 차원에서의 고전적인 차원의 헌법관과 법률관의 변화를 요구하고 있다. 특히, 이를 행정법학적인 차원에서 살펴본다면, 행정에 있어서의 절차적인 정당성의 문제가 새롭게 부각된다고 하겠다. 이러한 맥락에서, 행정의 절차적 중요성을 정하고 절차적인 정의를 통하여 행정의 통제를 하려고 한 1996년 제정된 우리의 행정절차법은 많은 의미를 지니고 있다 하겠다.[10]

이제 중요한 것은 행정의 한 축으로 새롭게 등장하고 있는, 아니 이미 등장하여 새로운 발전을 하고 있는, 거버넌스 체제하에서의 우

---

10) 행정절차법에 관해서는, 졸고, 행정절차법과 행정절차조례의 관련성에 관한 연구, 공법학연구 제6권 제3호, 349면 이하.

리 시민사회의 힘, 시민단체의 문제가 부상하게 된다. 시민단체 및 시민사회에 대한 새로운 검증이 요구되는 이유는 위에서 고찰한 바와 같은 거버넌스 체제하의 행정의 구조적인 변화와 함께 새로운 역할분담 주체의 필요성과도 관련이 있다고 본다.

예를 들어 보자. 우리 환경분쟁조정법에는 법인으로서 3년 이상 자연환경 분야 일을 한 실적이 있고, 구성원이 100인 이상이며, 3개 이상의 특별시, 광역시 도에 분사무소를 두고 있는 환경단체에는[11] 환경분쟁해결을 위한 조정신청권을 주고 있다. 비록 환경부 내의 분쟁조정에 있어서의 역할과 기능을 환경단체에 주는 것이지만, 원고와 피고, 신청인과 피신청인의 관계가 법률상 이익이라는 엄격한 논리에 의해 제한되던 기존의 법논리와는 상당한 차이를 보이고 있는 조항이라고 하겠다. 90년대 이후부터 새롭게 등장하면서 행정의 모든 분야의 핵심으로 떠오르고 있는 환경문제를 이제 시민단체에까지 그 역할을 분담시키게 된 것은 법학적인 관점에서는 많은 것을 의미

---

11) 환경분쟁조정법 시행령 제20조. 이의 모법으로는 환경분쟁조정법 제26조(환경단체의 조정신청). ① 다음 각 호의 요건을 갖춘 환경단체는 중대한 자연생태계 파괴로 인한 피해가 발생하였거나 발생할 위험이 현저한 경우에는 위원회의허가를 받아 분쟁당사자를 대리하여 위원회에 조정을 신청할 수 있다.
  1. 민법 제32조의 규정에 의하여 환경부장관의 허가를 받아 설립된 비영리법인일 것
  2. 정관에 의하여 환경보호를 공익의 보호와 증진을 목적으로 하는 단체일 것
  3. 기타 대통령령이 정하는 요건에 해당할 것
  ② 제1항의 규정에 의하여 조정을 신청하는 환경단체에 대해서는 제22조 제3항 및 제4항의 규정을 준용한다.

하고 있다. 즉 거버넌스 체제와 법제와의 공존가능성을 조금씩 인정해 가고 있다는 점이다. 이는 기존의 법학적인 관점에서는 이해할 수 없는 변화라 하겠다.

Ⅲ. 참여정부와 시민사회

　이러한 거버넌스의 행정체제가 법제에 본격적으로 영향을 미치게 된 것은 참여정부의 등장이라 할 수 있다. 참여정부의 등장으로 우리 시민사회가 새로운 전기를 맞이하였음은 새로운 논의가 필요 없는 부분이다. 그러나 많은 기대를 받고 출발했던 참여정부가 국민의 기대에 그렇게 호응하고 있는 것처럼은 보이지 않는다. 시민단체와 시민사회 또한 2002년 대선당시의 거대한 물줄기와는 다른 하나의 支川으로 흘러가고 있는 듯한 감을 지울 수 없다.12)

　이하에서는 거버넌스 체제하에서, 특히 본고의 주제인 분권 거버넌스 체제 구축을 위한 전제조건으로서의 시민사회에 대한 고찰에

---

12) 최근의 예로 국정감사평가를 두고 일어난 짝퉁시민단체 시비건만 보아도 알 수 있다. 국제신문 2002.11.8일자 참고.

앞서, 우리 시민사회의 성장과정을 간단히 살펴보고 이와 관련된 법학적인 문제점을 제기하고자 한다.

1. 한국 시민사회단체의 성장과 뿌리

한국에서 현대적인 의미의 시민사회단체가 등장하게 된 배경으로는 멀리는 독립운동과 해방운동까지 거슬러 올라갈 수 있으나 결정적인 계기를 제공한 것은 산업화와 민주화 운동이라 할 수 있다.[13] 전자가 시민사회단체의 물질적 기반을 제공했다면 후자는 한국 시민사회단체의 운동 주체를 형성하는 계기를 제공했다고 할 수 있다.

1987년까지의 한국의 사회운동은 반독재투쟁이라는 단일 목표하에서 결집되고 정당화되었는데, 민주화 운동, 여성운동, 노동운동, 통일운동, 학생운동 등 각종 사회운동은 독재정권이 모든 사회문제의 원천이라고 보았기 때문에 군사독재정권의 타도라는 슬로건하에 단일한 목소리를 낼 수 있었고, 이 과정에서 시민사회는 개혁성향의 단체를 구성하고 새로운 사회운동을 전개하게 되었다. 1989년 경제정의실천연합의 결성, 1993년 환경운동연합, 1994년 참여민주주의사회시

---

13) 이정희, 한국민주주의의 진로: 참여, 갈등 그리고 통합, 사회연구, 제2권 제2호 19면 이하 참조.

민연대 등이 결성되어 사회운동은 패러다임의 전환을 경험하게 된다. 우리 부산의 대표적인 시민사회단체인, 부산경실련, 부산참여자치시민연대 등도 모두 이러한 흐름 속에서 탄생하고 뿌리를 내린 대표적인 단체라 하겠다.

2. 노무현 정부하의 시민사회개략

2002년 노무현 정부의 등장은 과거 권위주의 정부하에서 꾸준히 성장해 온 시민사회세력이 본격적으로 정치세력으로 등장하는 계기를 마련하였다. 대통령 선거과정이나 탄핵정국의 수습 등에 적지 않은 시민단체와 시민활동가들이 참여함으로써 정치와 권력의 관계는 더욱 밀접해졌다. 대통령선거과정에서 정부의 공직자 임용이나 기관의 구성에서 시민사회단체 에서의 운동경력을 중시하였다. 탄핵정국의 결과인 17대 총선까지는 노무현 정부와 좌파적 이념성향의 인사들과의 유대와 의존관계가 컸다고 보인다. 그러나 사립학교법 개정, 전시작전권문제 등이 대두되면서 그동안 침체를 면하지 못하였던 우파지향적인 시민단체들이 저항적인 운동을 위해 전면에 나서기 시작하면서, 또 내년의 대선과 연관하여 새로운 정치개혁의 움직임이 정치권을 중심으로 불어오기 시작하면서, 우리 시민사회는 또 다른 바람을 맞이하고 있다. 다른 한편으로 노무현 정부의 이란 파병, 한미 FTA 등을 둘러싸고 노무현 정부와 좌파적 시민단체 간에 간격이 일어나고 있는 것도 사실이다.

3. 무력화된 지방분권

우리의 시민사회는 참여정부의 등장으로 인하여 새로운 가능성을 제기하게 된다. 이때 중요한 역할을 하였던 것이 바로 '지방분권'과 '지역균형개발'이었다. 지방분권을 위한 전국적인 시민사회의 조직이 결성되고, 대선 당시의 국민 공략 사항이었던 행정수도의 이전문제가 전개되었다. 그러나 이러한 정부의 분권 및 균형개발의 정책집행 과정에서 새로운 암초가 나타나기 시작했다. 바로 지역 에고이즘의 대두였다. 애초부터 지역사회의 일각에서는 분권과 균형개발은 따로 분리하여 시행할 것을 주장하는 논자도 있었지만, 정부는 이를 하나로 패키지 하여 전개해 나갔던 것이다. 이 와중에서 수도권과 비수도권, 광역권과 비광역권, 대전권과 비대전권 등으로 시민단체는 분열해 나갔다.[14]

---

14) 우리 부산의 경우에도, 지방분권부산운동본부의 여러 정책방향에 관한 노선논의 과정에서, 주로 분권과 균형개발을 함께 해야 한다는 견해와 분리하여 실시해야 된다는 견해가 많았다. 이러한 지역 간의 견해 차이

이처럼 정부의 지방분권정책이 진전되지 못하고 시민사회의 지방분권추진력이 상실하게 된 요인에는 위와 같은 정책수립상의 이념정립에도 문제가 있었지만, 다음과 같은 세 가지 점에도 주의를 할 필요가 있다.[15)]

첫째 지방자치와 분권운동을 주도했던 활동가들이 노무현 정부의 출범과 더불어 청와대와 행정부처, 각종 위원회에 참여하게 됨으로써 이들을 대체할 활동역량을 재생산해 내지 못하여 활동역량이 소진되었다는 점이다.

다음으로 또한 시민사회단체에서 주장한 정책의제를 정부가 소극적으로 수용하고 추진을 약속하였으므로 시민사회로서는 이를 더 이상 주장할 필요가 없게 되었다. 청와대와 정치권에서는 지방분권을 반대하는 세력이 대부분이었다. 그렇지만 대통령의 공약사항인데다가 정부가 추진을 약속하였기 때문에 이를 믿은 시민사회의 결속력은 급격히 와해되기 시작하였고, 정부 내에서의 추진도 시민사회의 요구가 거세지 않아 어렵게 된 것이다. 시민사회에서 지방분권의제를 추진하지 못하고 지지부진한 가운데 의제의 참신성을 잃어버린 것이다. 즉 시민사회의 역동성의 상실을 들 수 있다.

마지막으로 정부가 지방분권정책과 양립할 수 없는 지역균형발전을

는 신행정수도이전에 관한 문제에서 확연히 드러났으며, 우리 부산의 경우는 수도이전문제에 대응하여 광역권 개발을 주장하기에 이르렀다. 부산지방분권협의회, 지방분권, 국가균형발전 정책과제 보고서, 2004, 2005년. 참조.
15) 이기우, 참여민주주의의 공법적 실험과 그 공과－법 현실적 평가－, 전게 공법학회 학술발표회 자료집, 25면 이하.

지방분권정책이란 이름으로 추진하여 개념혼란을 초래하고, 상반된 이해관계를 가진 시민세력 간의 분열을 초래하였다. 즉, 공공기관의 이전, 수도권규제법, 행정수도의 이전 등 문제를 둘러싸고 수도권 시민단체와 비수도권 시민단체 간의 갈등을 조장함으로써 활동역량을 결집하기 어렵게 만들었다는 것이다.

4. 또 다른 시작을 위한 전제
-정부와 시민사회의 건전한 긴장관계를 위하여-

  지방분권을 중심으로 살펴본다면 정부와 시민사회의 유착관계 내지 밀월관계는 시민사회의 활동역량도 소진시키고 정부의 정책추진에도 도움이 되지 않는다는 것을 알 수 있다. 시민사회는 정부와 건강한 긴장관계를 유지해야 정부도 시민사회도 건강해진다. 정부가 시민사회의 정책이슈를 모두 수용하고 그 실천약속을 해놓고도 지키지 않고 있는 지금이 한국 시민사회의 최대의 위기라고 할 수 있다.

  참여정부는 분권과 참여를 국정의 기본 방침으로 설정하고 위원회를 구성하여 이를 제도화하기 위한 각종의 정책개발에 노력하여 왔다. 그 결과 국민과 주민의 참여를 통한 행정이 여러 통로를 통하여 실현되고 있다. 그러나 위에서 고찰한 바와 같은 이유로 인하여 참여정부가 내건 기치만큼의 국민의 참여와 지지는 없다. 이는 여당에 대한 국민들의 낮은 지지도로 나타나고 있다. 한국 정치에서는 민주화 세력만이 아니라 근대화, 국제화 등 다양한 세력이 있는데, 현 참여정부가 이들 다양한 세력을 포용하지 못한 것이 참여 동력 상실의 한 원인이라고도 할 수 있다.

한편 행정법학은 민주주의보다는 법치주의 이론에 치우쳐 온 결과 참여민주주의의 제도화에는 적극적인 기여를 못 하였다. 그렇지만 참여정부에서 주장하는 참여민주주의는 대의제를 보완하는 민주주의의 한 형태이지, 직접 민주주의의 맥을 잇는 것은 아니다. 이와 같은 참여민주주의를 위한 행정법적인 제도로는 정보공개와 행정절차 그리고 지방자치법상의 각종 주민참여제도를 들 수 있다. 역시 지방자치제의 발전도 참여민주주의의 근간을 이루고 있음은 주지의 바와 같다.

이와 함께 지방자치의 활성화에 힘입어 민주주의를 위한 행정법학에서도 새로운 바람이 불고 있다. 기존의 법학은 지나치게 해석법학에 지나지 않으며, 이는 일찍이 일본의 마츠시타 교수가 주장했던 것처럼, 새롭게 '시민사회 중심의 시민중심의 법학'으로 재탄생되어야 한다는 것이다.16) 행정법에 있어서도 국민통치수단으로서의 행정법이 아니라, 정책결정과정의 시민참가절차를 정한 행정법으로 재탄생되어야 한다는 것이다. 그리하여 지방자치, 시민자치를 통하여 새롭게 우리 사회는 재탄생되어야 할 것이 주장되고 있다.

따라서 시민사회와 '시민'관념에 대한 새로운 검토를 행하고, 참여민

---

16) 마츠시타 케이치 저(최우용 역), 전게서.

주주의의 성패가 달린 시민들의 공동체의식 자각과 자발적인 참여를 보장하도록 하여야 한다는 것이다. 이를 위한 시민사회의 새로운 상이 요구되는 것이며, 시민단체에 대한 자발적인 개혁과 변화를 요구하는 것이다. 시민단체에 대한 진부한 요구를 넘어 이제는 건전한 시민사회 형성을 위한 새로운 거버넌스 사회를 위한 패러다임의 변화를 요구하는 목소리가 법학계에서도 나오기 시작하고 있다.

결론적으로야 정치행정적 제도의 혁신뿐 아니라 지역 NGO도 자체개선의 노력이 필요하다는 것이다. 특히 회원의 저변확대를 통한 많은 시민의 공감대를 형성하며, 재정을 독립할 수 있는 재원의 독립성 개선, 지역 NGO의 보다 전문화를 통한 정책대안의 제시 및 평가단계 참여가 절실히 필요한 상황이다. 이는 지방정부의 거버넌스 시대를 맞이하기 위하여 산업화 고정을 거치면서 정치 엘리트나 행정관료에게 넘겨주었던 정책결정, 집행 및 평가의 주도권을 되찾아 시민 위주의 공공정책이 시행될 수 있도록 함으로써 지방자치의 꽃을 피울 수 있을 것이다.

Ⅳ. 분권 거버넌스를 반영한 우리 지방자치법상의 제도

다음은 분권 거버넌스 체제를 반영한 우리 법제의 현황에 대해서 살펴보고자 한다. 역시 이와 관련된 주요내용은 지방자치의 기본을 정한 법률인 지방자치법에서 주로 볼 수 있다. 지방자치법의 주요 개정내용을 통한 분권 거버넌스의 가능성을 살펴본다.

1989년 개정지방자치법의 목적조항의 "이 법은 지방자치행정의 민주성과 능률성을 도모하여 지방의 균형적 발전과 대한민국의 민주적 발전을 기함을 그 목적으로 한다"고 규정하여 지방의 균형발전과 국가의 민주적 발전을 명시한 것이 주목된다.

1994년 개정법에서는 주민투표에 관한 조항을 신설하여 지방자치단체의 중요결정 사항에 대하여 주민이 참여할 수 있는 길을 열어 두었다. 그런데 실질적으로 주민투표법이 제정되어 법적인 면모를 갖춘 것은 2004년 1월이다. 이 주민투표제도하에서 방사성 폐기물에 관한 지역유치결정이 이루어지고, 제주특별자치도의 결정이 이루어지는 등 지역사회의 주요이슈의 결정에 역할을 하고 있다.[17] 이 주민투표제도는 거버넌스 유형이 우리 시민사회에 제도적으로 정착해 가고

---

17) 현행 주민투표법의 문제점에 대해서는, 졸저, 지방자치법 강의[제3판], 동아대학교 출판부, 2008, 80면 이하 참조.

있는 한 예라 할 수 있다.

1999년 8월 개정된 지방자치법에는 주민의 참여를 대폭적으로 강화하는 주민의 조례제정·개폐청구권(현행 15조)과 주민감사청구권(현행 16조)이 신설되었다. 앞의 주민투표가 주요 결정에 대한 주민결정(reference)을 의미하는 것이라고 한다면, 조례제정은 주민발안(initiative)으로서의 성격을 가지는 것이다. 조례청구권은 일정 수 이상의 주민이 연서로써 하고, 이에 대해서 지방자치단체장이 제정, 개폐안을 작성하여 지방의회에 부의한다.

위의 조례제정, 개폐청구권과 감사청구권이 도입된 것은 지방자치의 실시 경험에 따른 지방자치제도를 보완하는 의미를 가지고 있다. 지방자치제도 아래서 지방자치단체장을 견제할 수 있는 장치가 미흡하였기 때문에 직접민주주의의 요소를 가미할 필요가 있었다.

또한 현 정부에서는 지방자치법에 주민소송제도를 신설함으로써 주민에 의한 지방정부통제 경향을 확인하였다. 이 법에 의하면 감사를 청구한 주민이 감사결과에 따라 중지소송, 확인소송 혹은 손해배상소송을 제기할 수 있도록 하였다(17조).

최근에는 주민소환제를 신설하였다(20조). 이와 함께 주민소환에 관한 법률이 제정되었는바, 이 법률에 의하면 주민의 소환투표의 청구에 대하여 소명의 기회를 부여하고, 투표를 실시한 결과 3분의 1 이상의 투표와 과반수의 찬성으로 해직된다. 이 법은 2007년 5월 25일부터 시행된다.

한편 최근 교육감의 주민직선을 골자로 한 '지방교육자치에 관한 법률'의 개정안이 지난 7일 국회 교육위원회를 통과하자, 이에 대한 논의도 본격화되기 시작하였다. 이는 교육의 정치적 중립성과 전문성을 담보하면서 시민사회가 이에 어떻게 반응할지 관심의 대상이 아닐 수 없다.

V. 시민참가와 법학적 사고: 일본과의 비교를 통하여

1. 마츠시타 교수의 시민법학론

1) 일본에서의 시민운동의 대두와 의의

오늘날 '시민혁명'이라고도 말할 수 있는 시민운동의 전개는 우리나라 정치의 지각변동과 우리의 정치, 경제, 문화의 모든 영역에 걸쳐 전반적인 사회 패러다임의 변화를 요구하고 있다.

일본의 경우에도 시민운동을 통한 사회과학의 전환은 현재 시빌 미니멈(civil minimum)[18]의 사상에 근거한 정책과학으로서 도시과학

---

18) 이 시빌 미니멈은 영국의 사회보장정책의 기본이념이었던 내셔널 미니멈

으로의 지향이라는 형태로 상징되지만, 이미 60년대의 공해문제와 도시화, 공업화로 인한 도시문제를 겪으면서 사회구조의 패러다임의 변화를 요구해 왔다.[19]

이에 관한 마츠시타 교수의 이론을 소개해 본다. 마츠시타 교수는 일본의 시민운동의 출발점을 다음과 같이 말하고 있다.[20]

"두말할 필요 없이, 오늘날의 시민운동이 시작단계에 불과한 만큼 시행착오의 단계에 있고 다행한 문제점을 안고 있음은 지적하지 않을 수 없다. 그러나 시민운동은 자본주의·사회주의 체계를 묻지 않고 공업의 발달로 인하여 야기된 긴급한 문제로서 대두된 公害, 都市問題 나아가서는 자연파괴와 자원고갈의 문제를 그 과제로 하고 있다는 점을 간과해서는 안 된다. 시민운동의 배경이 자본주의·사회주의의 체제선택을 모색하면서도, 전 지구적 규모로서 문명사적 의미에서 성숙되어온 공업화·도시화·民化에 있는 한 시민운동은 비판과 참가라고 하는 양면을 내포하고 있으며, 새로운 도시형 생활양식의 창조, 즉 시민에 의한 민주주의 내지는 새로운 정치의 추구 자체를 그 과제로

(national minimum)에서 힌트를 얻은 것이다. 우리 식으로 표현하면, '주민생활의 최저기준'이라고 할 수 있을 것이다. 이 시빌 미니멈이라는 개념을 지방자치단체의 혁신 과정에서 최초로 정립하여 사용한 이가 바로 본 역서의 저자인 松下(마츠시타) 교수이다. 이 시빌 미니멈에 대한 자세한 내용은, 졸고, "地方自治團體의 革新과 시빌 미니멈(Civil Minimum)론"『地方議會硏究 제8권』(1998.11.), 43-62면을 참고하기 바란다.

19) 松下圭一, 都市政策を考える(岩波新書, 1971年)]에서는 이러한 과학방법론적 문제설정을 하였고, 동 저자는 그 후 경제학에 대해서 다시 '시민운동과 경제학[季刊現代經濟, 1972年11月]'이라는 지면을 통해 이러한 패러다임의 전환의 불가피성을 검토하고 있다.

20) 마츠시타 케이치 저(최우용 역), 전게서, 28-29면.

하고 있다고 보고 싶다. 특히 여기에서 시민운동의 대두는 共和의식을 가진 시민적 인간형의 형성이라는, 일본사회에 있어서는 최초의 역사적 형성을 의미하고 있음에 주목하고 싶다. 시민운동은 물가폭등과 공해 및 도시문제의 격화에서 보는 것과 같은 일본 자본주의의 구조적 모순만이 아니라, 중앙정부의 주도에 의한 생산력 확대 지상주의를 추구해 온 명치 100년의 정치구조·사상구조의 전체에 대한 의문을 제시하고 있다. 따라서 기성의 보수·혁신의 이데올로기와 정당대립을 포함한 일본의 역사체질의 전체적인 전환 그 자체가 오늘날의 문제로 대두되고 있다고 할 수 있다. 시민운동이 '市民革命'으로 정의될 수 있는 이유가 바로 여기에 있다."

이처럼 마츠시타 교수는 일본에서의 시민운동을 시민혁명으로까지 끌어올려 그 역사적 의의를 정의하고 있다. 그리고 이 과정에서 마츠시타 교수는 시민중심의 법학에 서지 않고, 관치적, 국가중심적 법학에 대한 통렬한 비판을 전개하고 있다. 그리하여 법학이란 영역에는 외국의 법기술 그리고 사상의 계수라는 부분이 있다고 하더라도, 기본적으로는 사회내부에서 성숙해 온 법의식, 법제도의 이론화여야 하며, 이것이, 市民·法律·法學의 순환구조를 가져야 함은 당연하다고 강조하고 있다. 이제까지 일본 국내의 문제를 설정해서 '살아있는 법'을 문제로 함에 있어서도, 학자들은 일본의 시민으로부터 배우려고 하지 않고 종래 법학의 체제 분석을 함에 지나지 않았던 것이다. 그렇지만 일본에서도 시민이나 지자체에 의해서, 예를 들면 공해규제 등의 조례·要綱이 법학자의 학식을 넘어서 제기되고, 환경권 등도 법학자보다는 시민에게 밀착해 있는 변호사들에 의해서 이론화가 시도된 것이다. 이는 일본 법학의 존재양상의 전환을 상징하는 사태이다.

이 의미에서 시민운동의 대두를 배경으로 법학의 이론구성의 전환을 요구하는 관점의 구축시기가 성숙되어 왔다고 보아도 좋을 것이다. 이 법학적 이론구성의 전환은 또 역으로 시민운동의 성숙요인이 됨과 함께, 나아가 시민운동의 창의성 있는 발상을 집약하는 법제도 개혁의 이론적 좌표를 설정하는 것이라고 말할 수 있을 것이다.

2) 시민운동의 과제

일본에서의 시민운동은 국가가 지향하는 官治的 集權性에 대항하여 지방자치단체를 중심으로 시민에 의한 자치적 분권운동의 전개를 가장 큰 특징으로 들 수 있다.

이러한 시각은 田中(다나카) 전 수상이 내 세웠던 '日本列島改造論'21)을 둘러싼 논쟁에 있어서 첨예하게 제기되었다. 일본열도개조론

---

21) 舊全總(全國總合開發計劃, 1962년)에 대신하는 새로운 국토개발계획으로 1969년 5월 30일에 閣議 결정된 것이 新全國總合開發計劃이다. 舊全總의 거점개발방식이 공해, 자연파괴, 과소화(過疎化)를 초래하였음에도 불구하고, 주민복지의 향상에는 그만큼 기여를 하지 못했기 때문에 궤도수정이 필요하게 되었다. 이에 '新全總'은 '인간을 위한 풍부한 환경을 창조'할 것을 목표로 하였다. 그러나 실제로는 대규모공업기지를 전국 각지에 배치하고 일본 전 국토를 빠짐없이 개발하고, 게다가 교통통신의 새로운 네트워크를 전국에 설치하여 일본열도를 하나의 거대한 도시로 만들려고 함에 그 목적이 있었다. 이러한 발상을 더욱더

은 이미 지가를 중심으로 물가의 폭등을 촉발한 결과 스스로 무너져 버렸지만, 이러한 국토종합개발의 광풍에 의한 피해보다는 생산력을 중심으로 하는 정책결정, 집행절차의 관치적 집권성이라고 하는 메이지시대 이후의 중앙정부의 전통적 발상을 계승하고 있다는 것이다.[22] 이 과정에서 일본의 시민운동은 시민의 자발적 참여에 의한 국가중심의 집권적 행정체제를 분권적 행정체제로 바꿀 것을 주장하고 있다.

3) 정책결정과정에서의 시민운동의 역할

다음으로 시민운동은 정치과정, 특히 지방자치단체와의 거버넌스의 관점에서, ① 지방자치단체 및 국가의 정책결정·집행절차에 대한 사후적인 비판만이 아니라 事前 절차에의 참가, ② 지방자치단체의 자주적인 정책의 구성과 이에 의한 국가의 정책결정, 집행절차의 전환을 제기하고 있다.

이러한 연유로, 시민의 창의성에 근거한 비판과 참가라고 하는 '시민참가'가 오늘날 중요시되고 있는 까닭이다. 여기에서부터 새롭

팽창시킨 것이, 1972년의 自由民主党 총재선거 시에 田中角榮이 발표한 "日本列島改造論"(日刊工業新聞社, 1972年)이다. 연 10%의 경제성장을 전제로 하면서 전국에 1만 킬로의 고속도로와 9000킬로의 고속전철을 놓는다는 구상은 실제 일부는 시행에 들어갔지만, '狂亂地價'라고도 불린 지가의 폭등으로 인하여 국민으로부터 심한 비난을 받고 수정받게 되었다. 참고. 歷史學硏究會編 『日本史史料(現代)』(岩波書店, 1997年)352頁.

22) 松下圭一「田中內閣論」『中央公論』1972年 9月號.

게 시민과 지방자치단체에 의한 지방자치단체 행정만이 아니라, 自治立法과 自治解釋 그리고 국가의 법제개혁이라는 전망이 열려 있다.

시민운동이 제기하고 있는 것은, 당파적인 해석상의 대립을 초월한 차원의 문제이다. 그것은 법학이 전제로 하고 있는 정치이미지와 이론구성의 전환이다. 거기에 새롭게 '시민자치'에 근거한 정치절차의 형성이 요청되는 것이다. 거기에는, 시민이 행정의 주체, 정치의 주체가 되는 官治型에서 自治型으로, 集權型에서 分節型으로라고 하는 행정 및 정치의 이미지 전환이 시작되고 있는 것이다.

2. 일본의 시민운동이 우리에게 주는 시사점

위에서 개략해 본 바와 같이 일본의 시민운동은 공해문제를 배경으로 하여 집권적 행정에 대한 비판을 가하면서 시민운동에 대한 눈을 뜨기 시작한다. 지역의 특수성을 반영하지 못한 일률적인 법률은 지역의 공해문제를 해결하지 못함을 인식하고, 이에 대한 대안으로서 지방자치의 활성화와 이를 통한 조례의 정비를 행하게 된다. 이제까지 관치적인 사고와 중앙집권적인 사고에 익숙해 있던 일본인들에게는 혁명적인 사고가 아닐 수 없었다. 즉 '생존' 앞에 시민들은 비로소 '지방자치'와 '지방자치단체'의 중요성을 인식하기 시작한 것이다.

이러한 점에서 '민주화'의 깃발 아래 활성화되기 시작한 우리의 시민사회와는 본질적인 차이점을 보이고 있다 하겠다. 그러나 일본의 시민사회가 요구한 것도, 우리의 민주화 과정에서의 시민단체가 요구한 것도 결국은 인간의 '생존에의 존엄'을 요구한 것이라고 한다면 목표로 하는 지향점은 동일하다고 하겠다.

그러나 시민의식의 변화와 지방자치단체의 개혁, 그리고 법학에의 인식변화가 함께 일어났던 일본의 경우는 우리에게 많은 시사점을 주고 있다. 또한 이러한 사회변화의 움직임 속에서 소위 '혁신지방자치단체'가 등장한 것도 우리에게는 상당히 많은 시사점을 주고 있다. 이러한 변화 속에서 현재의 일본의 분권운동과 지역혁신운동은 시작된 것이 아닌가 생각한다.

Ⅵ. 마치며: 분권 거버넌스의 실현을 위한 새로운 '시민'상을 위하여

(1) 마무리에 대신하여 분권 거버넌스 실현의 한 축이자 행정 주체인 현재의 지방자치단체에 대한 올바른 헌법적 위상에 대한 평가

에 관해 언급하고자 한다. 지방자치단체의 위상이 기성 헌법이론하에서는 행정법학에 위임되든지, 아니면 언급이 있다고 하더라도 단순한 '입법정책'으로, 다음으로는 소위 '제도적 보장'의 문제로서 정립됨에 지나지 않는다.[23] 이로 인하여, 지방자치단체는 중앙의 국회와 내각 그리고 법원에 대응하는 지역단위의 헌법기구라는 위상은 좀처럼 나타나지 않는다.

지방자치단체는 시민자치기구로서 시민에 의해서 독자적으로 신탁되었다는 정치책임을 지고 있다. 지방자치단체는 시민에 의한 자치입법권, 자치행정권을 행사하고, 시민의 창의를 결집한 시빌 미니멈을 수립하고 지방자치단체의 계획을 책정·실현하여야 한다.

각각의 지방자치단체가 자체의 지역적 특성을 가지고 있는 한, 시민참가에 의한 시빌 미니멈, 지방자치단체계획의 독자적인 책정이 불가피하게 되었다.[24] 이미 전국의 획일적인 행정의 단계는 지나가 버린 것이다. 따라서 이제는 국가중심의 행정체제, 국가중심의 헌법

---

23) 우리 헌법상의 지방자치단체는 자치조직권, 자치행정권, 자치입법권, 자치재정권 등 자치에 관한 고권(高權)을 가지고 있다는 것이 일반적인 설명이다. 일본의 경우, 小林直樹, 憲法講義(下), 766頁 이하. 오늘날의 통설은, 제도적 보장을 적용한 나리타 요리아키(成田賴明) 교수의 이론(「地方自治の보장」『日本國憲法體系』 第5卷, 1964)이라 할 수 있다. 그러나 문제는, 기초지방자치단체로부터 출발하여 기초지방자치단체에서 정치기술적으로 처리 곤란한 정치문제를 어떻게 광역자치단체와 국가에 배분할 것인가라고 하는 문제야말로 입법정책의 문제라고 하겠다. 이미 현행의 지방자치법이 그와 같은 구조로 되어 있는 것에 대해서는, 본서 제1장을 참조하기 바란다.

24) 이 자치단체정책의 의의에 대해서는, 松下圭一 「自治体計劃のつくり方」『講座現代都市政策』 第3卷, 1973年, 참조.

이론과 행정법이론은 이미 파탄의 길에 들어서고 있다고 할 수 있다. 이와 관련하여 우리의 지방자치단체가 원칙으로 삼아야 할 3원칙과 5과제를 제시하고자 한다.

세 원칙으로서는, (1) 지방자치단체에 있어서의 충실한 직접민주주의의 실현, (2) 자치능력의 국민적 함양을 위한 다양한 제도의 개발, (3) 정치체제(헌법구조)의 민주적 개혁을 들 수 있을 것이다. 그리고 이의 성실한 수행을 위한 과제로서, (1) 시민의 정치적 자발성의 환기, (2) 시민생활기준으로서의 시빌 미니멈의 보장과 확충, (3) 지역 생산력의 적정정비를 포함한 도시개조·농촌개조의 실현, (4) 자치권의 확대 내지는 지방자치단체의 연합에 의한 국가의 정치·경제의 재편, (5) 지방자치단체기구의 민주적 능률화이다.

(2) 마지막으로 분권 거버넌스의 주체가 될 시민사회의 주역인 '市民'이란 무엇인가라고 하는 문제가 남는다.

시민이란 자유와 평등이라고 하는 德性을 갖춘 자발적 인간형, 따라서 시민자치를 가능하게 하는 덕성을 갖춘 인간형이라고 말할 수 있다. 그것은 '계급규정'과는 다른 차원의 '인간형'의 문제이다. 이 시민적 인간형에 대해서는 현실적으로 존재하고 있지 않는 이상적인 이론이라는 비판이 성립한다. 그렇지만 시민적 인간형은 理想개념이 아니라 規範개념이다. 민주정치 그리고 헌법이라고 하는 제도 이미지 자체도 또한, 이 시민적 인간형을 전제로 하지 않고는 성립할 수 없는 규범 개념에 지나지 않는다. 분권 거버넌스의 성공도 이 '시민' 상을 우리가 어떻게 형성하고 정립할 것인가에 달려 있다 하겠다.

참고문헌

김남진. (2008). 「行政法Ⅰ」. 서울: 法文社.

김병식. (2001). 지방자치단체의 정책과정에 지역 시민단체의 참여방안에 관한 연구: 경실련의 충청북도 정책과정 참여사례를 중심으로. 「지방정부연구」. 5(3).

오동석. (2002). 지방자치의 필요충분조건으로서의 지방분권과 참여민주주의: 「법과 사회」 제23호, 13면.

오재일. (2000). 지역사회에 있어서 지방정부와 NGO와의 관계에 대한 고찰. 「정부와 NGO」. 한국행정학회 2000년도 기혹세미나 발표논문집.

이근주. (2001). 정부와 NGO 간의 협력유형의 모색: 환경정책의 과정을 중심으로. 「창립45주년기념 국제학술대회 발표자료집1」. 한국행정학회.

이근주. (1999). 「행정과 NGO 파트너십에 관한 연구」. 한국행정연구원.

이계수. (2006), 참여민주주의의 이상과 현실－참여민주주의의 공법적 결산: 「공법학회 제131회 학술발표[2006.10.14] 자료집」, 12면.

최우용. (2008). 「지방자치법 강의(제3판)」, 부산: 동아대학교 출판부.

최우용. (2002). 「현대행정과 지방자치법」, 부산: 세종출판사.

최우용. (2002). 지방분권과 법제도 개혁. 「법과 사회」.

최우용. (2004). 분권화 시대의 지방의회 관련법제의 개정방안. 「공법학연구」.

최우용. (2005). 참여정부의 법률적 분권개혁의 내용과 과제. 「동아법학」, 제37호.

최우용 역. (2006). 「지방자치의 기초이론[원제: 시민자치의 헌법이론]」松
    下圭一 저, 부산: 동아대학교 출판부.
최우용 외. (2004). 「국가균형발전 정책과제 보고서」. 부산지방분권협의회.
최우용. (1998). 地方自治團體의 革新과 시빌 미니멈(Civil Minimum)론.
    「地方議會硏究」. 제8권.
홍정선. (2006), 「行政法原論(上)」, 서울: 博英社.
히르쉬. (2005). NGO, 국가의 새로운 외피: 비정부기구와 국가의 국제
    화(상), 월간사회진보연대, 2005.5, 통권 54호.

松下圭一, 都市政策を考える(岩波新書, 1971年).
松下圭一, '시민운동과 경제학[季刊現代經濟, 1972年11月]'
松下圭一, 「田中內閣論」『中央公論』1972年 9月號.
松下圭一, 「自治体計劃のつくり方」『講座現代都市政策』第3卷, 1973年.
松下圭一, シビル・ミニマムの思想, 1971年.
松下圭一, 「市民的人間型の現代的可能性」1966年.
松下圭一, 『現代政治の條件』(增補版) 1969年.
松下圭一, 「市民參加とその歷史的可能性」『市民參加』1971年, 參照.
米丸恒治, 『私人による行政』(日本評論社、1999)

제2장

로컬 복지 거버넌스의 현주소와 개선전략: 부산광역시 지역사회복지협의체 구성을 중심으로*

권 승(동의대학교 사회복지학과)

Ⅰ. 서 론

21세기 새로운 국정운영 방식으로 간주되고 있는 거버넌스는 정부 주도의 일방적, 수직적 의사결정에 의한 통치가 아닌 국가, 시장, 그리고 시민사회 간의 수평적 네트워크의 구축과 민－관 파트너십을 통한 협치를 추구하는 일종의 사회문제 해결방식 또는 조정양식이라 할 수 있다(이명석, 2002, 이병수 & 김일태, 2001). 이러한 거버넌스의 개념을 지역에 적용한 로컬 거버넌스는 결국 지역사회를 기반으로 그 구성 주체들이 다양한 영역에서 문제해결을 위해 정책과정에

---

* 본 고는 2007년 경성대학교 「사회과학연구」 제23장 제1호에 '부산광역시 지역사회복지협의체 구성의 실태와 개선에 관한 연구'의 제목으로 기 게제한 논문을 수정·보완한 것임을 밝혀둔다.

함께 참여하고 결정하고 책임도 함께 지는 공공의사결정으로 정의될 수 있다(염일열 & 설성현, 2003).

사회복지 영역에서도 이러한 로컬 거버넌스의 개념과 원리는 예외 없이 적용되고 있다. 사실상 서구사회에서는 신자유주의 사상의 높은 파고 속에서 국가의 복지자원 동원의 한계상황을 타파하기 위한 노력의 일환으로 정부에 의한 복지서비스의 직접적 제공 대신 비영리·비공식·자발적 부문 간의 네트워크 구축, 민－관 파트너십 형성 등 지역에 기반을 둔 대안적 복지공급체계를 찾고자 하는 움직임이 이미 오래전부터 있어 왔다(Cochrance, 1998; Geddes & Benington, 2001).

한편, 우리나라의 경우에는 90년대 초반 민주화의 열풍을 기반으로 지방화의 시대가 열린 이후, 참여정부 들어 지방분권이 국정운영의 기본 방침 중의 하나로 설정됨으로써 중앙정부에서 지방정부로, 관치에서 협치로 국가운영의 패러다임이 변화할 수 있는 기틀이 마련되었다고 할 수 있다.

이와 같은 복지환경의 변화 속에서 중앙정부와 지방정부 간, 국가와 시민단체 간의 사회복지서비스 제공에 있어서의 역할분담에 관한 논의가 학계에서 활발히 진행되어 왔다. 그럼에도 불구하고 그동안 복지영역에서 로컬 거버넌스 이론을 적용한 국내연구(강창현, 2002, 주성수, 2002, 이도형, 2004)는 많지 않으며, 특히 지방차원의 복지분야에서 실제로 어느 정도의 거버넌스가 형성되어 있는지를 분석한 연구를 찾기란 쉽지 않다. 더욱이 거버넌스의 형성 정도를 살펴본 소수의 연구들조차도 객관적인 자료를 기반으로 한 실증적인 분석보다는 복지관련 사례의 경과 과정에 대한 주관적 인식을 바탕으로 거버넌스의 형성 정도를 추론해 보거나, 설문을 통해 민 또는 관에서 자의적으로 생각하는 해당 지역의 복지 거버넌스 형성 정도를 살펴본 것이기에 분석결과의 객관성이 떨어진다는 한계를 지닌다. 또한 지금까지 복지영역에 있어서 특정 지역의 거버넌스 형성 정도를 타 지역과 비교하여 실증적으로 분석한 연구는 찾아볼 수 없다.

따라서 본 연구는 2003년 개정 사회복지사업법에 근거하여 전국의 지자체에 구성하도록 되어 있는 지역사회복지협의체와 관련하여 협의체 구성을 위한 준비단 구성 여부, 협의체 구성방식, 실무협의체 구성 여부, 분야별 참여위원비율, 공동위원장 여부, 상근 민간유급간사 유무, 협의체 회의 개최 횟수 및 협의체 운영 예산액 등 총 8개 영역의 다양한 제 측면들을 시·도별 또는 부산시 16개 구·군별 비교를 통해 첫째, 부산광역시의 복지 거버넌스 구현 의지를 실증적으로 분석해 봄으로써 거버넌스 형성 정도를 파악하고, 둘째, 부산광역시 지역사회복지협의체의 구성상의 문제점을 파악하며, 셋째, 그러한 문제점을 해결할 수 있는 개선방향을 탐색하여 성숙한 로컬 복지 거버넌스 형성을 위한 대안을 제시하고자 한다.

본 연구는 보건복지부가 2006년 8월 말 기준으로 국회보고용으로 제출한 자료와 부산시 각 지자체의 지역사회복지협의체 담당 공무원을 대상으로 실시한 전화 인터뷰를 통해 획득한 자료를 활용하여 분석하였다.

Ⅱ. 로컬 복지 거버넌스의
이론적 배경 – 민의 실질적 참여

로컬 복지거번너스의 개념은 다양하게 정의되고 있다. 하지만 지역사회의 다양한 구성원(시민단체, 기관, 조직, 정부 등)들이 지역복지에 관한 공유된 목적을 달성하기 위해 복지관련 제반 사안들에 있어 함께 참여하고, 함께 결정하며, 함께 해결해 가는 과정을 내포하고 있다는 점에는 공감대가 형성되어 있다. 따라서 로컬 복지거버넌스에는 다수의 참여자가 존재하게 되며, 특히 주민참여는 본질적 요소라 할 수 있다(김석준 외, 2002).

이러한 주민참여에 대해 Burke(1968)는 주민의사가 지역과 관련한 의사결정에 절대적인 영향력을 발휘하는 것이라 보면서 주민이 그들의 운명에 영향을 미치는 결정에 역할을 담당해야 한다고 주장한다. 또한 Arnstein(1969)은 주민참여를 정치·경제적 과정에서 배제되고 있는 무산계급(have–nots)을 정치과정에 포함시키는 것을 가능케 하는 권력의 재분배라고 정의 내린다.

주민참여가 정책결정과정에 긍정적인 영향만 미치는 것은 아니며 경우에 따라 부정적인 효과를 내는 경우도 물론 있다.[1] 하지만 주민

---

1) 주민참여의 부정적 측면은 첫째, 정책결정이 자원을 상대적으로 많이 소유한 기득권층에 유리하게 작용할 수 있으며, 둘째, 정책과정의 효율성

참여는 행정관료의 기본성향에 따라 필연적으로 나타나는 능률편향을 완화시키고, 정책과정에 주민의 의사를 투입시켜 정책내용이 일부 계층이 아닌 일반주민의 이익에 보다 부합하는 방향으로 정해지도록 함으로써 사회적 형평성을 제고하며, 주민의 협조확보를 통한 정책집행의 능률성 및 정책결정의 책임성 제고 등과 같은 순기능을 수행함으로써 주민복지증진에 기여한다는 측면에서 필요하다(조석주, 2005).

하지만 진정한 의미의 거버넌스가 실현되기 위해서는 단지 주민의 참여가 보장되는 것만으로는 부족하다. 시민(주민)의 참여는 거버넌스 실현을 위한 최소한의 조건이며, 참여자들이 서로 간 우열이 존재하지 않고 형평성이 보장될 때 진정한 의미의 거버넌스가 실현될 수 있다. 즉 선진국과 같이 시민사회가 성숙되어 정부와 대등한 관계를 유지할 힘이 없다면 아무리 적극적인 시민참여가 이루어진다 해도 진정한 의미의 거버넌스를 실현할 수 없다. 하지만 우리 사회는 여전히 관의 민에 대한 지배가 일반적이며, 시민참여 또한 동원적인 수준을 벗어나지 못하고 있는 것이 사실이다.

그렇다면 지역사회복지협의체 구성의 실상은 이러한 우려를 불식시킬 수 있는 구조인가?

중앙정부가 아닌 지방정부 수준에서 사회복지 서비스의 공급이 이루어질 수 있는 환경구축을 위한 제도적인 밑받침이 된 2003년 개

을 저해할 수 있고, 셋째, 정책결정의 중립성을 저해할 수 있으며, 넷째, 선동가의 무대가 될 수 있고, 다섯째, 정치안정을 저해할 수도 있으며, 여섯째, 조작적인 참여가 발생할 수 있다(이승종, 2003).

정 사회복지사업법은 지역사회복지계획을 포함한 관할지역 내의 사회복지사업에 관한 중요 사항을 심의 또는 건의하고, 사회복지와 보건의료 관련 기관들이 제공하는 사회복지서비스 및 보건의료서비스의 연계와 협력을 강화하기 위해 전국의 모든 시·군·구에 지역사회복지협의체를 구성해야 한다는 내용을 담고 있다. 이러한 지역사회복지협의체는 사회복지업무를 담당하는 자치구의 공무원은 물론 보건·복지 관련 학자, 사회복지기관 또는 단체 대표, 보건의료 기관 또는 단체 대표, 공익단체에서 추천하는 자 등을 반드시 포함하여 구성하도록 법률로 규정하고 있다.

따라서 지역사회복지협의체는 사회복지 영역에서 민-관 파트너십을 통한 공동협력을 지향하는 기구이며 지역사회 단위에서 사회복지 영역의 거버넌스를 구현할 수 있는 유용한 틀이라 할 수 있다(심재호, 2005). 또한 지역사회복지협의체는 관의 복지 거버넌스의 이념에 대한 지향 정도와 현재의 구현 정도를 가늠해 볼 수 있는 유용한 척도라 할 수 있다.

문제는 이처럼 제도적 수단을 통하여 민이 지역사회복지와 관련된 사안에 대해 의사표현의 기회가 주어졌다고는 하지만 참여의 질적 수준은 모든 시·군·구의 지역사회복지협의체에서 동일하지 않을 수 있다는 점이다. 다시 말해, Arnstein(1969)의 제도적 참여의 유형분류에서 알 수 있듯이 민의 실질적 참여가 보장되어, 정책결정과정에서 권력을 소유하고 있는 관과 협상을 행할 수 있는 '파트너십(partnership)' 수준 이상의 '주민권력적(citizen power) 참여'가 이루어질 수도 있다. 하지만 행정의 일정단계에서 민의 의사를 듣기는 하지만 반영을 하지 않는 등, 정책의 결정권은 여전히 관에서 보유하게 되는 '형식적 참여(tokenism)'의 수준을 넘지 못하는 경우도 상당하다.

실제로 우리나라 지역사회의 제도적 주민참여는 대부분의 경우 단지 절차적 정당성의 확보를 위한 형식적 참여의 수준을 벗어나지 못하고 있다. 더욱이 현재 각 지역사회에서는 위원회 심의회 등에 참여하는 주민대표, 시민대표, 전문가대표 등이 진정으로 주민들의 욕구를 대변할 수 있는 대표성을 가지지 못하는 취약한 구조를 가지고 있다. 이러한 문제는 특히 지방정부가 정책과정에서 주도권을 가지고 기구 구성원들을 일방적으로 자신들의 의도에 따라 구성하는 것이 일상화됨으로써 더욱 악화되고 있다(진재문, 2005).

이러한 상황하에서 복지분야에 있어 민-관 파트너십의 결정판이라 할 수 있는 지역사회복지협의체의 구성과 운영의 실상을 분석하고 그 문제점을 파악하는 노력은 성숙한 로컬 복지 거버넌스의 실현을 위해 필요한 일이 아닐 수 없다 .

따라서 본 연구에서는 현재 부산시 지역사회복지협의체 구성과 운영에 있어 과연 민-관의 관계가 과거의 '종속적 대행자'(김영종, 2004) 관계로부터 탈피하여 대등한 위치에서 협력을 도모하고 진정한 의미의 파트너십을 수행할 수 있는 '협조적 동반자(collaborative-partner)' (Gidron, Kramer & Salamon, 1992)의 관계를 이룰 수 있는 구조로 되어 있는지를 분석하고, 그러한 구조를 형성하기 위한 관의 실질적인 노력이 경주되었는지를 살펴봄으로써 부산시 복지영역에 있어서의 로컬 거버넌스의 현 실태와 문제점을 파악하고 그 개선방향을 논의해 보고자 한다.

Ⅲ. 분석의 틀

　본 연구에서는 지역사회복지협의체 구성의 여러 부문들에 있어 다음과 같은 기준과 타 시·도와의 비교를 통해 부산시의 복지영역에 있어서의 거버넌스 구현에 대한 관의 의지를 분석하고 그에 따른 민의 '협조적 동반자'의 역할가능성에 대해 예견해 보고자 한다.

　첫째, 준비단 구성 여부는 관이 지역사회복지협의체라는 기구를 통해 지역의 복지 거버넌스를 이루고자 하는 의지를 판단할 수 있는 제1차적인 척도라 할 수 있다. 본 연구에서는 타 시·도의 준비단 구성비율과의 비교를 통해 부산시 관의 복지 거버넌스 구현의지의 정도를 분석하고자 한다.

　둘째, 지역사회복지(대표)협의체 구성방식의 경우, 본 연구에서는 공개모집을 통한 협의체 구성비율이 50%를 상회하는지를 살펴보고, 또한 타 시·도의 공개모집 구성비율과 비교해 봄으로써 부산시의 지역사회복지협의체가 향후 관 주도형으로 이끌려 갈 것인지 아니면 민－관 협력의 방향으로 나아갈 것인지를 분석해 보고자 한다.

　셋째, (대표)협의체 및 실무협의체 구성 여부에 있어, 미구성률을 타 시·도와 비교해 봄으로써 부산시의 복지 거버넌스 구현의지를 분석하고자 한다.

　넷째, 지역사회복지협의체 분야별 위원비율의 경우, 관계공무원과

복지사업기관단체 대표의 합산비율이 전체의 50% 이하인지, 그리고 타 시·도에 비해 낮은 비율을 차지하는지를 살펴봄으로써 부산시 관의 복지 거버넌스 구현 정도를 분석하고자 한다.

다섯째, 공동위원장 여부에 있어서는 관 단독위원장의 비율을 전국 시·도의 관 단독위원장 비율과 비교해 봄으로써 지역사회복지협의체 운영이 민-관 협력의 형태로 운영될 수 있는 구조인가를 분석한다.

여섯째, 상근 민간유급간사 유무의 경우, 민간유급간사 채용비율이 적어도 50% 이상을 상회하는가를 살펴보고자 한다.

일곱째, 지역사회복지협의체 회의 개최 횟수의 경우에는 보건복지부가 권고하는 회의 개최 횟수를 충족시키는지를 분석해 봄으로써 부산시의 복지 거버넌스에 대한 의지를 판단하고자 한다.

여덟째, 운영 예산액의 경우, 실무협의체는 차치하고 보건복지부의 지침에 따른 최소한의 회의 개최를 위한 (대표)협의체 회의비인 약 2,200여만 원을 상회하는 예산을 책정한 지자체가 50%를 넘는지를 파악하여 관의 협의체 운영에 따른 복지 거버넌스 구현의지를 분석해 보고자 한다.

Ⅳ. 부산시 지역사회복지협의체의 실태

1. 지역사회복지(대표)협의체
구성을 위한 준비단 구성 여부

지역사회복지협의체 구성을 위한 준비단 구성 여부는 관이 지역사회복지협의체라는 기구에 대해 가지고 있는 인식은 물론 복지영역에 있어서 민-관 협력의 거버넌스적 운영에 대한 열의를 가늠해 볼 수 있는 척도가 될 수 있다.

다음의 <표 1>에서 볼 수 있듯이 부산시에서 최초에 지역사회복지협의체를 구성하기 위하여 준비단을 구성하여 운영한 지자체는 16개 구·군 가운데 10개로서 62.5%의 구성률을 보였다.

이러한 결과는 2005년 7월에 각 지역의 지역복지운동단체가 서울특별시, 인천광역시, 대구광역시, 충청남·북도 및 경기도 등 총 6개의 지자체를 대상으로 지역사회복지협의체의 추진상황을 조사한 결과와 비교해 볼 때 저조한 구성률이라 할 수 있다. 실제로 2005년 조사에서는 부산시와 같은 타 광역시의 경우 준비단 구성률은 75%에 달해 부산시보다 월등히 높은 구성률을 보였다. 반면, 준비단 구성 여부는 지역 내 자원의 양에 영향을 받을 수 있다는 점을 고려한다면 자원이 상대적으로 적은 광역도의 경우 부산시보다 월등히 낮은 구성률을 보일 것으로 예상했으나, 광역도의 준비단 구성률은 평균 58%로 나타나 부산시의 구성률 62.5%와 별반 차이가 나지 않았다(김성한, 2005).

결론적으로 이러한 결과는 보유자원의 많고 적음의 문제 이전에 부산시가 진정한 의미의 민-관 협력기구로서의 지역사회복지협의체를 구성하고자 하는 순수한 의지와 열의가 처음부터 다른 시도에 비해 상대적으로 부족했다는 사실을 보여주는 것이라 할 수 있다.

〈표 1〉 부산시 구·군별 준비단 구성 여부 및 협의체 구성방식

구 분	지역사회복지(대표) 협의체 준비단 구성 여부	지역사회복지(대표)협의체 구성방식
중 구	무	단체장이 위촉 임명
서 구	유	준비단 → (대표)협의체, 그 외 단체장이 위촉 임명
동 구	유	준비단 → (대표)협의체, 그 외 단체장이 위촉 임명
영도구	유	준비단 → (대표)협의체, 그 외 단체장이 위촉 임명
부산진구	유	준비단 → (대표)협의체, 그 외 단체장이 위촉 임명
동래구	무	단체장이 위촉 임명
남 구	유	준비단 → (대표)협의체, 그 외 단체장이 위촉 임명
북 구	유	준비단 → (대표)협의체, 그 외 단체장이 위촉 임명
해운대구	무	단체장이 위촉 임명
사하구	유	단체장이 위촉 임명
금정구	무	단체장이 위촉 임명
강서구	유	준비단 → (대표)협의체, 그 외 단체장이 위촉 임명

구　분	지역사회복지(대표)협의체 준비단 구성 여부	지역사회복지(대표)협의체 구성방식
연제구	무	단체장이 위촉 임명
수영구	유	준비단 → (대표)협의체, 그 외 단체장이 위촉 임명
사상구	무	단체장이 위촉 임명
기장군	유	준비단 → (대표)협의체, 그 외 단체장이 위촉 임명

2. 지역사회복지(대표)협의체 구성방식

　지역사회복지(대표)협의체 구성방식은 크게 세 가지로 구분할 수 있다. 첫째는 준비단의 구성원이 대부분 또는 모두 지역사회복지(대표)협의체의 위원으로 구성되는 경우이다. 둘째는 단체장이 일방적으로 대부분의 위원을 새롭게 위촉하여 임명하는 경우이다. 세 번째는 공개모집 방식 또는 민간단체로부터 실질적인 추천을 받은 후 단체장이 임명하는 경우이다. 준비단 자체가 거의 대부분 지차제가 일방적으로 구성한 경우이기 때문에 첫 번째와 두 번째의 방식은 관 주도형이라 할 수 있으며 마지막 방식은 민 - 관 협의형이라 볼 수 있다(김성한, 2005).

　앞의 <표 1>에서 볼 수 있듯이 부산시 16개 구·군 가운데 지역사회복지(대표)협의체 준비단의 구성원을 대부분 또는 모두 지역사회복지(대표)협의체의 위원으로 전환시킨 지자체가 9개, 단체장이 대부분 새롭게 위촉 임명한 지자체가 7개인 것으로 나타나 16개 구·군 모두가 관 주도형 방식으로 지역사회복지(대표)협의체를 구성한 것으로 나타났다. 다시 말해 공개모집 방식을 통한 민－관 협의형으로 지역사회복지(대표)협의체의 위원을 선출한 지자체는 단 한 곳도 없다. 물론 실질적으로 위원으로 활동할 자원이 빈약한 지역사회라면 공개모집 방식이 실익없이 형식화 될 가능성이 높기에 어쩔 수 없이 관에서 선임하는 방식을 취할 수밖에 없을 수도 있다. 하지만 부산시는 타 지역에 비하면 자원이 상대적으로 많은 편에 속하기 때문에 이러한 이유를 적용하는 것에는 무리가 따른다.

더욱이 전술한 각 지역의 지역복지운동단체가 2005년 7월 조사한 결과에 따르면 민－관 협의형으로 (대표)협의체를 구성하기 위해 공개모집방식을 채택한 비율은 서울 28%, 대구 25%, 인천 20%, 충북 17%, 충남 11% 등으로 대부분의 지역이 약 10%～30%의 채택률을 기록하고 있다(김성한, 2005). 이러한 조사결과와 비교해 보면 부산시의 민－관 파트너십에 대한 의식수준이 얼마나 심각히 낮은 수준인지를 가늠할 수 있다.

사실상 지역사회복지협의체의 구성방식은 협의체 위원들의 분야별 구성비율과 함께 지역사회복지협의체가 진정한 의미의 성숙한 거버넌스적 운영을 해나갈 것인가를 평가할 수 있는 가장 중요한 잣대 중의 하나이다. 따라서 민－관 협의형으로 선출된 위원이 단 한 명도 없다는 사실은 부산시가 적어도 복지분야에 있어서는 계속해서 관 주도형으로 나가겠다는 의지의 표명이며 로컬 복지 거버넌스의 구현에 대한 의지가 없다는 것으로 해석하여도 큰 무리가 없음을 보여준다.

3. 지역사회복지(대표)협의체 및 실무협의체 구성 여부

다음의 <표 2>에서 볼 수 있듯이 2006년 8월 31일 현재 부산시 16개 구·군을 포함하여 전국의 모든 지자체가 지역사회복지(대표)협의체를 구성하고 있다. 한편, 지역사회복지실무협의체의 경우, 전국의 대부분의 지자체에서 구성을 완료한 상태이지만 전체 지자체 중 여전히 9곳(3.8%)이 미구성 상태로 남아 있다. 지역사회복지실무협의체 미구성 지자체 9곳은 서울시가 5곳, 부산시는 2곳, 그 외 울산시와 경기도가 각 각 1곳이며, 미구성률로는 부산시가 12.5%로서 서울시(20.0%)와 울산시(20.0%)를 제외하고 전국 16개 시·도 가운데 가장 높은 미구성률을 보이고 있다.

지역사회복지실무협의체의 구성이 비록 사회복지사업법에 임의규정으로 되어 있기는 하지만 실무협의체는 복지서비스 제공과 연계에 관한 협의를 포함하여 서비스 질 향상을 위한 다양한 사업안을 협의하고 협의된 안을 지역사회복지(대표)협의체에 상정하는 등 실질적인 업무를 수행하는 역할을 맡고 있다.

따라서 실무협의체의 존재 여부는 해당 지자체의 지역사회복지협의체라는 기구 자체에 대한 내면적인 인식을 반영해 주는 척도라 할수 있다. 이러한 맥락에서 부산시의 지역사회복지협의체에 대한 인식은 긍정적이지 않으며, 따라서 지역사회복지협의체라는 기구를 통한 민－관 협치의 실현의지 또한 크지 않다고 결론지을 수 있다.

〈표 2〉 시·도별 지역사회복지협의체 및 실무협의체 구성 현황

(개, %)

시·도	지역사회복지(대표)협의체 구성현황						지역사회복지실무협의체 구성현황			
	지자체수	구 성		미구성			구 성		미구성	
총계	234	234	(100.0)	0	(0.0)		225	(96.2)	9	(3.8)
서울	25	25	(100.0)	0	(0.0)		20	(80.0)	5	(20.0)
부산	16	16	(100.0)	0	(0.0)		14	(87.5)	2	(12.5)
대구	8	8	(100.0)	0	(0.0)		8	(100.0)	0	(0.0)
인천	10	10	(100.0)	0	(0.0)		10	(100.0)	0	(0.0)
광주	5	5	(100.0)	0	(0.0)		5	(100.0)	0	(0.0)
대전	5	5	(100.0)	0	(0.0)		5	(100.0)	0	(0.0)
울산	5	5	(100.0)	0	(0.0)		4	(80.0)	1	(20.0)
경기	31	31	(100.0)	0	(0.0)		30	(96.8)	1	(3.2)
강원	18	18	(100.0)	0	(0.0)		18	(100.0)	0	(0.0)
충북	12	12	(100.0)	0	(0.0)		12	(100.0)	0	(0.0)
충남	16	16	(100.0)	0	(0.0)		16	(100.0)	0	(0.0)
전북	14	14	(100.0)	0	(0.0)		14	(100.0)	0	(0.0)
전남	22	22	(100.0)	0	(0.0)		22	(100.0)	0	(0.0)
경북	23	23	(100.0)	0	(0.0)		23	(100.0)	0	(0.0)
경남	20	20	(100.0)	0	(0.0)		20	(100.0)	0	(0.0)
제주	4	4	(100.0)	0	(0.0)		4	(100.0)	0	(0.0)

4. 분야별 지역사회복지협의체 위원 비율

1) 지역사회복지(대표)협의체

다음의 <표 3>에서 볼 수 있듯이 부산시 지역사회복지(대표)협의체 위원들의 분야별 구성비율을 살펴보면, 복지사업기관단체 대표가 29.0%로 가장 많은 비중을 차지하고 있으며 그 다음으로 관계공무원이 20.8%를 차지하고 있다. 반면, 학계에 있는 인사는 14.8%, 공익단체추천자는 15.0%에 불과한 것으로 나타났다. 특히 시·도 간 비교에 있어서도 부산시의 관계공무원 참여율은 충북(21.5%) 다음으로 제일 높은 반면 공익단체추천인사 참여율은 대구(9.7%), 강원도(12.5%), 서울(13.3%), 인천(13.9%), 충북(14.5%)에 이어 전국 16개 시·도 가운데 여섯 번째로 낮은 것으로 나타났다.

이처럼 관계공무원의 비율이 학계나 공익단체추천인사보다 높다는 사실은 부산시가 지역사회복지협의체의 운영에 있어 관 주도형이 될 여지가 크다는 사실을 보여준다. 더욱이 복지사업기관단체 대표의 비율이 29.0%를 차지하고 있는데, 이들이 지역사회복지협의체를 이끌어 갈 지역사회복지분야의 주요한 인적 자원이라는 점에는 이의가 없다. 하지만 이들이 관으로부터 재정적 지원은 물론 행정적 관리감독을 받는다는 점에서 공익단체 추천을 받은 자 또는 학자들보다 관의 영향을 받을 가능성이 상대적으로 높은 집단이라는 점을 고려한다면 지역사회복지협의체의 운영이 관 주도형으로 흘러갈 가능성은 더욱 높아질 것으로 예상할 수 있다.

〈표 3〉 시·도별 지역사회복지(대표)협의체 위원 현황

(명, %)

시·도	소계		학식 경험 풍부한 자		복지사업기관단체대표		보건의료기관 단체대표		공익단체 추천		관계공무원		기타(기업인, 종교인 등)	
					분야별 위원 현황									
총계	4,087	(100.0)	469	(11.5)	1,212	(29.7)	605	(14.8)	713	(17.4)	770	(18.8)	318	(7.8)
서울	450	(100.0)	57	(12.7)	121	(26.9)	74	(16.4)	60	(13.3)	82	(18.2)	56	(12.4)
부산	283	(100.0)	42	(14.8)	82	(29.0)	47	(16.6)	45	(15.9)	59	(20.8)	8	(2.8)
대구	144	(100.0)	14	(9.7)	55	(38.2)	25	(17.4)	14	(9.7)	25	(17.4)	11	(7.6)
인천	187	(100.0)	21	(11.2)	54	(28.9)	30	(16.0)	26	(13.9)	30	(16.0)	26	(13.9)
광주	95	(100.0)	8	(8.4)	39	(41.1)	11	(11.6)	17	(17.9)	16	(16.8)	4	(4.2)
대전	99	(100.0)	10	(10.1)	43	(43.4)	12	(12.1)	19	(19.2)	15	(15.2)	0	(0.0)
울산	75	(100.0)	12	(16.0)	14	(18.7)	15	(20.0)	14	(18.7)	15	(20.0)	5	(6.7)
경기	557	(100.0)	61	(11.0)	173	(31.1)	76	(13.6)	101	(18.1)	102	(18.3)	44	(7.9)
강원도	311	(100.0)	41	(3.2)	108	(34.7)	46	(14.8)	39	(12.5)	60	(19.3)	17	(5.5)
충북	200	(100.0)	21	(10.5)	63	(31.5)	24	(12.0)	29	(14.5)	43	(21.5)	20	(10.0)
충남	277	(100.0)	22	(7.9)	74	(26.7)	46	(16.6)	62	(22.4)	51	(18.4)	22	(7.9)

분야별 위원 현황

시·도	소계		학식 경험 풍부한 자		복지사업기관단체 대표		보건의료기관 단체대표		공익단체 추천		관계공무원		기타(기업인, 종교인 등)	
전 북	229	(100.0)	19	(8.3)	68	(29.7)	32	(14.0)	51	(22.3)	47	(20.5)	12	(5.2)
전 남	377	(100.0)	50	(13.3)	96	(25.5)	56	(14.9)	78	(20.7)	72	(19.1)	25	(6.6)
경 북	388	(100.0)	44	(11.3)	87	(22.4)	57	(14.7)	80	(20.6)	72	(18.6)	48	(12.4)
경 남	342	(100.0)	36	(10.5)	110	(32.2)	46	(13.5)	64	(18.7)	69	(20.2)	17	(5.0)
제주도	73	(100.0)	11	(15.1)	25	(34.2)	8	(11.0)	14	(19.2)	12	(16.4)	3	(4.1)

한편, 다음의 <표 4>는 부산시 16개 구·군별 지역사회복지(대표)협의체 위원들의 분야별 참여율을 살펴본 것이다.

관계공무원의 참여비율은 남구(31.6%), 동래구(27.8%), 수영구(26.3%) 순으로 높은 것으로 나타났다. 사실상 지역사회복지(대표)협의체의 위원은 10~20명으로 구성하도록 규정되어 있으며, 평균적으로 18명 선에서 구성되어 있는 상황에서 (대표)협의체 위원 대상 가운데 공무원은 자치단체장, 복지담당국장(군지역은 복지과장), 보건소장 등 3명으로 필요 충분하다. 하지만 수영구와 동래구는 5명, 남구는 6명의 공무원을 포함시키고 있다. 반면, 공익단체 추천 사례의 경우, 부산진구, 사하구, 기장군 등 3곳의 지자체에서는 단 1명도 없는 것으로 나타났으며, 연제구도 단 1명(5.9%)에 불과한 것으로 나타났다.

하지만 더욱 심각한 문제는 <표 4>에 나타나 있는 현황과는 달리 각 지자체가 복지부에 보고한 지역사회복지협의체 위원들의 분야별 참여율이 실제와는 다르다는 사실이다. 실제로 부산시의 지자체 중에는 지방노동지청장, 한국전력지점장, 국민건강보험관리공단 지사대표 등을 공익단체가 추천한 자들로 분류하여 구색 맞추기에 열중하고 있는 지자체도 있는 것으로 나타났다.

더욱이 사회복지사업법은 공익단체를 비영리민간단체지원법 제2조의 규정에 의한 비영리 민간단체로 규정하고 있다. 따라서 공익단체 추천 몫으로는 보건복지분야의 시민단체(대표)가 반드시 참여해야 한다. 하지만 지역사회복지협의체에 대한 관 주도의 운영을 실질적으로 견제하고 지역주민의 복지 욕구와 입장을 진정으로 대변할 수 있는 시민단체들의 참여는 찾아보기 어려운 것이 부산시 지역사회복지협의체의 현실이다.

〈표 4〉부산시 구·군별 지역사회복지(대표)협의체 위원 현황

(명, %)

구·군	소 계		분야별 위원 현황					
			학식경험 풍부한자	복지사업 기관단체대표	보건의료 기관단체대표	공익단체추천	관계공무원	기타(기업인, 종교인 등)
부산시	283	(100.0)	42 (14.8)	82 (29.0)	47 (16.6)	45 (15.9)	59 (20.8)	8 (2.8)
중 구	17	(100.0)	1 (5.9)	2 (11.8)	3 (17.6)	8 (47.1)	3 (17.6)	0 (0.0)
서 구	18	(100.0)	1 (5.6)	5 (27.8)	4 (22.2)	5 (27.8)	3 (16.7)	0 (0.0)
동 구	18	(100.0)	2 (11.1)	8 (44.4)	1 (5.6)	3 (16.7)	4 (22.2)	0 (0.0)
영도구	16	(100.0)	1 (6.3)	6 (37.5)	3 (18.8)	2 (12.5)	4 (25.0)	0 (0.0)
부산진구	19	(100.0)	6 (31.6)	5 (26.3)	4 (21.1)	0 (0.0)	4 (21.1)	0 (0.0)
동래구	18	(100.0)	4 (22.2)	3 (16.7)	2 (11.1)	4 (22.2)	5 (27.8)	0 (0.0)
남 구	19	(100.0)	3 (15.8)	4 (21.1)	3 (15.8)	3 (15.8)	6 (31.6)	0 (0.0)
북 구	19	(100.0)	3 (15.8)	6 (31.6)	4 (21.1)	2 (10.5)	3 (15.8)	1 (5.3)
해운대구	15	(100.0)	3 (20.0)	2 (13.3)	3 (20.0)	4 (26.7)	3 (20.0)	0 (0.0)
사하구	20	(100.0)	3 (15.0)	11 (55.0)	3 (15.0)	0 (0.0)	3 (15.0)	0 (0.0)
금정구	19	(100.0)	3 (15.8)	7 (36.8)	3 (15.8)	3 (15.8)	3 (15.8)	0 (0.0)

분야별 위원 현황

구·군	소 계		학식경험 풍부한자		복지사업 기관단체대표		보건의료 기관단체대표		공익단체추천		관계공무원		기타(기업인, 종교인 등)	
강서구	17	(100.0)	2	(11.8)	6	(35.3)	2	(11.8)	4	(23.5)	3	(17.6)	0	(0.0)
연제구	17	(100.0)	1	(5.9)	6	(35.3)	3	(17.6)	1	(5.9)	3	(17.6)	3	(17.6)
수영구	19	(100.0)	4	(26.3)	4	(21.1)	2	(10.5)	3	(15.8)	5	(26.3)	0	(0.0)
사상구	20	(100.0)	2	(10.0)	4	(20.0)	4	(20.0)	3	(15.0)	4	(20.0)	3	(15.0)
기장군	12	(100.0)	2	(16.7)	3	(25.0)	3	(25.0)	0	(0.0)	3	(25.0)	1	(8.3)

2) 지역사회복지실무협의체

부산시에서 지역사회복지협의체가 관 주도형으로 운영될 가능성이 높다는 우려는 지역사회복지실무협의체 구성원들의 분석을 통해 더욱 깊어진다.

다음의 <표 5>에서 볼 수 있듯이 부산시 지역사회복지실무협의체 위원 중 공익단체 추천 사례 비율은 8.8%로서 타 시도와 비교할 경우에도 상대적으로 낮은 상황이며, 더욱이 지역사회복지(대표)협의체의 구성 비율 15.9%와 비교하면 약 절반 수준에 그치고 있다. 반면, 관계공무원의 비율은 30.5%를 차지함으로써 지역사회복지(대표)협의체의 구성비율 20.8%보다 약 10%가량이나 증가한 것을 확인할 수 있다.

전술한 바와 같이 지역사회복지협의체 활동에 있어 실질적인 기능을 수행하면서 지역사회복지(대표)협의체가 심의할 다양한 복지사업 안현들을 논의하고 상정하는 역할을 맡고 있는 지역복지실무협의체에서 관계공무원의 비율이 약 1/3을 차지하고 있으며 더욱이 관의 영향을 받을 가능성이 높은 복지사업기관단체 대표들이 40%를 넘는 비율을 차지한다는 사실은 부산시 지역사회복지협의체가 민-관 파트너십이 제대로 발현되기 어려운 구조임을 보여주는 것이라 할 수 있다.

〈표 5〉 시·도별 지역사회복지실무협의체 위원 현황

(명, %)

시·도	소계	분야별 참여자 현황					
		학식경험 풍부한 자	복지사업 기관단체대표	보건의료 기관단체대표	공익단체추천	관계공무원	기타(기업인, 종교인 등)
총 계	3,876 (100.0)	220 (5.7)	1,450 (37.4)	422 (10.9)	441 (11.4)	1,211 (31.2)	132 (3.4)
서 울	359 (100.0)	9 (2.5)	157 (43.7)	41 (11.4)	24 (6.7)	117 (32.6)	11 (3.1)
부산시	226 (100.0)	12 (5.3)	95 (42.0)	27 (11.9)	20 (8.8)	69 (30.5)	3 (1.3)
대 구	137 (100.0)	5 (3.6)	73 (53.3)	16 (11.7)	9 (6.6)	31 (22.6)	3 (2.2)
인 천	176 (100.0)	15 (8.5)	62 (35.2)	29 (16.5)	14 (8.0)	44 (25.0)	12 (6.8)
광 주	95 (100.0)	2 (2.1)	52 (54.7)	8 (8.4)	3 (3.2)	27 (28.4)	3 (3.2)
대 전	99 (100.0)	10 (10.1)	43 (43.4)	12 (12.1)	19 (19.2)	15 (15.2)	0 (0.0)
울 산	65 (100.0)	5 (7.7)	29 (44.6)	4 (6.2)	7 (10.8)	18 (27.7)	2 (3.1)
경 기	558 (100.0)	41 (7.3)	200 (35.8)	53 (9.5)	46 (8.2)	196 (35.1)	22 (3.9)
강원도	298 (100.0)	17 (5.7)	127 (42.6)	34 (11.4)	33 (11.1)	80 (26.8)	7 (2.3)
충 북	205 (100.0)	8 (3.9)	78 (38.0)	20 (9.8)	26 (12.7)	63 (30.7)	10 (4.9)
충 남	270 (100.0)	6 (2.2)	98 (36.3)	29 (10.7)	45 (16.7)	79 (29.3)	13 (4.8)

분야별 참여자 현황

시·도	소 계	학식경험 풍부한 자	복지사업 기관단체대표	보건의료 기관단체대표	공익단체추천	관계공무원	기타(기업인, 종교인 등)
전 북	238 (100.0)	8 (3.4)	79 (33.2)	28 (11.8)	33 (13.9)	86 (36.1)	4 (1.7)
전 남	372 (100.0)	18 (4.8)	121 (32.5)	41 (11.0)	48 (12.9)	133 (35.8)	11 (3.0)
경 북	368 (100.0)	22 (6.0)	106 (28.8)	44 (12.0)	51 (13.9)	124 (33.7)	21 (5.7)
경 남	337 (100.0)	34 (10.1)	106 (31.5)	32 (9.5)	48 (14.2)	109 (32.3)	8 (2.4)
제주도	73 (100.0)	8 (11.0)	24 (32.9)	4 (5.5)	15 (20.5)	20 (27.4)	2 (2.7)

한편, 다음 <표 6>에서 볼 수 있듯이 부산시 16개 구·군별 지역사회복지실무협의체 위원 현황을 살펴보면 관계공무원의 경우는 사상구가 61.1%나 차지하고 있는 것으로 나타났으며, 그 뒤를 이어 동래구(50.0%), 영도구(42.9%), 북구(41%) 순으로 비율이 높았다. 반면, 공익단체가 추천한 위원은 지역사회복지실무협의체가 구성되어 있지 않은 동구, 연제구를 제외하고도 영도구, 부산진구, 사하구, 기장군 등 4곳의 지자체에서는 한 사람도 없는 것으로 나타났다.

<표 6> 부산시 구·군별 지역사회복지실무협의체 위원 현황

(명, %)

구·군	소계		분야별 참여자 현황					
			학식경험 풍부한 자	복지사업 기관단체대표	보건의료 기관단체대표	공익단체추천	관계공무원	기타(기업인, 종교인 등)
부산시	226	(100.0)	12 (5.3)	95 (42.0)	27 (11.9)	20 (8.8)	69 (30.5)	3 (1.3)
중구	13	(100.0)	0 (0.0)	5 (38.5)	3 (23.1)	2 (15.4)	3 (23.1)	0 (0.0)
서구	17	(100.0)	0 (0.0)	8 (47.1)	1 (5.9)	3 (17.6)	5 (29.4)	0 (0.0)
동구	0	(0.0)	0 (0.0)	0 (0.0)	0 (0.0)	0 (0.0)	0 (0.0)	0 (0.0)
영도구	14	(100.0)	0 (0.0)	8 (57.1)	0 (0.0)	0 (0.0)	6 (42.9)	0 (0.0)
부산진구	18	(100.0)	3 (16.7)	9 (50.0)	3 (16.7)	0 (0.0)	3 (16.7)	0 (0.0)
동래구	16	(100.0)	1 (6.3)	3 (18.8)	2 (12.5)	2 (12.5)	8 (50.0)	0 (0.0)
남구	15	(100.0)	0 (0.0)	6 (40.0)	2 (13.3)	3 (20.0)	4 (26.7)	0 (0.0)
북구	17	(100.0)	0 (0.0)	7 (41.2)	2 (11.8)	1 (5.9)	7 (41.2)	0 (0.0)
해운대구	20	(100.0)	3 (15.0)	10 (50.0)	3 (15.0)	1 (5.0)	3 (15.0)	0 (0.0)
사하구	18	(100.0)	0 (0.0)	11 (61.1)	0 (0.0)	0 (0.0)	7 (38.9)	0 (0.0)
금정구	15	(100.0)	0 (0.0)	9 (60.0)	3 (20.0)	1 (6.7)	2 (13.3)	0 (0.0)

분야별 참여자 현황

구·군	소 계		학식경험 풍부한 자		복지사업 기관단체대표		보건의료 기관단체대표		공익단체추천		관계공무원		기타(기업인, 종교인 등)	
강서구	17	(100.0)	2	(11.8)	6	(35.3)	2	(11.8)	4	(23.5)	3	(17.6)	0	(0.0)
연제구	0	(0.0)	0	(0.0)	0	(0.0)	0	(0.0)	0	(0.0)	0	(0.0)	0	(0.0)
수영구	16	(100.0)	2	(12.5)	4	(25.0)	3	(18.8)	1	(6.3)	5	(31.3)	1	(6.3)
사상구	18	(100.0)	0	(0.0)	4	(22.2)	1	(5.6)	2	(11.1)	11	(61.1)	0	(0.0)
기장군	12	(100.0)	1	(8.3)	5	(41.7)	2	(16.7)	0	(0.0)	2	(16.7)	2	(16.7)

5. 공동위원장 여부

지역사회복지협의체의 위원장의 유형은 크게 세 가지 유형으로 분류될 수 있다. 첫째, 공무원(일반적으로 지자체의 장)이 단독으로 위원장을 맡고 있는 관 단독유형, 둘째, 민간에서 단독으로 맡고 있는 민 단독유형, 셋째, 민과 관이 함께 맡고 있는 민-관 공동유형이 그것이다.

보건복지부는 지역사회복지협의체 구성·운영 안내(2005)에서 위원장은 위원 중에서 호선하되, 민-관 간 수평적 협의의 활성화를 도모하기 위하여 가급적 임명직(공무원) 및 위촉직(민간인) 위원을 공동위원장으로 선출할 것을 권고하고 있다. 위원장의 유형이 큰 문제가 되지 않을 수도 있으나 민-관 공동위원장의 유형은 지역사회복지협의체가 관 주도가 아닌 민-관의 파트너십에 의해 운영됨을 상징적으로 보여주는 중요한 요소라 할 수 있다.

하지만 다음 <표 7>에서 볼 수 있듯이 부산시 16개 지자체 가운데 12곳(75%)이 공무원(지자체장) 단독으로 위원장을 맡고 있다. 반면 해운대구, 금정구, 수영구, 기장군 등 4곳만이 민-관 공동위원장의 형태를 취하고 있다. 전국 지자체를 대상으로 했을 때, 관 단독위원장이 39%에 불과하다는 사실에 비추어 보면 부산시가 다른 시·도에 비해 훨씬 더 관의 민에 대한 지배에 익숙해 있으며 민-관 파트너십의 인식이 훨씬 부족하다는 사실을 보여준다.

〈표 7〉 부산시 구·군별 지역사회복지협의체 관련 사안 비교

구 분	위원장 유형	민간 유급 간사 유무	(대표)협의체 회의 개최 횟수	일반 운영비(천 원)
중 구	관 단독	무	1	6,300
서 구	관 단독	무	2	7,200
동 구	관 단독	무	0	4,200
영도구	관 단독	무	3	2,800
부산진구	관 단독	무	0	12,600
동래구	관 단독	무	4	7,500
남 구	관 단독	무	2	9,800
북 구	관 단독	무	2	7,280
해운대구	민－관 공동	무	0	6,300
사하구	관 단독	무	1	15,300
금정구	민－관 공동	무	1	1,960
강서구	관 단독	무	1	4,200
연제구	관 단독	무	1	－ － －
수영구	민－관 공동	무	8	5,000
사상구	관 단독	무	2	6,440
기장군	민－관 공동	무	2	3,240

6. 상근 민간유급간사 유무

지역사회복지협의체의 간사는 협의체 운영과 관련된 비용의 관리와 보고를 포함하여 행정실무를 담당하고, 관련 기록을 취합·관리하며, 각종 연락사무를 총괄하고, 실무 협의체 간사와 지속적으로 정보를 교환하면서 (대표)협의체에 전달하는 역할을 담당한다. 따라서 협의체의 활성화를 위해서는 상근간사의 존재가 필수적이다.

또한 민간유급간사를 두지 않고 관의 공무원이 간사역할을 수행하는 것은 비용의 절감을 위한 부득이한 조치일 수 있으나 공무원의 잦은 자리 이동과 과중한 업무 부담에 따른 복지사업의 단절성과 비효율성을 줄이고 민과 관 양자 간의 의견을 객관적이고 공정하게 조정하기 위해서는 민간유급간사의 존재가 반드시 필요하다(김성한, 2005). 그럼에도 불구하고 앞의 <표 7>에서 볼 수 있듯이 부산시 지자체에서 상근민간유급간사를 두고 있는 곳은 단 한 군데도 없으며 지자체의 담당공무원이 예외 없이 간사를 맡고 있는 실정이다.

부산시가 진정으로 지역사회복지협의체를 지역복지의 결정체로 인식하고 민–관의 파트너십을 통한 지역주민의 삶의 질을 향상시키고자 한다면 복지전문가로서 상근 민간유급간사를 반드시 채용해야 한다.

7. 지역사회복지(대표)협의체 회의 개최 횟수

  지역사회복지협의체가 원활히 운영되고 있는지를 가늠할 수 있는 잣대 중의 하나는 회의 개최 횟수를 살펴보는 것이다. 보건복지부는 대표협의체와 실무협의체 모두 월 1회 이상 회의를 진행하고 사안에 따라 수시로 회의를 할 것을 권고하고 있다. 단 대표협의체의 경우 구성 초기에는 2개월에 3회 이상 회의를 개최하되 협의체 구성이 안정된 이후에는 월 1회 이상 개최할 것을 권고하고 있다.

  하지만 앞의 <표 7>에서 볼 수 있듯이 부산시 지자체들 가운데 보건복지부의 이러한 지침을 제대로 따르고 있는 곳은 수영구 단 한 곳뿐이며 대부분 부실하게 운영되고 있음을 확인할 수 있다. 실제로 수영구는 2006년 1월부터 6월 말까지 6개월 동안 8회의 회의를 열었으며, 그나마 동래구와 영도구가 각각 4회와 3회씩 개최했을 뿐이다. 하지만 동구, 부산진구, 해운대구 등은 단 한 차례의 회의도 개최하지 않았으며 그 외 다른 지자체들도 1~2차례 정도의 회의를 개최하는 데 그쳐 지역사회복지협의체가 형식적으로 운영되고 있으며 유명무실한 민-관 협치기구로 전락할 처지에 놓여 있다는 비판을 피하기 어렵다.

8. 운영 예산액

지역사회복지협의체가 구성되어 실질적이고 활발한 활동을 수행하기 위해서는 적절하고 충분한 예산이 지원되어야 함은 말할 것도 없다. 앞의 <표 7>에서 볼 수 있듯이 부산시 16개 구·군 가운데 연제구를 제외한 모든 지자체가 2006년도 지역사회복지협의체 운영예산을 책정하여 94%의 예산 수립률을 보이고 있다.

하지만 문제는 각 지자체별로 지역사회복지협의체의 일반운영비가 최저 196만 원(금정구)에서부터 최고 1,530만 원(사하구)에 불과하다는 사실에서 알 수 있듯이 예산이 턱없이 부족하다는 것이다. 예를 들어, 보건복지부의 지침대로 지역사회복지(대표)협의체가 한 달에 최소 단 한 번씩만 회의를 개최한다 해도 위원 수를 부산시 전체 평균 위원 수 18명으로 계산할 경우, 위원들에게 회의비 참여명목으로 10만 원씩의 수당을 지급하면 그 금액만 1달에 180만 원, 1년이면 2,160만 원에 달한다. 만일 지역사회복지실무협의체까지 고려한다면 그 비용은 훨씬 더 많이 소요되게 된다. 단지 지역사회복지(대표)협의체 회의비 수당만을 고려해도 현재 부산시 지자체 가운데 제대로 지역사회복지협의체를 운영할 수 있는 지자체는 단 한 곳도 없는 상황이다.

이러한 사실은 결국 부산시의 지자체와 의회가 지역사회복지협의체를 우리 사회의 관 주도의 사회복지 정책결정에 민의 참여를 제도화하고 지역 중심, 수요자 중심의 복지 패러다임을 만드는 중요한 기구로서 인정하지 않고 있다는 것을 보여주는 것이라 말할 수 있다.

V. 부산시 지역사회복지협의체 구성·운영 개선방향

지역사회복지협의체의 기본 목적은 복지와 보건 등 관련 기관과 단체의 연계를 통해 지역사회의 복지문제를 해결하는 것이지만 민주적 의사소통 구조를 통해 시민의 의사가 충분히 정책과정에 반영될 수 있는 참여복지 구현에 또 다른 목적을 둔다고 할 수 있다. 따라서 지역사회복지협의체가 민－관의 민주적이고 수평적인 의사소통 구조를 통한 지역복지 협치기구로서의 기능을 제대로 수행하면서 동시에 지역사회 특성에 맞는 복지계획 수립과 지역사회 복지자원의 효율적인 활용체계 조성 등 소기의 목적을 달성하기 위해서는 첫째, 지역사회복지협의체 위원들의 대표성, 객관성 및 투명성을 확보하여야 하며 둘째, 지역사회복지협의체가 본연의 기능을 원활히 수행하기 위한 적절하고 충분한 운영예산이 반드시 뒷받침 되어야 한다.

하지만 지자체가 자의적으로 결정한 인사를 협의체의 위원으로 일방적으로 위촉하여 임명하는 현재와 같은 관 주도의 위원선출방식이 지속되는 한 지역사회복지협의체는 진정한 의미의 지역사회 민-관 협치기구의 위상을 유지할 수 없으며 기존의 수많은 형식적인 위원회처럼 관의 들러리 역할을 수행하는 기구로 전락하게 될 가능성이 높다.

따라서 지역사회복지협의체 위원들의 대표성, 객관성 및 투명성을 확보하기 위해 현재의 지역사회복지협의체 구성 및 운영체계를 다음과 같이 개선하여야 한다.

첫째, 지역사회복지협의체 위원들은 공공 인사를 제외하고 모두 공개모집 절차를 거쳐 선정되도록 하여야 한다.

둘째, 현재 지역사회복지협의체 위원구성 규정에 따르면 10~20인 범위 내에서 5개 영역(학계, 복지사업기관 대표, 보건의료기관 대표, 공익단체 추천자, 사회복지업무 담당 공무원)에 해당되는 인사를 단지 포함시키기만 하면 되는 것으로 되어 있다. 따라서 이러한 규정을 개정하여 각 영역별 위원의 최소 및 최대 숫자를 명확히 규정(예를 들어 각 영역별 최소 2인 이상 4명 이하, 또는 각 영역별 1/3 이하 등)함으로써 특정 분야의 사람들이 과도하게 높은 비율을 차지하거나 너무 낮은 비율로 구성되지 않도록 해야 한다.

셋째, '공익단체에서 추천한 자'라는 조항을 없애고 대신 '시민단체에서 추천한 자'라는 조항을 새롭게 신설하여 관 주도형 운영이 될 가능성을 사전에 방지하고 진정한 의미의 민-관 협치기구로서의 기능을 수행할 수 있도록 하여야 한다.

넷째, '주민 및 수요자 대표'의 몫을 따로 배정하여 선출되도록 하는 제도적 장치를 마련하여야 한다. 그렇게 함으로써 지역사회복지협의체의 운영의 투명성과 공공성을 확보하고 수요자 중심의 복지구현이라는 협의체 구성 목적을 달성하여야 한다.

다섯째, 지역사회복지협의체의 회의록을 철저히 기록하고 위원들의 발언내용이 담긴 속기록을 홈페이지에서 지역 주민들이 확인할수 있도록 공개하여야 한다.

여섯째, 지역사회복지협의체의 위원장은 관 단독 위원장체제를 지양하고 가능한 민과 관이 공동으로 맡는 구조로 개선되어야 한다. 다만, 공동위원장을 둠으로써 구청장이 민간위원장에게 임무를 맡겨 두고 회의에 불참하는 수단으로 악용되어서는 안될 것이다.

한편, 부산시의 대부분의 지자체는 지역사회복지협의체의 최소한의 활동과 기능수행을 위한 예산조차도 지원하지 않고 있는 상황이다. 이러한 현상은 부산시 지자체와 의회가 근본적으로 지역복지에 대한 관심이 부족하며, 지역사회복지협의체의 기능과 역할을 존중하지 않고 있으며, 성숙한 로컬 거버넌스의 기제로서의 활용의지가 박약한데 기인한다. 실제로 지역사회복지협의체를 위한 준비단과 지역사회복지실무협의체의 높은 미구성률, 상근 민간유급간사의 부재, 부실한 회의 개최 및 운영 등은 부산시 지자체가 지역사회복지협의체의 구성과 운영을 또 하나의 귀찮은 잡무로밖에는 보지 않는다는 반증이라 할 수 있다.

이러한 문제를 해결하기 위해서는 무엇보다도 지자체 스스로가 지역복지발전은 물론 지역사회복지협의체에 대한 기능과 역할 및 그 필요성에 대한 인식을 새롭게 가져야 한다. 즉, 지역사회복지협의체가 그간의 복지예산의 비효율적 운영과 관 주도에 의한 복지정책 수립에 따른 현장 욕구의 미반영 등의 문제점을 극복하고 수요자 중심의 통합적인 복지서비스 제공을 통해 지역복지의 수준을 한 단계 업그레이드시키기 위한 기반이 되는 혁신적인 기구라는 사실을 인식해야 한다. 이러한 인식의 전환이 이루어질 때 각 지자체는 지역사회복지협의체의 운영에 필요한 예산을 우선적으로 마련하게 될 것이다.

VI. 결 론

시행 1년이 지난 부산시 지역사회복지협의체의 구성실태에 대한 본 연구의 분석결과는 지역사회복지협의체가 결국 또다시 구호에만 그친 민－관 협치의 실체를 그대로 보여주는 전형적인 관 주도형 기구로 전락할 가능성이 높다는 사실을 보여준다.

지역사회복지협의체가 본연의 설립취지대로 실질적인 민－관 파트너십이라는 거버넌스의 개념과 원리가 적용되는 기구로 거듭나기 위해서는 전술한 바와 같이 관의 지역사회복지협의체라는 기구의 기능과 역할 및 위상에 대한 인식전환과 함께 관계공무원을 제외한 지역사회복지협의체 위원들의 주민대표성이 확보되어야 한다.

전술한 바와 같이 비록 지역사회복지협의체라는 기구를 통하여 지역의 복지영역에 있어 의사결정과정에 민의 참여가 제도적으로 보장되었다 하더라도 사실상 주민참여는 그 자체가 가지는 한계가 있다. 즉 주민 개인의 전문성 부족과 같은 자질문제, 참여에 따른 시간, 예산, 인력 등의 비용문제, 주민 상호간 이해조정 능력의 문제 및 주민참여에 적극적인 주민이 일반적으로 대다수 주민의 이익이 아닌 특정이익을 대표한다는 주민대표성 문제 등이 그것이다.

하지만 우리 사회의 주민참여에 있어 더욱 큰 문제는 비록 시민사회가 급속히 성장하고 있지만 여전히 관의 민에 대한 지배와 통치에 너무 익숙해져 있다는 점이다. 더욱이 지역사회복지협의체 위원 구성방식, 위원의 분야별 구성비율, 공동위원장 여부 등에 관한 본 연구의 분석결과는 부산시의 지자체가 다른 시·도 지자체에 비해 특별히 관의 민에 대한 지배가 더 강하다는 사실을 보여준다. 이러한 관의 민에 대한 지배가 지속된다면 주민참여의 유형은 명목상의 주민참여에 머물거나 또는 급성장하는 시민사회의 영향으로 갈등적인 구도로 흐르게 될 것이다.

관의 민에 대한 이러한 지배 또는 우월감은 의사결정권을 가지고 있는 관이 외부집단과 심리사회적으로 격리될 때 발생하는 집단사고(groupthink)에 상당부분 기인한다고 보인다. 집단사고로 인해 격리된 일부 집단은 다른 외부집단과 매우 다른 조직문화를 형성하며 다른 집단에 대해 부정적인 인식과 배타적인 의식을 갖게 된다(Schsfer & Crichlow, 1996). 한 조직이 이러한 집단사고에 빠지게 되는 여러 가지 조건들 가운데 몇 가지를 거버넌스적 시각에 비추어 보면 첫째, 관이 민과의 의사소통이 부족하거나 둘째, 부서의 리더가 민에 대한 편견을 자주 표명하거나, 셋째, 관이 심리사회적으로 동질성이 강한 구성원으로 조직화되어 있을 경우 등을 들 수 있다(김석준 외, 2002).

이러한 문제를 해결하기 위해서는 우선 관이 민과 의사소통할 수 있는 공식적·비공식적 채널을 다양하게 구축하여 집단의 고립(group isolation)현상이 발생하지 않도록 해야 하며, 고위관료는 물론 관 구성원들에게 민간에 대한 부정적인 주관적 편견을 피력할 수 없게끔 하는 제도적 장치를 마련해야 한다. 또한 관료체계 구성원들의 다양성 확보를 위해 민간인들에게 임용기회를 제공하는 개방형 공무원임용제를 확대해 나가야 한다.

결론적으로 절차적 정당성 확보를 위한 형식상의 주민참여나 갈등구도를 기반으로 하는 주민참여가 아닌 실질적이고 합의적인 주민참여를 실현하고 올바른 로컬 복지 거버넌스를 구축하기 위해서는 관의 민에 대한 부정적인 시각과 선입견을 수정하고 복지정책의 수립과 집행에 대한 민의 평가와 모니터링을 인정하며 민의 비판과 제안을 기꺼이 수용할 수 있는 관의 성숙한 태도변화가 반드시 수반되어야 한다. 동시에 민 또한 관에 대한 막연한 불신으로 대안 없는 무조건적인 비판만을 일삼는 대신 관이 스스로 민의 협력을 구할 수 있는 전문성과 내·외부역량을 강화하는 일에 최선의 노력을 경주해야 한다.

이러한 상호노력이 선행될 때, 두 집단 간의 신뢰는 더욱 강화될 것이며 '협조적 동반자(collaborative-partner) 관계'가 성립되어 부산시에 진정한 의미의 성숙한 로컬 복지 거버넌스를 기대할 수 있게 될 것이다.

참고문헌

강창현(2002). "지역복지공급 거버넌스 연구: 네트워크 접근", 『한국행정학보』 제36권 제2호.

김석준 외(2002). 『거버넌스의 이해』. 서울: 대영문화사.

김성한(2005). "지역사회복지협의체의 추진상황과 과제", 『대전시 지역사회복지협의체의 올바른 정착을 위한 시민 대토론회』.

김영종(2004). "한국 사회복지서비스의 공공과 민간 부문간 협력관계", 『한국 사회복지행정학』 제6권 제1호.

보건복지부(2005). "지역사회복지협의체 구성·운영 안내", 보건복지부.

심재호(2000). "지역복지네트워크 구축에 관한 연구-주민자치센터와 사회복지관을 중심으로", 『한국 사회복지행정학』 제3권 제2호.

심재호(2005). "지역사회복지협의체의 올바른 이해와 민간의 참여 활성화 모색", 『대전시 지역사회복지협의체의 올바른 정착을 위한 시민 대토론회』.

염일열·설성현(2003). "로컬 거버넌스 구현을 위한 마을 만들기 운동의 활성화 전략: 광주광역시 북구사례를 중심으로"(한국지방정부학회), 『추계학술대회 발표논문집』.

이도형(2004). "로컬 복지 거버넌스 전략: 자활사업을 중심으로", 『한국행정학보』 제38권 제3호.

이명석(2002). "거버넌스의 개념화: '사회적 조정'으로서의 거버넌스", 『한국행정학보』 제36권 제4호.

이병수·김일태(2001). "지방정부와 NGO간의 로컬 거버넌스 형성조건에 관한 연구-의정부시 공무원과 NGO활동가들의 의식, 태도, 경험을 중심으로", 『도시행정학보』 제14권 제2호.

이승종(2003). 『지방자치론』. 서울: 박영사.

주성수(2003). 『사회복지정책』. 서울: 한양대학교 출판부.

조석주(2005). "민선자치 10년 평가: 주민의 정책참여와 민관파트너쉽을 중심으로", 『도시와 빈곤』 제75호. 57-90.

진재문(2005). "지방분권과 사회복지활성화 방안", 『사회복지정책세미나 자료집』(부산광역시 사회복지협의회).

Arnstein, S. R. (1969). "A Ladder of Citizen Participation." *Journal of the American Institute of Planners*. Vol.35. No.4. 216-224.

Burke, Edmund M(1968). "Citizen Participation Strategies", *Journal of the American Institute of Planners*. Vol.34. No.5. 287-294.

Cochrance, Allan(1998). "Globalisation, Fragmentation & Local Welfare Citizenship." In John Carter(ed.), *Post-modernity and the Fragmentation of Welfare*, 252-266. London: Routledge.

Geddes, Mike and Benington, John(2001). "Social Exclusion and Partnership in the European Union." In M Geddes and J. Benington(eds.) *Local Partnership and Social Exclusion in European Union: New Forms of Local Social Governance?*, 15-45. London: Routledge.

Gidron, B., Kramer, R. and Salamon, L. (1992). *Government and the*

Third Sector: Emerging Relationships in Welfare States. San Francisco: Jossey-Bass Publishers.

Schsfer, M. and Crichlow, S. (1996). "Antecedents of Groupthink: A quantitative study", *Journal of Conflict Resolution*, Vol.40, No.3. 415-435.

제3장

지역혁신체계의 효율적 경영을 위한 시정혁신 방안:
지방정부의 혁신역량 강화를 중심으로
박재욱(신라대학교 행정학과)

I. 서 론

일반적으로 사회체계는 지속적으로 변화하는 기술경제체계(techno-economic system) 및 지역경제체계(regional economic system), 그리고 이러한 체계들을 유지하고 일정한 조건하에 변화시키는 제도영역적 양식(institutional-territorial mode)으로 구성된다.

이러한 관점에서 현재 논의되는 지역혁신체계(regional innovation system: innovative milieu 혁신풍토)는 전자인 기술경제체계 및 지역경제체계에서 지방경제 주체들 간의 원활한 정보의 흐름, 집단적 학습 및 기술혁신, 모기업과 하청기업 간 협력적 관계를 전체 지역사회에 배태하기 위한 공적, 제도적 개입을 강조하고 있다. 반면에, 후자의 영역인 제도영역적 양식(institutional－territorial mode)에서 지역경제체계의 위기를 해결하고 새로운 지역경제체계로의 이행을 전략적으로 추구할 수 있는 조정기제 내지 조정양식이 로컬 거버넌스(local governance)이다. 즉, 경제체계의 위기를 해결하고 새로운 지역경제체계를 확립하는 과정에서 로컬 거버넌스는 전략의 수립과 실행과정의 조정에 있어 효과적인 지역개발방식으로 기능할 수 있는 것이다.

로컬 거버넌스가 지역경제를 재구조화할 수 있는 효과적인 지역개발방식일 수 있는 근거는 기존의 제도적 양식에 의해 고착되기 쉬운 개별 주체들의 편협한 이해추구가 조직화된 협력으로 전환하는 과정을 통해 통합적 목표를 수립하고 광범위한 자원을 동원할 수 있다는 데 있다. 이러한 연합형성과정은 서로 다른 이해관계들이 갈등하고 경쟁하는 과정이므로 이러한 서로 다른 이해들이 정치과정에 투입되고 상호 조정되기 위해서는 이를 둘러싸고 협력이 동원될 수 있는 일종의 협력의 결정, 즉 전략적 프로젝트가 요구된다. 이러한 프로젝트를 중심으로 지방시민사회의 다양한 주체들이 관여하게 되고 자원의 동원이 이루어질 수 있다.

효과적인 로컬 거버넌스의 정치적 조건은 지배적인 이해가 다른 이해들을 통제하거나 모순적인 이해를 체계적으로 배제해 버리기보다는 개방적으로 상호 작용하여 전략적 조정을 추구하여 목표의 통합을 달성하는 데 있으며, 이를 위해서는 로컬 거버넌스의 도입이 필요하며, 이는 '전략적·개방적 로컬 거버넌스'로 정의될 수 있다. 이러한 전략적·개방적 로컬 거버넌스의 가장 중요한 기능은 대학이나 기업, 시민단체 간의 조직 간 경쟁과 갈등, 사업의 주도권과 자원 동원 등의 과제를 지방정부의 전략적 조정을 통해 협력적 관계로 전환시키는 것이다.

여기서 핵심적인 문제는 지역개발 과정에서의 다양한 주체들에 의한 조직적 협력관계 구축의 중요성과 더불어 이 과정에서 지방정부의 역할이 위계적 통제양식에서 전략적 조정과 협력의 활성화를 위한 양식으로 재정의될 필요성이다. 또한 효과적인 지역개발을 위해서는 다원적 주체들이 연합형성의 과정에 개방적으로 참여하고 다양한 자원을 동원하는 데 의존할 수 있도록 협력의 절차에 대한 제도화가 요구된다.

이에 따라, 본 연구의 초점은 효율적 지역혁신체계 구축을 위해 제도영역적 차원에서 다루어지고 있는 지역혁신체계의 이론적 논의를 토대로 부산시 지방정부의 지원정책방안 및 내부역량 강화방안을 개발하는 데 맞추어져 있다.

Ⅱ. 지역경제체계의 위기와 로컬 거버넌스의 대응전략

1. 공간의 재구조화와 지역경제체계의 위기 대응방식

세계화는 지역경제체계의 형성이 지방 외부의 힘에 크게 의존하게 하도록 하는 결정적 요소가 된다. 즉, 지역화의 힘으로서 지역회란 지역 외부에서 지역에 미치는 강력한 정치경제적 힘을 의미하며, 세계화는 다차원적인 현상이긴 하지만, 궁극적으로 자본(기업)의 논리의 결과이며, 이는 다시 공간적으로 표현된다. '집중'과 '분산'은 바로 이러한 자본의 공간적 표현을 의미하며, 자본 간 통합이나 분리 혹은 준통합 등 다양한 관계를 통해 지역적으로 구성됨을 의미한다. 통상적으로 세계화의 대응개념으로 지방화를 의미하는데, 사실 세계화와 지방화는 분리된 별개의 과정이 아니라 동전의 이면에 불과하다. Lipietz(1993)의 지적처럼 '글로벌'과 '로컬'의 변증법적 과정인 셈이다.

경제의 세계화와 지방화는 지역에 따라 심각한 위기일 수 있으며, 반면에 지역의 성장이라는 새로운 기회를 의미할 수도 있다. 여기서 위기는 주관적 경험인 데 반해, 실패는 체계의 역기능적 징후이다. 결국 위기란 그 물질적 차원의 변화에 대해 구성원들이 갖는 인식체계에 의존하는바, 다시 말해 위기에 대한 사회적 인식 혹은 대중적 공유가 있을 경우에 비로소 진정한 의미의 위기가 도래한다.

세계경제체제에 있어 공간 재조직화는 근본적으로 지역적으로 차별적인 위기와 기회를 초래한다고 할 때, 통상 지방경제체계는 탈산업화, 재산업화, 그리고 신산업화 등으로 대응된다. 지난 80년대에 위기현상이 현저하게 출현한 지역은 미국의 동북부지역, 이른바 스노우벨트 지역이나 영국의 중부지역이며, 이 외에도 선진자본주의 경제체제의 많은 산업화 지역들이 다소간 이러한 변화를 경험하였다 (Sawers et al, 1984). 이는 기술경제체계의 경직성에서 비롯된 것이며, 이러한 경직성은 기술과 시장의 변화가 극심할 시기에는 문제화된다. 이에 반해 신산업공간은 Scott(1988)가 지적한 것처럼 재집적, 재집중 등에 의해 성장한 지역들로서, 이태리의 마샬산업지구, 미국의 실리콘밸리, 영국의 웨스턴 크레스턴, 독일의 바덴 뷔르템베르크와 같은 지역이다. 이런 의미에서 자본이 선호하는 입지는 과거 산업화가 되지 않았거나 혹은 저개발된 지역들이다. 이들 지역이 내재하고 있던 새로운 성장조건은 저임금, 유순한 노동이다.

80년대에 있어 지역경제체계의 위기양상에 대한 대응방식은 Massey에 의하면 다음과 같이 나타나고 있다. 첫째, 생산기술의 합리화이다. 그러나 단순히 자본집약도만을 증대시킨 단순한 합리화(자동화)는 기존의 기술경제체계의 경직성을 온존한 것이기 때문에 실패로 이어질 가능성이 크다. 완전한 탈산업화로 이루어지지는 않기 때문에 경제위기 자체는 완화될 수 있으나, 부분적으로 지역의 실업문제는 회피할 수 없다는 한계를 지닌다. 둘째, 산업의 공간적 조직화에서의 분산, 즉 저임금국가로의 생산단위의 이전이다. 그리고 마지막으로 공장폐쇄 등의 조치이다(Massey, 1984). 이러한 과정을 겪으면서 80년대 이후 산업재구조화 전략은 새로운 기술경제체계에 걸맞은 지리적 환경을 국가적으로 혹은 지역적으로 새롭게 창출한다는 사고로 전환되었다.

2. 새로운 지역경제체계 형성을 위한
전략과 로컬 거버넌스의 역할

심각한 지역경제의 쇠퇴와 국제적 경쟁의 격화에 따른 위기현상은 정부의 전략적 개입의 대상이 되고 있다. 이것이 전통적인 국가개입의 논리와 다른 점은 지역적 주체 스스로에 의해 지역경제체계에 개입하는 것이 중요하며, 한편 개입의 효과성은 특별한 절차를 통해서 개입하는 데 달려 있다는 점이다. 즉 후자의 경우 지역적 주체들의 공식적, 비공식적 협력의 양식을 지적할 수 있는데, 이것이 바로 로컬 거버넌스이다. 로컬 거버넌스의 핵심적 사고는 낡은 지역경제체계의 위기를 해소하고 새로운 지역경제체계를 창출하는 것을 목표로 한다. 따라서 로컬 거버넌스가 어떤 전략을 가지고 어떤 과정을 거쳐 이 목표를 효과적으로 수행하는가를 규명하는 것이 분석적으로 중요한 의미를 지닌다.

여기서 산업의 재조직화 전략, 재산업화 전략, 그리고 신산업화 전략 등 세 가지 중요한 전략이 지적된다. 이는 자본의 지리적 분산을 통해 형성되는 일반적으로 경제재구조화 현상과 크게 다르지 않다.

무엇보다 지역재구조화의 구체적 유형은 산업구조조정의 추세에 지방정부를 비롯한 지역의 경제 주체들이 어떻게 반응하는가에 따라 결정된다. 지역경제의 일정한 구조적 제약조건 아래 경제 주체들이 반응하는 전략적 행위의 누적에 따라 지역재구조화의 양상이 결정되는 것이다(Stone, 1993: 2-3). 한국은 지방자치가 충분하게 진전되지 않았기 때문에 지역경제 내부의 주체들이 어떻게 행위를 하는가에 따라 지역재구조화의 유형을 구분하기가 쉽지 않았던 것이 사실이다. 그러나 지방화가 진전됨에 따라 지역경제의 자율성이 상대적으로 커지면서 지역별로 상이한 특징을 지닌 거버넌스(governance)로의 분화가 진행되고 있다.

여기서 거버넌스란 특정 대상 및 사건을 둘러싼 정치·행정적 조정양식을 지칭하는 것이다(정병순·김두환, 2001). 세계화의 추세 속에서 국민국가의 역할이 축소됨에 따라 정부뿐 아니라 기업, 시민단체 등 다양한 행위 주체들이 참여하는 새로운 차원의 조정양식이 나타나고 있다. 즉, 거버넌스란 정부와 같이 가시적으로 제도화된 공공부문만을 뜻하는 것이 아니라 민간 부문의 여러 행위자들까지 포함하여 의사결정과 집행이 이루어지는 상호조정의 메커니즘을 의미한다. 일정한 거버넌스는 공통된 목표를 실현하기 위해 서로 협력하는 다양한 행위 주체들의 연합으로 구성된다. 그러나 이러한 연합은 순탄하기보다는 긴장과 갈등을 초래하는 가운데 동태적으로 전개된다 (Stone, 1993: 17; 정병순, 2000: 49－64).

거버넌스의 개념을 지역 차원의 분석에 적용하면, 지역산업정책의 의사결정 및 집행이 이루어지는 동태적 과정을 잘 파악할 수 있다. 오랜 기간 동안 한국의 지역산업정책은 중앙정부가 주도해 온 것이 사실이다. 지방정부는 중앙정부가 수립한 산업정책을 단순 실행하는 기관으로서의 역할에 머물러 왔다. 각 지역에 고유한 경제발전을 위해 어떤 산업정책을 추진할지를 논의하기 시작한 것은 지방자치가 실시된 1990년대 이후의 일이다. 특히 1995년 이후 지방자치단체의 장을 직접 선거에 의해 선출하게 되면서부터는 지역산업정책의 자율성이 커져왔다.

지방정부는 지역경제의 다른 주체들보다 상대적으로 나은 정책 수립 및 실행 능력을 갖추고 있기 때문에 상당 기간 동안 지역경제의 재구조화를 주도해 갈 것으로 예상된다. 그러나 지방정부가 지역 내 다른 행위 주체들의 영향을 어떻게 받는가, 즉, 민간 부문과의 관계를 어떻게 설정하는가에 따라 거버넌스의 성격이 달라진다. 지역재구조화를 추진하는 거버넌스의 성격이 '민간기업 주도'인가 '지방정부 주도'인가에 따라 지역재구조화의 유형을 구분하는 것도 가능하다.

1) 산업의 재조직화 전략

80년대 이후 이태리 산업지구와 같은 지역에서 수행된 전략으로서 기업 간 관계, 즉 산업조직을 변화시키는 것을 특징으로 한다. 자원의 흐름이 보다 효과적으로 환경에 적응할 수 있도록 산업조직을 변화시키는 것이다. 유연전문화로 알려진 제3이태리 지역의 경우, 하나의 산업부문을 중심으로 생산과정의 각 단계에 각각의 생산자들이 전문화하여 다른 단계의 생산자들과 협력적으로 생산을 완결하는 영역적 생산체제이다. 특징은 기업이 소규모적이며, 이것이 산업지구를 유연하게 만드는 핵심적 요소로 간주되었다(Sabel, 1989; Brusco, 1986; Harrison, 1994).

이 과정에서 중요한 쟁점은 과거에 유지되었던 지구의 집단적 정체성을 새로 형성되는 산업조직으로 인해 상실할 가능성이 초래되었던 것이다. 때문에 이러한 재조직화 과정을 어떤 방식으로 적절히 조정하여 안정된 체계를 유지하느냐가 지구 전체의 중요한 공적인 이슈화가 되었다. 문제는 이러한 일련의 과정이 권위적으로 통제하거나 규제하는 것만으로 가능하지도, 효과적이지도 않다는 데 있다. 지역경제체계의 주체와의 협력이 요구되는 이유가 여기에 있다.

이를 새로운 지역경제체계로의 이행으로 이해할 때, 학습경제, 포스트포드주의로의 이행으로 보는 관점이 있다(Pilotti, 1999; Coro & Grandinetti, 1999). 이럴 경우 재조직화에서 중요한 차원은 일본의 경우와 같이 외부환경 변화에 따라 기업의 시스템을 전략적으로 조정하고 혁신을 지속적이고 장기적으로 추진할 수 있는 선도적 기업이 필요하며, 혁신을 지속적으로 추진하고 학습과 혁신이 촉진될 수 있는 환경을 구축할 수 있는 것이다.

2) 재산업화 전략

산업의 재조직화 전략과 비교할 때, 하나의 산업영역 내에서 부문 간 재조정을 의미하는 전략이다. 복잡한 상품생산에서 드러나듯이 하나의 산업이 생산의 전후방연계를 통해 많은 부문들과 연관되어 있다는 사실에서 비롯된다. 예를 들어, 자동차산업, 섬유산업 등이 대표적이며, 직물에서 의류산업으로의 전환은 전형적인 재산업화 전략에 속한다. Esser와 Hirsch(1989)가 언급했듯이, 독일의 남부 바덴 뷔르템베르크 지역이 추구하는 기본 전략이 첨단 신산업화가 아니라 엔지니어링, 운송수단, 화학산업을 중심으로 더 근대화하고 전문화하는 것을 추구한다는 점에서 재산업화 전략의 전형이라 할 수 있다.

요컨대, 재산업화란 가치망을 따라 전 지역적으로 부가가치가 많은 높은 부문으로의 구조를 전환하는 것을 의미한다. 핵심적 요소는 재산업화를 수반하는 혁신적 지역환경을 창출하는 것이다.

3) 신산업화 전략

통상 첨단산업을 의미하는 경향이 있지만, 일반적으로 이러한 산업화의 범주에는 이른바 3차산업, 즉 생산자 및 소비자 서비스, 그리고 최근에 지역정책으로 국제적 각광을 받고 있는 지역관광산업이 포함된다. 이와 관련하여 뉴욕이나 런던지역은 대규모 도시가 갖는 규모의 우위와 기존의 집적경제의 이점을 대규모 물리적 재개발 전략과 결합하여 성공적으로 재구조화한 지역으로 평가된다. 그러나 일반적으로 반도체, 생명공학, 환경 및 에너지 산업과 같이 70년대 이래 극소전자기술혁명을 통해 발전한 산업들이다(IT, BT, NT, ET 등). 이 전략의 핵심은 이들 기술혁신을 효율적이게 하는 혁신환경이다. 예를 들어, 카스텔이 지적하고 있듯이, 새로운 과학기술정보, 고위험 자본, 혁신기술노동력은 이러한 첨단산업의 성패를 좌우하는 핵심요소이다(Castells, 1989: 88).

이 경우 산업정책의 핵심은 산업 자체의 특성에 의존하는 것이 아니라 새롭게 추구되는 기술혁신과 학습의 성격에 의존한다는 점이다. 다시 말해, 지속적으로 기술혁신을 이끌어내고 그 혁신을 확산시킴으로써 혁신이 학습될 수 있는 산업 환경을 제도적으로 지원하는 것이다.

산업 환경은 구체적으로 학습지역(learning region)이나 혁신풍토(innovative milieu)를 의미한다. 우선, 학습지역이란 지식과 아이디어 그리고 학습의 흐름을 촉진할 수 있는 일련의 연관된 하부구조를 제공하는 지역이다(Florida, 1995). 또한 혁신풍토는 공간적 집적이나 근접성은 물리적 의미에서 중요하기보다는 정보교환이 용이하고 문화적·심리적 친밀감을 높이고, 개인의 접촉과 협력에 토대가 되기 때문에 중요한 지역적 자산이 된다. 혁신풍토에서 가장 중요한 것은 그것이 과거 생산 환경을 구성하는 물리적 요소와 구분되는 영역화된 조직 환경을 의미한다는 점이다. 기술, 시장, 생산자본으로 이루어진 일반 환경과 대비하여 혁신풍토는 재현, 기술문화, 노하우로 구성된다. 다시 말해, 혁신풍토는 지역의 주요 경제, 기술행위자, 즉 기업, 공공연구소, 대학, 지역개발기관, 기술이전센터들 간에 존재하고, 지역생산시스템의 조직적 기초를 제공하는 일반적인 상호네트워크, 즉 기업 간 경쟁과 협력, 기술이전, 연구개발협력, 생산과 판매, 정보 및 비공식 관계 등과 관련된다.

특히 지역혁신체계(RIS)에서는 지역정책을 이론적으로 체계화된 학습지역을 제도적으로 창출하고 일련의 과정을 촉진하는 데 둔다. RIS의 핵심은 경제의 혁신성과가 기업조직이나 개발혁신성과뿐만 아니라 각 조직들 사이에, 그리고 공공과 민간의 상호작용에 의존하고 있다는 사고에서 출발한다(Cooke, et al, 1997; 1998). 구체적으로 RIS의 지역경제개발정책은 ① 지방행위자들과 다양한 영역에 걸친 특수한 무형자산들의 개발, ② 변화를 위한 집단적 능력과 근접성의 이점을 개발하기 위한 행위자들 간 시너지와 학습을 자극하기, ③ 기술, 환경, 시장을 상호 연결하기 등이다. 경쟁력 있는 지역경제체계에 걸맞은 새로운 제도영역적 양식을 구축하고자 하는 것이다. 중요한 특성은 과거의 경제논리와 다르게 경제와 비경제, 공공과 민간의 경계가 엄격히 구분되지 않을 정도로 각 영역들 사이에 활성적인 협력과 상호작용이 현저하다는 데 있다.

협력은 배태된 사회적 관계이며, 문화여서 사회마다 차별적이다. 그리고 협력이 일단 이루어졌다 해서 그러한 협력이 지속적으로 안정될 수 있다는 보장도 없다. 즉 이 과정은 갈등을 내포한 협력의 과정이다. 왜냐하면 어떤 쟁점에 대해 이해를 공유한다고 해서, 다른 쟁점에 대해 반드시 이해를 공유하는 것도 아니다. 따라서 협력은 시간이 갈수록, 관여하는 참여 주체가 다양해질수록, 쟁점이 복잡해질수록 더 갈등적이게 된다. 이런 이유 등으로 협력을 발생시킬 수 있는 일정한 '프로젝트'가 필요하다. 이럴 경우에만, 비로소 목표를 공유할 수 있고, 서로 다른 이해들이 타협하고 조정될 가능성이 있기 때문이다.

결국 거버넌스의 효과성에 필수적인 두 가지 조건은 구성원들이 개방적으로 상호 작용하고, 다른 한편에서는 전체 과정에서 전략적 조정의 필요성이다.

Ⅲ. 지역혁신체계론의 등장과 지방정부의 역할변화

1. 지역혁신체계론의 이론적 배경

최근 기존의 기술혁신정책이 신고전경제학적 가정에 근거하고 있어 기술의 본성을 제대로 반영하지 못하고 있다고 비판되면서, 제도주의적 접근이 강조되고 있으며, 이는 베블러니안 진화경제학과 슘페터의 혁신이론을 결합한 것으로 네오슘페터주의 경제학이라 부르기도 한다. 지금까지 주류를 이루었던 신고전경제학에서는 기술을 정적인 것, 모두가 아는 그 어떤 것으로 인식한다. 즉, 기업의 기술채택을 완전정보를 바탕으로 하여 결과예측이 가능한 의사결정자가 수익극대화를 위해 선택하는 것으로 인식하는 것이다. 이 입장에서는 기술혁신을 선형모델에 입각해 파악해, 자연과학연구의 성과가 공학연구로 이어지며, 이것이 다시 생산으로 이어지는 것으로 이해한다.

반면, 네오슘페터주의자들은 기술에 있어 '완전정보'의 가정을 거부한다. 기술은 그 기술을 채택하여 생산하기 전에는 결과를 알기 어려우며, 또한 채택에 드는 많은 비용과 시행착오 역시 필수적라고 본다. 이 과정에서 기존의 기술은 단순히 이해 적용·적용되는 것이 아니라 기존의 사회문화적 관행에 맞게 변용되게 된다고 주장한다(Gertler,

1997). 따라서 기술은 확산되는 과정에서 누적적으로 변화하게 되며, 누적적 변화에서 기계작동방법의 사소한 변이, 재료혼합비율의 미소한 변화 등이 포함되어 여태까지 무시되었던 많은 요소들이 '혁신'의 일종으로 자리매김되는 것이다. 이러한 변화의 과정 속에서 생기는 노하우를 '암묵적 지식'이라 부르며, 이 암묵적 지식은 기술 매뉴얼상에 나타나는 '명시적 지식'과 함께 '기술능력'을 구성한다(김견, 1991: 21−22).

이와 같은 제도주의적 입장에서 기술혁신의 선형모델이 불인정됨(OECD, 1992: 42)에 따라 이를 대신하여 로젠버그의 '상호작용모델'이 채택된다. 이 모델에서는 하류부문과 상류부문 간 상호작용이 혁신의 근원이다. 즉, 생산, 마케팅, 서비스 등의 여러 공정과 연구개발 부문 사이에 상호작용이 일어나면서 혁신의 필요성을 인식하게 되면서 개발이 시도된다고 본다. 따라서 생산자와 사용자, 연구부문과 제조부문 사이에 상호작용이 활발할수록 혁신의 가능성이 높아진다.

신고전경제학에서는 주로 연구개발 투자액의 증대, 연구소 신설, 기초과학진흥, 기술도입, 연구개발 유인제도 실시, 하부구조공급 등에 초점을 맞추어왔다. 그러나 새로운 자본재를 도입하여도 기술을 명징한 것으로 이해하는 한, 도입 이후에 사용자가 겪게 될 문제점을 전혀 파악할 수 없으며(Gertler, 1993), 하부구조 공급도 총량 위주로 이루어지게 됨으로써 필요한 혁신에 적합한 설계와 거리가 멀어지게 된다는 한계를 지닌다(손정원, 1998).

네오슘페터주의자들은 이러한 이유로 인해 미시적 과정에 주목한다. 즉, 적절한 제도의 신설, 기존의 제도 간 네트워크를 형성시켜 의

사소통을 개선하는 데 초점을 둔다. 즉 시스템 면에서 혁신활동과 자원을 조정함으로써 투입된 자원을 최대한 효율적으로 활용하여 전반적인 혁신능력 향상을 추구하려는 것이다.

제도주의적 입장에서 제안된 최초의 혁신체제는 국가적 차원에서 구성되는 '국가혁신체제'였다. 이는 "활동과 상호작용을 통해 새로운 기술을 창안하고 도입하며 수정·확산시키는 공공 및 민간 부문의 다양한 제도들의 네트워크"(Freeman, 1995: 1; OECD ed. 1992: 120)로 정의되었다.

국가혁신체제의 특징은 첫째, 연구개발 조직뿐만 아니라 경제에 관계된 거의 모든 조직들이 포함되고, 그들 간의 관계의 중요성이 강조된다. 즉 기술혁신을 다양한 제도들의 체계적 작동의 결과로 파악한 것이다.

둘째, 과학기술정책이 단순히 연구개발에 관한 정책 이상의 의미를 가지게 되면서, 연구개발 부문뿐만 아니라 생산부문, 기업 간 관계, 자본시장의 구조 등이 혁신체제에 포함됨에 따라 기술혁신을 효과적으로 추진하기 위해서는 이러한 모든 영역을 과학기술정책의 관심의 대상으로 삼는다. 즉, 과학기술정책은 제도들의 시스템이 지니고 있는 구조적 성격을 기술혁신과 확산을 촉진시키는 형태로 이끌어 나가 장기적인 차원에서 경쟁력을 육성하는 데 초점을 맞추어야 한다는 것이 혁신체제론이 제시하는 정책의 방향이다(송위진·황혜란, 1993: 45). 여기서 과학기술정책은 산업정책과 동전의 양면인 셈이다.

하지만, 여기서 혁신체제의 개념 자체가 각 나라 고유의 광범위한 사회·정치적 제도들과 중첩되므로 정확히 무엇이 혁신체제의 구성요

소라고 보기가 어려운 문제점이 제기될 수 있다. 이에 대해, OECD
에서는 혁신체제의 구성요소로서 (1) 대학과 공공기관에 기초하여
성장해 왔고, 주로 정부, 공공기금, 때로는 비영리조직에 의해 자금
지원을 받는 국가적 연구개발역량, (2) 기업에 체화된 혁신체제의 구
성요소들로서 여기에는 기업연구소의 기술개발역량과 같은 공식적
연구개발요소도 포함되지만, 핵심적 엔지니어링 디자인이나 기업을
주된 조직적 기반으로 하는 기타 유형의 혁신적 노하우들도 역시 포
함된다. (3) 과학자, 엔지니어뿐만 아니라 적절한 숙련을 보유한 기
술자나 숙련노동자를 공급하는 교육훈련기관, (4) 공공부문의 연구개
발 수행을 감독하고 기업부문 연구개발과 어느 정도의 조정을 가능
케 하는 과학기술정책 결정기관 등을 제시한다(OECD ed., 1992: 120).
한편, Lundvall(1992)은 작업조직, 기업 간 관계, 공공부문, 금융, 공
공 연구기관, 교육기관 등을 강조한다.[1]

---

1) 일반적으로 혁신체계의 구성은 다음과 같은 6가지 요소로 정리할 수 있
다(Lundvall, 1992; Cooke & Morgan, 1998). ① 연구개발체계: 신기술개
발 및 흡수·확산시키는 능력을 제공한다. 국가는 기초연구자금 지원 등
핵심적 행위자이지만, 대기업도 중요한 행위 주체로 등장한다. ② 교육
및 훈련기관: 기존 지식을 이용하고 새 지식을 창출하는 숙련체계의 육
성. ③ 금융체계: 은행, 기업, 국가 간 더욱 긴밀하고 장기적 관계가 배
태된 금융체계 조성이 중요하다. 이는 기술개발과 혁신을 추구하는 데
있어 공동의 이해 및 공동운명체를 형성함으로써 혁신체계를 위한 좋은
제도적 환경으로 기여한다. ④ 사용자/생산자 연계: 이는 양 영역이 학
습과 혁신이 발생하는 주요 도관이 되어왔다는 점에서 혁신체계에 매우
중요한 요소이다. 경험적으로도 주요 네트워크로서 선도적 생산자와 장
기적이고 협력적 관계로 묶인 사용자의 연계에 의한 혁신능력과 효과성
강화, 즉 생산자들의 경쟁력 향상에 긍정적인 관계가 존재한다. ⑤ 결사
체네트워크: 중간 거버넌스로 명명할 수 있으며, 제3이태리나 독일의 생

여기서 한국의 경우는 중앙집권적 정책결정구조, 우월적인 공공관료제의 전통, 민관협동의 역사적 경험의 부재, 고등교육기관의 사회 지위적 평판 등을 고려하여 검토할 필요가 있을 것이다. 따라서 혁신체제론은 정형화된 틀이 아니라 국가에 맞게 가공될 수 있는 중위 개념이며, 국가, 지역, 산업에 따라 혁신에 중요한 요소가 상이할 수밖에 없으므로 적합한 혁신체제 모델 개발이 중요하다고 보겠다.

한편, 제도주의적 입장에서 보는 로컬 거버넌스의 성격을 정리하면, 다른 제도들처럼 사회체계를 안정적으로 유지하거나 변형시키는 데 기여할 수 있는 제도적 양식이지만, 동시에 특수한 조직적 행태와 행동양식을 내재하는 제도영역적 양식으로 볼 수 있다. 다시 말해, 기술경제체계를 조절하는 중요한 사회제도였던 전통적인 국가개입이나 가격기제에 의거한 중립적인 개인들의 교환행위인 시장제도와 질적으로 구분되는 제도적 양식인 셈이다. 시장이나 국가와 달리 로컬 거버넌스는 양자의 상호의존적 관계로 인해 공공과 민간이 구조적으로 결합되는 조직적 형태를 취하며, 이러한 결합과 로컬 거버넌스는 기술경제체계로부터 발생할 문제에 관여할 때 공공과 민간의 상호작용을 통해 전략적으로 대응하는 행동양식을 보여준다. 이는 현재 국가와 시장이 모두 기술경제체계로부터 발생하는 문제에 효과적으로

산체계에서처럼 지식을 확산하고 혁신의 관행을 유지하는 데 매우 중요하다. ⑥ 무형자산 또는 사회자본: 일반적으로 협약이나 경로구속적 제도적 양식이라 부르는 요소로서, 네트워크, 규범, 신뢰와 같은 상호이익을 위해 조정과 협력을 촉진하는 사회조직의 특성을 나타낸다. 특히 앞서 5가지 조건을 활성화하는 데 매우 중요한 가능성을 부여하지만, 역으로 일정한 조건에서 고착화될 가능성도 존재한다.

대응하지 못하고 특유의 경직성을 드러내고 있다는 사실과 관련이 깊다.

말하자면, 로컬 거버넌스는 시장의 실패를 조절하는 동시에, 국가의 경직성과 위계적 논리를 기존의 제도를 수정하고, 나아가 새로운 제도적 경로를 형성함으로써 사회체계, 특히 기술경제체계의 변형에 커다란 잠재력을 지니고 있다.

2. 지방정부의 역할변화

자본의 이동성 증대로 인해 국가라는 보호망을 잃어버린 지역은 이제 세계와 직접 대면하게 되었다. 자본은 국가의 중재 없이 직접 지역과 대면, 협상하며, 자본을 유치하기 위한 지역들은 세계 각지의 지역들과 경쟁하는 상황이다. 이러한 대응책이 '기업가적 지방정부'라는 양상으로 나타나고 있다.

1980년대 이전의 포드주의 지방정부는 교육, 보건, 주택 등 복지서비스 제공을 주 임무로 한다는 의미에서 '관리주의적' 지방정부의 성격이 강했다. 이후 유동하는 자본을 유치하기 위한 지역여건 조성을 위해 물리적 하부구조의 공급, 노동운동의 억제, 환경규제 완화, 토지이용규제 완화, 세제혜택, 금융지원 등을 '유연화'하여 지역의 생산력을 높이는 것을 지상과제로 함에 따라 포스트포드주의 지방정부 또는 '기업가적 지방정부'로 전환되고 있다. 그러나 기업가적 지방정부의 본질적 한계는 한정된 자원을 둘러싼 지역 간 경쟁은 제로섬게임적 성격일 수밖에 없다는 데서 비롯된다. 또한 자본유치를 위한 친자본적 정책들은 주민들의 삶의 질을 저하시키는 결과를 가져오기 쉬우며, 이에 따라 기업가적 정부는 개발전략의 '퇴행적 유연화' 성격이 강하게 나타나는 경우가 많다.

따라서 지역개발의 '진보적 유연화'를 위해서는 기술혁신을 통한 지역발전전략이 대안으로 제시될 수 있는데, 이는 IT산업 등 기술의 수명주기가 짧은 첨단산업이 경제의 중심부문이 되어가고 있으며, 수요가 파편화되어 디자인의 빠른 변화가 요구되기 때문이다. 또한 국제경제적으로 자유무역주의가 등장하여 산업정책을 통한 경제개발이 제재를 받는 반면, 기술정책은 아직은 제재 가능성이 낮기 때문이기도 하다. 기술혁신을 통한 지역개발전략을 '지역혁신체계 최적화 전략'이라 부르며, 이는 네오슘페터주의자들의 '국가혁신체제' 개념에 크게 의존하고 있다. 기업가적 정부가 외생적·피동적·친자본적 발전전략이라면, '지역혁신체계 최적화 전략'은 내생적·능동적 발전을 지향한다는 점에서 차이가 있다.

〈표 1〉 혁신체제전략과 기타 지역개발전략의 비교

	포드주의 지역개발전략		포스트포드주의 지역개발전략	
	성장거점전략	상향식 개발	기업가적 정부	지역혁신체계론
지적배경	신고전경제학	종속이론	신보수주의	제도경제학
상황인식	전반적 낙후 (고립적 인식)	저발전의 발전 (관계적 인식)	지역 간 경쟁 (관계적 인식)	글로컬리제이션 (관계적 인식)
전　술	선택적 투자	선택적 폐쇄	장소 판촉	네트워킹
전　략	불균등 성장	기초수요 충족	자본유치	기술혁신
자원동원	외생적	내생적	외생적	내생적
주　체	중앙·지방정부	지방정부	성장연합	지방정부+주민

*출전: 정병순(2000)

Ⅳ. 지역혁신체계의 이론적 모형과 광역클러스터 구축

1. 혁신의 정의 및 지역혁신체계의 개념

Lundvall(1992)에 의하면 혁신은 새롭고 경제적으로 유용한 지식의 생산, 확산, 활용을 의미한다. 다시 말하면, 혁신은 발명된 어떤 것의 개발, 응용 그리고 상업화를 포함하고 있기 때문에 발명보다는 더 광범위한 아이디어까지도 의미한다고 볼 수 있다. 또한 혁신은 영감 혹은 과학적 발견과 같이 초기 단계의 참신한 아이디어뿐만 아니라 실생활에 유용한 것 혹은 상업적으로 유용한 아이디어를 창안하고 이를 응용하는 일련의 과정을 의미하기도 한다. 따라서 지식기반경제에서의 혁신은 원천지식의 상업화를 통해 기업이나 산업의 경쟁력을 높이는 제반활동을 의미하기 때문에 원천지식의 발명과 구분되어야 한다. 이에 따라 혁신의 대상은 기초 및 응용 기술의 개발에 한정되지 않고, 인력양성 등 기업 경영의 제반 분야에 적용되는 것으로 볼 수 있다.

Cooke의 연구에 의하면 지역혁신체계(regional innovation system)란 제품·공정·지식의 상업화를 촉진하는 기업과 제도들의 네트워크를 의미하고, 그 구성요소를 크게 하부구조(infra-structure)와 상부구조(super-structure)로 구분한다. 하부구조란 도로, 공항, 통신망과 같은 물리적 하부구조와 대학, 연구소, 금융기관, 교육훈련기관, 지방정부 등과 같은 사회적 하부구조를 포함한다. 상부구조는 지역의 조직과 제도, 문화, 분위기, 규범 등을 의미한다. 요컨대 지역혁신체계란 혁신과정에 관련된 지역 내 다양한 경제 주체들이 지식의 생산, 전파 및 활용을 담당하는 혁신 주체(innovation actors)와 이들 간의 관계를 말한다.[2]

---

[2] 기술혁신 주체를 협의의 개념으로 정의한다면, 그 구성요소는 공공 R&D 기관, 민간 기술연구소, 대학 등과 같은 조사 및 탐구에 직접 참여하는 조직 및 제도를 포함하지만, 기술혁신 주체를 광의로 정의한다

2. 지역혁신체계의 구성요소와 상호관계

지역혁신체계는 ① 지역의 혁신 주체와 ② 주체들 간의 연계망 및 ③ 이를 강화하는 지역사회의 문화로 구성된다(<그림 1> 참조).

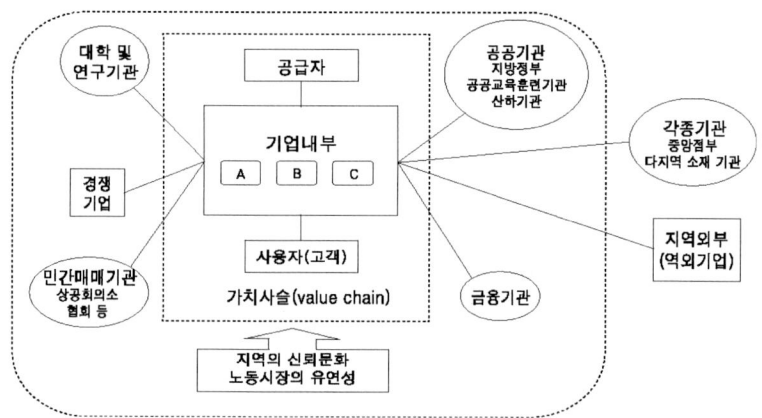

범례: ○와 □는 혁신 주체들로, ○는 각종 관련기관을 의미, □는 기업.
실선(−−−)은 혁신 주체 간 네트워크를 의미
점선(·········) 내부는 가치사슬(value chain) 관계를 의미
쇄선(−·−·−)은 지역의 공간적 범위를 의미
ABC는 기업내부의 각 조직, 예컨대 연구개발부서, 생산부서, 판매 부서를 의미
* 출전: 이철우 외(2000), p.57.

〈그림 1〉 지역혁신체계의 구성요소(주체, 네트워크, 문화)

면 구성요소는 금융기관, 연계기관 및 공공기관 등 지역경제의 제도적 여건을 조성하는 주체들과 관련제도가 모두 포함될 것이다. 지역혁신체계에 세부적으로 어떤 하부 시스템이나 제도가 포함되어야 하느냐 하는 것은 관점에 따라 달라질 수 있다.

지역혁신체계에서 가장 중요한 것은 기업 간의 상호협력관계(물적 분업 및 상호학습네트워크)이다. 이 관계가 잘 발달될수록 지역의 혁신성이 강하다. 다음으로 중요한 것은 지식하부기관의 양과 질이다. 다양한 연구기관이나 대학이 존재하고 이들과 지역기업 간의 산학연계가 잘될수록 좋다. 또 기업을 지원하는 지원기관 즉, 공공기관(지방정부 등), 민간 매개기관(상공회의소 등), 금융기관 등이 잘 발달되어야 하고, 이런 지역 내 암묵적 지식의 이동을 촉진하는 노동시장의 이동성도 커야 한다. 마지막으로 외부 대기업이나 국내, 국제 시장과의 네트워크도 중요하다. 왜냐하면 지역혁신체계는 개방체계이며 이런 외부와의 네트워크가 지역의 세계경쟁력을 강화하기 때문이다.

그러나 지역 내의 혁신 주체 간의 상호작용을 통한 통합적인 시너지 효과의 극대화를 추구하는 지역혁신체계 내의 네트워크 중에서도 무엇이 지역혁신에 더 중요한가에 대해서는 연구자에 따라 견해가 다르다. 왜냐하면 개별지역은 나름대로 문화중심산업, 발전의 수준, 기업규모 등이 다르기 때문이다. 특히 산업의 특성에 따라 어떤 네트워크가 중요한가도 달라질 수 있기 때문이다. 파비트(Pavitt, 1984)는 산업의 특성에 따라 공급자 지배산업은 후방 공급자가 중요하고, 규모집약적 산업은 주로 기업 내부원천이, 전문공급자 산업은 전후방 관련기업이, 과학기반산업의 경우 대학·연구소의 관계가 중요하다고 한다.

따라서 그동안 실증연구를 종합해 보면, ① 지역 내에서 혁신네트워크는 다양할수록, ② 그중에서도 기업 간 관계가 가장 중요하며,

③ 협력의 네트워크를 이끌어내는 신뢰의 문화가 있어야 한다는 것이다.

〈표 14〉 지역혁신체계의 구성요소와 발전된 혁신체계의 특징

지역혁신체계의 구성요소		발전된 혁신체제의 특징
지역혁신하부구조	지역의 물리적·사회적 하부구조(도로, 정보통신 및 지방정부, 대학, 금융, 기업 지원기관 등)	자주적 조세, 지출 / 지역에 뿌리를 둔 민간 금융 / 자금 조달에 지역적인 파트너십 형성의 역량 / 지역적 조정과 활성화 역량 / 전략적으로 중요한 인프라에 대한 영향력과 통제력 보유 / 지역에 뿌리를 내린 대학 / 지역에 잘 통합된 R & D 기관 / 지역적 직업 훈련 역량 / 지역적인 혁신 전략의 존재
지역혁신상부구조	조직 요소 (기업의 성격)	신뢰적 노사관계 / 현장협력 / 노동자 복지 지향 / 모니터링 / 외부화 / 혁신
	조직 요소 (통치의 성격)	비배타적 / 청취적 / 분권적 / 자문, 상담(비권위적)
	제도, 문화 요소	협력 분위기, 연합적, 학습경향, 변화 지향, 관 / 민 컨센서스

* 출전: 이철우 외(2000), p.27.

3. 지역혁신체계의 기능과 역할

지역혁신체계는 기능적 중복과 기구의 업무 중복 문제들을 극복하여 보다 일관성 있고, 효율적으로 지역혁신지원 인프라를 조직함으로써 지역이 내부적으로 제도적 일관성을 갖도록 해준다. 지역혁신제제를 구축하는 데에는 중개자·선도자가 중요한 역할을 한다. 이들은 중앙정부, 지방정부, 창업지원센터, 대학 및 지역개발기구 어느 기관도 될 수 있다.

또한, 지역혁신체계는 산업지구나 혁신환경 등과 같은 기술혁신이론들과 달리 성장지역의 경험을 바탕으로 하고 있으며 구조적으로 취약한 지역에도 적용이 가능하다. 더욱이 진화된 성격을 띠고 있어서 시간의 경과에 따라 지역의 발전경로를 조사하고 지역이 어떤 방향으로 발전해 가야 할지를 지역 정책결정자에게 권고해 줄 수 있다 (Cooke et al 1998).

따라서 지역혁신체계는 지역혁신체계를 통해서 지역에 산재해 있는 혁신 및 혁신지원 주체들 즉, 중소기업, 대기업, 연구기관, 대학, 기술이전센터 등의 혁신 노력을 혁신적 지역군집(innovative regional cluster)으로 효과적으로 연계시키고 긴밀한 협력체제를 구축하여 혁신의 발생을 용이하게 하는 데 기여할 수 있다.

4. 지역혁신체계의 이론 모형

지식기반경제로의 이행에 따른 산업 환경의 변화(세계화·정보화·지방화 등)에 대응하여 자생력을 갖춘 지역산업의 발전을 위해 지역혁신체계의 구축이 요구되며, 지역혁신체계의 구축을 위해서는 클러스터의 형성과 네트워크의 활성화가 필요하다. 지식기반경제라는 새로운 산업 환경에서 클러스터와 네트워크는 기업 경쟁력을 높이는 핵심적인 방식이므로, 각 경제 주체가 시장기능을 통해 클러스터 형성을 촉진하고 네트워크를 활성화해야 한다. 이러한 관점에서 지역혁신체계의 기본 모형의 정립이 중요하다.

지역혁신체계의 기본 모형은 생산체계를 중심으로 기술개발부문에서는 인력자원과 기술을 제공하고 기업지원부문에서는 재원과 노하우(경영, 정보교류)를 지원하는 것을 기본 모형으로 한다. 지역혁신체계 구축의 기반자원은 인력, 기술, 재원, 노하우 및 사회기반시설(infrastructure)이 결합되어 생산체계의 밑거름이 된다. 창업보육센터(BI), 테크노파크(TP), 기술상업화센터(TCC) 등은 기술개발분문과 생산체계부문을 연결해 준다. 또한 지역협력센터(RRC)와 RTS(지역기술지원센터), TSC(종합지원센터)는 생산체계부문과 기업지원부문을 연계하여 중계기관 역할을 한다. 기술개발부문과 생산체계부문 그리고 기업지원부문의 네트워크와 클러스터 형성 및 유지를 도와주는 지역개발기구(RDA)를 기본 모형으로 구성한다. 특히 지역개발기구(RDA: Regional Development Agency)는 지역산업 발전의 기획·조정기구로서 지역 내 핵심 주체들을 결집하여 지역산업 발전을 기획·추진 및 유기적 연계를 위해 조정하는 역할을 담당한다.

기본 모형은 지역산업 발전에 필요한 자원의 확충뿐만 아니라 자율적이고 유기적인 RIS 운영 프레임웍을 강조한 것으로 지역 내 잠재력을 극대화하기 위한 내생적 지역산업 발전을 지향한다. 기존의 개별기업을 대상으로 한 직접지원을 지양하고 네트워크를 형성하는 기업 집단에 대한 간접지원을 강조하며, 지역 내 경제 주체들에 의해 자율적이고 체계적인 산업발전을 기획·조정하기 위한 제도적 틀을 강조한다. 국제적 네트워크는 국제적 정보인프라, 국제 기술이전 연계체제, 해외자금, 외국인 인력을 네트워크화하는 것이다.

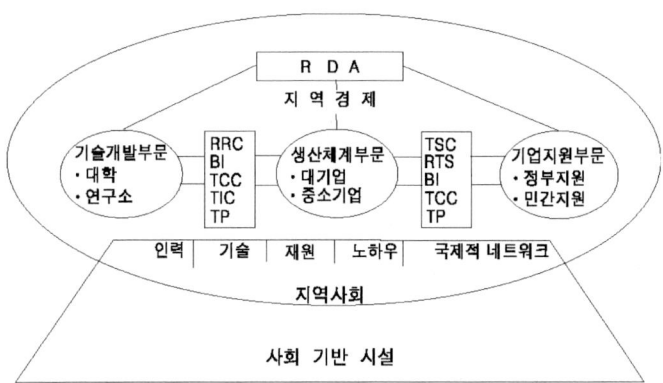

주: RCC(지역협력센터), BI(창업보육센터), TCC(기술상업화센터), TIC(기술혁신센터), TP(테크노파크), TSC(종합지원센터), RTS(지역기술서비스센터)
출전: 강병수(2003), p.4.

〈그림 2〉 지역혁신체계의 개념적 모형

V. 결론: '동남권 산업클러스터'(초광역산업클러스터) 구축과 지방정부(간)의 역할[3]

동남권 산업클러스터 사업은 부산, 울산, 경남 지역경제의 사활이 걸린 주요 프로젝트이다. 산업클러스터는 단순히 특정지역산업육성이나 테크노파크 등 첨단산업단지 구축을 위한 부분적인 지역산업경제진흥책의 차원이 아니다. 대학, 연구소, 기업, 지방정부, NGO 등의 총체적인 집적효과를 지향하는 지역발전의 새로운 패러다임인 지역혁신체계의 핵심사업이라는 데 산업클러스터의 구축의 중요성이 있다. 그런데 이러한 지역 최대의 메가프로젝트인 산업클러스터 사업진행에 비상이 걸렸다. 2003년도 기획예산처의 예산안에서 클러스터 사업 관련예산 700억 원이 전액 삭감된 것이다. 첫 단추부터 어그러지는 형상이다. 정부 측은 부산, 울산, 경남의 사업협의 지연, 전국 5개 권역 중에서 동남권에서의 우선 사업시행에 따른 형평성 문제 등을 예산삭감의 이유로 들고 있다. 이 외에도 중앙정부의 정책의지 부재, 사업계획의 타당성 결여 등이 거론되고 있으나, 사업진행에 차질을 가져온 직접적인 요인으로서 무엇보다도 지방정부(간)의 역할에 문제점이 적지 않음을 지적하지 않을 수 없다.

우선, 관련 지방정부들이 광역클러스터 사업 계획 이전에 기존의 자

---

3) 지역혁신체계 구축을 위한 구체적인 지방정부의 지원 및 내부 역량 강화 방안에 대해서는 책 말미에 <부록>으로 제시하였다.

체 지역클러스터 사업에 대한 재검토 작업에 착수하지 못함으로써 상호합의과정에 도달하지 못했다는 점이다. 경남도의 경우, 기존에 자체 추진 중인 지역클러스터 사업인 '메카노21'과 중복된다는 이유로 광역클러스터 참여를 거부하고 있는 형편이며, 울산시의 경우도 자체사업인 '오토밸리' 사업을 포기하고 있지 않다. 또한 부산산업클러스터산학관협의회에서 제시한 11개 클러스터 사업은 기존 부산시의 10대 전략산업과 별 차별성이 없다는 것이 중론이다. 이렇듯이 동남권이라는 전체지역을 고려한 클러스터 사업 구상이 아닌 여전히 각 지역의 전략사업 위주로 사고되는 광역클러스터 구축은 그 출발점부터 한계를 보일 수밖에 없다. 요컨대 사업구상은 제로베이스 차원에서 재논의되어야 하며, 사업계획 진행에 각 지방정부가 주도적으로 나서야 할 것이다.

둘째, '지역 간' 광역클러스터 추진을 위해서는 우선적으로 '지역 내' 협치체제(governance)를 구축하여야 한다. 현재 부산에서는 부산대가 주축이 된 '부산산업클러스터산학관협의회', 상공회의소가 주도하는 '부산경제발전협의회' 등이 산업클러스터 추진기구로서 조직화되고 있으나 실제적인 협의체, 협력체로서 뚜렷한 위상을 찾지 못하고 있다. 최근 그 중요성이 강조되고 있는 사회자본(social capital)의 발전은 공동체 내의 인적 자원들 간의 상호신뢰감, 협력관계, 의사소통망(네트워크)의 수준을 기준으로 판단된다. 이러한 사회자본은 지역사회경제발전을 위한 주요 전략인 지역혁신시스템의 구축과 더불어 양대 축을 이루는 지역협치체제(local governance)의 토대를 형성한다. 아무리 사회경제적 혁신 인프라가 잘 구비되어 있다 하더라도 이를 운용하는 지적·인적 인프라가 작동되지 않으면 총체적 지역발전시스템이 제 기능을 발휘할 수 없음은 물론이다. 각 지역 내 지방정부, 대학, 기업 간 유기적 상호협력체제의 조직화가 시급하다. 특히 논의 과정에서 상대적으로 소외되고 있는 지역상공계와 기업인들의 참여를 적극적으로 유도할 필요성도 있다. '지역 내' 협치·협력체제가 구축되지 못한 상황에서 '지역 간' 협력체제를 도모한다는 것은 무리이자 모순이다.

셋째, 광역클러스터계획 수립에 가장 큰 장애요인으로 지적되고 있는 행정구역 간 장벽을 어떻게 극복할 것인가 하는 문제이다. 즉, 산업클러스터 추진을 위한 광역행정차원의 과제이다. 이미 선진클러스터체제를 구축하고 있는 외국에서는 이에 대한 대안들을 마련하고 있다. 프랑스의 소피아 앙티폴리스는 기초자치단체인 코뮌이 14개 걸쳐 있어 당초에는 지방정부 간 협의가 어려웠지만, 클러스터 사업결정을 위한 연합체인 SYMISA라는 이사회를 구성하고, 별도로 시설 운영을 위한 SAEM를 분리해서 운영함으로써, 이 문제를 해결했다. 더구나 프랑스는 올해 지방분권개혁을 위한 헌법개정을 통해 '선도자치단체' 규정을 신설했다. 선도자치단체란 지방공공사업을 여러 자치단체들이 공동으로 추진할 때, 관련 자치단체들 중에서 정책실천을 주도하는 '중심 자치단체'의 지위를 부여함으로써 타 자치단체들의 행정행위를 조정할 수 있는 실질적인 권한을 부여받은 지방정부를 의미한다. 관련 지방정부들은 상호계약을 통해 공동사업을 추진하며, 사업과정 평가를 통해 중앙정부의 재정지원이 가능하다. 일본의 경우도 광역행정의 필요성에 따라 시정촌합병이 최근 활발하게 진행 중이며, 우리의 경우도 행정협의회나 지방자치단체조합 등을 꾸려 동남권클러스터 사업을 전담할 조직을 구성할 필요성이 있다.

넷째, 지방정부의 역할론과 행정지원의 구체적 내역을 명확히 할 필요가 있다. '기업하기 좋은 도시'라는 선전에만 치중하지 말고 기업유치나 산업진흥을 위한 보다 적극적인 지원책을 구체적으로 마련하여야 한다. 즉, 소극적인 차원에서의 규제완화, 행정서비스의 개선이 아니라 중앙정부 차원의 지원책을 지속적으로 요구함과 동시에 무보증자금대출, 부동산취득, 각종 지방세 면제나 감세, 보조금 지급 등으로 보다 적극적인 산업지원행정을 펼쳐야 한다. 이를 위해서는 최고 CEO로서의 단체장의 결단과 정치력이 요구되며, 단순한 선심행정이나 선거를 의식한 편협한 소지역주의를 탈피할 필요가 있다. 또한 관련지역과 함께 지역경제의 위기감을 공유하는 한편 상호신뢰감 형성을 위한 각종 사회문화적 인프라 구축과 상징적 이벤트가 있어야 할 것이다.

시장경제주의와 시민사회가 그다지 발달하지 못한 우리의 실정에서 지방정부 주도형 지역발전전략이 더욱 현실적인 실천성을 갖는다고 생각한다. 예컨대, 세계적인 과학산업클러스터를 이루고 있는 이탈리아의 캐니버서 바이오인더스트리파크나 프랑스의 소피아 앙티폴리스 등은 중앙정부의 역할도 중요했지만, 지방정부의 적극적이고 주도적인 노력이 성공한 사례로 꼽힌다. 이렇게 볼 때, 동남권 산업클러스터의 성공 여부는 바로 지방정부(간)의 역할 강화와 협력체제 구축이 중요한 관건이다.

참고문헌

강병수. 2003. "지역혁신체계의 형성과정과 발전 방향", 한국지방정부학
　　회 추계학술대회, 발표논문집.
김　견. 1991. "1980년대 한국자본주의의 산업구조조정", 「사회경제평론」,
　　제3호.
손정원. 1998. "지역 기술혁신체제 최적화 전략: 포스트포드주의 지역개
　　발을 향하여", 한국 공간환경학회 엮음. 「현대 도시이론의 전환」.
　　서울: 한울.
송위진·황혜란. 1993. "기술혁신에 대한 제도론적 접근", 「과학기술정
　　책」, 5(2).
이철우·박진도·강용찬. 2000. "지역혁신 능력과 지역혁신체계", 「공간
　　과사회」, 제13호.
정병순. 2000. 「지역경제체제의 위기에 대응하는 지방통치체제의 작동양
　　식에 관한 연구: 밀라노 프로젝트와 대구 테크노파크를 중심으로」.
　　서울대학교 대학원 환경계획학과 박사학위논문.
정병순·김두환, 2001. "대안적 지역발전의 기제로서 결사체 가버넌스:
　　내생적 발전을 위한 새로운 모색", 「공간과 사회」, 제15호.

Brusco. S. 1986. Small firms and industrial district: The Experience of
　　Italy. Keeble. D. & Weeber F. eds. *New Firms and Regional
　　Development*. London: Croom Helm.Castells, M. 1989. The
　　Informational City: Information Technology, Economic Restructuring
　　and the Urban－Regional Process. Basil Blackwell.

Cooke, P. 1998. Regional system of innovation: an evolutionary perspective. *Environment and Planning A,* vol.30.

Cooke, P. et al. 1997. Regional Innovation Systems: Institutional and organizational dimensions. *Research Policy*, vol.26.

Cooke, P. & Morgan, K. 1993. The Network Paradigm: New Deparatures in Corporate and Regional Development. *Environment and Planning D*, vol.11.

Coro, G & Grandinetti, R. 1999. Evolutionary patterns of Italian industrial districts. *Human System Management,* vol.18.

Esser, J. & Hirsch, J. 1989. The Crisis of Fordism and the dimensions of a post−fordist regional and urban structure. *International Journal of Urban and Regional Research,* 13(3): 417−437.

Florida, R. 1995. Toward the Learning Region. *Futures,* 27(5).

Freeman, C. 1995. The 'National System of Innovation' in Historical Perspective. *Cambridge Journal of Economics.*

Gertler, M. S. 1993. Implementing Advanced Manufacturing Technologies in Mature Industrial Regions: towards a Social Model of Technology Production. *Regional Studies,* 27(7).

Gertler, M. S. 1997. The invention of regional culture. in Lee, R. et al eds. *Geographies of Economics.* Arnold.

Harrison, B. 1994. *Lean & Mean: The Resurrection of Corporate Power in an Age of Flexibility.* New York: Basic Books.

Lipietz, A. 1993. The local and the global: Regional individuality or interregionalism? *Transactions of the Insitute of British Geographers,* 18(1): 8−18.

Lundvall, B. 1992. Introduction. *National Systems of Innovation: Toward a Theory of Innovation and Interactive Learning.* Pinter Publishing.

OECD ed. 1992. *Technology and Economy.* 이근 외 역. 1995. 「과학과 기술의 경제학」. 서울: 경문사.

Pavitt, K. (1984), Patterns of Technology Change: Towards a Taxonomy and a Theory. *Research Policy,* vol.13.

Pilotti, L. 1999. Evolutionary and adaptive local systems in North East Italy. *Human System Management,* vol.18.

Sabel, C. 1989. Flexible Specilalization and the Re-emergence of Regional Economics. Hirst, P. eds. *Reversing Industrial Decline?.* Oxford: Berg.

Sawer, L & Tabb, W. K. 1984. *Sunbelt / Snoebelt: Urban Development and Regional Restructuring.* Oxford Univ. Press.

Scott, A. J. 1988. *New Industrial Spaces.* Pion Limited.

Massey. D. 1984. *Spatial Division of Labour: Social Structure and the Geography of Production.* Macmillan.

Stone, C. N. 1993. Urban Regimes and the Capacity of Govern: A Political Economy Approach. *Journal of Urban Affairs.* 15(1).

제4장

부산의 동북아협력 거버넌스: 현황, 특징, 과제*

김홍수(영산대학교)

Ⅰ. 서 론

21세기 한국정치학계의 최대 이슈는 세계화와 지방화다. 이는 1980년 말 이후 한국 사회의 환경변화에서 연원을 찾을 수 있다. 물론 세계화는 어느 시대 어느 곳에서나 폐쇄사회가 아닌 한 존재했다. 그러나 1980년대 말 탈냉전과 1990년대 과학기술의 발전에 기반하고 있어 '장벽파괴'와 통합, 그리고 끝없이 계속되는 '무한경쟁'이라는 차원에서 이전의 것들과는 특징을 갖고 있다.[1] 이에 따라 1990년대 이

---

* 이 글의 초안은 2006년 11월 17일 신라대학교 부산학센터 주최로 열린 '부산의 도시혁신을 위한 거버넌스 구축과 과제'라는 학술심포지엄에서 발표되었다. 그 후 전면 수정, 보완하여 『국제정치연구』 제10권 2호(동아시아국제정치회, 2007)에 게재되었다.
1) 이병화 외, 『정치학으로의 산책』(서울: 한울 아카데미, 2002), pp.152-155.

후 정치학 분야에서 이전 '국제정치'와 구분되는 '글로벌 정치', '세계정치'라는 분야가 부상되었다.[2]

한국의 대외환경의 영향에 의해 세계화가 주목받고 있었다면, 국내적으로는 1987년 형식적 민주화의 성과를 바탕으로 1991년 기초지자체 단체장과 의회의 출범, 1995년 광역 및 기초지자체 동시 선거가 실시됨에 따라 지방이 주목받게 되었다.

이에 따라, 21세기 한국 사회는 세계화, 정보화, 민주화가 거대한 시대흐름으로 자리 잡고 있다. 다만, 세계화와 정보화의 발전만큼 민주화의 진행은 늦어지고 있어 또 다른 논쟁적 과제를 안고 있다. 세계화, 정보화, 민주화의 흐름은 그동안 이념과 국가를 단위로 형성되어 왔던 국제관계, 지역관계에서 다차원적 국제 및 지역관계로 전환을 가져왔다. 다시 말하면, 오늘날 세계는 본질적으로는 미국을 비롯한 강대국과 국제자본의 힘이 절대적인 영향을 가지고 있지만, 상대적으로 국제기구, 시민, 지방정부, 개인의 역할이 날로 높아가고 있는 것 또한 엄연한 현실이다.

세계화 논의와 함께 지방화에 대한 논의가 본격화되면서 지방화에 대한 정치학계의 이론적 논의도 시도되었다. 기존 지방화에 대한 연구는 행정학의 고유분야였다면 조직의 효율성에 집중된 행정학의 논의를 포함한 실질적 민주주의로서의 지방화에 대한 정치학계의 학문적 접근이 1990년대 후반 대두되었다. 대표적으로 노동일과 김만흠의 연구를 들 수 있다. 노동일은 지방자치와 지방화의 시대를 맞아 지

---

2) 대표적인 저서로 존 베일리스 · 스티브 스미스 편저, 『세계정치론』(서울: 을유문화사, 2003)이 있음.

방정치연구가 한국정치학의 중요한 연구 분야가 되어야 하고, 그런 차원에서 지방정치에 대한 명확한 개념 정의와 함께 지방정치의 대상과 방법을 기존의 정치학적 논의를 중심으로 고찰하였다. 그에 의하면 지방정치란 "지역사회의 중요한 일을 결정하거나 처리하는 국가지방조직의 권력행사와 직접적 간접적 관련이 있는 권력현상"으로 정의하고 있다.[3] 김만흠은 한국 국가체제의 구조적 전환이 요구되는 상황에서 지방정치론이 갖는 위상과 중앙정부와의 관계설정에 대한 이론적 논의를 정리하고 있다. 특히 그는 국가체제의 변화 속에서 지방정치론의 위상과 의미를 이론적으로 정리하면서, 총체적 지방분권과 다원화, 지역별 공간권력 대표체계의 제도화, 공동체 모델과 윤리의 모색을 한국지방정치의 과제라고 주장하였다.[4]

한국 사회의 내·외적 환경 변화에서 지방정치의 위상이 강화되었다면, 지방정부 차원의 내적 경쟁력을 위한 노력 또한 다양하게 모색되었다. 한마디로 진정한 지방화란 중앙정부와의 관계에서 자율성을 갖는 것뿐만 아니라 지방정부가 스스로가 어떻게 경쟁력을 갖는가 하는 데 있다. 지방정부의 경쟁력 제고라는 차원에서 주목받고 있는 것이 거버넌스(governece)다. 거버넌스는 대외환경 변화와 정치적 민주화와 함께 시민사회가 활성화됨에 따라 지역발전은 관 주도의 일방적인 행정이 아닌 지방정부와 민간단체가 상호 건설적 네트워크

---

3) 노동일, "한국지방정치학의 연구대상과 방법", 『대한정치학회보』 제5집 (대한정치학회, 1997), pp.1 – 29.
4) 김만흠, "지방정치론과 한국 지방정치의 과제", 『한국정치학회보』 제32집 4호(한국정치학회, 1998년 겨울), pp.167 – 181.

와 파트너십에 기반을 둔 협치가 더 생산적이자 효율성이 높다는 맥락에서 주목받고 있다. 1990년대가 지방자치 수준에서 중앙정부로부터의 자율과 독립을 요구했다면, 21세기 들어와서는 지역 및 지방의 경쟁력이 국가경쟁력의 핵심으로 강조되고 있고, 지방경쟁력을 위한 지방민주화, 지방외교가 그 중심을 이루고 있다. 그런 차원에서 로컬 거버넌스가 등장했다. 또한 이런 지방에 대한 인식의 변화가 2000년 이후 기존의 한국지방정부학회에서 한층 지방의 자율성이 강조된 한국지방정치학회가 출범하기도 했다.

이런 맥락에서 필자는 지방정부 차원에서 대외적 세계화, 대내적 지방화의 흐름 속에서 경쟁력을 갖기 위해서 어떤 노력들을 해야 되는가에 문제의식을 갖게 되었다. 따라서 필자는 부산이 세계화와 지방화의 큰 시대 흐름, 다시 말하면 내생적 발전전략의 관점에서 동북아지역과의 협력에 대한 현황과 특징, 그리고 과제를 찾아보고자 한다. 따라서 본 연구는 부산의 동북아지역 도시와의 교류협력 및 그런 교류협력을 위한 내부차원의 노력들에 대한 현황과 특징을 실증차원에서 정리하고, 나아가 동북아지역 협력을 높이기 위한 창조적 거버넌스 구축을 위한 정책적 과제를 찾아보는 데 그 목적이 있다. 본 연구는 기본적으로 도시혁신의 관점에서 부산의 세계화를 접근하고 있고, 아울러 동북아협력을 관 주도가 아닌 민관네트워크를 통한 파트너십에 기반을 두어야 한다는 차원에서 동북아협력을 위한 창조적 거버넌스 구축이라는 차원에서 접근하고 있다.

본 연구의 방법은 2장에서 연구의 초점을 제시할 것이며, 연구 방법은 문헌연구로서 기존의 지방외교에 대한 저서와 함께 한국지방자치단체국제화 재단에서 제공하는 자치단체 뉴스 중 2005년, 2006년 전 기사를 분석하였다. 또한 2004~2006년까지 부산시 『시정백서』를 비롯하여 부산시의 동북아협력에 대한 각종 자료, 내부문서, 인터넷을 통한 공개자료, 부산발전연구원 및 학회 연구보고서, 논문, 신문 기사 등을 활용했다.

Ⅱ. 예비 검토

최근 들어 지방정부의 타지방 및 타 국가의 지역과의 교류협력이 중요해지고 강화되면서 지방외교가 주목받고 있다. 이에 따라 1990년대 이후 지방자치 수준의 지방에 대한 인식에서 나아가 지방정부와 지방정치, 더구나 지방외교에 대한 중요성이 부각되고 있다. 이에 따라 지방자치단체장의 리더십에 대한 평가도 달라지고 있다. 기존의 역할이 중앙정부로부터의 보다 많은 자원 확보와 해당 지역주민들에 대한 통합을 통한 발전에 있었다면, 이제는 해당 지역발전을 위해 타 지역에 있는 기업의 본사를 옮겨 오게 하거나 투자하게 하는 것, 또 타 국가의 인적 물적 자원을 얼마나 유치해서 지역발전을 이끌어내어 실질적인 성과를 얼마만큼 가져왔느냐 하는 것이 중요한 덕목이 되고 있다. 충남 심대평 전 지사나 경기도 손학규 전 지사가 지방의 리더십에 대한 성과를 바탕으로 전국적인 지도자로 부상한 사례다.

지방정부의 국제화(지방외교)는 1990년대 이후 지방정부의 중요 분야로 부상하게 되었다. 기존의 국가차원의 전통적인 외교-국방 분야와 달리 지방과 지방, 도시와 도시 간 교류협력을 통해 내생적 도시발전을 도모하게 된 것이다. 초기 지방정부의 국제화는 주로 해외외자유치와 통상교류 및 국제교류가 주를 이루었다. 최근에는 내향적 국제화까지 그 영역이 확대되고 있다. 다시 말하면 국제무대에서 지방정부는 중앙정부(민족국가)의 서버로서가 아니라 하나의 독립적인 행위 주체로 등장하고 있다. 나아가 2000년대 들어서면서 지방외교의 대상이 국내외 도시 간의 교류뿐만 아니라 국제기구에 따라 미치고 있다는 점이다.

1. 기존논의에 대한 비판적 검토

2000년 이후 지방정부 및 도시는 도시마케팅, 국가경쟁력, 지역경쟁력, 도시브랜드 등을 핵심 화두로 발전전략을 구상하고 있다. 지방정부의 실제 현장에는 대외교류 및 외자유치 등 대외적인 영역이 지방 발전전략에서 강조되고 있다. 그러나 기존의 지방정부 텍스트에서는 대외부분이 없거나 아주 적게 언급되고 있다. 예를 들면 기존의 대표적인 지방관련 저서인 『지방정부론』, 『지방자치론』, 『21세기 한국의 대안적 발전모델』, 『지방자치행정론』[5]에서 대외분야는 비중 있게 다뤄지지 않고 있다. 최근 '한국지방자치단체국제화재단'을 중심으로 지방정부외교론, 지방의 국제화 논의가 가장 인상 깊은 논의 수준이다.[6] 또한 최영출 외 『지역경쟁력 강화와 로컬 거버넌스』[7], 박종민·이종원 편, 『한국 민주주의의 위기: 도전과 과제』[8] 등 저서에서 지방의 민주화와 지역경쟁력 강화 차원에서 거버넌스의 중요성을 언급하면서 지방정부의 가능성과 발전을 위한 대안을 제시하고 있다. 그러나 그런 논의에서도 대외교류 및 협력에 대한 논의는 상대적으로 아주 부족한 실정이다.

최근 들어 연구논문을 중심으로 지방정부를 대상으로 한 대외교류에 대한 논의와 성과에 대한 연구가 성과를 내고 있다. 대표적인 논문으로는 황원규의 "지방정부의 다자간 국제협력 활성화 방안에 관한 연구: 강원도의 경험을 중심으로",[9] 홍기준의 "동북아 지방정부

---

5) 이달곤, 『지방정부론』(서울: 박영사, 2004). 조창현, 『지방자치론』(서울: 박영사, 2005). 최봉기, 『지방자치론』(서울: 법문사, 2006). 김형기 엮음, 『21세기 한국의 대안적 발전모델』(서울: 한울, 2005). 김수신, 『지방자치행정론』(서울: 한국방송통신대학교출판부, 2002).
6) 심익섭 편저, 『한국지방정부외교론』(서울: 오름, 2006).
7) 최영출 외 『지역경쟁력 강화와 로컬 거버넌스』(서울: 대영문화사, 2006).
8) 박종민·이종원 편, 『한국 민주주의의 위기: 도전과 과제』(서울: 나남, 2002).
9) 황원규, "지방정부의 다자간 국제협력 활성화 방안에 관한 연구: 강원도의 경험을 중심으로", 『지방정부연구』 제9권 2호(한국지방정부학회, 2005).

간 국제교류: 지방외교담론을 중심으로",[10] 김홍수의 "동북아 지방교
류의 현황과 과제: 영남지역 사례",[11] 박재욱의 "동북아 도시혁신과
거버넌스 비교연구: 부산·오사카·상하이를 중심으로"[12] 등이 있다.

부산의 세계화 및 동북아협력에 대한 논의는 더욱더 부족한 실정
이다. 이 주제와 관련 있는 대표적인 연구로는 부산발전연구원을 중
심으로 진행되었다. 강성권·김형빈의 「부산광역시 협치행정 모델개
발과 추진전략에 관한 연구」,[13] 임호의 「분권적 참여시정의 활성화
방안에 관한 연구」,[14] 황영우·류태창의 「세계도시 부산을 향한 자
매도시와의 경쟁력 분석에 관한 연구」,[15] 강성권 외 「세계도시 부산
에 대한 인식과 전망－부산시민의식 조사보고」,[16] 강성권·김형빈의
「부산의 세계도시 브랜드마케팅 개발전략」,[17] 김순은의 「우리나라
도시 거버넌스의 실태와 함의－부산광역시를 중심으로」,[18] 김홍수의

---

10) 홍기준, "동북아 지방정부간 국제교류: 지방외교담론을 중심으로", 『한
국지방정치학회보』 제1집 제1호(한국지방정치학회, 2007 봄).

11) 김홍수, "동북아 지방교류의 현황과 과제: 영남지역 사례", 『동북아 공동체
와 지방의 역할』(대통령자문 동북아시대위원회·한국지방정치학회, 2006).

12) 박재욱, "동북아 도시의 성장전략과 거버넌스 비교연구: 부산·오사카·
상하이를 중심으로", 『한국과 국제정치』 제22권 제3호(경남대학교 극동
문제연구소, 2006).

13) 강성권·김형빈, 『부산광역시 협치행정 모델개발과 추진전략에 관한 연
구』(부산: 부산발전연구원, 2003).

14) 임호, 『분권적 참여시정의 활성화 방안에 관한』(부산: 부산발전연구원, 2004).

15) 황영우·류태창, 『세계도시 부산을 향한 자매도시와의 경쟁력 분석에 관
한 연구－도시계획부문을 중심으로－』(부산: 부산발전연구원, 2003).

16) 강성권·임호·이종필·김형빈, 『세계도시 부산에 대한 인식과 전망－부
산시민의식 조사보고－』(부산: 부산발전연구원, 2004).

17) 강성권·김형빈, 『부산의 세계도시 브랜드마케팅 개발전략』(부산: 부산
발전연구원, 2004).

「지방정부의 세계화 전략: 부산광역시와 경상남도의 중국진출 사례」[19)
등이 있다.

　더구나 거버넌스 관점에서 부산의 대외교류협력에 대한 연구는 더욱더 부족한 실정이다. 앞에서 예를 든 박재욱의 부산, 오사카, 상하이의 사례연구는 도시혁신의 관점에서 세 도시의 거버넌스 현황을 비교하고 있고, 김순은의 연구는 부산의 도시경쟁력을 갖기 위한 종합적인 차원에서 부산의 도시 거버넌스를 다루고 있다.

　부산을 비롯해서 각 도시들은 도시 나름의 미래비전과 목표, 전략을 발표하고 있다. 그런 비전과 전략에 대외교류 및 내생적 국제화 분야는 아주 중요하게 다뤄지고 있다. 이런 맥락에서 필자는 부산이 명실상부하게 세계도시 혹은 동북아중심도시로 성장하기 위해 부산의 지방정부 차원에서 동북아지역에 대한 교류협력을 위한 창조적 거버넌스 구축은 필수적이라는 점을 전제하고 있다.

---

18) 김순은, "우리나라 도시 거버넌스의 실태와 함의－부산광역시를 중심으로", 『지방정부연구』 제9권 2호(한국지방정부학회, 2005).
19) 김홍수, "지방정부의 세계화 전략: 부산광역시와 경상남도의 중국에 대한 진출전략 사례", 『국제정치연구』 제6집 2호(동아시아국제정치학회, 2003).

2. 동북아협력의 위상과 주요 개념

1) 동북아협력의 중요성과 위상

동북아는 통상 한국, 일본, 중국(대만, 홍콩), 러시아(극동), 몽골, 북한 등 6개 국가를 포함하고 있다. 동북아지역은 세계 GDP의 약 20%, 세계 인구의 23.6%, 세계무역의 약 15%, 세계외환보유고의 38.1%를 차지하면서 2010년에는 세계 교역액의 33%를 차지할 것으로 예상된다.[20] 참여정부가 국정목표로 '평화와 번영의 동북아시대'를 추구하면서 '동북아'협력의 중요성이 부상되었다. 북한 핵문제 해결과 동북아 주변 국가와의 협력을 통해 한국이 평화와 번영의 동북아시대를 열어가는 중추역할을 자임했다.

중국의 부상과 기존 일본의 경제력, 러시아의 잠재력이 세계적으로 주목받고 있다. 유럽연합, 북미경제공동체와 함께 향후 세계경제의 중심지역으로 부상될 잠재력이 크다 이런 차원에서 동북아지역은 21세기 세계경제를 주도하는 핵심지역이자 정치안보적인 영역에서도 그 중요성이 더욱 부각되고 있다.

---

20) 김근식, "동북아시대의 남북관계", 『동북아시대, 한국의 진로』(대통령자문정책기획위원회, 2006), p.49.

2) 몇 가지 주요 개념

본 논문에서 주장하는 부산의 동북아협력 거버넌스의 현황과 특징, 그리고 과제를 탐구하기 위해 사용하는 핵심 개념을 정리하면 다음과 같다.

○ 도시혁신: "지역의 성장 잠재력을 개발하고 혁신역량을 결집하는 것을 목적으로 하는 내생적 지역발전전략으로서 지역개발의 새로운 패러다임"으로 파악한다.[21]

○ 거버넌스: 거버넌스는 수준, 정치환경에 따라 글로벌 거버넌스, 지역 거버넌스, 국가 거버넌스, 지방 거버넌스로 나눌 수 있다. 그 특징과 사례는 아래 <표 1>과 같다.

○ 도시 거버넌스: 새로운 정치·행정 환경의 변화에 따른 "행정수요에 적절히 대응하고자 투명성, 책임성, 참여, 형평성이 준수되는 가운데 지방정부와 지역의 정책 당사자 사이에 네트워크에 기초한 파트너십이 강조되는 도시의 운영체제"이다.[22] 최근 거버넌스를 바탕으로 한 신지역정책은 단순히 국가의 부 향상을 통한 각 지역의 재분배가 아니라 모든 지역이 자신의 고유자산을 기반으로 세계경제와 경쟁할 수 있는 제도적 역량을 강화하는 것으로 변화고 있다.[23]

---

21) 박재욱(2006).
22) 김순은(2005), pp.43 - 44.
23) 존 토매니, "영국 지역정책의 거버넌스 체제", 『동북아시대, 한국의 진로』 (대통령자문정책기획위원회, 2006).

〈표 1〉 다층적 거버넌스의 수준별 유형 및 특징

수 준	정책 환경	유 형	특 징	사 례
global	globalism	global governance	세계적 수준의 국가 간 협력과 초국가적 행위자들 간의 협력과 상호작용에 의한 문제해결을 지향하는 거버넌스	UN, UNDP, UNESCO, OECD, WTO, IMF
regional	regionalism	regional governance	접국가 간 지역공동체를 중심으로 또는 그러한 지정학적 한계를 초월하여 현안 문제들을 해결하고자 하는 거버넌스	EU, NAFTA, APEC, ASEM, ASEAN, NATO
national	nationalism	national governance	별국가에서의 전국적 규모의 문제들에 대한 보다 효율적인 해결방안을 찾기 위한 거버넌스	(전국적) NGO의 정책 참여
local	localism	local governance	역공동체 수준의 시민참여와 지역발전을 위한 공공·민간 협력체제와 네트워킹 구조를 의미	지방 NGO의 정책 참여

출처: 김진호·고경민, 「제주국제자유도시의 안보와 평화, 그리고 다층적 평화 거버넌스: 시론적 접근」, 『지방정부연구』 제9권 제1호(한국지방정부학회, 2005), p.115.

○ 지역경쟁력: 인프라 및 접근성, 인적자원 및 생산 환경뿐만 아니라 사회자본 수준에서도 다른 지역에 비해 높음으로써 지역발전을 위한 자원 획득에서 다른 지역에 비해 비교 우위에 있게 하는 힘이다.[24]

---

24) 최영출 외(2006), p.16. 지역경쟁력은 다르게 말하면 도시경쟁력이다. 도시경쟁력은 국가경쟁력 연구로부터 도출되었으나 1990년대 이후부터 독자적인 연구영역으로 자리 잡았다. 중국은 1990년부터 종합적인 도시경쟁력의 순위를 발표하고 있다(라오창 지음 / 허유영 옮김, 『중국도시 현장보고서』(서울: 한스미디어, 2004). 중국에서 도시경쟁력의 척도는 인재, 기업, 생활환경, 비즈니스 환경, 구역국제환경 등 5개로 나누고, 이는 다시 하드부문과 소프트 부분으로 나눈다. 또한 중국은 최근 도시를

3) 분석의 초점

지방외교정책의 구성요소는 정책결정자(자치단체장의 인식과 태도), 조적 요인(지방외교정책의 목표와 법제, 전담조직, 활용 가능한 인적 물적 자원 등과 관련된 요인) 기능적 요인(지방외교정책의 내용에 해당, 국제교류, 국제협력, 국제통상 및 지역의 국제화 등), 환경적 요인(지방외교정책과 관련된 제반 외부적 요소) 등이다. 따라서 지방정부의 외교력을 분석하기 위해서는 위의 네 가지 요소를 잘 갖추고 있느냐에 따라 경쟁력의 척도로 삼을 수 있다.

이에 따라 지방의 국제화 유형화가 이론적인 차원에서 논의되고 있다. 아래 <표 2>는 지방정부가 접근하는 공간지향과 방식에 따라 분류하고 있다. 공간지향이 외부냐 내부냐, 또 접근방식이 이익추구냐 나눔과 베풂이냐를 기준으로 분류하고 있다. 따라서 지방의 국제화가 기존에 대외 지향이 대표적인 사례였다면, 최근에는 그것과 함께 내향성향을 강조하고 있고, 공히 이익 추구형에서 나눔형이 가미되고 있는 추세다.

〈표 2〉 지방 국제화 시책의 접근방식

공간지향 / 추구하는 목표	배움 / 경제적 열매	나눔 / 베풂
바깥으로의 국제화	외향적 이익추구형	외향적 나눔형
안으로의 국제화	내향적 이익추구형	내향적 나눔형

출처: 이시철, 「지방자치단체 국제화 비전과 전략」, 『월간 지방의 국제화 8월호』(지방자치단체국제화재단, 2006).

경영적 접근을 선호하여 도시마케팅에 대해서도 최근 논의가 활발하다.

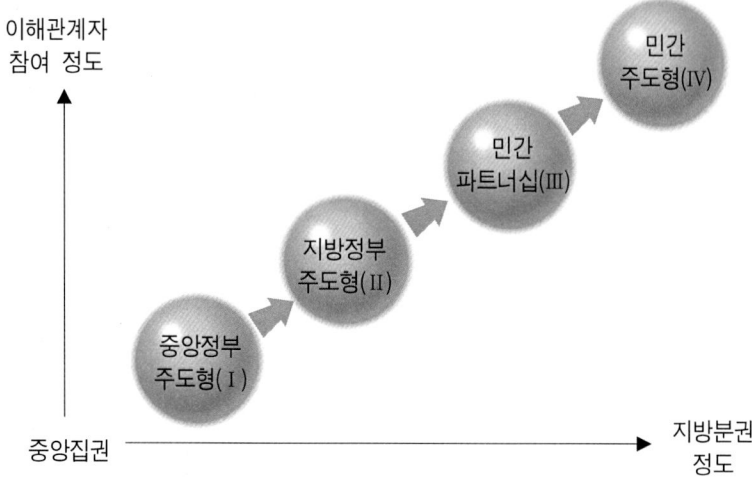

출처: 조형제, 지역 거버넌스를 통한 지역혁신의 과제와 전망, 『살기 좋은 지역사회 만들기와 지방의 미래』(대통령자문정책기획위원회, 2006), p.5.

〈그림 1〉 지역 거버넌스의 유형

또 지방정부의 국제화 및 세계화를 추진하는 리더십도 관련 주체의 범위에 따라 몇 가지 유형으로 나눌 수 있다. 최근에는 지방정부가 국제화를 추진하는 리더십이 관계자 참여 정도와 지방분권의 정도에 따라 중앙주도형에서 지방정부 주도형, 민간 파트너십형, 민간 주도형으로 나눌 수 있다. 어느 유형이 가장 좋은, 가장 유능한 유형이냐에 대해서는 각 나라가 가진 여건에 따라 다를 수 있다. 가장 일반적인 관점에서 보면 위의 <그림 1>과 같은 발전 유형으로 나눌 수 있다.

이상의 주요 개념과 분석의 초점을 바탕으로, 본 논문은 부산의 동북아협력 거버넌스의 현황, 특징, 과제를 검토하기 위해서는 다음과 같은 몇 가지 점을 분석 틀로 삼고자 한다.

첫째, 부산의 도시혁신은 동북아협력 거버넌스 구축에 대한 논의를 위해 전체적으로 신제도주의에서 주장하고 있는 구조적 혁신과 함께 그런 제도를 운영하는 행위자의 자발성에 주목하고자 한다.

둘째, 부산의 도시 거버넌스 리더십은 지방정부 주도형에서 민간 파트너십으로 전환되고 있다는 전제에서 분석한다.

셋째, 부산의 동북아협력 거버넌스 추진방향은 대외적인 차원에서는 외향적 이익추구형을 우선하면서 외향적 나눔형을 동시에 추진해야 하고, 대내적인 차원에서는 내향적 이익추구형을 우선하면서 내향적 나눔형도 동시에 추진해야 한다는 점을 강조하고자 한다.

넷째, 동북아협력 분석수준은 외자유치 및 통상, 국제교류, 내향적 국제화 분야로 검토할 것이다.

Ⅲ. 부산의 동북아협력 거버넌스 현황

1. 일반적 현황

1) 도시비전과 발전전략의 동북아 교류인식

부산은 한국의 동북아 관문이자 국내 최대의 항구도시이자 서울과 대칭되는 동남권의 중추도시이다. 부산은 1960~1970년대 전국 수출액의 약 25%까지 차지하던 지역경제력이 현재는 3%로 매우 약화된 상황에 있다. 2006년 말 현재 행정구역은 15구 1군, 면적 764㎢(전국의 0.8%), 인구 약 366만 명, 재정자립도 70.2%를 기록하고 있다.[25]

부산의 도시비전은 21세기 동북아시대의 해양수도다. 도시목표는 국가남부권의 중추도시, 동북아문화·과학 중심도시, 세계자유무역 거점도시 등 세 가지이고 발전전략은 내륙벨트, 해양벨트, 낙동강벨트 등 3개의 벨트권으로 묶고 있다. 아울러 8대 역점시책을 두고 있는데 동북아의 물류중심 기능 강화를 2번째로 설정하고 있다.

부산은 도시비전과 발전전략에서 동북아시대를 포인트로 하여 해양수도를 강조하고 있고, 문화·과학 분야에서는 동북아의 중심도시

---

25) 부산광역시, 『부산백서』(부산: 부산광역시, 2007), pp.5-11.

를 목표로 설정하고 있음을 알 수 있다.[26]

2) 국제화 전담부서 및 일반 현황

부산시는 '세계 속의 부산'으로 부상하기 위해 국제화 및 국제협력을 꾸준히 추진해 왔다. 부산시는 국제협력 및 국제교류 분야는 문화관광국, 투자유치 및 통상분야는 경제진흥실에서 담당하고 있다. 또 2005년 제13차 APEC 개최를 위해서는 'APEC 준비단'을 한시적으로 독자 운영했으며, 2006년에는 내향적 국제화를 위해 '세계인과 함께하는 부산'을 지향하는 재단법인 '부산국제교류재단'(이사장 : 부산광역시 행정부시장)을 설립해서 부산지역 내 외국인들을 위한 조직을 만들었다. 또 국제회의도시 부산의 실질적이고 효율적인 각종 국제행사 유치를 위해 '부산컨벤션 뷰로'(이사장 : 부산광역시 정무부시장)를 만들었다. 2006년에는 '제5차 세계한상대회'를 추진하기 위한 별도의 조직을 만들었고, 2007년에도 '제6차 세계한상대회'를 연이어 개최했다.

이처럼 부산은 국제교류 및 국제협력을 핵심으로 하는 전통적인 국제화는 문화관광국에서 담당하고, 외자유치 및 통상분야는 경제진흥실에서, 그리고 내향적 국제화 분야는 문화관광국(국제협력과)에서 담당하고 있지만 재단법인을 별도로 만들어서 운영하고 있음을 알 수 있다. 특히, 부산시는 1990년 12월부터 국내 최초로 국제관계 자문

---

26) 부산광역시 · 부산발전연구원, 『부산발전 2020비전과 전략』(부산: 부산광역시 · 부산발전연구원, 2006), p.18.

대사를 운영하고 있다.

일반적인 공무원 교류는 2004년 현재 협정체결 약정에 의한 상호 파견 3명, 해외무역사무소 파견 3명, 협력교류 연수원 파견 1명, 자매도시 파견 2명, 지방자치단체국제화재단 해외사무소 파견 1명 등 10명을 파견했다. 외국인 공무원 3명도 부산시에서 근무하고 있다.

부산시의 해외 자매도시 및 협정도시 현황을 보면 해외 자매도시는 16개국 16개 도시이며 지역별 현황은 아래 <표 3>과 같다. 아울러 부산시의 국제회의체 가입현황은 <표 4>와 같다. 이를 통해 볼 때 부산은 지리적 근접성을 가진 아시아태평양지역과의 교류가 활발할 뿐만 아니라 1990년대 이후 다자간 협의체인 국제회의체에도 적극 참여하고 있음을 알 수 있다.

〈표 3〉 부산시의 해외 자매 및 협정도시 현황(2006년 11월 15일 현재)

계	아시아·태평양	남 미	북 미	아프리카	유 럽
18개 도시	10	3	2	1	2

※ 자매도시: 16개국 16개 도시 / 카오슝(66.6.30), 로스앤젤레스(67.12.18), 시모노세키(76.10.11), 바르셀로나(83.10.25), 리우데자네이루(85.9.23), 블라디보스토크(92.6.30), 상하이(93.8.24), 수라바야(94.8.29), 빅토리아주(94.10.17), 티후아나(95.1.17), 호치민(95.11.3), 오클랜드(96.4.22), 발파라이소(99.1.27), 웨스턴케이프주(00.6.5), 몬트리올(00.9.19), 이스탄불(02.6.4) 두바이(06.11.13)
※ 행정협정도시: 1개국 1개 도시(후쿠오카, 89.10.24) ※ 경제교류협정도시: 청도

〈표 4〉 부산시의 국제회의체 가입현황

국제회의 명	창설년도 · 도시	가입연도	가입도시 수	개최주기
지방자치단체 국제연합회의(IULA)	'13, 헤이그	1971년	111개국 412개 단체	격 년
한 · 일 해협연안시 · 도지사회의	'92, 제주도	1992년	한 · 일 8개 도시	매 년 (한 · 일 윤번)
동아시아경제교류추진기구	'90, 키타큐슈	1993년	한 · 중 · 일 10개 도시	격 년
아시아 · 태평양 도시서미트 회의	'94, 후쿠오카	1994년	13개국 26개 도시	격 년
세계 대도시회의 (Metropolis)	'85, 몬트리올	1996년	59개국 84개 도시	3 년
자치단체 국제환경협의회(ICLEI)	'90, 토론토	1999년	60개국 324개 단체	격 년
아태도시서미트회의	'96, 브리즈번	1999년	25개국 60개 도시	격 년
동북아 자치단체연합회의	'96, 경주	2000년	6개국 40개 자치단체	격 년
아시아태평양도시정보화포럼	'00, 상하이	2000년	22개국 40개 도시	매 년
아 · 태 도시관광진흥기구(TPO)	'02, 부산	2002년	12개국 51개 도시	격 년
국제수도수장회의	'90, 오사카	2003년	20개국 40여 개 도시	3 년

출처: 부산광역시, 『부산백서』(부산: 부산광역시, 2006).

2. 기능별 현황

1) 지방자치단체국제화재단의 성과

지방자치단체국제화재단에서는 2004년부터 매년 광역 및 기초단체 지방정부를 대상으로 우수국제화 사업 사례를 발표하고 시상해 왔다. 부산은 3년 동안 광역 및 기초단체 1건의 성과도 없었다. 이는 부산 지역 광역 및 기초단체에서 응모조차 하지 않은 결과이기도 하다. 다른 타 시도가 국내외적 국제화 사업을 갖고 적극 참여하고 있는 것에 비해 부산은 아주 소극적인 태도로 평가할 수 있다. 2004~2006년 3년간 응모도 하지 않았다.27)

---

27) 지방자치단체국제화재단은 1995년부터 매년 우수사례를 발표해 왔다. 2004~2006년 3년 동안 부산광역시 및 부산의 기초단체 모두 우수사례 발표에 신청도 하지 않았다. 2004년에는 통상, 국제교류 2개 분야에 걸쳐 우수사례를 선정했다. 각 시도에서 9개 단체가 참가하여 경상남도가 대통령상을 받았고, 2005년에는 국제교류 16, 통상 및 외자유치 12 총 28개 단체가 응모하여 충북부여가 대통령상을 받았다. 2006년에는 통상·외자유치분야, 국제교류분야, 내향적 국제화 분야 등 3개 분야에 걸쳐 우수사례를 응모했다. 대통령상은 전라북도 전주시(전통문화도시 전주, 세계와 교류하다), 국무총리상은 경남(광역·기초 단체가 만들어 낸 합작품-미 Gates 사 1억 불 투자유치 성공사례-)과 강원 원주시(WHO 건강도시를 도시의 브랜드로 정착시키다), 행정자치부장관상은 전라남도(해외개척), 경기도 파주시(국제교류), 경기도(내향적 국제화) 등 3개 단체, 국제화재단이사장상은 경기도(투자유치분야), 경북 구미시(내향적 국제화) 등 2개 단체가 수상하였다(지방자치단체국제화재단 홈페이지 참조).

2) 동북아 도시교류 활성화를 위한
동남권 광역지방정부의 협력

1999년 부산, 경남, 울산 3개 광역지방정부는 동남권행정협의회를 설치했고, 2000년 6월 2차 회의 이후 동남권공동발전연구회를 발족시켰다. 같은 맥락에서 2006년 8월 31일 3개 도시 단체장은 부울경 동남권 공동발전 합의문을 발표했다. 부산을 포함한 3개 시도는 동남권 공동발전을 위해 1시간 이내 교통망 구축과 해외시장개척단 및 해외사무소 공동이용, 적조예방 공동 추진 등 초보적 수준에서 3개 광역시의 해외협력에 대한 의지를 표명했다. 최근 부산-경남 신항 문 명칭문제를 비롯해서 수도권에 대응하는 남부지역 거점도시로서의 부상이 갖는 중요성에 비해 동남권 도시 간 협력이 중요해지고 있지만 실제 부산의 포용적 리더십은 발휘되지 못하고 있는 실정이다.

3) 외자유치[28)]·통상분야

외자유치 및 통상분야는 부산지역 경제 활성화의 핵심 사안이다. 부산시는 효율적인 외국인 투자유치업무를 수행하기 위해 1998년 9월 외자유치 전담조직을 구성하고, 1999년도에는 외국인투자촉진조

---

28) 외국인투자유치촉진법 제2조 및 동법시행령 제2조에 의하면, 외자유치란 "외국인이 내국기업과 지속적인 경제관계를 수립할 목적으로 당해 기업의 주식을 소유하는 것(최소금액 5천 만원)으로서 의결권 있는 주식

례제정, 외국인투자지원 서울사무소 개소, 외국인투자유치협의회구성, 외국인투자유치자문위원 운영 등 노력을 해왔다.[29)]

2004년에는 신항만주식회사 및 항만물류분야 전국 최초 개별형 외국인투자지역으로 지정된 MCC 로지스틱스(주) 등의 유치로 신항 배후 물류부지 개발에 큰 파급효과를 가져왔다.[30)] 아래 <표 7>에서 알 수 있듯이 2004년 부산시의 투자유치는 82건에 128,326천 불을 유치하였으며, 금액에서 2003년에 비해 약 60%의 성장을 가져왔다.

2005년 부산의 투자유치는 <표 5>에서 보는 바와 같이 일본이 30건에 15,809천 불을 기록하고, 중국이 8건에 1,199천 불을 차지하고 있다. 이처럼 동북아권은 부산의 전체 투자유치에서 전체 102건 중 38건(37%), 금액은 전체 300,506천 불에 17,008천 불(5.7%)을 기록하였다. 전체적으로 2005년 부산의 외자유치는 102건 300만 불이었는데, 이는 당초 부산시가 목표로 잡은 150만 불 대비 200% 달성했다. 또한 전년 금액 대비 2배 이상의 실적을 가져왔을 뿐만 아니라 서비스업 분야에서 78건에 215만 불을 기록했다. 이는 그동안 부산시의 해외투자 유치 노력의 결과인 동시에 APEC 부산개최의 영향도 컸던 것으로 보인다.

2006년 부산의 국내외 투자유치 상황은 <표 6>, <표 7>에서 알

총수 또는 출자총액의 10% 이상을 소유하거나 10% 미만을 소유하면서, ① 임원의 파견 또는 선임 ② 1년 이상 장기 상품 및 부품 공급계약 체결 ③ 기술도입 및 공동연구개발의 계약을 체결하는 경우이거나, 해외 모기업 등이 당해 외국인투자기업(자회사)에 5년 이상 차관을 대부하는 것"을 말한다.

29) 부산광역시, 『부산백서』(부산: 부산광역시, 2007), pp.557－558.
30) 부산광역시(2007), p.559.

수 있다. 우선 국내기업유치는 2개 산업단지에 57개 업체이며, 콜센터 유치로 20개 업체 3,520석의 실적을 이루었다. 한편, 외국인 투자양해각서(MOU)는 9건에 74.5백만 불 체결 실적을 이루었다.[31] 투자현황에서 2006년은 95건에 342만 불의 성과를 거두었고, 특히 2006년도가 2005년도와 대비되는 것은 제조업 분야가 295만 불의 성과를 가져왔다. 이는 2005년도에 서비스분야가 큰 비중을 차지한 반면, 2006년도에는 제조업이 강세를 보였다.

공통적으로 국가별 부산 투자유치에서 싱가포르와 네덜란드가 큰 비중을 차지한 것은 항만·물류분야에 대한 교류와 투자가 많기 때문인 것으로 보인다.

〈표 5〉 부산시의 국가별 투자현황(2005년 기준)

(단위: 천 불)

구 분		계	일 본	미 국	싱가포르	독일	룩셈부르크	중 국	네덜란드	기 타
계	건수	102	30	9	6	5	3	8	5	36
	금액	300,506	15,809	14,933	90,933	7,054	28,300	1,199	139,189	3,089

출처: 부산광역시, 『부산백서』(부산: 부산광역시, 2006).

〈표 6〉 부산시의 국가별 투자현황(2006년 기준)

(단위: 천 불)

구 분		계	일 본	미 국	싱가포르	독 일	호 주	러시아	중 국	네덜란드	기 타
계	건수	95	30	3	6	3	2	12	11	6	22
	금액	342,893	48,845	69,852	8,415	13,716	6,027	803	1,253	127,301	66,681

출처: 부산광역시, 『부산백서』(부산: 부산광역시, 2006), p.559.

---

31) 부산광역시(2007), p.16.

〈표 7〉 최근 연도별 투자현황(건 / 천 불)

연도별	총 액		제조업		서 비 스 업	
	건 수	금 액	건 수	금 액	건 수	금 액
2003	73	77,685	11	35,107	62	42,578
2004	82	128,326	14	19,014	68	109,312
2005	104	300,506	26	84,580	78	215,926
2006	95	342,893	28	295,870	67	47,023

출처: 부산광역시, 『부산백서』(부산: 부산광역시, 2007), p.559.

부산의 통상활동을 보면, 2006년 수출은 81억 불로 2005년 67억 불에 비하면 19.6%의 증가율을 기록했다. 품목별로 보면 수송기계 (25.4%), 철강제품(22.1%)이 큰 비중을 차지했으며, 국가별로는 중국, 일본, 미국이 각각 전체 대비 16%, 12.9%, 12.2%를 차지하였다. 무역수지상에서 보면 부산의 수입은 86억 불로 5억 불의 적자를 기록했다.[32]

통상분야에서 부산의 활동 중 주목되는 것은 동북아 지역 해외시장 개척에 대한 적극적인 지원을 들 수 있다. 부산은 일본 오사카와 상하이 무역사무소를 두고 있고 시 공무원을 파견하고 현지인을 고용하고 있다.

2006년 대표적인 투자유치 및 통상활동을 보면, 전체 해외시장개척단 파견 9회 중 중국 2회, 일본 2회로 약 50%의 활동성과를 가져왔다. 2005년에는 총 10회 중 동북아지역은 일본 4회, 중국 1회, 러시아 1회로 전체 60%를 차지하였으며, 2004년에는 총 12회 중 중국

32) 부산광역시(2007), pp.560－561.

1회, 일본 3회, 러시아 1회로 전체 42%를 기록했다.[33]

세계 주요 박람회 실적에서 동북아지역이 차지하는 비중을 보면, 2006년 총 9회 중 동북아지역은 5회, 2005년은 전체 12회 중 5회, 2004년은 전체 10회 중 6회를 기록했다. 대부분 일본과 중국이 차지했다.[34]

이런 상황에서 허남식 제4기 민선 시장은 2006년 9월 부산을 세계시장에 널리 세일즈해 임기 내 외자 20억 불 유치목표를 발표했다(2007년 4억 달러 목표). 또한 그동안 일본, 중국 등 일부 국가 도시로 한정된 교류에서 육대주 전방위 통상을 통해 외자유치, 관광물류, 금융 등 대상 사업의 다변화를 기하는 세계적인 홍보 마케팅을 하겠다고 선언했다. 협력 거버넌스에서 정책결정자의 리더십이 핵심요인이다. 부산시와 경기도가 여러 가지 차이점이 있지만 경기도는 민선단체장 3기(지사: 손학규) 동안 114개 기업, 141억 달러 유치를 이룩한 성과와 비교해 볼 때 수도권이라는 환경적 요인을 감안하더라도 부산의 실적은 아주 낮다고 할 수 있다.

4) 국제교류분야

부산시의 동북아지역에 대한 협력은 크게 부산시 및 산하 구차원의 교류, 민간차원의 관광분야의 교류, 조선통신사 등 문화행사를 통

---

33) 부산광역시(2007), pp.563－565.
34) 부산광역시(2007), pp.566－568.

한 민간교류를 포함하고 있다.

먼저, 부산시 및 산하 구차원의 동북아지역에 대한 교류활동은 실질적인 교류협력을 위한 의례적인 행사차원으로 이뤄지고 있다. 국제교류 및 협력은 문화관광국 산하 국제협력과에서 담당하고 있고, 주요업무는 국제화 업무의 총괄 기획 조정, 외국도시와의 자매결연 및 행정협정체결, 자매도시를 포함한 외국도시와의 교류추진 등이 있다. 부산시는 1990년 12월부터 국제관계 자문대사 제도를 운영함으로써 지방외교 업무의 효율성을 높이기 위해 제도를 운영하고 있다. 또 외국자매도시와의 공무원 교류가 이뤄지고 있다(자매도시 상호파견 2명, 행정협정 파견 1명, 해외무역사무소 파견 3명 등 10명 파견에 자매도시 공무원의 부산 근무 3명).

부산시 및 산하 구차원의 대표적인 교류활동은 세계화 시대의 도시 간 교류가 강조되면서 상호 친선 도모 차원보다는 통상, 상호투자, 관광객 유치, 공동이익 등 실리추구 위주로 전환되고 있다. 2006년에는 부산-카오슝 자매결연 40주년, 부산-시모노세키 30주년을 맞아 상호 방문행사를 개최했다.

부산시 산하 구청차원의 동북아지역에 대한 대외교류가 점차 활성화되고 있는데, 2004년부터 매년 10월 부산시 동구가 중심이 되어 민관합동으로 개최되는 차이나타운축제가 대표적이다.

부산의 동북아지역 교류협력의 가장 큰 성과는 2006년 9월 13일~15일까지 개최된 동북아자치단체연합총회를 들 수 있다. 한국, 중국, 일본, 러시아, 일본, 몽골 등 6개국 68개 지방자치단체가 회원으로 가입되어 있다. 2006년 부산에서 개최된 제6회 총회에는 5개국

51개 자치단체에서 136명이 참가하여 '동북아 지역 간 공동번영과 NEAR의 역할'을 주제로 진행되었다.

이 외에도 2006년 부산의 동북아지역 주요 국제교류는 부산광역시 '부산-오사카 어린이 친선 바둑교류행사' 개최(7.28~7.30), 상해시 황포구 공무원 연제구 방문(9.13~7.26), 부산시 경제시찰단 중국 광동성 광저우, 선전, 홍콩 등 주강 삼각주지역 마케팅(9.21~9.25), 부산시 방문단(단장 허남식 시장)의 몽고 방문과 부산의 거리 준공식 참석, 그리고 몽고 야르막 신도시 건설[35] 방문(9.26~9.28) 등이 있다.

부산시 및 부산상공회의소가 주도적으로 개최한 제5회(2006년), 제6회(2006년) 세계한상대회는 동북아지역 진출 한상을 포함하여 매 행사마다 약 20개국 2,500여 명이 참여하여 특색 있는 국제교류 성과를 가져왔다. 그 외에도 유엔 SCAP(국제연합 아시아·태평양경제사회이사회 교통장관회의) 아시아교통장관회의 개최(2006.11.6).

둘째, 문화관광 분야의 교류실적은 일본인 교류에서 점차 중국인이 확대되는 경향을 보이고 있다. 부산을 찾는 방문객 중 일본-중국-러시아를 포함하면 동북아지역의 민간인이 58.5%를 차지하고 있다. 부산은 TPO(아시아태평양도시 관광진흥기구)의 회장도시이고, 후쿠오카가 부회장도시이다. <표 8>에서와 같이, 2006년 부산의 동북아지역 관광객 유치실적은 일본 45.5%, 중국 13.1%, 러시아 2%로 전체의

---

35) 야르막 신도시 건설은 부산지역 기업인 (주)BKB를 비롯한 6개 업체가 참여하는데 부지 300만 평에 친환경 문화도시 건설을 목표로 한 몽고 최초 '야르막 신도시' 건설임. 2020년까지 14년간 3만 100가구 초대형 해외건설 사업으로 우선 몽고정부가 4,500가구는 우선 매입하기로 하였다.

60.6%를 차지하고 있다.

셋째, 문화행사 등 민간차원의 교류활동을 들 수 있다.

부산시의 국제교류관련 민간단체로서는 대표적으로 국제자매도시위원회(위원장 왕상은)가 있고, 2003년 중국에 사스 위로금을 전달한 것이 있다. 2004년 12월에는 일본의 한류관광객 유치를 위해 나고야·요코하마에서 시, 시의회, 관광협회, 관광업체, 부산시립예술단으로 구성된 부산방문단을 구성하여 적극적인 홍보활동도 펼쳤다.

〈표 8〉 부산시의 국가별 방문현황

년 도	계	일 본	중 국	러시아	미 국	교 포	기 타
2006	1,609,660 (100%)	733,163 (45.5%)	210,446 (13.1%)	31,816 (2%)	83,376 (5.2%)	54,007 (3.4%)	496,852 (30.8%)

출처: 부산광역시(2007), p.687.

또한 민간차원의 국제교류에서 눈에 띄는 것은 '조선통신사 한일 문화교류사업', '부산국제영화제', 그리고 재단법인 그린닥터스 등 의료관련 단체의 활동을 들 수 있다. 조선통신사 한일 문화교류사업은 2006년에 한국 국교정상화 40주년 및 한일우정의 해를 맞아 동경(10월)에서 행렬재현과 전통문화공연 개최로 평화교류 역사복원의 기초를 마련했으며, 조선통신사 학회 발족의 성과를 가져왔다.[36] 조선통신사 문화교류행사는 한일 양국에서 전국적인 차원에서 개최되었다.

---

36) 2006년 조선통신사 한일 문화교류사업의 주요 행사는 부산광역시(2007), pp.670−671 참조할 것.

특히 부산은 '사진으로 만나는 부산-시모노세키', '21세기 조선통신 사' 등 다양한 문화행사를 통해 한일문화교류사업의 획기적인 전기가 되었다.

매년 10월 부산에서 개최되는 부산국제영화제도 문화 분야의 동북아 지방교류(아시아의 창 분야 초청)의 대표적인 행사로 자리매김하고 있다(2006년에는 63개국 245편의 영화 상영함. 아시아 프리미어 분야 71편 상영). 이 외에도 재단법인 그린닥터스의 그린닥터스 개성병원 활동과 북한 재해 돕기 활동, 그리고 2006년 '실크로드 의료 대장정'(9.16~10.8 4차에 걸쳐 상하이, 우르무치, 카자흐스탄, 키르키스탄, 러시아, 인도네시아 등 의료대장정 활동)도 성과로 지적할 수 있다.

5) 내향적 국제화 분야

부산시의 내향적 국제화는 최근 들어 눈에 띄게 활발하다. 내향적 국제화 사업은 부산광역시 차원과 함께 해운대구청의 역할이 주목된다. 부산시는 2005년 APEC 부산개최를 계기로 내생적 국제화에 대한 중요성과 함께 민간차원의 국제교류의 필요성이 대두되었다. 그래서 재단법인 부산국제교류재단을 설립하게 되었다. 이 재단은 부산거주 외국인, 외국인 근로자 및 여성이주자, 유학생 등 부산 거주 외국인의 생활환경 개선과 프로그램을 추진하여 외국인도 살기 좋은 도시를 만드는 데 주안점을 두고 있다. 특히, 이 재단은 외국인 정보센터를 설치하여 부산 거주 외국인에게 정보를 제공하고, 시민들에게는 국제화 마인드를 제고시키고자 한다. 2007년에는 '제1회 국제교류사업 우수사례 경진대회를 개최'하여 부산지역에서 활동하는 국제교류사업 장려에 기여하고 있다.[37] 또한 해운대구청은 부산시내 구청에서는 유일하게 외국인계를 설치하고, 외국인지원조례를 제정하여 세계도시 해운대를 위한 제도적 지원도 아끼지 않고 있다.

아울러, 부산시는 2005년 APEC 개최를 계기로 벡스코를 확장 정비하여 '국제회의 도시'로서 각종 국제행사개최를 위한 하드웨어를 구축하였고, 부산컨벤션뷰로를 설립하여 해외 국제회의도 유치하고 있다. 이런 노력들은 시민들이 세계시민문화 의식을 갖는 데 큰 계기로 작용하고 있다. 부산시는 2003년 8월부터 부산 거주 외국인 대표자(23개국)를 중심으로 대표자 회의체를 구성하여 매년 2회의 정기회의와 필요시 수시회의를 개최하여 시정과의 협력을 도모하고 있다.

---

37) 부산국제교류재단, 『2007 국제교류사업 우수사례 경진대회 우수사례집』 (부산국제교류재단, 2007).

Ⅳ. 부산의 동북아협력 거버넌스의 특징과 과제

1. 특 징

부산의 동북아협력 거버넌스에 대한 현황을 통해 우리는 다음과 같이 몇 가지로 특징을 발견할 수 있다.

첫째, 부산의 동북아협력 거버넌스 유형은 철저하게 부산광역시 주도의 교류협력에 주를 이루고 있다는 점이다. 부산의 동북아협력 거버넌스는 근본적으로 동북아협력 거버넌스의 인식에서 진행되기보다는 '동북아 해양수도 부산'의 실현을 위한 실적 쌓기에 불과하다고 평가할 수 있다.

2003년 참여정부 출범 후 제1차 지역혁신발전 5개년 계획이 수립되고 부산지역 차원에서 산·학·관·연 클러스터 형성을 통한 부산의 발전전략 계획이 수립되었다. 이것이 전형적인 거버넌스이다. 이 계획에도 '한일해협권, 환황해권, 환태평양권'의 네트워크화가 포함되고 영화·영산산업 등 문화산업과 전통산업의 교류확대와 BuShaFU 협력벨트 구축 등 관광협력체제 강화, 국제회의 유치 및 컨벤션산업 육성 등이 제시되었지만 실제로 거버넌스 차원에서 진행되었다기보다 대부분 부산광역시 주도의 사업으로 진행되었다.

둘째, APEC, 아태교통장관회의, 세계한상대회, 동북아자치단체연합총회, 부산국제영화제 등 그랜드 국제회의를 통한 부산의 도시 브랜드 구축과 동북아협력 마련에 치중했다는 점이다. 따라서 부산의 동북아 협력은 동북아보다는 아태지역 중심의 협력에 치중했으며, 동북아를 넘어 좀더 확대된 협력 네트워크 및 도시 브랜드를 지향하고 있다.

셋째, 외자유치 및 통상분야에 대한 동북아협력 거버넌스 성과는 특정지역에 편중되어 있을 뿐만 아니라 계량적 성과 역시 타 지역에 비해 아직 높지는 않다는 점이다. 주로 외자유치는 일본과 미국, 싱가포르에 치우쳐 있다. 실제 기업차원에서 중국진출 및 통상분야 교류는 아주 높았다. 벡스코와 부산컨벤션뷰로가 활성화되고 있어 향후 발전가능성은 높아 보인다.

넷째, 국제교류분야 중 해외 자매도시와의 실질적인 교류협력이 부족하고, 부산시와 기초단체의 협력을 통한 교류협력이 부족하다. 또한 동남권 광역단체와의 협력적 파트너십도 부족하다.

다섯째, 내향적 국제화는 아직 걸음마 단계지만 점차 활성화되고 있고, 내용도 더욱 풍부해지고 있다. 특히 부산국제교류재단의 활동이 대표적인데, 외국유학생 및 외국인 근로자, 여성결혼이민자, 관광객 등 외국인에 대한 정보제공과 다양한 문화행사는 내향적 국제화의 대표적인 사례로 평가할 수 있다.

2. 정책과제

지금까지 본 연구는 부산의 동북아협력 거버넌스의 현황과 그 특징을 개괄적으로 탐구하였다. 이제 이런 성과를 바탕으로 부산이 나아가야 할 동북아협력 거버넌스의 실질적인 과제를 제시하고자 한다.

첫째, 부산은 동북아협력 거버넌스에 대한 명확한 인식제고가 우선되어야 한다.

부산은 전체 도시발전전략과 세계도시와의 교류라는 관점에서 동북아의 위상과 협력에 대한 분명한 인식과 그에 대한 위상을 분명히 해야 한다. 이런 인식과 위상 속에서 동북아협력의 내용이 나올 수 있다. 세계도시를 지향하든, 글로벌화된 도시를 지향하든 동북아는 부산의 입장에서 핵심 중의 핵심 지역이다. 따라서 부산은 그런 중요성에 맞는 인식과 위상을 제고할 필요가 있다. 또한 이런 동북아 교류와 협력은 부산시 - 지역산업 - 민간의 협치에 의해 진행돼야 한다는 인식전환이 있어야 한다.

21세기 동북아 해양수도를 비전으로 설정하고 실제 해양물류, 관광컨벤션, 부산국제영화제를 통한 문화교류를 확대하고 있다. 해양성뿐만 아니라 대륙진출의 출발지역으로서 중국, 일본, 북한에 대한 보다 확실한 교류의 방식과 내용이 부각될 필요가 있다.

둘째, 부산은 동북아협력 거버넌스에 대한 총체적 재조정 노력이 있어야 한다. 다시 말하면, 부산은 동북아협력 거버넌스에 대한 전략의 목표, 단계별 전략 구축을 명확히 해야 한다. 현실적으로 부산의 동북아협력 거버넌스는 일정기간 지방정부 주도형을 주로 하면서 민간 파트너십형을 지향하는 방식이 현실적이다. 아울러 민간 파트너십을 제고시키는 부산시의 우선 노력이 요망된다.[38] 부산은 외자유치 및 통상분야는 일본과 중국도시, 그중에서도 규슈지역과 중국 동부연해도시를 핵심으로 해야 한다.

또한 동북아협력 거버넌스를 담당할 전담부서 및 시스템 개선도 시급히 해결되어야 한다. 부산시는 외자유치 및 통상분야는 경제진흥실, 국제교류 및 협력분야는 문화관광국, 내향적 국제화는 부산국제교류재단이 맡고 있다. 한국의 관문이자 일본과의 근접성 등 부산의 특수성을 감안한다고 해도, 오늘날 국제교류의 핵심이 경제교류에 있는 만큼 국제교류 및 협력분야는 경제진흥실로 이관하는 것이 효과적이라고 생각된다. 그렇지 않고 현행의 제도를 유지한다면, 이들 각 부서들이 서로 협력적 시너지를 발휘할 수 있는 제도적 장치를 마련할 필요가 있다.

셋째, 부산시와 부산관내 제반 연구기관 및 기초단체의 동북아 교류 및 협력에 대한 실태파악과 협력적 노력이 요청된다. 최근 들어 기초단체의 동북아지역 교류협력이 활발해지고 있다. 이를 부산시가 좀 더 체계적으로 지원하고, 협력할 필요가 있다.

넷째, 지역 내 시장, 민간부문의 참여를 활성화시키는 부산시의 노

---

38) 임호 박사의 연구에 의하면 부산의 경우 시민단체의 시정참여는 전반적으로 활성화되어 있으나 정책결정권이 있는 정책과정에는 참여가 적다고 지적하고 있다(임호 2004).

력이 있어야 한다. 외자유치 및 통상분야는 상공회의소와 부산지역 기업, 국제교류 및 내향적 국제화 분야는 대학 및 시민단체와의 협력 구축과 공동사업이 필요하다. 실제 세계화의 흐름 속에서 부산지역 대학 및 시민단체의 동북아지역 협력이 많이 확대되고 있다. 현황파악을 우선하여 상호 시너지를 누릴 수 있는 시스템 구축이 요청된다.

대표적으로 부산광역시에서 매년 15~18억 예산으로 부산지역 대학생 500여 명에게 취업을 위한 해외인턴사업을 실시하고 있다. 이는 해외 취업 네트워크가 대부분 각 대학에 맡겨 두고 있어 체계적 관리 및 공동협력, 그리고 마인트 공유를 위한 조정이 요청된다. 또한 그린닥터스의 실크로드 대장정이나 북한 개성공단 병원 사업 등은 동북아 공동체 형성에 기여하는 바가 크나 부산시 및 교육단체와의 결합은 약하다.

다섯째, 부산은 국제교류 및 협력에 대한 국내외 벤치마킹을 통한 학습이 필요하다. 손학규 지사시절 경기도의 외자유치 및 외자유치 사례가 대표적이다. 아울러 그동안 부산이 쌓아온 국제적인 큰 행사인 APEC 등 지속 가능한 사업구상도 다른 나라 및 도시 사례 연구를 통해 보완할 수 있을 것이다.

여섯째, 부산은 실질적·효과적인 협력적 거버넌스 체제구축을 서둘러야 한다.

내향적 국제화를 위한 부산시-부산국제교류재단-부산컨벤션뷰로-대학-기업-시민단체의 각 단체의 자체 역량 강화와 함께 협력적 노력이 필요하다. 시민과 함께, 기업과 함께 가는 협력 거버넌스 구축이 동북아협력 거버넌스의 기초가 된다. 특히, 여성결혼이민자,

외국인 노동자, 유학생 등 다문화사회에 기초한 국제교류 및 내향적 국제화 프로그램을 개발 및 확대해야 한다. 아울러 이런 내향적 국제화는 부산시 차원뿐만 아니라 일선 지자체와 민간의 참여를 유도해야 할 것이다. 특히, 각 대학에서 동북아권 대학과의 교류를 부산시 및 시민단체 활동과 연계할 필요가 있다.[39]

　일곱째, 지방정부의 외교 요인 중 구조적 요인 중 관련법령 및 제도, 기능적 요인 중 지역의 국제화, 환경적 요인인 외부지원체제, 국제공항, 항만 등 지방정부의 외교 요인에 대한 종합적 진단이 필요하다.

V. 결 론

　부산은 2000년대 이후 국제행사를 통해 부산의 위상을 높였다. 특히, 2005년 APEC 개최는 부산의 도시브랜드를 한 단계 높이는 큰

---

39) 대구광역시의 경우 8개 자매도시를 두고 있는데, 자매도시와의 교류가 아주 활성화되어 있다. 일본 히로시마와는 매년 대구시와 히로시마에서 교환축제를 개최하는가 하면 양 도시 행사에 참가하고 있다. 특히 대구시는 매년 자매도시 소재 대학생 80명을 초청해서 5박 6일 동안 홈스테이를 실시하고 있다.

계기가 되었다. 시민들의 의식도 많이 나아졌다. 역사에서 비약이란 없다. 다만 아쉽다면 이런 행사 후 지속적인 효과를 거둘 수 있도록 계획에서부터 보다 치밀한 방안이 모색되어야 한다는 점이다. 21세기 트렌드는 글로벌, 민주화, 정보화, 지방화다. 이런 시대적 트렌드를 어떻게 잘 활용하는가 하는 것은 각 단위 주체들의 창조적 자체 대응능력에 있다. 본 논문은 21세기 세계도시, 품격 있는 도시가 되기 위한 부산의 동북아협력 거버넌스에 대한 현황과 특징, 그리고 발전적 과제를 모색해 보는 것이었다. 동북아협력 거버넌스 구축과 활성화를 위해 부산이 가진 자체 내적 능력을 최대한 발휘할 수 있는 정책을 제안하고 있다.

부산은 산, 바다, 강을 가진 천혜의 자연조건을 갖고 있고, 동북아 경제의 중심축인 일본, 중국, 그리고 동남아 시장을 연결할 수 있는 다리의 위치에 있을 뿐만 아니라 태평양의 해양세력과 아시아횡단철도를 비롯한 대륙세력을 연결할 수 있는 거점의 경제 지리적 우위를 갖고 있다. 또한 부산 사람들의 급한 성질은 때로 부정적인 측면도 있지만 넓은 관용과 열정적인 삶의 태도는 세계도시 부산을 만드는데 좋은 장점으로 지적할 수 있다.

이런 시대적 트렌드와 자연조건 속에서 부산이 세계적인 도시로 나아가기 위해서는 반드시 두 가지를 갖추어야 한다. 하나는 한국 내에서 수도권과 대비하여 동남권 중추도시로서의 위상과 역할을 강화하는 것이고, 다른 하나는 세계화와 지역화의 흐름 속에서 대외적인 창조적 대응능력을 갖는 것이다. 이런 과제를 해결하기 위해서는 기존의 지방정부 중심의 대응에서 거버넌스라는 지역 내 역량을 최대화할 수 있는 기제를 활용해야 한다는 것은 자명한 것이다. 이런 거버넌스가 보다 생산적이고 효율적인 동력이 발휘되기 위해서 도시 혁신을 통해 만들어 내야 할 것이다. 또한 동북아는 분명 향후 기회의 공간이다. 따라서 한국이라는 국가가 아닌 부산이라는 도시 차원에서 동북아의 협력에 대한 분명한 좌표와 전략, 그리고 시스템을 가져야 할 것이다. 아울러 이런 동북아협력에는 지방정부가 중심이 되겠지만 지역사회 제반 단체들의 협력을 이끌 수 있는 거버넌스 구축이 절실한 실정이다.

이상에서 고찰한 부산의 도시 혁신을 기반으로 한 동북아협력 거버넌스의 현황과 특징, 그리고 과제를 찾아보고자 했지만, 지금까지 실제로 부산이 동북아 지역 도시와의 교류에서 동북아협력 거버넌스라는 총체적 인식을 갖고 접근했느냐 하는 것에는 많은 부족함을 느낀다. 위의 연구 제안에서 밝히고 있듯이 향후 부산의 동북아지역 도시와의 협력은 부산 자체의 역량 강화를 바탕으로 중장기적인 로드맵에 따라 치밀하게 진행돼야 할 것이다. 이제 도시도 경영이자 단순히 대외경영이 아니라 대외경영, 세계적인 마인드를 갖지 않는 한 시대의 낙후도시로 전락할 것이다. 이제 도시의 대외협력은 생존과 발전의 필수요인이다. 부산의 꿈과 희망이 단순한 그림이 아니라 실현 가능하게 하는 총체적인 고민이 요청되는 것도 여기에 있다.

참고문헌

<단행본>

강성권·김형빈, 『부산광역시 협치행정 모델개발과 추진전략에 관한 연구』, 부산: 부산발전연구원, 2003.

강성권·김형빈, 『부산의 세계도시 브랜드마케팅 개발전략』, 부산: 부산발전연구원, 2004.

강성권·임 호·이종필·김형빈, 『세계도시 부산에 대한 인식과 전망-부산시민의식 조사보고-』, 부산: 부산발전연구원, 2004.

김수신, 『지방자치행정론』, 서울: 한국방송통신대학교출판부, 2002.

김형기 엮음, 『21세기 한국의 대안적 발전모델』, 서울: 한울, 2005.

라오창 지음/허유영 옮김, 『중국도시 현장보고서』, 서울: 한스미디어, 2004.

박종민·이종원, 『한국 지방민주주의의 위기』, 서울: 나남출판, 2002.

부산광역시 경제진흥실, 『2006년도 주요업무계획』, 부산: 부산광역시 경제진흥실 내부문건, 2006.

부산광역시, 『2007 시정백서』, 부산: 부산광역시, 2007.

부산광역시·부산발전연구원, 『부산발전 2020비전과 전략』, 부산: 부산광역시·부산발전연구원, 2005.

부산국제교류재단, 『2007 국제교류사업 우수사례 경진대회 우수사례집』, 부산: 부산국제교류재단, 2007.

시민사회연구원, 『초량동 외국인상인 집단상업지역의 글로벌화를 위한 산학연관 포럼 운영 사업에 관한 보고서』, 서울: 산업자원부, 2006.

심익섭 편저, 『한국 지방정부외교론』, 서울: 오름, 2006.

이달곤, 『지방정부론』, 서울: 박영사, 2004.

임 호, 『분권적 참여시정의 활성화 방안에 관한』, 부산: 부산발전연구원, 2004.

조창현, 『지방자치론』, 서울: 박영사, 2005.

존 베일리스·스티브 스미스 편저, 『세계정치론』, 서울: 을유문화사, 2003.

최봉기, 『지방자치론』, 서울: 법문사, 2006.

최영출 외, 『지역경쟁력 강화와 로컬 거버넌스』, 서울: 대영문화사, 2006.

황영우·류태창, 『세계도시 부산을 향한 자매도시와의 경쟁력 분석에 관한 연구-도시계획부문을 중심으로-』, 부산: 부산발전연구원, 2003.

<논 문>

김만흠, 「지방정치론과 한국 지방정치의 과제」, 『한국정치학회보』 제32집 4호(한국정치학회, 1998년 겨울).

김순은, 「우리나라 도시 거버넌스의 실태와 함의-부산광역시를 중심으로」, 『지방정부연구』 제9권 제2호(한국지방정부학회, 2005).

김진호·고경민, 제주국제자유도시의 안보와 평화, 그리고 다층적 평화 거버넌스: 시론적 접근, 『지방정부연구』 제9권 제2호(한국지방정부학회, 2005).

김홍수 「지방정부의 세계화 전략: 부산광역시와 경상남도의 중국에 대한 진출전략 사례」, 『국제정치연구』 제6권 2호(동아시아국제정치학회, 2003).

김홍수, 「동북아 지방교류의 현황과 과제: 영남지역 사례」, 『동북아 공동체와 지방의 역할』(대통령자문 동북아시대위원회·한국지방정치학회, 2006).

노동일, 「한국지방정치학의 연구대상과 방법」, 『대한정치학회보』 제5집(대한정치학회, 1997).

박재욱, 「동북아 도시의 성장전략과 거버넌스 비교연구: 부산·오사카·

상하이를 중심으로」, 『한국과 국제정치』 제22권 제3호(경남대학교 극동문제연구소, 2006).

이시철, 「지방자치단체 국제화 비전과 전략」, 『월간 지방의 국제화 8월호』(지방자치단체국제화재단, 2006).

조형제, 「지역거버넌스를 통한 지역혁신의 과제와 전망」, 『살기 좋은 지역사회 만들기와 지방의 미래』(대통령자문정책기획위원회, 2006).

존 토매니, 「영국 지역정책의 거버넌스 체제」, 『살기 좋은 지역사회 만들기와 지방의 미래』(대통령자문정책기획위원회, 2006).

황원규, 「지방정부의 다자간 국제협력 활성화 방안에 관한 연구: 강원도의 경험을 중심으로」, 『지방정부연구』 제9권 제2호(한국지방정부학회, 2005).

제 2 편
환경 및 공공서비스 혁신 거버넌스

하천 살리기 네트워크의 성공조건: 부산광역시 온천천과 동천 복원사례의 비교분석*

김창수(부경대학교 행정학과)

I. 서 론

2006년 11월 7일 오후 광무교에서 상류 쪽으로 동천을 내려다볼 때 침사지의 퇴적물을 불도저가 걷어내고 있었다. 광무교 하류 쪽으로는 오니가 퇴적층을 이루고 있었고, 하천 가장자리로는 옅은 물이 고여 있었다. 차도를 통해 현재 준설 중이라 가동을 중단하고 있는 하천정화시설, 굳게 닫혀 있는 현장관리사무소, 그리고 그 밑에 묶여 있는 청소선을 관찰하면서 간신히 범4호교에 이르렀다. 범4호교에서 광무교 쪽을 올려다보니 제법 수량이 확보되어 하천의 모양을 하고 있었다(그림4). 범4호교 바로 위 수중가동보 지점으로는 문현역에서 용출

---

* 2007년 3월 「행정논총」 제45권 제1호에 게재된 논문을 수정 보완한 것이다.

되는 지하수가 유입되고 있었다. 그러나 육안으로 보기에도 그렇게 썩 깨끗하지도 않고 약간의 냄새를 풍기는 상태였다. 이것이 담당자들이 말하는 '저주받은 하천' 동천을 살리기 위해 2003년부터 시작하여 2005년 7월까지 이루어진 1단계 동천 환경정비사업의 성과였다.

2005년 봄 수영하수처리장을 답사하고 안락교에서 출발하여 세병교까지 '축복받은 하천' 온천천 산책로를 걸을 때와는 사뭇 느낌이 달랐다(그림3). 2007년 1월 5일 다시 온천천을 방문하니 온천천 상류 청룡교 지점에서 낙동강 원수가 넘쳐흘러 들고 하류의 연안교 아래에는 오리들이 한가로이 헤엄치고 있었다.[1]

최근 이러한 부산시 하천 살리기의 두 가지 성과를 놓고 어떻게 해석해야 하는 것일까? 두 하천 모두 10년 전에는 시궁창 물이 흐르는 죽은 하천이었다는 공통점을 지니고 있다. 그러나 지역주민의 접근성에서 확연한 차이를 보이고 있기 때문에 주도집단에서 차이를 보인다. 온천천 살리기가 1995년 이후 민선자치시대 기초자치단체와 지역주민의 주도로 이루어졌다면, 동천 살리기는 2005년 부산 APEC을 앞두고 2003년부터 부산시의 주도로 이루어졌다. 본 연구에서는 이러한 하천상황과 주도자의 차이를 인정하면서 정책성공을 위해서는 협력적 네트워크가 성공적으로 작동해야만 부산시의 도심하천 살리기가 성공할 수 있다는 전제를 두고 논의할 것이다.

협력은 다양한 행위자들이 서로 돕는 마음으로 힘을 모으는 행위

---

1) 본 연구는 2005년 이루어진 온천천에 대한 연구결과를 2007년의 관점에서 재해석하고, 온천천과 상반된 상황에 있는 동천 복원사례와 비교 분석해 본 것이다.

이다. Kettle(2002: 1-25)은 관료제가 경계 밖의 비정부 파트너를 통해 효과적 행정과 민주주의를 연계시킬 것을 강조한다. 김준기(2006: 123-233)는 이러한 인식에서 정부와 NGO의 관계를 풍부하게 다루고 있다. 이때 서로 성격이 같은 행위자들의 경우라면 협력은 자연스러울 수가 있다. 그러나 행위자의 성격이 다를 경우 협력이 이루어질 가능성은 극히 약해진다. 협력적 네트워크의 두 축인 관료제와 시민사회는 성격이 판이하게 다르다(김창수, 2005: 145-146). 계층제 구조하에서 엄격한 규칙과 명령통제원리에 따라 움직이는 관료들은 창의성을 발휘하기가 쉽지 않다(The National Performance Review, 1993: 1-9). 관료들은 칸막이 속에서 각자의 문화와 규칙에 집착한다. 칸막이 안에서 정보의 흐름은 통제된다. 어떤 관료라도 전체 시스템을 어떻게 운영해야 할지 설명하기가 어렵게 된다(Toffler, 1990). 자율적인 공간에서 정책과정에 영향을 미치며 공적 목표를 추구하는 시민사회는 이러한 관료제에 대해 비판적이다. 그러나 시민사회는 비판적 대안을 실행할 자원이 부족하다. 이러한 이질적인 행위자들이 성공적인 협력을 달성할 가능성은 극히 빈약하다. 그런데 최근 관료제와 시민사회의 협력사례, 그것도 대규모 도심하천과 관련된 성공사례가 눈에 띄게 증가하고 있다. 창원시의 남천 살리기, 울산광역시의 태화강 살리기²)나 부산광역시 온천천 살리기 사례가 대표적

---

2) 인구 천만이 넘는 대규모 도시에서도 공동체적 협력이 가능함을 보여주는 사례가 있다. 5년 전부터 울산시를 중심으로 기업과 울산시민이 함께 참여하여 울산의 심장부를 흐르는 태화강을 살려낸 것이다. 공무원들의 효율적이고 창의적인 헌신에 의한 빗물과 생활하수 분리처리, 가축분뇨 회수, 오폐수 하천유입방지, 그리고 86개 기업이 참여한 '1사 1하천 살

인 경우이다.

그러나 부산광역시 안에서도 동천 살리기의 경우처럼 관료제가 정치적 시간표에 따라 하천정비 프로그램을 운영하여 정책목표를 달성하지 못하면서 시민사회의 강력한 비판을 받는 경우도 발생하고 있다. 다만, 본 연구에서는 동천 살리기 역시 미흡하기는 하지만 부산시의 정책의지가 깃든 성공사례로 온건한 평가를 하면서 변론할 것이다. 부산광역시에는 지방2급 하천 44개소가 있는데, 총 연장 192,060m 중 39,320m인 20.4%가 복개되어 있다. 도심하천의 경우 1960년대 이후 90% 이상이 복개되어 도로와 주차장으로 활용되었다(부산광역시, 2005). 부산의 산과 땅과 바다를 연결하던 실핏줄의 기능을 상실하게 된 것이다. 당시에 교통난 해소와 홍수방지 목적에 충실하여 복개와 오수의 합류로 온천천과 동천을 비롯한 부산의 도심하천들은 폐수가 흐르는 죽은 하천이 되었다.

1994년 부산광역시 온천천의 하류인 연안교 부근 지점의 수질은 BOD 기준 78.7㎎/ℓ로서 사실상 죽은 하천이었다. 시궁창 냄새가 나고 모기와 파리가 들끓는 온천천 주변 주택가는 집을 팔고 떠나는 일이 허다했다. 그러던 것이 1995년 민선단체장 시대가 열리고, 시민단체가 문제제기를 하면서 온천천 복원사업이 시작된다. 관료제 측면에서는 연제구청장이 1998년 11월 6일 외환위기 이후 실업자

리기 운동', 15개 환경단체 1000여 명이 참여한 태화강 수중 청소에 이르기까지 공동체의 비극을 공유의 행복으로 바꾼 사례이다(KBS신화창조, 2006. 8. 27). 인구 50만에 달하는 창원시라는 개방적 대규모 사회에서도 지방정부, 기업, 시민들의 협력 메커니즘이 작동하여 남천 수질이 개선된 사례도 있다(KBS환경스페셜, 2003. 11. 26).

구제책으로 온천천 시민공원 조성사업을 시작하면서 온천천 복원의 물꼬를 트게 된다. 이후 부산광역시청과 금정·동래·연제구청, 환경단체, 언론, 지역시민들의 네트워크가 작동하면서 온천천은 급속도로 맑아지기 시작하였다.[3] 2006년에는 BOD 기준 4.0㎎/ℓ를 기록할 정도로 수질도 회복되었고 어류, 조류, 곤충, 야생화가 살아났다. 이로 인해 온천천 주변은 집값도 2배 이상 오르고, 여름에는 매일 1만 명 이상의 시민들이 찾아드는 보배로 거듭났다. 중요한 사실은 관료집단 혼자만의 힘으로 불가능했던 일이 시민사회의 협력을 통해 가능하게 되었다는 것이다.

동천의 경우도 부산시의 하수처리시스템의 정비로 1996년 이후 수질이 지속적으로 개선되어 왔고, 1998년에는 공공근로사업을 통해 부분적으로 준설이 이루어졌다. 그리고 2003년 이후 2005년 개최된 APEC을 준비하면서 1단계로 외부 손님의 시야에 들어오는 '광무교~범4호교 구간'의 하천정비 사업을 추진하였다. 1994년 BOD 기준 75.9㎎/ℓ이던 범4호교 지점의 수질이 2006년에는 비록 냄새가 나지만 9.4㎎/ℓ으로 개선되었다. 동천은 이미 도시화가 상당히 진척된 전형적인 도심하천으로서 수질개선에 근원적인 한계를 지니고 있기 때문에 2020년까지 장기적으로 사업을 추진할 계획이다.

본 연구는 온천천과 동천 복원사례를 중심으로 민선단체장 시대가 출범한 1995년 이후 정부 관료제와 시민사회 협력적 네트워크의 성

---

3) 물론 1990년 이후 본격적으로 추진된 하수관거 정비사업이 온천천 수질 개선에 획기적으로 기여한 점을 부인할 수 없다. 현재 사직천과 거제천 등을 통해 유입되는 오폐수는 수영하수처리장으로 빗물과 함께 합류된다.

공조건을 탐색하는 것을 주된 연구목적으로 삼는다.[4] 이를 위해 부산광역시와 관련 구청의 실무자들, 시민단체 관계자와 지역주민, 관련 전문가들과 심층면담을 실시하고 2년 이상의 시간을 두고 현장답사를 병행하였다.

Ⅱ. 이론적 배경

1. 협력적 네트워크의 의미

본 연구에서 협력적 네트워크(cooperative network)란 관련 행위자들의 상호의존 구조가 교환과 상호협력, 공통의 이해관계, 공유된 신념과 전문지식을 바탕으로 이루어진 공식·비공식 연계망을 갖춘 거버넌스를 의미한다(Rhodes, 1996: 658-659; 김준기·이민호, 2006:

---

4) 부산시에서는 동천, 온천천, 수영강 등 주요 도심하천들을 제외한 여타 하천에 대해서도 이·치수기능을 유지·증진시키면서 자연과 사람이 어우러져 살 수 있는 정겨운 하천으로 되살리기 위하여 하천정화사업을 실시하고 있다(부산광역시, 2005).

92-95). 시장과 계층제의 대안으로서 네트워크는 신뢰와 협력을 중요한 조정 메커니즘으로 삼는다(Thompson, et al., 1991: 15; 김석준 외, 2000: 88). 협력은 정책영역에서 네트워크라는 기제를 통해서 발현되기 때문에(김석준 외, 2000: 128), 일반적으로 많은 학자들이 인식하는 거버넌스 역시 결국 네트워크를 관리(managing networks)하는 것으로 볼 수 있다(Rhodes, 1996: 658).[5] 결국 본 연구에서 협력적 네트워크란 하천 살리기와 관련된 행위자들, 특히 관료제와 시민사회가 연계망을 형성하고 상호 신뢰와 협력을 통해 목적을 달성하는 안정된 구조를 의미한다.

협력은 권위주의적 조정보다는 상호 합의를 존중하는 민주주의의 지혜의 산물이다(Lindblom, 1965). Putnam(1994)에 의하면, 자발적 협력은 호혜성의 규범과 시민참여(civic engagement)의 네트워크 등 사회적 자본이 충분히 축적된 공동체에서 더 쉽게 달성된다. 그는 개인적 신뢰가 어떻게 사회적 신뢰로 전이될 수 있는지에 관심을 가졌다. 그는 사회적 자본으로서 이웃 간에 따돌림의 규범이 작동하는 호혜성의 규범과 매우 밀도 높은 수평적 상호작용을 하는 시민참여의 네트워크를 강조한다. 그는 공동체에서 이러한 네트워크가 조밀하면 할수록, 시민들이 상호 이익을 위해 협력할 가능성이 높아진다고 한다.

---

5) 영국에서는 Rhodes(1997: 36-45)가 정책네트워크의 유형화를 시도하였다. 다만, 본 연구에서는 협력적 네트워크를 다양하고 광범위한 거버넌스의 유형 중의 하나로 인식하고 있다. 따라서 사회학이나 문화인류학의 연구에서 이용되어 왔던 네트워크 분석을 그대로 적용하지는 않는다(정정길 외, 2005: 241-249).

Vigoda(2002)는 신공공관리론의 고객 개념이 시민 수동주의를 양산해내었다면서, 공공관료와 시민들 간의 진정한 관계 확립은 단순히 대응성을 높이는 것에 머무르는 것이 아니라 파트너십에 기초한 협력에 의해 가능하다고 보았다. 따라서 그는 행정, 시민, 미디어 등의 행위자들이 어느 한쪽이 우월한 입장에서 강압(coercion)하기보다는 파트너십에 기초하여 협력(collaboration)을 할 것을 주장했다.

Axelord(1984: 3-24)는 이기적 개인들이 협력하는 조건에 관심을 가졌다. 그는 강력한 정부의 강압 방법이 가장 보편적이라고 한다. 그렇지만 강력한 중앙정부가 없다면 호혜성(reciprocity)에서 해답을 구할 것을 주장하고 있다. Ostrom(1990: 36-37)에 의하면, 이러한 원리는 모두 협력하는 한 자신도 협력한다는 조건부적 전략(contingent strategy)을 의미한다. Ostrom(1990: 186)은 조건부적 다짐은 감시활동이 있을 때만 신뢰할 수 있는 것이 되는데, 5000명 이하의 소규모 공유재 상황에서 감시활동은 값비싼 별도의 감시기제를 도입하지 않고 참여자 자신들이 스스로 감시활동을 행하기 때문에 비용이 아주 낮은 수준에서 유지될 수 있다고 한다.

이처럼 사회문제를 해결하는 데 있어 협력은 편하고 아름다운 미덕이다. 소규모 공동체에서 이웃 간에 따돌림의 규범이 작동하면서 협력적 관계가 이루어질 뿐만 아니라 대규모 공동체에서도 협력이 성공적으로 이루어질 수 있는 조건을 찾아내는 것은 21세기 시민사회의 공유의 행복을 찾아내는 숙제이다.

2. 협력적 네트워크의 성공조건의 탐색

본 연구는 협력적 네트워크를 매개로 협력이 성공적으로 지속될 조건을 찾아내는 것을 목적으로 한다. 많은 학자들이 나름대로 이러한 조건에 천착하고 있다(김창수, 2005: 148-150). 정정길(2003: 530-537)은 신국정관리의 세 가지 요소를 제시하고 있는데, 이는 관료제와 시민사회의 협력조건을 탐색하는 중요한 기준이 된다. 먼저 다양한 정부 및 비정부조직의 참여(participation)에 의한 서비스 공급이다. 그리고 상당한 자율성(autonomy)을 가진 참여자들의 연계망(network)이 서비스의 공급을 담당한다. 무엇보다도 참여자들의 상호의존적인 교환관계에서 협력의 중요한 조건은 신뢰(trust)라는 점이다. Rhodes(1996: 660)는 연계망의 특징으로 비정부조직을 포함한 조직들의 상호의존, 연계망 구성원들 사이의 신뢰와 합의된 규칙에 따른 지속적인 상호작용 게임, 정부로부터의 상당한 자율성 등을 들고 있다. Stoker(1997; 1999: 1-21)는 공동체 거버넌스의 개념을 도입하면서 개방성(openness), 참여, 그리고 지속적 상호협력을 중요시하고 있다.

1990년대 후반 이후 우리나라에서도 협력의 성공요건과 효과에 대한 다양한 실증적 연구가 이루어진다(이은구, 2004). 배응환(2003)은 '대청호 살리기 운동본부'의 조직화와 활동을 행위자들의 구성, 공동목적, 권력자원, 상호작용의 측면에서 분석했다. 이명석(2004)은 이질성, 제도, 신뢰수준이 개인들의 협력에 어떠한 영향을 미치는지 분석했고, 강은숙(2006)은 거버넌스의 관점에서 부산시의 하천환경정책을 비판적으로 검토하고 있다. 김준기·이민호(2006)는 우리 사회를 네트워크 사회로 전제하고 사회복지관의 네트워크와 조직효과성의 관계를 네트워크 거버넌스의 관점에서 실증적으로 분석했다.

나아가 협력의 성공조건으로 규칙을 심도 있게 다룬 연구가 다수 등장한다. 최창현·사득환(2004)은 강원지역 시민단체들의 연결망 분석을 통해 우리 사회가 관계기반 거버넌스에서 법과 규칙이 기반이 되는 규칙기반 거버넌스로 전환되어야 함을 주장한다. 최창현(2003)은 규칙기반 협치를 시행하는 선진국가군은 관계기반 협치를 시행하는 아시아 국가군이나 기타 국가군에 비해 더 좋은 협치를 하는 것으로 평가하고 있다. 주재복(2004: 148 – 175)은 안양천유역 지방정부들이 수질개선을 위하여 협력하는 과정을 자율적인 협력규칙의 관점에서 분석했다.

이들 논의에서 공통적으로 확인되는 협력의 성공조건은 다양한 행위자의 참여, 행위자의 자율성과 연계망 형성, 신뢰를 기반으로 하는 상호적응, 그리고 이들 조건들이 성공적으로 작동하게 하는 상호 합의된 규칙의 지속성을 들 수 있다(Axelord, 1984; Ostrom, 1990; Rhodes, 1996; 최창현, 2003).

3. 분석 틀의 구성과 연구문제의 선정

네 가지 원인변수들과 하천 살리기 네트워크 성공이라는 결과변수의 관계를 제시하면 <그림 1>과 같다.[6] 여기서 온천천과 동천의 수질, 치수안전, 친수성 측면에서의 복원성공과 지속가능성의 확보라는 결과는 협력성공을 통해 궁극적으로 달성하고자 하는 목표이다. 다만, 논의의 구조상 간접적인 인과관계를 형성하기 때문에 점선으로 표시하였다. 본 연구에서는 구성원들이 합의하고 정당성을 부여한 공식·비공식 규범의 지속성을 중심으로 자율성을 가진 다양한 행위자들이 참여하여 연계망을 형성하고 신뢰와 협력을 통해 온천천과 동천을 성공적으로 복원하는 과정을 분석하고자 한다.

---

6) 협력적 네트워크는 상황에 맞는 다양한 규칙의 적용을 통해 시행착오와 학습과정을 거치는 적응적 체제인 다중심체제(poly-centric systems)와 비슷한 맥락에서 이해할 수 있다(Ostrom, 1999: 528-530).

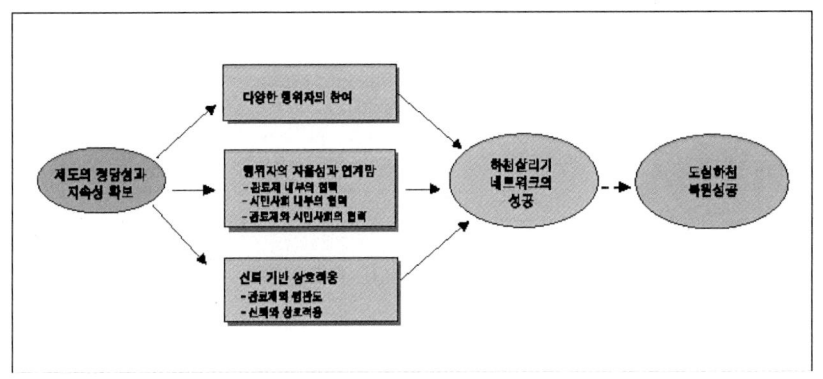

〈그림 1〉 비교 분석 틀의 구성

첫째, 온천천은 금정구·동래구·연제구를 관통하면서, 동천의 경
우 진구·남구·동구를 굽이쳐 흐르면서 관료제와 시민사회의 수많
은 이해관계를 형성하고 있다. 양 사례에서 행위자들의 다양한 참여
가 어떻게 이루어지며 성공적 협력에 어떠한 영향을 미쳤는가? 다양
한 행위자의 참여는 열린 사회를 전제조건으로 한다(Popper, 1945). 반
대의견의 개진과 사회적 약자의 참여를 강조하는 개방성(openness)이
전제되지 않으면 진정한 협력은 이루어질 수 없다.[7] 시민사회의 미
약한 참여로 인한 민주성 부족(democracy deficit)은 민주사회에서는
중요한 정책실패의 원인으로 작용한다(Flyvbjerg, et al., 2003: 1-10).
Conyers(1982: 102-139)는 기획과정에서 시민참여가 중요한 이유는

---

7) 예를 들면, 부산 하천 살리기 시민운동본부 간사는 사상구의 구덕천 생
    태계 복원사업의 경우도 스톤네트를 까는 것에 대해 시민단체의 의견
    수렴이 없었다는 점을 질타하고 있다(강미애, 2005: 4-5).

중요한 현장정보의 획득, 사업에 대한 일체감과 지지의 확보, 가장 기본적인 민주적 권리의 부여 측면 때문이라고 한다. 그런데 참여자의 수가 증가할 때 성공적 협력의 가능성은 낮아질 수 있다. Ostrom(1990: 188)은 공동체 구성원의 수가 적을수록 공유재의 성공적인 관리가능성이 높아진다고 한다. 소규모집단의 응집성과 효과성은 이론적으로나 경험적으로 입증된 사실이다. 그러나 대규모 집단에서 일반적인 개인은 자신의 영향력을 신뢰하지 않기 때문에 공적인 사안을 위해 별로 신경을 쓰지 않는다. 그런데 많은 학자들은 소규모 집단에서 효과성을 발휘한 사안을 대규모 집단에도 적용하면 그대로 타당할 것이라는 잘못된 가정을 가지고 있다고 한다(Olson, 1965: 53-60). 그러나 현실에서는 울산시, 창원시, 안양시 등 대규모 개방적 사회에서도 하천 살리기를 위한 협력 메커니즘이 작동하여 수질이 개선된 사례가 증가하고 있다.

둘째, 온천천과 동천 사례에서 다양한 참여자들에게 상호 자율성이 인정되고 연계망을 형성하였는가? 먼저 관료제 내부 행위자들의 자율성 존중과 연계망 형성(interagency network)은 협력성공의 기본적인 조건이다(Gormley Jr. & Balla, 2004: 131). 그리고 다양한 행위자들의 협력의 중요한 조건은 위계적 명령복종관계가 아니라 비교적 수평적인 관계이다. 각 행위자들의 고유영역과 자율성을 피차 침범하지 않는 상태에서 상호작용을 하며 느슨한 연결망을 형성하는 것이 중요하다. 그런데 자율적이고 다양한 행위자들의 존재는 다양한 거부점(veto points)의 존재를 의미하기 때문에 협력에 장애요인이 될 수도 있다(Pressman & Wildavsky, 1983). 민주시민사회에서 협력의 외양을 갖춘 강압은 지속성을 확보하기 어렵다. 진정한 협력은 상호 자율성을 존중하면서 연계망을 형성하는 것이다. Olson(1965)과 Hardin(1968)은 특별한 인센티브 메커니즘이 없이는 행위자들이 정책에 순응하지 않을 것이라고 장담했다. 그러나 Wilson(1986)이 규제 정치모형에서 논의하는 정책선도자(policy entrepreneur)의 주도적인 역할을 통해 관료제와 시민사회가 상호 자율성을 인정하면서 연계망을 형성할 수 있다. 비록 구성원들의 수가 많고, 이질적이더라도 이들을 도덕적으로 묶을 수 있는 환경운동가의 역할과 이를 널리 확산시킬 수 있는 언론의 역할이 가세한다면, 연계망의 형성이 가능하기 때문이다. 결국 관료제와 시민사회의 협력을 바탕으로 온전한 네트워크의 형성이 가능해진다.

셋째, 온천천과 동천 사례에서는 상호의존 관계가 신뢰를 기반으로 하고 있는가? 관료제의 좋은 평판과 사회적 유인수단이 신뢰의 기반이 될 수 있다. Axelord(1984: 155-158)는 효과적인 정책집행을 위해서는 강압적 규제로 인해 규제회피유인을 제공하기보다는 자발적 순응을 이끌어낼 것을 강조하고 있다. 이때 그는 정부가 좋은 평판(reputation)을 유지할 것을 강조하고 있다. 특히 신뢰가 혈연집단에 국한되는 특성을 강하게 보여 온 우리나라의 경우 규제 주체와 규제 대상집단의 신뢰의 형성은 결코 쉽지 않다(Fukuyama, 1995). 그런데 개인들의 합리적 행위를 이끌어내는 제도설계에서 경제적 유인 외에 사회적 유인(social incentives)에 관심을 가진 학자가 있다(Olson, 1965: 60-65). 그는 위신, 존경, 그리고 우정 등의 사회적 유인수단이 집단의 이익을 실현하는 데 매우 중요하다고 보고 있다.[8] Zuker(1986)

는 신뢰형성의 근거로서 제재, 상대방에 대한 정보 및 예측가능성, 그리고 행위자들 간의 공유된 가치 및 정체감을 들고 있다.

넷째, 온천천과 동천 사례에서는 공식·비공식 규칙에 대해 정당성이 확보되어 지속성을 유지하고 있는가? Hardin(1968: 1246-1247)은 정당성이 부여된 제도를 수용하고 순응하는 것은 사회적 협정의 산물이라고 한다. 자발적 협력 역시 양심에 호소했기 때문이라기보다는 상호 합의한 규칙 때문이며, 교정적 환류장치(corrective feedbacks)에 의해서 정직함이 유지될 수 있다고 한다. 협력의 정당성은 정책에 영향을 받는 구성원들의 '사회적 합의' 여부에 달려 있는 것이다. Hardin(1968: 1247)은 정책의 영향을 받는 대부분의 사람들이 상호 동의하는 상호 강제(mutual coercion)만이 자신이 추천하는 유일한 강제력이라고 한다. 즉, '공유의 비극'의 공포로부터 해방되기 위해서는 강제력이 불가피하다는 것이다. 양심에 의존해서 자발적으로 행동하리라고 기대하는 것은 장기적으로 모든 양심을 사라지게 하고, 단기적으로도 근심만 더하게 하기 때문이다. 행위자들이 자발적으로 동의하여 정당성이 부여된 제도에 대해서는 행위자들의 수용도(degree of the acceptance)가 높아 자발적인 순응이 기대된다. 민주사회에서 정책의 정당성은 비판이 제도화되고, 절차가 공개되고, 무엇보다 절차가 공평해서 반대의견이 제시되고 토론과 합의의 기회

---

8) 그리고 그는 면대면 관계가 유지되는 소규모 집단에서 유인체계가 쉽게 작동하지만, 대규모 잠재집단의 경우 유인체계의 작동이 매우 어려울 것이라고 보고 있다. 그래서 그는 대규모 잠재집단을 소규모로 쪼개어 연합집단(federal group)의 형태로 운영하면 유인체계가 작동할 것이라고 한다.

가 부여되어야 확보되는 선물이다(김영평, 1990). 온천천과 동천 관리규칙에 대해서는 관련된 행위자들이 합의하는 것이 중요하다. 사회적 합의(social consensus)가 이루어진 규칙은 정당하고 지속되는 힘을 가지게 된다. 특히 일선관료들에게 있어 업무추진의 효율성은 고객들의 동의와 협조에 달려 있다(Lipsky, 1980: 57－59). 제도란 사회구성원들이 서로 편익을 증진시킬 수 있는 방향으로 교환과 협력을 하도록 강제하는 장치를 의미한다(하연섭, 2003: 85－86). 제도는 '확장된 형태의 게임의 장'이며, 개인의 행동은 이러한 게임의 규칙에 의해서 구조화된다. 나아가 제도란 단지 합의를 이끌어내는 데 그치지 않고 정해진 목적을 달성하기 위한 장치이다(Putnam, 1994). 특히 공식제도는 기회주의적 행동(opportunism)을 극복하고 계약이행을 감시하고 통제하는 데 드는 거래비용을 감소시켜 효율적인 대응을 가능하게 한다. 그런데 North(1990)는 헌법과 법률 등 공식적 규칙 외에도 금기, 관습, 행동규범, 전통, 상벌제재 등 비공식적 규칙에도 관심을 가졌다. 그에게 있어 제도는 사람들의 상호작용을 구조화시킴으로써 서로에 대한 안정적이고 예측 가능한 기대를 형성할 수 있게 함으로써, 그들 간의 상호작용을 원활하게 통합 조정할 수 있게 해준다. 다양한 행위자들이 온천천과 동천을 살리는 게임에 참여하여 상호 자율성을 존중하며 연계망을 형성하여 신뢰를 바탕으로 협력을 지속시키는 힘은 상호 합의한 규칙에서 나온다. 지속가능성은 Ostrom(1990: 185－191)이 말하는 신뢰할 만한 이행약속과 상호 감시를 전제할 때 높아진다. 관련 행위자들의 협력규칙, 감시규칙, 반칙에 대한 처벌규칙 등이 사회적 합의를 이루어 정당성을 확보하는 것이 중요하다.

따라서 먼저 온천천과 동천 살리기의 정책성과를 비교 평가하고, 정책성과의 차이를 가져온 원인을 앞서 제기한 연구문제를 중심으로 검토하고자 한다.

Ⅲ. 온천천과 동천 살리기 정책성과의 비교평가

1. 온천천과 동천 살리기의 정책성과

온천천은 길이 15.6㎞, 너비 60~90m, 유역면적 55.4㎢로, 수영강(水營江)의 총 유역면적 가운데 27.7%를 차지한다. 온천천은 부산의 진산(鎭山)인 금정산(金井山, 801m)에서 발원해 금정구·동래구·연제구를 거쳐 사직천과 거제천(巨堤川)을 비롯한 여러 지류들과 합류해 수영강으로 흘러든다. 옛날에는 동래 지역의 젖줄 역할을 하던 중심 하천이었으나 1970년대 이후 홍수에 대비한 직강화(直降化) 하천계획과 무분별한 복개, 하천제방의 콘크리트화 등 근시안적인 난개발로 인해 하천 생태계가 거의 파괴되고 대도시의 배수로로 전락하였다. 또한 하천 둔치마저 대규모 주차장으로 쓰이기 시작하면서 하천 오염이 갈수록 심각해졌다. 온천천은 지난 10여 년간 다수의 계획이 수립되어 하천정비를 추진해 오면서 주로 치수 기능을 고려하여 저수로를 콘크리트라이닝 하였다(부산광역시, 2002: 20). <그림 2>에 나타난 바와 같이 1994년까지 온천천은 시궁창 물이 흐르는 죽은 하천이었다. 1996년 실태조사 및 용역을 거쳐 1999년까지 1단계로 7,546백만 원을 투입하여 송월타올 뒤 사직천 합류지점 240m 구간의 콘크리트 구조물을 걷어내고 자연형 하천으로의 복원 사업을 추진하였다. 이때 1983년 부산시 최초 수영하수처리장의 건설을 계기로 온천천 유역의 하수관로 정비 사업을 펼쳐 온천천으로 유입되는 일부 하수를 차단하여 온천천 수질은 다소 개선되었다. 무엇보다 1998년 연제구 공공근로사업을 기점으로 자연친화형 하천 환경개선 사업을 펼쳐 온천천을 새롭게 태어나게 하였다(부산광역시, 2005). 1999년 11월 22일에는 온천천 시민공원조성사업이 행정자치부 평가 전국 최우수 공공근로 사업장으로 선정되었다. 또 2000년 4월에는 8개 사회·환경단체가 연합해 '온천천 살리기 네트워크'를 결성하고 생태계 복원에 힘썼다. 2000년 9월이 되면서 온천천에서 숭어 떼를 확인하게 된다. 미꾸라지와 피라미 등 물고기와 곤충류 등도 발견되었다. 불과 3~4년의 노력으로 생활하수를 흘려보내지 않고 오염된 하천 바닥을 깨끗이 준설하자 물고기들이 뛰노는 생활 속의 공원으로 변한 것이다. 2001년 1월 26일 연제구의 영향을 받은 동래구청은 시비 5억 원을 확보해 주차장 부지 일부의 콘크리트를 걷어내는 계획을 세운다. 2단계로 2001년 9월부터 세병교 아래 콘크리트 하상 주차장 650m를 철거하고 자연형 하천으로 복원하였다. 또한 거제동 세병교에서 연산9동 안락교까지 2.4㎞ 구간에 국비 37억 원, 연인원 7만 명을 투입해 시민공원을 조성하였다(부산광역시, 2005). 2002년부터 2003년까지는 동래구 수안초등학교 앞에서 안락교까지 3.2㎞ 구간의 콘크리트 주차장을 걷어내고 하천을 정비하여 산책로를 비롯한 주민편의시설을 설치하였다. 2002년에는 '온천천 살리기 Master Plan'을 수립하여 종합적인 복원계획을 마련하였다. 2004년 8월 6일부터 동래구청은 인근 지하철 미남역에서 하루 천7백여 톤씩 지하수를 인공폭포와 물놀이장으로 흘려보내고, 이 물은 바로 곁의 온천천으로 다시 연결되는 구조를 창안했다. 부산 연제구 온천천시민공원이 2004년 11월 11일 부산에서 개최된 제1회 대한민국 지역혁신 박람회에 혁신성공 우수모델로 전시되었다(부산일보, 2004. 11. 11). 2005년 11월 4일부터 매일은 아니지만 낙동강 원수를 3만 톤/일 이상 공급받을 수 있기 때문에 수량 문제도 해결된 상태이다.

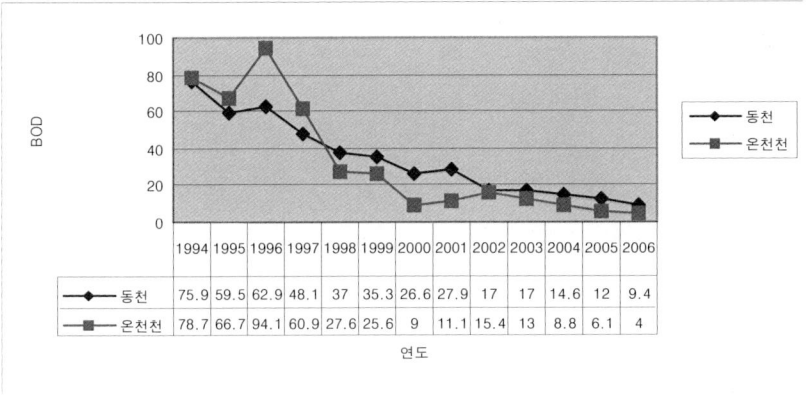

	1994	1995	1996	1997	1998	1999	2000	2001	2002	2003	2004	2005	2006
동천	75.9	59.5	62.9	48.1	37	35.3	26.6	27.9	17	17	14.6	12	9.4
온천천	78.7	66.7	94.1	60.9	27.6	25.6	9	11.1	15.4	13	8.8	6.1	4

연도

단위: BOD(mg/l)

자료: 환경부 수질측정망(http://water.nier.go.kr/weis/)[1]

〈그림 2〉 온천천과 동천의 수질변화

〈그림 3〉 자연형 도심하천 온천천 전경(부산시보, 2007. 4. 19)

〈그림 4〉 경관형 도심하천 동천 정비구간(국제신문, 2005. 10. 25)

동천은 당감동에서 발원하여 동구 범일동을 거쳐 북항으로 유입된다. 동천 본류는 주거 밀집 지역 및 시가지 중심부를 관통하며, 총 구간 4,850m 중 2,800m가 복개되어(복개율 57.7%) 도로로 사용 중이기 때문에 상류로부터 유입되는 수량이 절대적으로 부족하다. 특히 상류지역 대부분을 복개하여 주차장과 도로 용도로 사용함에 따라 도시의 하수관로 기능을 한다. 동천은 만조 시 바닷물이 올라오는 감조하천으로서 하루 두 번 썰물과 밀물의 영향을 받으며, 하류는 하상구배가 낮아 오염물질의 침전과 부패현상이 심각하다. 그동안 동천정화를 위해 7,753백만 원을 투입(1996~1997)하여 호안조성, 차집관로 설치, 준설을 실시하였다. 1996년 6월 5일 남부하수처리장이 정상 가동되는 시점을 계기로 하수처리시스템이 정비되기 시작했고, <그림 2>에 나타난 바와 같이 이는 점진적인 수질개선으로 이어졌다. 1998년에는 봄부터 가을까지 9개월 동안 매달 300명가량의 공공근로인력을 투입하였으나 성과를 보지 못했다고 한다. 이는 유지수량과 하수관거 정비 문제 등 동천정비는 인력으로는 한계가 있었기 때문이다(부산진구 담당자 면담, 2006. 11. 7). 부산시는 2002년 '동천 살리기 추진계획'을 수립하여 시민여론조사, 복개하천 현장조사 등을 실시하였다. 특히 주민의 생활수준 향상으로 보다 나은 삶의 질을 추구하는 욕구가 증대되면서 동천을 살리고자 하는 움직임이 가시화되었는데, 부산시에서는 이에 부응하여 동천을 근본적으로 개선하기 위하여 2003년 10월 '동천 환경개선 기본계획'을 수립, 2004년 10월에는 동천환경개선을 위한 기본 및 실시설계용역을 완료한다. 이를 통해 미복개 구간인 2,575m 구간을 단계별로 개선하기 위하여 계획을 추진 중에 있다(부산광역시, 2005).[9] 동천 환경개선사업비

---

9) 당시 부산시는 이와 같은 계획들이 정상적으로 추진될 경우 단기적으로 1단계 사업이 끝나는 2005년까지 냄새와 수질문제는 해결될 것으로 보았고, 장기적으로 2011년까지 범4호교 기준 평균 수질을 6ppm으로 개

총 223억 원 투입계획에 따라 45억 원이 투입된 1구간(광무교～범4호교: L=480m)에 대해 2004년 12월 우선 공사를 착공하여 2006년 7월에 완료했다. 하천환경 개선을 위해 녹지대를 조성하고, 수질개선에 최대 중점을 두고 전 구간에 걸쳐 준설을 2005년 말까지 완료하였다. 1구간 내 유지수량 확보를 위해 간조와 만조에 따라 높이를 조정할 수 있는 수중가동보를 설치하고, 만조 때 담수된 3만 톤의 물을 정화할 수 있도록 수질정화장치를 설치하여 가동하고 있다.10) '동천 환경개선 기본계획'에서 가장 중요한 부분은 수질개선사업이었다. 이를 위하여 52억 원의 예산으로 광무교 위쪽 복개구간 1.6㎞, 미복개구간 2.7㎞에 대하여 준설 작업을 실시하여 하천에 퇴적된 오염물질을 제거하였다. 그리고 동천 본류를 포함하여 전포천과 부전천 구간의 하수관거를 2011년까지 연차별로 분류식 하수관거로 설치해 나갈 계획이다(부산광역시, 2005).11) 아울러 지하철 문현역과 부암역사 및 동천 인근 지역의 미사용 1급수 수질의 지하수 1일 약 3,000톤가량을 확보하여 범4호교 지점으로 유입시키고 있다. 그리고 개량가동보(L=50m, H=2m, 범4호교 20m 상류지점)와 필터식 수질정화장치

선하여 인근 주민이 즐겨 찾는 쾌적한 수변 휴식공간으로 바뀌게 될 것으로 예측하였다(부산광역시, 2005).

10) 그리고 2구간(범4호교～범3호교)에 대해서도 2005년도 하반기에 실시설계를 완료하여 2005년 12월에 착수하였으며, 2006에는 동천 전 구간에 대한 수질개선종합대책을 위한 용역을 시행하고 있으며 3, 4구간에 대해서도 마스터플랜에 따라 2011년까지 단계적으로 추진해 나갈 계획이다(부산광역시, 2006).

11) 부산시 환경정책과 관계자에 의하면, 부산시의 2006년 11월 현재 하수관거 보급률은 86.4%이며 대부분 합류식이라고 한다.

를 가동, 담수량인 30,000㎥을 정화처리 후 순환시킴으로써 수질을 개선해 나가고 있다. 이와 같은 1단계 사업은 APEC을 염두에 두고 전시적 효과를 노렸다는 비판을 받기도 했지만(부산하천살기시민운동본부 관계자 면담, 2006. 11. 1), 2005년 APEC을 앞두고 부산시장이 공사현장을 방문하여 수질이 개선되지 않은 상태에서 시민이 접근하는 것이 부담스러운데 목재데크와 벽천을 설치하는 것은 바람직하지 않다고 제안하여 계획을 일부 수정한 선택은 합리적이었다고 판단된다(부산진구 환경위생과 담당자 면담, 2006. 11. 7). <그림 2>에 나타난 동천의 전진적인 수질개선은 이러한 부산시의 노력이 일정 부분 영향을 미쳤음을 부인할 수 없을 것이다.

2. 온천천과 동천 살리기의 전망

온천천의 전망이 밝은 이유는 관료제와 시민사회의 협력적 네트워크가 안정적인 단계에 접어들었기 때문이다. 지방2급 하천의 경우 기초자치단체가 담당해야 하는 위임사무이기 때문에 연제구·동래구·금정구의 유지관리비용 부담이 있지만 현재까지는 원만하게 협력관계가 유지되고 있는 것으로 판단되었다. 예를 들어 하류의 연제구 구간의 수질이 나빠지면 금정구에 낙동강 원수를 공급해 줄 것을 요청한다. 현재 우수와 오수가 합류되어 수영하수처리장으로 흘러드는데, 주택가의 오수가 우천 시에 온천천에 넘쳐흐르기(overflow) 때문에 오염원 차단에 근원적인 한계를 갖고 있다. 특히 1970년대 이후 조성된 상류의 콘크리트 직강화 하천 때문에 우천 시에 급속도로 흙탕물이 덮치면서 한 해 10번 이상 하류의 온천천이 범람하여 쓰레기로 뒤덮이는 한계를 갖고 있다(연제구 온천천관리팀 담당자 면담, 2007. 1). 그러므로 부산광역시와 연제구, 동래구, 금정구뿐만 아니라 시민단체와 언론의 협력이 지속되는 것이 중요하다. 온천천은 시민들의 사랑을 받고 있고, 도심하천으로서 많은 자치단체들이 벤치마킹하고 있는 성공사례이다.

온천천과 달리 동천에 대한 전망은 좀더 장기적인 관점에서 볼 필요가 있다. 2005년 8월 22일 시민단체에서 광무교를 시점으로 하여 복개구간의 동천의 실태를 조사하였다(유은정, 2005: 6-7). 조사결과에 의하면, 복개구간에서 하수관거가 중간에 끊어지거나 새는 곳이 많아 남부하수처리장으로 가지 못하고 하천으로 유입되고 있다. 그리고 1단계 사업이 중류에서 출발하였기 때문에 전체 하천시스템을 고려하여 상류부터 체계적으로 수질개선사업을 하기보다는 우선 APEC을 앞두고 손님맞이 하천정비의 개념으로 접근했다는 비판을 피할 수 없다(부산하천살기시민운동본부 관계자 면담, 2006. 11. 1). 동천의 경우 전문가들은 하천 연계 시스템과 수질개선을 위한 하수처리 시스템 완비와 수량 확보를 강조하고 있다. 예를 들면, 옛 하얄리아부대를 시민공원으로 조성할 때 공원 지하에 저류시설을 만들어 인근 부전천으로 방류한다면 동천의 유지용수로 큰 역할을 할 것이다(국제신문, 2006. 8. 13). 부산시는 2006년 4월 21일 오전 부산 시청에서 '동천 수질개선 및 종합정비계획' 수립을 위한 착수보고회 를 가졌는데, 여기서 동천 상류인 부전천 복원 문제를 집중적으로 다 루었다. 상류에서 하류까지 길이 4.19㎞, 너비 20~25m인 부전천은 현재 대부분 복개돼 2차로 도로로 사용되고 있고 도로 양쪽은 공영 주차장과 보도로 쓰이고 있다. 이 중 '동해남부선~영광도서 앞~롯 데백화점 옆~동천 합류부'에 이르는 1.4㎞ 구간에 대해 콘크리트와 아스팔트를 모두 뜯어내고 자연하천으로 복원 가능 여부를 집중 점 검하게 된다. 교통·환경·경제적 파급효과와 더불어 상인이나 주변 주민들과의 마찰도 예상되는 문제점으로 거론됐다(국제신문, 2006. 4. 22). 이처럼 동천은 상류와 하류의 연계성이 중요하며, 특히 수량 확보와 상류의 수질개선이 전제되지 않으면 전망이 그리 밝지 않다. 관료제의 정책의지와 시민사회의 협력이 밝은 전망의 관건이 된다.

Ⅳ. 하천 살리기 네트워크의 성공조건 비교분석

1. 다양한 행위자의 참여 비교분석

온천천 살리기 이슈와 관련하여 1995년 이후 학계, 시민단체, 하천 전문가들이 문제를 제기하고, 연제구 등 관료제가 주도적인 참여자가 되었다. 1995년 8월 22일에 이르면, 각계 대표 28명으로 '녹색도시부산21 추진협의회'를 구성하고 100가지 실행사항을 선정하는데, 이 중에서 도심하천 조사 활동을 중요사항으로 삼고 온천천 실태지도를 제공하였다. 1998년 2월 21일에는 동래고등학교 신입생 5백여 명이 둔치의 퇴적물들과 각종 폐기물들을 수거했다. 1998년 11월에 이르면 연제구형 뉴딜정책이라 불리는 온천천 공공근로사업이 시작된다. 1999년 4월 온천천 생태계 복원공사 때는 부산광역시 건설행정과가 참여하여 유지용수 문제를 담당하고, 연제구 건설과는 시민 휴식공간과 돌망태 조성작업과 갯버들 심기 등 하천생태복원사업을 주도하였다. 2000년 4월에는 부산지역 4개 시민환경단체가 합하여 '온천천 살리기 네트워크'를 결성하는 등 시민사회가 본격적으로 가세하기 시작하였다. 2000년 10월 지역 언론의 특집방송도 이슈를 확산시키는 데 큰 역할을 하였다. 2003년 5월 28일에 이르면 민과 관의 협력체제인 '부산하천 살리기 시민운동본부'가 발족하게 된다. 이러한 다양한 행위자들의 참여 자체가 큰 힘을 결집시켰다. 1995년 이전에 관료제가 아무리 성실하게 추진력을 발휘해도 반 이상의 에너지를 쏟아내지 못했었다. 하천연구센터(2004)의 온천천 주변 404명 주민에 대한 설문조사결과에 의하면, 70% 이상이 시민단체의 활동에 참여하기를 희망하는 것으로 나타났는데, 이는 온천천의 희망이고 힘이다.

그러나 동천 살리기에는 참여하는 행위자의 다양성이 온천천에 비해 매우 떨어지고 있다. 동천의 경우 부산시의 전체적인 하천 살리기 운동 차원에서는 온천천과 같은 맥락이지만, 지역주민과 환경단체의 자생적인 운동은 약한 편에 속한다. 현재 관계 공무원, 전문가, 그리고 시민단체 회원으로 구성된 '동천위원회'를 통해 부산시에 의견을 개진하고 있고, '백양산 동천 사랑 시민모임'이 지역주민의 협력을 이끌어내고는 있지만 아직 세력이 미약한 편이다. 이는 동천 살리기가 지역주민의 주도보다는 APEC을 앞두고 부산시가 주도한 측면이 강했고, 시민이 접근하기 매우 어려운 하천상황을 형성하고 있기 때문인 것으로 판단된다.

2. 행위자의 자율성과 연계망의 형성 비교분석

1) 관료제 내부 행위자들의 네트워크 형성

온천천은 범어사 일원에서 발원해 금정구, 동래구, 연제구를 거쳐 수영강으로 흘러드는데, 관련된 구청들의 자율성이 매우 크게 나타나고 있다. 예를 들면, 연제구는 체육·놀이시설 중심으로 10년 이상 온천천 시민공원사업을 추진하여 유지관리단계에 들어섰다.[12) 반면 동래구는 1997년 이후 자연복원 중심의 생태공원을 추진하고 있는데, 민선3기인 2002년부터 본격적으로 친수 공간 확보를 추진하면서 역시 체육시설을 경쟁적으로 설치하고 있다(동래구 온천천관리담당 면담, 2006. 11).[13) 연제구와 동래구가 건설을 끝내고 사실상 유지관리 단계에 접어든 반면, 1999년 3월에 2.8㎞ 구간 온천천 복원

---

12) 2005년 연제구의 온천천관련 업무성과를 보면, 인라인 스케이트장 설치, 조깅로와 물놀이장 설치, 농구장과 자전거도로 도색 등 체육시설 위주로 업무를 추진하고 있다(http://www.yeonje.go.kr/검색일: 2007.1.5).

13) 2005년 동래구의 온천천과 관련된 업무성과를 보면, 음악분수대 설치(2005년 5월, 인공폭포 옆, 문화일보 주관 전국 10대 아름다운 음악분수로 선정), 체육시설 추가설치(2005년 11월, 농구장2, 배드민턴장1), 야간 조명시설("빛의 산책로") 설치(3.2㎞, 충렬교~안락교), 유지용수 유입(2005년 11월, 낙동강수 하루 5만 톤), 인공폭포 확장(폭포 4개, 펌프증설, 기계실 정비), 그 밖에 주요시설로 자전거도로 5.5㎞, 잔디 12,000㎡, 관찰마루 3, 진·출입 시설 35, 화장실 5, 체육시설 16개소 16종 등을 들수 있다(http://www.dongnae.go.kr/검색일: 2007.1.5).

공사를 시작할 때 금정구청은 참여하지 않았다. 그러나 현재 금정구청은 상류에서 낙동강 원수공급 유지관리비용을 부담하며 창의적인 모델을 모색하고 있다. 2005년부터 하천정비 사업을 시작하여 상류에 해당하는 2 / 3 정도는 자연형 하천을 유지하고, 하류인 1 / 3 정도는 콘크리트라이닝 구간인데 2007년부터 복원할 계획을 가지고 있다(금정구 건설과 관계자 면담, 2006. 11). 현재 부산광역시 환경정책과 하천환경담당자 4명, 금정구 건설과 1명, 동래구 온천천관리담당 4명, 연제구 지역경제과 온천천관리팀 4명이 각각 독자적으로 온천천의 유지관리 업무를 담당하고 있다. 담당자들은 부산광역시가 통일적인 업무수행을 해줄 것을 기대하지만, 각 구청이 자율성과 독자성을 가지고 지역실정에 맞는 모델을 창안하고 있는 것으로 평가할 수 있다(현장답사 및 관계자 면담, 2006. 11). 자치단체의 자율성은 일종의 칸막이 역할을 하면서 관료제 내부에서의 협력을 어렵게 하는 것으로 인식할 수도 있지만, 이러한 칸막이구조(sectionalism)는 행정협의회의 구성을 통해 어느 정도 극복이 가능하다. 2001년 6월 21일에 부산광역시는 금정구, 동래구, 그리고 연제구와 공동으로 '온천천 살리기 행정협의회'를 구성하여 온천천 개발과 오염감시망을 구축하였다. 이때 일선구청 사이의 정책혼선을 없애기 위해 부산광역시의 환경국, 주택건설국, 녹색도시21 등 관련부서를 총괄하여 구성했다. 2003년 이후 행정부시장을 단장으로 하천 살리기 추진기획단을 구성하여, 각 부서별 다양한 입장 차이를 조정하고 있다(부산광역시, 2005). 부산광역시의 입장에서도 환경정책과의 하천생태계 복원, 건설과의 하천치수, 도로계획과의 녹지와 조명, 하수도과의 하수처리시스템 완비 등 다양한 기능들이 협력과 비판을 통해 어우러지길 기대하는 것이다(부산광역시 담당자 면담, 2007. 1).[14]

동천의 경우 진구, 남구, 동구로 흘러내리지만 관료제 내부의 네트워크가 취약한 편이다. 그동안 1단계 사업구간이 진구에 해당하는 면도 있었지만, 진구만이 관심을 보이고 있고 동구와 남구는 다소 무관심한 편이다. 이는 동구와 남구에 관련 조직이 없고 동천환경협의회 역시 아직 제대로 작동하고 있지 않음에서도 잘 나타난다. 그리고 진구의 자율성이 반영되기보다는 부산시의 계획에 의해 주도되는 성격이 강하다. 어떻게 보면, 각 구청은 자신들의 이해관계에 따라 자율적으로 대응하고 있는 것으로 평가할 수도 있다. 2∼4단계 구간 사업이 본격화되면 동구와 남구 역시 자율성을 바탕으로 영향력을 행사할 것이 요구된다.

2) 시민사회 행위자들의 네트워크 형성

온천천 복원 성공에는 시민사회단체들의 협력이 중요한 밑거름이 되었다. 이제 일선관료들은 시민단체와 부딪히는 것을 당연하게 인식하고 있으며, 비판과 토론에 열려 있다(동래구 온천천 관리담당자 면

14) 2007년 1월 31일 조직개편 때 그동안 분리 수행되던 환경정책과의 하천환경기능과 인력 5명, 건설과의 하천치수기능과 인력 6명을 통합하여 건설방재국 소속 하천관리과(16명)를 신설하고 하천계획, 하천관리, 그리고 하천환경 기능을 통합적으로 수행하고 있다(부산광역시 하천관리과 관계자 면담, 2007. 4. 25).

담, 2006. 11). 2000년 4월에는 8개 사회·환경단체가 연합해 '온천천 살리기 네트워크'를 결성하였다. 그리고 교수, 연구원, 지역주민, 시민단체로 조직체계를 형성하고 있다(http://oncheoncheon.or.kr, 검색일: 2006.11.20). 2000년 10월 21일에는 25개 시민사회단체가 세병교 밑 온천천에서 '풀, 꽃 그리고 물이 흐르는 온천천 축제'를 열었고, 이제 매년 축제의 장을 만들고 있다. 2001년 2월 8일에는 부산경상대학 학생을 비롯한 부산 연제구 주민 50여 명이 '온천천을 사랑하는 모임'을 발족하게 된다. 초기의 하천 살리기를 위한 시민운동은 단순한 자연보호 차원에서 하천주변의 부유물과 쓰레기를 줍는 등 캠페인 수준에 지나지 않았다. 보다 체계적이고 적극적인 하천 살리기를 위해 온천천네트워크를 중심으로 시민단체들의 연대를 만들 것을 제의하고 6차례의 준비모임 결과 2002년 2월 19일 17개 환경단체들이 모여 '하천 살리기 시민연대'를 발족하고 하천탐사와 기념 세미나를 개최하였다. 2002년 6월 환경의 달을 맞이하여 시민연대에서는 매월 넷째 주 토요일을 하천사랑의 날로 선포하고 하천 가꾸기 운동을 전개하고 있다. 2002년 9월 공무원, 시민단체, 전문가가 함께 1박 2일의 하천 살리기 민·관 공동 워크숍을 개최하였다. 부산광역시에서는 시민연대의 활성화를 위해 각종 행사 시에 장소와 버스 제공은 물론 사업비를 지원할 뿐 아니라 공동으로 참여하고 있다. 그리고 온천천 네트워크뿐만 아니라 온천천 가꾸기 금정주민모임, 동래구의 온천천 사람들의 모임[15]이 2003년 발족된 민·관 협의체인 '부산하천

15) 온천천 동래구 지역주민들의 모임으로써 2005년 10월에 발족하여 매주 토요일 오후 4시경에 온천천 정화활동을 전개하고 있고 9월 운동본부

살리기 시민운동본부'에 주민모임으로 가입하고 있다. 기업체로는 송월타올(주), 풍산동래공장(주)이 부산 하천 살리기 시민운동본부에 가입하고 있지만(http://www.busanriver.or.kr, 검색일: 2006. 11. 20), 초기 가입 후 별다른 역할을 하지 못하고 있는 것으로 나타났다. 특히 하천 살리기에 엄청난 액수의 예산이 투입되는 점과 기업 이미지 제고를 고려할 때, 부산시 관계자는 이 부분을 안타까워했다(부산시 환경정책과 관계자 면담, 2006. 11. 17).

그러나 동천의 경우 온천천에 비해 지역주민 중심의 자율적인 시민단체의 협력적 네트워크 형성이 매우 미약하다. '백양산 동천 사랑 시민모임'이 '부산하천 살리기 시민운동본부'에 주민모임으로 가입하고 있으면서 하천현황 파악과 학생교육을 담당하고 있다. 진구 관계자에 의하면 2006년 11월 현재 동천 변에 입지한 기업체에서 동천 정화활동에 참여한 적은 없다고 한다. 현재 영광도서 앞 부전천 복원사업에 대해서는 전포동 등 하류의 주민들은 매우 찬성하고 있지만, 인근 상가주민들은 직접적인 이해관계 때문에 반대하고 있다고 한다.

회원단체로 등록을 했다. 발족 당시 46명의 회원으로 출발하여 현재 101명의 회원들이 자발적으로 온천천의 환경정비 및 환경의식 제고, 대외홍보 활동을 하고 있다.

3) 관료제와 시민사회의 협력적 네트워크의 형성

관료제 내부의 협력은 시민사회와의 연계망으로 발전해야 효력을 발휘한다. 동래구청 담당자는 온천천 생태계 복원사업에 대해 1년 365일을 가꿔야 하기 때문에 시민들의 참여 없이 하천을 가꾸기는 불가능하다고 고백한 적이 있다(PSB뉴스, 1999. 7. 8). 2001년 6월 부산광역시의 환경정책과를 중심으로 건설방재과, 하수도과, 동래구, 금정구, 연제구와 부산발전연구원의 전문가로 행정협의회를 구성하고, 시민단체인 '온천천 살리기 네트워크'와 연대하여 '온천천 살리기 민·관협의회'를 구성한다. 여기서 온천천 살리기 마스트플랜 용역 검토 등 6회에 걸쳐 운영하고, 세병교 밑 주차장 복원방안에 대한 구와 환경단체의 반목이 심각해짐에 따라 민·관 합동 현장답사를 실시하고 쟁점사항에 대한 의견을 조율하여 갈등을 해소하고 합리적인 하천 복원방안을 도출하였다. 2003년 5월 9일에는 최종적으로 창립회원의 추천과 부산 하천 살리기 시민운동본부 운영에 대한 계획을 마무리하고, 2003년 5월 28일에 이르면 민과 관의 협력체제인 '부산 하천 살리기 시민운동본부'가 발족하게 된다(부산광역시, 2005).[16] 이는 하천 살리기 추진기획단과 상호유기적인 체제구축으

---

16) 하천에 대한 지역주민 참여 활성화를 통한 하천 생명 살리기, 지역주민 중심의 범시민환경운동전개, 하천 살리기 운동을 통한 하천의 역사·문화·생태 복원으로 지역 공동체 활성화, 민·관의 원활한 의사소통 구조 구축을 통한 하천 살리기의 올바른 방향 제시 등을 위해 '부산하천 살리기 시민운동본부'를 운영하고 있으며, 하천을 친환경적으로 정비하고 생태적으로 복원하기 위한 민·관 파트너십에 의한 협치 체계로 추

로 효율적인 하천 살리기 사업을 추진하고 광범위한 시민의견을 수렴하며, 하천정화사업 및 하천문화축제, 하천의 옛 사진 공모전, 워크숍, 홍보 등 시민이 직접 참여하는 사업추진기반을 조성·확산해 나가고 있다. 나아가 2007년 4월 10일부터 부산시 건설방재국장이 위원장을 맡고 부산시, 자치구, 학계 전문가, 환경·시민단체 등 총 12명의 위원으로 '온천천통합관리협의회'를 구성하여 그동안 지방2급 하천이라서 금정·동래·연제구별로 나눠 관리하던 온천천을 통합 관리하게 된다(부산시보, 2007. 4. 19).

그러나 동천의 경우 시민사회에서 복원사업을 주도하고 네트워크를 형성하기에는 매우 힘든 하천구조를 형성하고 있었다. 따라서 1997년 이후 싹튼 관심들이 모여 2003년 10월 동천 살리기 마스터플랜이 작성되는데, 이 과정을 부산시가 주도했다. 왜냐하면 부산시장 보궐선거 때 허남식 후보의 중요한 공약사항에 동천 살리기가 포함되어 있었기 때문이다. 부산시 관계자에 의하면, 수영강의 악취 때문에 1988년 올림픽경기에 차질이 있을 수 있다는 문제가 제기되면서 1986년 퇴적오니를 준설하여 하천 정비 사업을 촉발시켰듯이, APEC을 계기로 2003년부터 동천 정비 사업을 실시한 것은 의미가 있다고 본다(부산시 환경정책과 관계자 면담, 2006. 11. 6). 부산시는 2006년 4월 21일 오전 부산시청에서 '동천 수질개선 및 종합정비계획' 수립을 위한 착수보고회를 가졌는데, 이 과정 역시 부산시의 주

진하고 있다. 2003년 3월에 운동본부 준비 위원회를 발족시켜 같은 해 5월 28일 출범했으며 현재 2기가 활동 중이다(부산광역시, 2005, http://www.busanriver.or.kr/ 검색일: 2006.11.20).

도로 이루어지고 있다. 현재 부산진구 환경위생과 환경지도담당에서 1명이 동천관련 업무를 담당하고 있으며(1명은 겸무) 남구와 서구는 관련 조직과 업무가 없다. 그러나 온천천의 경우와는 달리 협력적 네트워크가 안정된 제도적 구조 속에 내재되어 있는데, 이는 '부산 하천 살리기 시민운동본부'에 동천위원회가 참여하고 있다는 점에서 확인된다(http://www.busanriver.or.kr, 검색일: 2007. 1. 9). 2005년 동구, 남구, 진구의 환경담당자, 시민단체와 지역주민으로 구성된 동천 환경협의회가 구성되었으나, 2005년 하반기 한 번 회합을 가진 후 아직 회합을 가지고 있지 않다. 이는 1구간 사업이 전적으로 남구에 만 속해 있었기 때문인데, 2~4구간 사업이 본격화되면 적극적인 참여가 예상된다(부산진구 환경위생과 담당자 면담, 2006. 11. 7). 다만, 동천관련 자치단체들과 시민사회의 자율성이 취약하고 부산시가 주도하는 수직적 협력구조는 지속성의 한계를 보일 가능성도 있지만, 2006년 12월 20일 동천수질개선과 용역자문을 위해 제4차 동천 위원회가 개최되었는데, 이는 안정된 구조 속의 협력적 네트워크로 이해할 수도 있다. 부산시 관계자 역시 동천환경협의회의 활동이 미진하여 동천위원회가 시민운동본부에 참여하여 동천 복원을 위한 용역의 과업지시서, 착수보고회, 중간보고회 등 정책기획단계에서부터 참여하여 적극적으로 의견을 개진함으로써 협력구조를 형성하고 있다고 했다(부산시 환경정책과 관계자 면담, 2006. 11. 17).

3. 신뢰를 기반으로 하는 상호적응 비교분석

1) 관료제의 평판도

관료제가 좋은 평판(reputation)을 유지해야만 시민사회의 협력과 순응을 이끌어낼 수 있다. 온천천 복원사업이 시작되는 초기에는 부산광역시와 3개의 관할구청은 온천천 관리에 있어서 서로 책임 떠넘기기에 급급하면서 좋은 평판을 유지하지 못했다. 그러다가 1998년 연제구가 공공근로사업을 온천천 시민공원과 연계시킴으로써 좋은 평판을 받았다. 현재 부산광역시의 행정지원을 받으며 지역주민이 추진 주체가 되어 하천 살리기 운동을 추진 중이다(부산광역시, 2005). 시민사회에 대해 경제적 유인과 더불어 존경받는 모습을 견지하는 사회적 유인수단 역시 관료가 신뢰를 형성하는 중요한 요소이다. 연제구와 동래구는 온천천변 현장에 관리사무소를 설치하여 시민들의 즉각적인 요구를 수렴하면서 매우 좋은 평판을 받고 있다. 사회적 자본의 생산과 파괴는 선순환 혹은 악순환의 고리가 따를 수 있는데, 온천천 사례는 이러한 불신의 악순환 고리를 끊고 신뢰의 선순환의 고리를 연결한 사례로 평가된다.[17)]

---

17) Putnam(1994)은 신뢰, 호혜성의 사회규범, 네트워크와 같은 사회적 자본이 '도덕적 자원'(moral resources)의 성격을 가짐을 강조한다. 도덕적 자원은 사용하면 할수록 그 공급이 많아지고, 사용되지 않으면 고갈되는 속성을 지닌다. 서로 믿음을 보이면 보일수록 상호신뢰는 더 두터워

그러나 온천천에 비해 동천 복원사업은 좋은 평판을 받지 못하고 있다. 현재 닫혀 있는 현장사무소처럼 시민들의 접근성에도 한계가 있다. 2006년 11월 동천에서 만난 한 택시기사에 의하면, 10년 전에는 코를 막고 동천을 지났는데, 지금은 많이 좋아졌다면서 부산관광의 활성화와 부산만을 살리기 위해서는 부산의 얼굴인 동천을 반드시 살려야 한다고 강변했다. 시민사회는 지속적으로 동천 복원사업에 대해 비판하고 있다. 그러나 동천 문제는 기술적으로나 이해관계의 복잡성 측면에서나 풀기 어려운 난제이다. 부산시 관계자는 이러한 현실적 한계를 인식하고 동천 문제에 접근해야 한다고 주장한다(부산시 환경정책과 관계자 면담, 2006. 11. 6). 부산시는 보다 강한 의지와 지혜로써 동천 복원 사업을 추진하여 시민들에게 좋은 평판을 받아야만 협력적 네트워크의 목표공유도와 연계강도를 강화할 수 있다.

2) 신뢰와 상호적응

열린 구조 속에서 신뢰를 기반으로 관료와 관료가, 그리고 관료제와 시민사회가 상호 적용하는 과정은 협력관계를 지속적으로 발전시킨다. 1998년에 동래구청은 서울 양재천을 모델로 온천천 바닥의 콘크리트를 제거하고 자연형 하천으로 복원할 계획을 세웠다(부산광역시,

---

지는 것이다.

2002). 그러나 부산광역시가 여론에 밀려 콘크리트 포장의 중단을 선언하고도 이를 무시한 채 공사를 강행하려 하면서 의견충돌을 보였다. 초기에는 관료제 내부에서도 온천천의 바람직한 모델에 대한 충분한 합의가 없었던 것이다. 결국 1998년 4월에 온천천 바닥을 콘크리트로 말끔하게 정비하고 버드나무를 심는 등 8㎞ 정비 사업이 완료되었다. 그러나 곧 부산광역시와 관할구청인 금정구와 동래구 사이에 관리권 공방이 시작되었다. 관료제의 닫힌 구조는 시민사회에 의해 열리기 전에는 이와 같은 소모적인 삐걱거림으로 일관되었다. 하천 복원 과정에서도 3개 구청의 신뢰와 협력수준은 매우 낮은 수준이었다. 예를 들면, 온천천 자연형 하천 조성공사 2.8㎞ 구간에 금정구를 제외한 연제구와 동래구만 나섰다(PSB뉴스, 1999. 3. 19). 그 결과 연제구 유역은 친수공간으로 조성돼 깨끗해진 하천변으로 변화됐다. 조금 상류로 올라가면 동래구 유역이 나온다. 동래구는 가장 이상적이라는 자연형 하천으로 조성해 돌과 흙과 물이 어우러지는 자연경관을 이루었다. 그러나 온천천의 상류로 조금 더 올라가면 막대한 돈을 들여 도심하천을 덮는 복개공사가 한창이었다. 수백 미터의 복개가 끝나 이미 주차장으로 사용되었고, 추가적인 복개계획이 잡혀 있었다. 금정구 관할 온천천은 하천바닥도 콘크리트로 조성돼 인근 지하수의 고갈 등 여러 부작용을 낳고 있었다(PSB뉴스, 2000. 12. 5). 그러나 민선자치시대에 금정구 주민들은 구청에 대해 지속적으로 온천천 복원을 요구하게 되고, 금정구 온천천 담당자 역시 지속적으로 연제구와 동래구를 벤치마킹하여 나름대로의 모델을 만들어가고 있다. 민선자치시대에 시민사회에 대해 열린 구조 속에서 신

뢰를 바탕으로 하는 상호적응은 협력을 발전시키는 중요한 조건임을 알 수 있다.

동천에서도 관료제와 시민사회의 신뢰와 상호적응이 가능하기 위해서는 시민사회와 언론의 지속적인 관심과 비판이 요구된다. 동천 하류의 유지용수를 확보하기 위해서는 하얄리아부대(부산 시민공원 예정지) 지하에 저류시설을 만들어 부전천으로 방류하는 방안이 검토되고 있다. 그러나 이를 위해서는 부산시 시민공원조성팀과의 협력이 필요한데, 현재까지는 쉽지 않은 상태라고 한다(부산가톨릭대학교 전문가 면담, 2006. 11. 1).[18] 1단계 동천 환경개선사업에 대해 '부산 하천 살리기 시민운동본부' 관계자는 근본적인 처방 없이 단기간 내에 성과를 내기 위해 임시방편으로 도시하천 복원을 하는 예라고 하면서, 하천의 전 구간 복원 계획을 세워 효율적인 수질개선방안을 마련할 것을 주문했다(강미애, 2005: 5). 따라서 이러한 보여주기식 복원은 결국 성과 없는 예산낭비사업이 될 것이기 때문에, 부산시장의 7대 핵심과제 중 하나인 동천정비개선사업의 재검토를 요구했다. 부산시의 입장에서는 이러한 시민사회의 비판을 겸허히 수용하고 협

---

18) 부산시 시민공원조성 관계자는 초기강우 5%를 저류조에 모아 정화하는 시스템은 500억 원가량의 예산이 포함되기 때문에 신중하게 검토하고 있다고 한다. 오히려 KTX 공사가 완료되는 2010년에 하마정4거리 지하수 용출수를 모아 매일 3만 톤을 시민공원으로 끌어와 부전천으로 방류하게 되면 동천의 수량문제와 수질문제가 해결될 것으로 본다고 했다(부산시 시민공원조성팀 관계자 면담, 2006. 11. 15). 부산시 환경정책과 관계자는 빗물 저류조가 빗물이 일시적으로 하천에 유입되는 것을 막아주고, 비점오염원 정화기능까지 가지게 될 것이므로 전향적으로 검토하고 있다고 했다(부산시 환경정책과 관계자 면담, 2006. 11. 16).

력을 얻어내지 못하면 정책성공은 어렵지만,[19) 이를 통해 시민사회의 신뢰를 얻게 되면 상호적응을 통한 협력의 강도가 매우 높아질 것이다.

4. 제도의 정당성과 지속성 비교분석

구성원들이 합의하고 정당성을 부여한 공식·비공식 규범의 지속성은 자율성을 가진 다양한 행위자들이 참여하여 연계망을 형성하고 신뢰와 협력을 통해 온천천과 동천을 성공적으로 복원하는 기반이 된다.

첫째, 도심하천이 상류를 거쳐서 중류와 하류를 거치는 경우 협력규칙이 매우 중요하다. 하류 쪽에서 하수처리시스템을 완비하고 자연형 하천으로 복원해도 상류에서 협력하지 않으면 전체 하천관리체계가 무너지기 때문이다. '부산광역시 환경기본조례'는 부산광역시, 자치구, 시민, 언론, 학교, 민간단체 등 중요한 행위자들의 협력에 관한 책무와 역할에 관해 규정하고 있다. 온천천의 복원협력 과정에는 이

---

19) 부산시의 동천 복원사업은 수질개선을 내팽개친 전시행정에 불과하다는 시민단체들의 비판에 대해 부산시 관계자는 "내년부터 연차적으로 동천의 지류인 부암·연지·초읍 일대를 흐르는 부전천 등에 하수 차수관로를 설치하는 공사가 끝나면 오염된 물의 동천 유입을 상당수 차단할 수 있어 수질이 크게 개선될 것"이라고 말했다(연합뉴스, 2005. 8. 23).

러한 공식적인 규범 외에 지극히 비공식적인 호혜성의 규범이 실질적으로 효력을 발휘하고 있는 것으로 나타났다.

동천의 경우에는 공식규범은 제대로 형성되어 있으나 비공식 규범은 효력을 발휘하지 못하고 있었다. '부산 하천 살리기 운동본부 운영규약' 제8조의 규정에 의하여 동천의 종합적·체계적 환경개선을 효율적으로 추진하기 위하여 '동천위원회'를 설치하여 전문가 5인, 환경단체 5인 및 공무원 7인으로 구성하였다. 동천 살리기와 관련해서는 제대로 된 협력규칙이 형성되어 있으나(부산시 환경정책과 관계자 면담, 2006. 11. 6), 실제로 지역주민들의 협력을 효율적으로 이끌어내지는 못하고 있다.

둘째, 협력규칙을 전제로 하여 위반행위에 대한 감시와 처벌규칙 역시 지속성을 확보해야만 신뢰를 바탕으로 하는 연계망이 지속되고 협력성공의 결실을 가질 수 있게 된다. 신뢰할 만한 이행약속과 상호감시는 규칙의 지속가능성을 결정하는 중요한 요인이기 때문이다. 정책의 영향을 받는 대부분의 사람들이 상호 동의하는 상호 강제(mutual coercion) 역시 규칙의 지속성 확보에 불가피한 요인이다. '부산광역시 환경기본조례'는 제18조에서 규제조치를 규정하고 있지만, 구체적인 벌칙조항을 두고 있지는 않다. 온천천의 경우 관료제가 하상에 시설물을 설치하면서 하천법을 먼저 위반하였고, 쓰레기 투기에 대해서는 경범죄처벌법을 적용한다. 그러나 이러한 공식적인 규범보다는 언론의 눈과 시민들의 상호감시와 제재가 협력을 유도하는 실질적인 힘인 것으로 나타났다.

이처럼 협력규칙과 처벌규칙이 반드시 공식성을 띠어야 하는 것은 아니다.[20] 협력의 초기단계에서는 관계 중심의 협력으로 문제해결이 용이하지만, 협력을 지속시키는 힘은 법제도(law & institution)의 확고한 기반에 있다. 특히 온천천과 동천의 경우처럼 많은 행위자들이 관련될 때는 합의된 규칙(rule)의 확보와 지속적 시행이 매우 중요하다. 온천천과 동천 관련 행위자들의 협력규칙, 감시규칙, 반칙에 대한 처벌규칙 등이 사회적 합의를 이루어 정당성을 확보하는 것이 지속적으로 도심하천을 관리하는 데 중요하다. 1997년 1월에 제정된 '부산광역시 환경기본조례'가 온천천 살리기 운동과 관련된 중심 규칙이다.

그런데 온천천 사례의 경우 청소, 쓰레기 투기 금지, 나무 심기 등 시민사회의 협력이 호혜성이라는 비공식적 규범을 바탕으로 더 성공적으로 작동하는 것을 확인할 수 있다. 상대적으로 동천의 경우에는 지역주민들의 접근성의 한계로 인해 동천을 삶의 일부로 받아들이지 않았기 때문에 호혜성의 규범이 제대로 작동하지 않고 있다. 과자봉지 등 쓰레기를 무단 투기하는 행위에 대해서 따돌림의 규범이 작동하고 있지 않기 때문이다.

---

20) 2002년 2월 2일 온천천의 자연하천 복원과 역사문화 복원을 통한 지역 공동체 활성화와 온천천 르네상스를 위해 주민중심의 다양한 실천을 펼치며, 나아가 지속 가능한 녹색도시부산을 만드는 것을 목적으로 「온천천 네트워크 규약」을 제정하게 된다(http://oncheoncheon.or.kr/ 검색일: 2006.11.16).

V. 분석결과의 종합과 논의

첫째, 온천천과 동천의 경우 행위자의 다양성에서 차이를 보였다. 온천천 살리기 이슈와 관련하여 1995년 이후 학계, 시민단체, 하천 전문가들이 문제를 제기하고, 연제구 등 관료제가 주도적인 참여자가 되었다. 2003년 5월 28일에 이르면 민과 관의 협력체제인 '부산 하천 살리기 시민운동본부'가 발족하면서 협력적 네트워크의 제도화가 이루어진다. 그러나 동천 살리기에는 지역주민과 환경단체의 자생적인 운동은 약했으며 관계 공무원, 전문가, 그리고 시민단체 회원으로 구성된 '동천위원회'를 통해 부산시에 의견을 개진하는 안정된 협력 구조를 형성하고 있었다. 참여한 행위자의 수와 영향력에 있어서 온천천과 동천사례는 차이를 보였는데, 이는 온천천 복원이 시민사회 주도로 이루어지고, 동천 복원이 관료제 주도로 이루어지는 중요한 배경을 형성한다.

둘째, 온천천과 동천의 경우 행위자의 자율성과 연계망의 형성에 있어서도 매우 큰 차이를 보였다. 온천천은 범어사 일원에서 발원해 금정구, 동래구, 연제구를 거쳐 수영강으로 흘러드는데, 관련된 구청들은 독자적인 조직과 계획을 가지고 있다. 시민사회 역시 지역주민, 시민단체, 그리고 기업까지 동참하고 있다. 그러나 동천의 경우 진구, 남구, 동구로 흘러내리지만 진구만이 조직과 관심을 가지고 있고 대부분 부산시에 떠넘기고 있는 형편이다. 지역주민과 기업의 참여역시 매우 취약한 구조를 형성하고 있다. 이는 동천 살리기가 지역주민의 주도보다는 APEC을 앞두고 부산시가 주도한 측면이 강했기 때문이다.

셋째, 온천천에 비해 동천의 경우 관료제가 좋은 평판을 받지 못했다. 언론과 시민단체 역시 온천천에 후한 점수를 주는 반면에 동천에 대해서는 비판의 포화를 쏘았다. 이는 양 하천에 있어서 신뢰와 상호적응의 조건인 목표 공유도와 연계강도에서 차이를 보였기 때문인 것으로 분석된다. 정정길(2003: 521)은 Bressers & O'Toole(1998: 213-239)의 모형을 발전시켜 네 가지 유형의 정책연계망을 제시하였다. 이때 목표의 공유도가 낮고 연계의 강도가 약할 때 규칙을 합의하고 실행하는 데 있어서 무임승차자(free-rider)가 많아져서 신뢰와 협력의 네트워크는 느슨하고 힘이 없어진다. 행위자들이 이질감을 느끼고 심리적으로 해변의 모래알처럼 흩어져 있으면, 협력 네트워크가 형성되기 어렵고 정책목표와 정책수단에 대한 합의와 실행도용이하지 않다. 신뢰와 협력의 네트워크가 작동하기 위해서는 연계망 구성원들의 무임승차 유인(incentive to free-ride)을 극복해야 한다.

그런데 온천천과 동천 사례에서 행위자들 간의 목표공유도와 연계강도에서 차이를 보였다. 온천천의 경우 관료제와 시민사회 모두 온천천을 복원해야 한다는 목표를 공유하고 있다. 60% 이상의 온천천 주민들은 장기적으로 복개구간을 철거하고, 체육시설까지 철거하기를 희망한다(하천연구센터, 2004). 그러나 연계의 강도는 다소 약하게 나타났다. 이는 초기의 금정구청의 비협조라든지, 쓰레기를 무단 투기하는 무임승차자가 발생하는 중요한 요인으로 작용했다. 그러므로 온천천의 복원과정은 연계 기반이 다소 취약한 가운데 언론과 시민단체의 비판을 받으면서 상호 적응해 온 과정으로 이해된다. 그러나 목표 공유도가 높은 상황이기 때문에 열린 구조 속에 지속적인 상호 적응은 연계강도를 지속적으로 높여주고 있다. 2007년 1월 현장을 답사하고, 담당자들을 만나면서 상류의 금정구청의 협력뿐만 아니라 시민의식도 매우 고양되고 있는 것을 확인하였다.

〈그림 5〉 정책 네트워크의 유형 분석

		연계 강도(interconnectedness)	
		강 함	약 함
목표 공유도(cohesion)	강 함		온천천 복원사업
	약 함		동천 복원사업

그러나 동천의 경우 지역주민의 관심과 참여도뿐만 아니라 동천 복원에 대한 목표의 공유도가 그리 높지 않은 것으로 판단된다.[21] 특히 1단계 사업에서 부산시는 시민사회의 비판에 귀 기울이기보다 정치적 시간표에 맞추어 사업을 추진하면서 행위자들의 연계강도 역시 떨어뜨리는 결과를 초래했다. 부산진구 관계자에 의하면, 시민들은 동천이 더러운 상태이기 때문에 거리낌 없이 과자봉지, 캔 등 쓰레

---

21) 부산시민 365명을 대상으로 설문 조사한 결과 동천 복원에 찬성하는 시민은 78.6%로 나타난 반면 실제 동천(부전천) 주변지역주민은 62.2%가 반대하는 것으로 나타났다. 이들이 반대하는 이유로는 복원 공사 당시 및 복원 후 교통장애를 가장 많이 들었다(부산일보, 2006. 4. 25).

기를 투기하는 경우가 많다고 한다. 따라서 역설적이지만, 일단 동천의 수질이 회복되어야만 지역주민들의 연계강도가 높아지고, 목표공유도 역시 높아질 것으로 기대하고 있었다. 그리고 전포동을 비롯한 동천 하류의 주민들은 현재 영광도서에서 롯데백화점 옆으로 흐르고 있는 동천 복개구간을 청계천과 같은 도심 휴식공간으로 복원하는 방안에 적극적으로 찬성하지만, 주변상인들은 생계와 관련되고 교통 체증 문제를 이유로 반대하고 있다고 한다(부산진구청 관계자 면담, 2006. 11. 7). 특히 하계열 부산 진구청장에 의하면, 이 구간은 하천 폭이 좁고, 특히 동천은 유수가 부족해 복개부분을 뜯어낼 경우 안전과 도심미관에 문제가 많으며, 현재 10% 수준에 그치고 있는 동천주변 차집관로 공사를 조기에 마무리해 하천으로 생활오수가 흘러들어가는 것을 막고 하천 냄새의 진원지인 광무교 주변 하천 퇴적물을 준설하는 것이 시급하다면서 반대 입장을 분명히 했다(연합뉴스, 2006. 6. 23). <그림 5>에 나타난 것처럼 동천 복원사례는 목표 공유도와 연계강도 모두 약한 것으로 나타났다.[22] 따라서 앞으로 목표에 대해 합의하고 상류와 하류 주민들이 신뢰관계를 바탕으로 연계강도를 높여야만 협력 성공이 가능할 것이다.

넷째, 관료제와 시민사회의 협력이 안정된 제도화 과정에 돌입하기 위해서는 게임의 규칙이 정당성과 지속성을 확보해야 한다. Gruber

---

[22] 부산발전연구원 관계자는, 온천천의 경우 환경단체는 자연형 하천을 요구하고, 공무원은 공원형의 하천을 요구했기 때문에 목표가 비슷했다고 볼 수 있지만, 동천의 경우 환경단체는 자연형 하천을 요구하고 주민과 공무원은 경관형 하천을 요구하면서 목표 공유도가 낮고 갈등 정도가 높았다고 볼 수 있다고 평가했다(관계자 면담, 2006. 11. 17).

(1987: 1-27)는 관료제가 절차와 규칙을 추종할 때 민주주의에 더 부합한다고 한다. 그런데 양 하천의 경우 제도화의 경로와 맥락이 서로 달랐다. 온천천 사례의 경우 청소, 쓰레기 투기 금지, 나무 심기 등 시민사회의 협력이 호혜성이라는 비공식적 규범을 바탕으로 더 성공적으로 작동하는 것을 확인할 수 있다. 동천의 경우에는 '부산 하천 살리기 운동본부 운영규약' 등 공식규범은 제대로 형성되어 있으나 비공식 규범은 효력을 발휘하지 못하고 있었다. 동천의 경우에는 지역주민들의 접근성의 한계로 인해 동천을 삶의 일부로 받아들이지 않았기 때문에 쓰레기를 무단 투기하는 행위에 대한 따돌림의 규범 등 호혜성의 규범이 제대로 작동하지 않고 있다.

이는 양 하천에서 제도 도입의 속도와 안정성에서 차이를 보이기 때문인 것으로 분석된다. <그림 6>에 나타난 바와 같이, 온천천 복원사업이 지속성을 확보할 수 있었던 이유는 부산광역시가 1990년대 말부터 온천천 복원사업의 기획과 추진과정에서 일방적으로 앞서 가기보다 시민사회와 함께 한 걸음씩 전진하면서 긍정적인 경험을 얻었기 때문인 것으로 평가된다. 온천천 개발 초기에는 관료의 빠름과 시민사회의 느림이 합의점을 찾지 못하고 많은 시행착오를 거쳤다. 그러나 이제 제도가 안정기로 접어들어 지속성을 확보하고 있는 것으로 평가된다.

그러나 동천의 경우 2005년 부산 APEC을 앞두고 부산시가 주도적으로 추진하고, 무엇보다 정치적 시간표에 따라 추진하였기 때문에 '준설을 제외하고는 모두 실패작'이라는 시민사회의 비판을 받았다. 즉, 제도 도입의 속도는 매우 빨랐지만 제도가 안정적으로 집행되어 정책목표를 달성하는 데는 한계가 있었던 것으로 평가된다. 따라서 동천의 경우 시민사회의 비판을 충분히 수용하면서 사회적 합의를 바탕으로 하는 안정된 제도 운영이 요구된다. 그럼에도 불구하고 동천의 경우 제도화된 협력규칙을 바탕으로 정책결정과 추진이 빠르게 안정성을 찾아가는 것으로 나타났다.

〈그림 6〉 제도 도입의 속도와 제도의 안정성

		제도의 안정성(stability)	
		낮음(low)	높음(high)
제도 도입 속도(pace)	느림(slow)		온천천 복원사업
	빠름(fast)	동천 복원사업	

결국 온천천과 동천의 복원에 있어서 상이한 전제조건 때문에 주도자의 차이와 협력방식의 차이를 가져온 것으로 평가할 수 있다. 그러나 동천의 경우 온천천과 달리 지역주민과 시민사회의 주도로 문제를 해결하기에는 버거운 상황에서 2003년 이후 제도화된 시민운동본부를 중심으로 협력적 네트워크가 작동한 것이 합의형성과 수질개선에 기여한 측면 역시 간과할 수는 없다.

Ⅵ. 결 론

본 연구에서는 전혀 상황이 다른 부산광역시의 대표적인 도심하천인 온천천과 동천의 수질개선사례를 분석하였다. 온천천의 경우 1990년 대 중반 이후 시민사회의 주도로 협력적 네트워크가 작동하였고, 동천 의 경우 2005년 APEC을 준비하는 과정에서 부산시의 주도로 협력적 네트워크가 작동하였다. 온천천의 경우 자연하천의 조건을 갖춘 상 태에서 시민사회가 주도했고 주거지를 관통하는 여건 때문에 행위자 의 다양성이 높고 연계망 역시 견고하며, 제도 도입이 느리게 이루어 졌지만 매우 높은 안정성을 보이고 있는 것으로 나타났다. 동천의 경 우 상업지역을 관통하고 주민의 접근이 어려운 상황 때문에 관료제 내부의 네트워크는 물론 관료제와 시민사회의 네트워크 역시 미약한 것으로 나타났다. 따라서 동천의 경우 신뢰의 기반을 2003년 형성된 민·관 협력체인 '부산 하천 살리기 시민운동본부'의 리더십에 의지하 는 것으로 나타났다. 동천의 경우 시민사회의 참여와 협력의 과제를 안고 있는 상태에서 제도화된 협력규칙을 바탕으로 정책결정과 추진 이 빠르게 안정성을 찾아가는 것으로 나타났다. 이처럼 온천천과 동 천의 경우 정책상황에서 차이를 보이고 정책도입의 배경과 속도에서 도 차이를 보였다. 온천천의 경우 관료제와 시민사회의 불신의 악순환 고리를 끊고 신뢰의 선순환 고리를 연결한 성공적인 협력사례로 평가된다. 동천의 경우 아직 성과가 미진한 상태에서 관료제가 시민사회의 협력과 신뢰를 끌어내야 하는 과제가 남아 있다. 본 연구결과의 이론적·정책적 함의는 관료제와 시민사회 협력성공의 준거를 찾는다는 측면에서 다음 몇 가지를 제시할 수 있다.

첫째, 협력적 네트워크의 성공을 위해서는 참여의 제도화가 중요하다. 참여의 제도화는 민주화된 상황에서 관련 정보가 공개되고 공유되면서 사회적 합의를 이루어내는 유용한 도구로 평가된다. 왜냐하면 이는 정책결정과정에서 정책행위자들이 절차적 정당성(procedural legitimacy)을 부여하여 합의에 이르게 하는 중요한 메커니즘으로 기능하기 때문이다(Shambaugh Ⅳ & Weinstein Jr., 2003: 6−11). 온천천 복원사례의 경우 1995년 민선자치시대 이후 시민참여로 협력이 시작된 것으로 나타났다. 동천사례의 경우 비록 지역주민보다는 부산시의 주도로 협력적 네트워크가 작동했지만, 동천환경협의회와 동천위원회 등을 통해 시민참여의 통로를 유지하고 있다. 따라서 관료제와 시민사회의 협력이 열린 사회를 지향하는 민주주의 발전을 통해서 가능하도록 참여를 제도화하는 것이 요구된다. 사실 권위주의 시대에는 관료제가 시민사회를 주도했기 때문에 시민사회의 역량을 제대로 결집할 수 없었다. 그리고 시민사회의 참여증대는 비토 포인트의 증대로 인해 관료제의 효율성을 저하시키는 것으로 인식되었다. 그러나 본 연구결과에서는 민주사회에서 시민사회의 국정참여는 비판과 협력을 통해 전체 국정관리능력을 더 증대시키는 것으로 나타났다.

둘째, 자율성의 상호 존중과 수평적 협력관계의 중요성이다. 관료제가 시민사회를 무시하는 구조, 시민사회가 관료제를 불신하는 구조, 상급관료가 하급관료에게 일방적으로 지시하는 구조 속에서는 협력이 불가능하기 때문이다(김창수, 2005: 163). 온천천의 경우 부산광역시는 관할구청의 활동을 존중했고, 관할구청은 부산광역시의 정책방향에 협력하고, 부산광역시와 구청은 시민사회의 비판과 협력을 존중함으로써 복원활동이 지속될 수 있었다.[23] 동천 복원활동이 2011년까지 지속되어 성과를 달성하기 위해서는 부산진구청뿐만 아니라 동구청, 남구청의 자율성이 존중되어야 하고 부산시는 시민사회의 비판에 겸허히 귀를 기울이는 자세가 요구된다. 시민사회 역시 비판을 위한 비판이 아닌 현실성 있는 대안을 제시하며 협력적 네트워크의 중요한 축을 형성할 필요가 있다.

셋째, 행위자들 간의 신뢰의 형성은 협력적 네트워크를 성공적으로 지속시킬 수 있는 중요한 조건이다. 연제구와 동래구의 관료들이 현장사무소를 설치하여 대응성 높은 행정을 펼치면서 좋은 평판(reputation)을 유지하고, 시민단체에 대한 재정지원을 통한 경제적 유인수단과 사회적 유인수단을 적절히 활용하여 시민사회의 협력을 이끌어내는 것으로 나타났다. 쓰레기 투기자 등 무임승차자의 발생은 공정한 게임규칙을 어겨 관료들에게 불신과 실망을 안겨주고 신

---

23) 이러한 시민사회의 비판은 현재 진행형이다. 하천 살리기 시민운동 본부 강미애 간사(2005: 4)는 3개의 기초자치단체의 경쟁적인 체육시설 설치와 인위적인 식재, 전시행정, 과다한 유지관리비용을 우려하면서, 생태적인 연속성 없이 별도로 진행되는 하천정비를 하면서 시설설치와 이용에만 급급하고 있다고 비판했다. 그리고 치적행정에 치우쳐 각각 다르게 정비되고 있는 온천천을 종합적인 관점에서 접근할 것을 권고하고 있다.

뢰를 무너뜨리기도 했다. 이처럼 온천천 복원을 위한 관련 행위자들의 연계강도는 다소 약했지만, 관련 행위자들의 목표 공유도가 매우 높아서 신뢰를 바탕으로 하는 상호적응이 지속될 수 있었다. 반면 동천의 경우 광무교 구간 현장사무실은 문이 닫혀 있고, 시민이 편안하게 접근할 수 있는 물리적 공간도 확보되어 있지 않다. 아직 수질이 제대로 개선되지 않은 상태에서 시민들은 쓰레기를 무단 투기함으로써 상호 불신구조를 강화하고 있다. 따라서 동천 복원에 있어서 시민사회의 적극적인 참여를 유도하여 목표 공유도를 높이고 연계강도를 강화하기 위해서는 부산시의 주도로 수질개선에 우선 집중 투자하는 방안이 요구되었다.

넷째, 게임규칙의 지속성은 상호 합의를 바탕으로 하는 정당성과 적절한 강제력을 바탕으로 한다는 점이다. 게임규칙(rule of game)이 지속되면 관련된 행위자들의 행태를 변화시킬 수 있다. 행위자들이 참여하고, 신뢰를 쌓아가고, 협력을 지속시키는 근원적인 힘은 규칙이 정당성과 지속성을 확보하는 데서 나온다(김창수, 2005: 163). 온천천 복원사례의 경우 협력, 감시, 처벌규칙이 아직 공식성은 약하지만, 호혜성의 비공식 규범이 지속적으로 작동하는 것으로 나타났다. 동천 복원사례의 경우 정책도입은 부산 APEC을 계기로 급속히 이루어지고 공식규범이 마련되었지만, 호혜성의 비공식적 규범이 약하게 작동하는 것으로 나타났다.

온천천 복원을 위한 협력적 네트워크의 성공을 위해서는 수질개선, 친수공간 확보, 그리고 치수안전도 등 많은 과제를 안고 있다. 그럼에도 불구하고 도심하천으로서 온천천의 복원은 일단 성공적이었으며,

그 근원적인 힘은 관료제와 시민사회의 협력적 네트워크가 성공적으로 형성되고 작동했기 때문인 것으로 평가된다. 이러한 맥락에서 2011년까지 동천 복원이 성공적으로 이루어지기 위해서는 부산시 주도에서 시민사회의 적극적인 참여와 협력을 기반으로 하는 협력적 네트워크가 성공적으로 작동해야 한다.

이론적인 측면에서 전제조건이 상이한 자연형 하천 온천천과 경관형 하천 동천을 동일한 기준으로 비교하는 데 무리가 따랐음을 인정한다. 동천의 경우 시민사회가 이를 주도하기에는 기술적·재정적 한계가 있었기 때문에 온천천과는 전혀 다른 맥락에서 접근하는 것이 타당했는지도 모른다. 그러나 비록 접근방식과 협력방식이 다르더라도 결국 관료제와 시민사회의 신뢰와 협력이 없이는 하천 살리기 네트워크를 완성하고 하천 복원을 성공하기는 어렵다는 중요한 시사점을 발견했다는 데서 위안을 삼는다. 무엇보다 도심에서 '쉼의 공간'이 부족한 부산에서 도심하천들을 정비하고 복원하는 것은 부산만을 살리고, 나아가 부산의 얼굴을 살리는 길이라는 목표를 공유하고 신뢰를 기반으로 하는 연계를 강화하여 협력적 네트워크를 성공적으로 형성하고 유지할 것을 제안한다. 그리고 다원화된 민주사회에서 관료제는 시민사회의 협력을 얻어가면서 업무를 추진하는 것이 국정관리능력을 제고하면서 정책성공을 이루는 첫 번째 조건임을 제안한다.

참고문헌

강미애. (2005). 부산의 하천 살리기 이대로 좋은가. 「봄이오면 산에들에」, 제133호.

강은숙·김은주·박홍구. (2006). 부산시 하천환경정책을 둘러싼 쟁점과 거버넌스 연구: 동천환경개선사업사례를 중심으로. 신라대학교 낙동강연구원 제8회 학술세미나.

김석준·이선우·문병기·곽진영. (2000). 「뉴거버넌스 연구」. 서울: 대영문화사.

김영평. (1995). 「불확실성과 정책의 정당성」. 서울: 고려대학교 출판부.

김준기. (2006). 「정부와 NGO」, 서울: 박영사.

김준기·이민호(2006). 한국의 네트워크 거버넌스에 관한 연구: 사회복지관의 네트워크와 조직 효과성. 「행정논총」, 44(1): 91-126.

김창수. (2005). 관료와 시민사회 협력의 성공조건: 부산광역시 온천천 사례를 중심으로. 「지방정부연구」, 9(1): 145-167.

박남배. (2005). 친환경적 하천관리. 「환경특강집」. 신라대학교 낙동강연구원.

배응환. (2003). 거버넌스의 실험: 네트워크조직의 이론과 실제. 「한국행정학보」, 37(3).

부산광역시. (2005). 「환경백서」.

부산광역시. (2002). 「온천천살리기 Master Plan」.

부산광역시. (2003). 「동천환경개선기본계획」.

부산광역시. (2006). 「동천하천정비기본계획보고서」

부산발전연구원. (2006). 「부산지역 도시하천의 실태분석과 환경관리방향에 관한 연구」.

연제구 지역경제과. (2005). 「2005년도 온천천 시민공원 현황」.

유은정. (2005). 동천실태조사를 다녀와서. 「봄이오면 산에들에」, 제133호.

이명석 · E. 오스트롬 · J. 워커. (2004). 제도, 이질성, 신뢰 그리고 사회적 딜레마 상황에서의 협동 가능성. 「한국행정학보」, 38(1).

이은구. (2004). 「로컬 거버넌스」, 서울: 법문사.

정정길. (2003). 「행정학의 새로운 이해」, 서울: 대명출판사.

정정길 · 최종원 · 이시원 · 정준금. (2005). 「정책학원론」, 서울: 대명출판사.

주재복 · 최흥석 · 홍성만. (2004). 지방정부간 협약을 통한 공유재관리: 안양천유역 수질개선사례를 중심으로. 최흥석 외. (2004). 「공유재와 갈등관리」, 서울: 박영사: 148－175.

최창현. (2003). 국가 간 협치의 실증적 비교분석. 「행정논총」, 41(3).

최창현 · 사득환. (2004). 로컬 거버넌스와 시민단체간 연결망 분석. 「한국정책과학학회보」, 8(3).

하연섭. (2003). 「제도분석: 이론과 쟁점」, 서울: 다산출판사.

하천연구센터. (2004). 「온천천 자연형 하천 복원을 위한 온천천 유역주민 설문조사」.

환경부. (2005). 「환경백서」.

Axelord, Robert M. (1984). *The Evolution of Cooperation.* Basic Books.

Axelord, Robert M. (1981). The Emergence of Cooperation Among Egoists. *American Political Science Review 75.*

Bressers, Hans Th. A. & L. J. O'Toole Jr. (1998). The Selection of Policy Instruments: A Network－based Perspective. *Journal of Public Policy.* 18(3).

Coase, Ronald. H. (1960). On the Problem of Social Cost. *Journal of*

Law and Economics 3.

Conyers, Diana. (1982). *An Introduction to Social Planning in the Third World.* New York: John Wiley & Sons, Ltd.

Duncan, Jack W. (1981). *Organizational Behavior*(2nd ed.), Boston: Houghton Mifflin Company.

Etzioni—Halevy, Eva. (1983). *Bureaucracy and Democracy*: *A Political Dilemma.* London: Routlege & Kegan Paul.

Flyvbjerg, Bent, Nils Bruzelius, and Werner Rothengatter. (2003). *Megaprojects and Risk*: *An Anatomy of Ambition.* Cambridge University Press: 1−10.

Fukuyama, Francis. (1995). *Trust*: *Social Virtues and the Creation of Prosperity.* New York: The Free Press.

Gormley Jr., William, T. & Balla, Steven J. (2004). *Bureaucracy and Democracy*: *Accountability and Performance.* Washington, D.C.: CQ Press.

Gruber, Judith E. (1987). *Controlling Bureaucracy*: *Dilemmas in Democratic Governance,* Berkely: University of California Press.

Hardin, G. (1968). The Tragedy of the Commons. *Science*(162).

Hayek, Friedrich A. (1973). *Law, Legislation, and Liberty*: *Rules and Order.* The University of Chicago Press.

Kettle, Donald F. (2002). *The Transformation of Governance*: *Public Administration for Twenty−First Century America.* Baltimore: The Johns Hopkins University Press.

Lawrence, T. et al. (2001). The Temporal Dynamics of Institutionalization. *AMR* 26(4).

Lindblom, Charles. (1965). *The Intelligence of Democracy*: *Decision through*

Mutual Adjustment. New York: The Free Press.

Lipsky, Michael. (1980). *Street－Level Bureaucracy: Dilemmas of the individual in Public Services.* New York: Russel Sage Foundation.

North, Douglass C. (1990). *Institutions, Institutional Change and Economic Performance,* Cambridge University Press.

Olson, M. (1965). *The Logic of Collective Action: Public Goods and the Theory of Groups.* Cambridge, Mass.: Harvard University Press.

Ostrom, Elinor. (1990) *Governing the Commons: The Evolution of Institutions for Collective Action.* Cambridge University Press.

Ostrom, Elinor. (1999). Coping With the Tragedies of the Commons. *Annual Review of Political Science.* 2: 493－535.

Peters, B. Guy. (1997). *The Future of Governing.* The University Press of Kansas.

Popper, K. R. (1945). *The Open Society and Its Enemies, Volume I: The Spell of Plato.* London: George Routledge & Sons, Ltd.

Pressman & Wildavsky. (1983). *Implementation(3rd. ed.).* Berkeley: University of California Press.

Putnam, Robert. D. (1994). *Making Democracy Work: Civic Traditions in Modern Italy,* N. J.: Princeton University Press.

Rhodes, R. W. (1996). The New Governance: Governing Without Government. *Political Studies,* 44(3): 652－667.

Rhodes, R. W. (1997). *Understanding Governance: Policy Network, Governance, Reflexivity, and Accountability.* Buckingham, Philadelphia: Open University Press.

Rawls, John. (1999). *A Theory of Justice, Revised Edition.* Harvard University Press.

Rawls, John. (1993). *Political Liberalism*. Columbia University Press.

Shambaugh Ⅳ, George E. and Paul J. Weinstein Jr. (2003). *The Art of Policy Making*: *Tools, Techniques, and Process in the Modern Executive Branch*. Addison Wesley Longman, Inc.

Stoker, Gerry. (1997). Redefining Local Democracy, in L. Pratchett & D. Wilson, *Local Democracy and Local Government*, Macmillan Press LTD.

Stoker, Gerry. (1999). The Unintended Costs and Benefits of New Management Reform For British Local Government, in G. Stoker(ed.), *The New Management of British Local Governance,* Macmillan Press LTD.

The National Performance Review. (1993). From Red Tape to Results: Creating a Government That Works Better and Cost Less, in Schafritz & Hyde, *Classics of Public Administration*(4th ed.), Harcourt Brace and Company.

Toffler, Alvin. (1990). *Powershift.* Bantam.

Vigoda, Eran. (2002). From Responsiveness to Collaboration: Governance, Citizens, and the Next Generation of Public Administration. *PAR* 62(5).

Waldo, Dwight. (1980). *The Enterprise of Public Adminstration*: *A Summary View*. Novato, California: Chandler & Sharp Publishers, Inc.

Weber, Max. (1922). Bureaucracy in *Classics of Public Administration (4th ed.)*, Schafritz & Hyde, Harcourt Brace and Company.

Wilson, James Q. (1986). *American Government*: *Institutions and Policies* (3rd ed.), Lexington, Massachusetts: D. C. Heath and Company:

422 − 450.

Zuker, L. G. (1986). Production of Trust: Institutional Source of Economic Structure, *Research in Organizational Behavior* 8.

제2장

부산시 환경 거버넌스의 현황과 과제: '지방의제 21'의 사례를 중심으로

차재권(동의대학교 정치외교학과)

Ⅰ. 머리말

21세기에 들어서서 환경보전은 그 중요성에 대한 설명이 달리 필요 없을 정도로 지구촌 구성원 모두가 공유하는 인류공영과 관계된 보편적 개념이 되고 있다. 이제 지구 온난화 현상, 지구 사막화 현상, 오존층 파괴로 인한 기상이변이나 대기오염과 같은 환경문제는 어느 한 나라에 국한된 단순한 문제가 아닌 지구촌 전체가 관심을 갖고 해결해 나가야 할 공통의 문제가 되어버린 것이다.

우리나라는 1960-70년대의 경제개발시대를 지나 1980년대 초에 이르러서야 환경문제의 중요성에 막 눈을 뜨기 시작하였다. 경제성장에만 매달렸던 1960-70년대에는 환경과 관련된 사회적 이슈들이 소홀히 취급되거나 아예 무시되기 일쑤였다. 공해추방운동협의회가 처음 닻을 올렸던 1980년 중반 무렵에도 '환경' 이슈는 단순히 반체제의 메타포를 지닌 개념으로서 개발과 성장의 공적으로 매도되기까지 했다. 하지만 오늘날의 상황은 그와 전혀 다르다. 새만금 간척사업이나 경부고속철도사업 등에서 보는 바와 같이 과거 개발과 성장의 목소리에 묻혀 있던 환경운동그룹의 목소리는 국가의 대규모 개발사업을 좌지우지하게 될 만큼 그 영향력의 범위를 넓혀가고 있다. 무엇이 20년이 채 되지 않는 짧은 기간에 이런 변화를 이끌어내었을까? 그에 대한 답은 각양각색일 것이다. 환경오염의 정도와 그로 인한 피해가 대중이 체감할 수 있을 정도로 심각해진 것이 한 이유일 것이고, '환경'의 중요성을 일깨우는 시민사회운동의 성장 또한 다른 이유가 되기에 충분할 것이다. 이유야 무엇이든 이제 환경보전의 이슈는 전 국민이 공감하는 중요한 현안이 되었다.

이와 같이 1980년대 이후 달라지기 시작한 우리나라의 환경운동은 1980년대 후반에서 1990년대 초반의 민주화 시기를 거치면서 기존의 피해자중심의 반공해운동적 성격에서 벗어나 폭넓은 시민사회적 성격의 운동으로 변모하게 되었다. 1980년대의 운동이 주로 전국적 차원의 활동가 중심의 전투적, 정치적 네트워크를 통해 이루어졌다면 민주화 이후의 환경운동은 보다 지역화, 분권화, 탈정치화된 모습을 보여주고 있다. 따라서 오늘날에는 우리 이웃의 반상회에서, 주민자치센터의 소규모 모임에서, 시청이나 구청의 크고 작은 주민모임에서 환경문제를 해결하고 보존하려는 실천적 노력들을 쉽게 목격할 수 있다. 한마디로 환경문제의 로컬화(localization)가 이제는 현실이 되어버린 것이다.

자치단체의 행정공무원들은 환경문제의 로컬화를 과거 그 어느 때보다 진지한 태도로 받아들이고 있고 그러한 노력은 지방 자치공동체에서의 정부-시민사회-기업 간의 협력이라는 새로운 형태의 문제해결 기제, 즉 환경 거버넌스의 메커니즘을 만들어 내고 있다. 이런 점에서 부산광역시도 예외일 수는 없다. GDP 및 인구 대비 전국 3위의 거대 광역자치단체로서의 부산은 지속적인 산업성장의 둔화로 인해 새로운 산업개발의 시대적 요구에 직면해 있으면서도 환경보전의 문제를 포함한 '지속 가능한 발전(sustainable development)'의 개념을 전국 그 어떤 도시보다도 빨리 실천에 옮긴 도시로 기록되고 있다.

이에 화답이라도 하듯 부산시의 각종 환경관련 지표들은 1990년대 중반 이후 지속적으로 개선되는 모습을 보여주고 있고 과거 청소와 하수관리에만 집중되어 있던 시의 환경행정기능은 시 단위의 구체적인 환경정책의 수립, 집행, 평가 등 종합적인 환경의 보전 및 관리가 가능한 튼실한 조직체계를 갖추어 가고 있다. 비록 규모는 작지만 매년 민간 환경단체에 대한 민간경상보조금의 액수는 늘어가고 있고 부산시의 유수한 환경단체 대표의 이름이 시/군/구의 각종 환경 관련 민관협의회의 명단에 오르내리고 있다. 환경단체의 활동가들이 "일선 공무원들의 환경에 대한 태도가 많이 달라졌다"고 평가할 만큼 시의 환경행정은 크게 개선되고 있다.

하지만 과연 이런 사실만으로 우리가 부산시의 환경 거버넌스가 별다른 문제없이 잘 굴러가고 있다고 결론지을 수 있을까? 몇 가지의 파편적인 관찰만으로도 우리는 이 질문에 쉽게 답할 수 있다. 안타까운 일이지만 부산시의 환경 거버넌스는 앞서 열거한 여러 가지의 긍정적 징후들에도 불구하고 여전히 거버넌스의 이름을 달기조차 부끄러운 '속 빈 강정'이 되고 있다. UN을 비롯하여 중앙정부까지 나서서 의욕적으로 펼쳐 나가고 있는 'Local Agenda 21'에 발맞추어 전국 최초로 '녹색도시부산21' 이라는 '지방의제 21'의 실천계획 및 행동강령을 작성, 발표한 도시로서의 명예는 이미 그 행동적 실천이 따르지 못해 사문화되어 가고 있을 뿐 아니라 인천, 경남을 비롯한 후발 광역자치체들의 발전 속도를 따라가지 못하고 있다.

90년대 중반 이후 지속적으로 개선되고 있는 각종 환경 관련 지표도 그 내막을 들추어 보면 90년대부터 본격화되기 시작한 부산시의 굴뚝(제조)산업 공동화 및 그에 수반한 지속적 인구감소의 영향으로 보아야 한다는 비판의 목소리가 더 높다. 특히 산업생산의 수준을 통제한 상태에서 동 기간 다른 광역자치체들에서의 환경 관련 지표들의 개선 속도와 비교하였을 때 그 개선의 정도가 그리 높지 않을 것이라는 지적도 많다. 환경에 대한 일선 행정공무원들의 태도가 전향적으로 바뀐 것은 사실이나 여전히 과거의 권위주의적 통치(governing) 시대의 향수를 떨쳐 내지 못한 것 또한 사실이다. 실제 2006년 예산에서 환경 관련 시의 예산 규모는 오히려 줄어들고 있는 실정이다. 명지대교, 북항개발, 낙동강 하구언 개발, 밤섬 프로젝트 등 수많은 환경 관련 현안이 대두되고 있는 시점에서의 환경 예산의 삭감은 시 재정의 어려움을 감안하고서라도 선뜻 받아들이기 어렵다.

앞서 열거한 산적한 환경 관련 이슈들은 대화와 타협, 즉 협치 (governance)를 통한 해결보다는 분쟁과 갈등의 골만 넓혀 가고 있으며 법적 구속력의 행사를 통한 해결 외에는 다른 해결의 실마리를 제대로 찾지 못하고 있는 현실이다. 이러한 부산광역시가 처한 환경 거버넌스의 현주소는 환경 분야의 거버넌스 메커니즘을 제도적 차원에서 형성해 내려는 직접적인 시도로서의 '녹색도시부산21 추진협의회'의 활동 현황을 통해서 쉽게 확인해 볼 수 있다.

특히 부산은 1995년 '부산환경선언문'을 채택함으로써 1992년 브라질 리우의 유엔환경개발회의에서 채택된 'Local Agenda 21'을 전국 최초로 지방정부의 차원에서 구체적으로 실천에 옮길 수 있는 '지방의제 21'의 추진의제와 행동계획을 작성 발표한 광역자치단체이다. 그러므로 '지방의제 21'의 추진 현황과 성과를 중심으로 부산시의 환경 거버넌스의 과거와 현재를 냉철히 평가해 보고 미래를 위한 개선과제를 도출해 보는 것은 매우 의미 있는 작업이라 할 수 있을 것이다.

주지하는 바와 같이 지방의제 채택 10주년을 넘어서는 오늘의 시점에서 우리나라에서의 '지방의제 21'은 대통령 직속 지속가능위원회(2005)가 천명하고 있는 바와 같이 제도화를 통해 지속적으로 추진되는 살아 있는 의제가 되느냐 아니면 환경 분야에서의 거버넌스의 실종과 함께 사문화된 의제로 남겨지느냐의 기로에 서 있다. 부산시 역시 인구감소와 산업공동화를 극복하기 위한 야심찬 개발계획을 추진하고 있어 지속적인 발전을 통한 '동북아 중심 항만도시'로 도약하느냐 아니면 지방의 평범한 대도시 중 하나로 전락하느냐의 기로에 서 있다. 이 중대한 전환의 시점에서 부산시가 그간 추진해 온 지방의제 21에 대한 정확한 평가와 반성을 통해 환경, 사회, 경제의 지속성을 모두 함께 아우르는 '지속 가능한 발전'의 방향으로 나아가느냐 아니면 사문화된 '지방의제 21'을 바탕으로 정부와 시장이 주도하는 개발과 성장 위주의 방향으로 나아갈 것인가는 3백6십만 부산시민 뿐만 아니라 전 국민의 이해와 직결된 중차대한 문제가 아닐 수 없다.

Ⅱ. 거버넌스와 '지방의제 21(Local Agenda 21)'

1. 거버넌스에 대한 이론적 고찰:
탈국가화된 상호의존의 네트워크 구조

'지방의제 21'의 추진 현황에 대한 비판적 평가와 활성화 방안에 대한 논의를 본격적으로 진행하기에 앞서 지방의제의 추진을 가능케 한 현대적 통치형태의 패러다임적 변화로서의 거버넌스 개념에 대한 이론적 고찰이 선행될 필요가 있다. 이론적 고찰을 통해 살펴보겠지만 거버넌스는 매우 다기하며 역동적인 개념이다. 따라서 거버넌스를 바라보는 시각 또한 논자가 지닌 이념적 성향과 관련된 학문공동체의 성격에 따라 다양한 스펙트럼을 나타낸다. 따라서 부산시의 환경 거버넌스를 '지방의제 21'의 추진성과를 바탕으로 평가하고 앞으로의 발전 방향을 제시함에 있어 거버넌스가 지닌 그러한 다의적 개념을 연구의 목적에 맞게 제대로 설정하는 작업의 중요성은 아무리 강조해도 지나침이 없을 것이다.

거버넌스에 대한 지적 호기심을 가져본 사람이면 누구나 느끼는 바이지만 거버넌스에 대해 정확히 단일한 개념 정의를 시도하는 것은 어려운 일이다. 실제 거버넌스의 개념에 대한 학계의 접근방법은 매우 다양하다. 권력과 권위가 수직적으로 이동, 배분되는 위계적 구조 하에서 이루어지는 국가기구의 통치행위로서의 전통적 거버넌스의 개념에서부터 국가권력의 작용이 거의 사라지고 시장과 시민사회로 이루어지는 사회적 행위 주체들에 의해 정책과정이 주도되는 시장주도형의 거버넌스 개념에 이르기까지 거버넌스에 대한 학계 및 행정 일선의 전문가들에 의한 해석은 사뭇 다양하다. 다시 말해 거버넌스가 최근 정치학과 행정학을 비롯한 사회과학에서 가장 널리 사용되고 있는 개념 중의 하나임에는 분명하나 이와 같이 거버넌스를 다루는 학자들마다 그 개념에 대한 정의가 모호한 까닭에 개념의 사용에 여전히 많은 혼란이 따르고 있다는 것이다(Rhodes 1997).

거버넌스는 학자들과 그들이 속한 학문영역의 특징에 따라 다양하게 정의된다. 대체로 정치학이나 행정학과 같은 정치권력현상을 주로 다루는 학문분야에서 거버넌스는 국가가 세계화, 국가재정의 위기,

정부실패 등과 같은 거버넌스가 등장할 수 있는 정치적, 사회경제적 배경이 성숙됨에 따라 이에 적절히 대응키 위해 스스로의 권력행사 방식을 협력(cooperation)과 조정(steering)에 의한 방식으로 주동적으로 바꾸어 나간 결과로 인식된다. 반면 경제학이나 경영학과 같이 시장의 수요공급현상을 주로 다루는 학문분야에서는 정부실패를 극복하기 위한 시장의 자동적인 조절 메커니즘의 회복이라는 시장중심적 관점에서 거버넌스를 바라보게 된다. 또한 사회학과 같이 사회의 계층분화나 다원적 구조의 확산에 관심을 갖는 학문분야에서는 거버넌스를 국가적 권위의 해체가 진전된 결과나 탈국가화된 권력과 권위의 시민사회로의 분산이동의 과정에 나타나는 통치스타일의 근본적 변화로 인식하고 있다.

거버넌스의 문제를 다루는 학자나 행정실무자들의 개인적 입장과 시각에 따라서도 거버넌스는 매우 다양하게 정의된다. Stoker(2000)는 거버넌스를 "국가의 권위에 의지할 수 없는 상황에서 공적 업무영역에서 집합적 행동(collective action)을 다스리고 실현하는 것과 관계되는 것"으로 정의하고 있다(3). 거버넌스를 국제정치적 시각에서 접근하는 부류의 학자들도 있는데 로즈나우(Rosenau)가 그 대표적 학자이다. 이들은 거버넌스를 국제정치의 핵심개념인 레짐(regime)과 거의 구별 없이 사용하고 있다. 이들에게 있어서 거버넌스는 정부에 의한 전통적 통치양식을 벗어나 비공식적, 비정부적 메커니즘에 의해 국제사회의 문제를 해결하는 일련의 규칙체계로 이해되고 있는 것이다(이수형 2004, 31-2).

개발도상국가의 개발프로그램에 대한 지원을 담당하고 있는 유엔

산하기구의 하나인 유엔개발계획(UNDP: United Nations Development Program)은 '좋은 거버넌스(good governance)'의 목표개념을 개발하여 개발원조 지원의 기준으로 삼고 있다. 이러한 과정에서 UNDP는 거버넌스의 개념을 구조(structure)로서 보기보다는 하나의 과정(process)으로 파악하고 있다. UNDP(1997)에 따르면 거버넌스는 모든 국가의 업무관리에서의 정치적, 행정적 권위의 수행이며, 이해관계를 조정하고 권리와 책임을 수행하는 관계, 메커니즘, 프로세스, 제도의 총체이며, 중립적 개념으로 정의될 수 있다.

위에서 살펴본 바와 같이 거버넌스에 관한 학계나 일선 행정전문가들의 접근은 매우 다양하다. 심지어 그러한 다양한 접근방법들을 분류하는 시각 또한 학자들에 따라 천차만별이다. Pierre and Peters (2000)는 이러한 거버넌스에 대한 다양한 접근방법을 두 가지 범주에서 분류하고 있다. 그 첫 번째 범주는 거버넌스를 구성하는 행위 주체에 초점을 둔 분류방법으로 거버넌스의 개념에 대한 접근방법을 국가중심적, 시장중심적, 시민사회중심적 시각으로 분류하고 있다. 또 다른 분류의 방법은 거버넌스에 대한 개념적 접근을 구조(structure), 과정(process), 분석 틀(framework)의 세 가지 관점에서 파악한다는 것이다.

특히, Pierre and Peters(2000)는 거버넌스에 대한 그들 나름의 정의와 분류를 바탕으로 거버넌스를 구조(structure)로 파악하는 학자들이 거버넌스를 크게 보아 4개의 관점에서 접근하고 있다고 주장한다. 전통적인 거버넌스에 대한 접근방법은 거버넌스를 국가의 권위에 입각한 통치양식으로 접근하는 것이고, 다음으로 국가의 실패를 교정하기 위한 대안적 접근으로 거버넌스를 시장의 관점에서 접근하는 시각이며 또 다른 하나는 거버넌스를 하나의 행위 주체들의 연결망 즉 네트워크로 보는 관점이며 마지막 하나는 거버넌스를 하나의 공동체(community)로 보는 관점이다. 김석준 외(2002) 또한 거버넌스에 대한 접근방법을 행위 주체별로 크게 국가중심적, 시장중심적, 시민사회중심적 시각으로 분류하고 있다.

앞서 살펴본 바대로 거버넌스에 대한 학계의 접근방식과 이해는 너무도 다양해서 하나의 그릇에 담기 어려운 측면이 있다. 그럼에도 불구하고 현대의 거버넌스 현상을 바라보는 학계나 행정일선의 전문가들에게 거버넌스는 어떤 공통적 속성을 나타내는 개념임은 분명하다. 무엇보다 민저 현대의 정치, 행정적 현상으로서의 거버넌스가 크든 작든 사회의 조정메커니즘에서의 국가의 역할의 축소나 탈국가화의 경향을 동반하고 있다는 사실이다. 물론 그러한 축소가 세계화, 지역화, 지방화라는 현실세계의 지배적 경향에 의해 강요된 선택인지 아니면 국가재정의 위기나 정부실패와 같은 전통적 국가통치의 문제점을 능동적으로 해결하기 위한 국가권력의 의도된 변화에 의한 것인지는 학자마다 의견이 다를 수 있다. 또한 거버넌스의 미래와 관련하여 거버넌스의 중요한 한 구성요소인 국가의 역할이 최소화되는 수준으로까지 줄어들게 될지 아니면 국가가 전통적인 권력에 의한 통제능력을 다시 회복하게 될지에 대해서도 학계의 견해는 다를 수 있다. 그러나 탈국가화의 강도와 진폭에 있어 차이가 있음을 인정함에도 불구하고 탈국가화의 경향이 거버넌스 현상에 수반되어 나타나고 있음은 부정할 수 없는 사실이라 할 수 있다.

다음으로 국가의 역할 축소 문제나 탈국가화의 문제와 같은 맥락에서 거버넌스가 '공적, 사적, 준사적 행위자들의 상호의존성'을 바탕으로 하고 있다는 데 대부분의 학자들이 동의하고 있음 또한 사실이다(Klijin and Koppenjan 2000, 136). 전통적인 통치구조에서 상호작용의 중심에 서서 권위와 권력의 배분을 조절하던 국가의 역할이 축소된 공간을 메우기 위해 필요해진 것은 이러한 거버넌스에 참여하는 행위 주체들 간의 협력과 상호의존인 것이다. 이러한 상호의존성은 너무도 당연하게 국가의 역할 축소에 따른 다른 행위자들의 상대적인 역할 강화를 동반하고 있음을 나타내고 있다.

거버넌스를 이와 같은 상호의존성을 중심으로 이해할 때, 그리고 거버넌스가 정도의 문제가 있긴 하나 어느 정도 국가의 역할 축소를 동반할 때, 그러한 상호의존은 특별한 권력행사의 중심 주체를 갖지 않는 분산적 네트워크 구조로 파악될 수 있을 것이다. 따라서 거버넌스를 연결망(network)적 시각에서 접근하는 방법이야말로 현대적 현상으로서의 거버넌스를 이해함에 있어 중요한 이론적 자산이 아닐 수 없다. 특히 우리가 관심을 갖고 있는 '지방의제 21'을 중심으로 하는 환경 거버넌스는 국가 역할의 상당한 축소나 양보를 전제로 하기 때문에1) 연결망으로서의 거버넌스를 주도할 어떤 형태의 중심이 존재하지 않게 되고 따라서 어떻게 그러한 주도세력이 없는 연결망이 정책과정이 이루어지는 영역으로 존재할 수 있게 되는가의 본질

---

1) 물론 그러한 국가의 역할 축소에 대해서는 다양한 반론의 제기가 가능할 것이다. 단적인 예로 Pierre and Peters(2000)의 경우 국가의 역할이 어떠한 경우에도 축소되거나 배제될 수 없는 것으로 이해될 것이며 그런 한에 있어 네트워크가 특별히 지배적인 중심행위자가 결여된 자기조직적인 속성을 지닐 필요는 없게 될 것이다.

적인 문제에 봉착하게 된다. 여기에서 우리는 다시 지배적 중심행위자가 배제된 상호의존성에 기반을 둔 '자기조직적 네트워크'의 관점에서 거버넌스를 접근하는 시각의 유용함을 깨우치게 된다(Klijin and Koppenjan 2000).

네트워크이론의 핵심에는 행위 주체 간 상호의존이 깊게 내재되어 있다. 다시 말해 네트워크이론은 행위자들이 다른 행위자들이 보유하고 있는 자원들에 의존하지 않고는 그들의 목표를 달성할 수 없다는 사실을 가정하고 있다는 것이다(Scharpf 1978; Rhodes 1988). 이러한 연결망적 시각이 갖고 있는 상호의존성에 대한 관심은 연결망에 대한 개념적 정의를 시도하는 다양한 연구들에서도 잘 드러나고 있다.

Kazenstein(1985a, 1985b)은 보다 넓은 관점에서 정책네트워크에 접근하고 있다. 그에 따르면 정책네트워크는 이슈를 중심으로 형성되는 구체적인 행위자 간의 상호관계라기보다는 국가와 사회를 아우르는 광범한 사회적 범주 사이의 연계를 지칭하는 개념으로 파악되고 있다. 정책네트워크는 정당과 관료 그리고 이익집단과 기업 등이 서로 복잡다단하게 얽혀 있는 국가와 사회의 정형화된 관계, 즉 정책을 수행해 나가는 과정에 있어 나타나는 공적 영역과 사적 영역 사이에서 나타나는 일종의 연계(linkage)가 갖는 일반적 특성으로 규정되고 있는 것이다.

Lembruch(1984)에게 있어 정책네트워크는 코프라티즘적 협력을 설명하기 위한 보조적 개념으로 활용되고 있다. 그는 경제적 정상조직들(peak associations), 정부, 공공행정, 정당에 의해 구성되는 상호연계된 조직의 네트워크에 초점을 맞추고 있는 것이다.

Kenis and Schneider(1991)에게 있어 정책네트워크는 정부가 정책을 결정하고 집행해 나가는 과정이 공적 영역과 사적 영역의 행위자를 모두 포함하며 매우 폭넓게 분산되어 있는 상황에서 정부가 정책과정의 효율적 운영을 위해 관계된 행위자들로부터 정치적 자원을 동원하는 메커니즘으로 이해되고 있다. 이런 경우에 있어 정책네트워크는 정책결정에 관련된 권위와 권능을 분배하는 정형화된 틀이라고 생각된다. 결국 정책네트워크는 앞서 논의된 거버넌스의 개념 정의에서 볼 수 있는 바대로 정책을 형성하고 결정하고 수행하는 정책과정에 참여하는 정치가, 관료, 이익집단의 대표들과 같은 행위자들 간의 상호의존에 기초한 지속적인 연계의 패턴으로 볼 수 있을 것이다(고경민 1998, 216).

그러나 거버넌스에 대한 연결망(network) 접근방법이 갖는 한계와 오류에 대한 학계의 지적 또한 만만치 않으며 정책연결망(policy network)에 대한 개념적 접근이나 유형화에 대한 학계의 끊임없는 논쟁이 이어지고 있음은 주지의 사실이다. 일부의 학자들은 정책연결망(policy network)을 다수의 다양한 행위자들이 정책과정에 연관되는 현상을 설명해 주는 하나의 단순한 메타포(a mere metaphor) 정도로 간주하기도 하고 또 다른 학자들은 그 개념이 주어진 정책영역에서 발생하는 행위자들의 상호작용의 관계를 분석하는 데 유용하게 쓰일 수 있는 분석적 도구(a valuable analytical tool)로 간주하기도 한다. 학계 일부에서는 정책연결망을 사회구조분석을 위한 하나의 방법론으로 접근하기도 한다.

정책연결망 분석의 방법을 둘러싼 논쟁도 여전히 진행형이다. 양적 연구와 질적 연구의 방법 중 어느 것이 더 연결망의 본질을 파헤치는 데 유용한 것인지에 대한 논의가 끊임없이 이어지고 있다. 다른 한편에선 영미(Anglo-Saxson)적 학문전통에 서서 연결망적 시각을 이익절충(interest intermediation)의 유형으로 파악하는 시각과 독일적 전통에 서서 정책연결망을 하나의 특정한 거버넌스의 형태로 보는 시각이 날카롭게 대립하고 있다(Börzel 1998). 또한 연결망의 유형화를 둘러싼 논쟁도 활발히 전개되어 왔다.2) 본 논문은 정책연결망과 관련된 이 모든 논쟁을 본 논문의 제한된 지면에서 자세히 소개하지는 않을 것이다. 다만 거버넌스를 정책연결망적 시각에서 접근하는 본 논문의 이론적 지향에 정당성을 부연할 목적으로 간략히 연결망적 시각에 대한 이론적 도전들을 소개하고 그에 대한 연결망 옹호론자들의 반박을 정리하고자 한다.

먼저 Börzel(1998)은 네트워크이론이 이론으로서 가치를 갖기에는 그것이 토대를 두고 있는 이론적 배경이 너무도 일천함을 문제 삼고 있다. 그에 따르면 이러한 이론적 기초의 결여는 결국 네트워크이론에서 사용되는 개념들의 불명확성을 가중시켜 그 효용성을 떨어뜨리고 있다고 주장한다. 둘째, Dowding(1995), Salancik(1995), Blom-Hansen(1998), Börzel(1998)과 같은 일련의 학자들은 네트워크이론이 갖고 있는 이론으로서의 설명력 부재를 비판의 대상으로 삼기도 한다. 그들에 따르면 네트워크이론은 너무도 은유적(metaphoric)이어서

---

2) 이에 관련된 논의는 너무도 방대하여 본 연구에서는 다루기 어렵다. 따라서 그러한 유형화에 대한 논쟁과 관련된 보다 자세한 사항은 Börzel (1998)의 페이지 256-258을 참조하기 바란다.

정책과정의 산물이 무엇이며 어떤 과정을 거쳐 생성되었는지에 대한 명확한 설명을 하지 못한다는 것이다. 셋째, Brans(1997)가 주장하는 바와 같이 네트워크적 접근방식은 협력(cooperation)이나 공감(consensus)과 같은 상호의존적 맥락에서의 개념들만 지나치게 강조함으로써 행위 주체들 간의 갈등이나 집단적 힘의 차이와 같은 현실적 요소들을 소홀히 다루고 있다는 점이다. 넷째, Brans(1997)의 주장에 따르면 네트워크이론은 사전에 설정된 목표를 정책평가의 기준으로 사용하기를 거부하기 때문에 분명한 평가 틀이 결여되어 있다. 따라서 네트워크이론은 정부가 설정한 목표들이 정책과정에 미치는 영향을 충분히 받아들이지 않는다는 것이다. 마지막으로 네트워크이론은 정부조직들을 거버넌스에 참여하는 다른 시장 및 시민사회 조직들과 별다른 차별성이 없이 바라봄으로써 정부조직이 갖고 있는 공익보호자로서의 역할을 무시하고 있다는 비판에 직면하고 있다(Ripley and Franklin 1987; Marin and Mayentz 1991; Rhodes 1996; De Bruijn and Ringeling 1997).

Klijn and Koppenjan(2000)는 이러한 네트워크이론에 대한 비판을 적절히 반박하고 있다. 먼저 네트워크이론이 이론적 배경을 결여하고 있다는 비판에 대해 그들은 "상향식 접근법(bottom-up approach)" (Hjern and Porter 1981), "정부 간 관계 문헌"(Friend et. al. 1974; Scharpf et al. 1978), "상호작용적 정책 접근법(interactive policy approach)" (Alison 1971; Lindblom and Cohen 1979), "조직 간 접근법 (interorganizational approach)"(Cook 1977; Aldrich and Whetten 1981; Benson 1982) 등의 초기 이론들에서 네트워크이론의 맹아를 찾을

수 있다고 반박한다.

거버넌스와 정책네트워크이론을 연결함에 있어 중요한 것은 정책네트워크에서 이루어지는 정책과정을 하나의 게임으로 이해하는 것과 그러한 게임의 행위자들에게 있어 중요한 것은 영향력을 행사할 만큼의 자원을 배분받음으로써 정책결정과정에 거부권(veto power)을 실질적으로 행사할 수 있는가 하는 점이다. 따라서 본 연구에서는 국내의 정책과정에 영향을 끼치는 외부행위자들이 과연 실질적인 의미에서의 거부권을 갖고 있는지, 그리고 그러한 거부권을 지녔다면 그것이 과연 어떠한 형태로 발휘되는지에 주목할 것이다. 또한 정책연결망 자체를 구성하는 주요한 요소들과 정책연결망 내부의 행위자들 간의 상호관계와 정책적 권위의 배분구조에 의해 구분되는 연결망의 유형화에도 관심을 가질 필요가 있다. 정책연결망의 개념적 구성요소는 연결망에 참여하는 행위자(actors), 연결망의 내부와 외부를 구분하는 경계(boundary), 연결망에 참여하는 행위자들 간에 맺어지는 상호관계의 틀을 의미하는 연계(linkage)로 이루어져 있다(Jordan and Schubert 1992; Rhodes 1988; 남궁근 1999).

이와 같은 구성요소를 지닌 정책연결망은 학자들에 따라 다양한 방법으로 유형화되고 있으나 일반적으로 엘리트 중심의 폐쇄적인 의사결정구조를 지닌 하위정부모형(subgovernment model), 신뢰와 공동체의식을 바탕으로 한 정책공동체모형(policy community model 혹은 정책하위체제 policy subsystem model), 개방적 참여자들로 묶인 일종의 지식공유집단에 의해 정책결정이 주도되는 쟁점망모형(issue network model)으로 구분되고 있다(Jordan and Richardson 1987; Marsh and

Rhodes 1992; Simth 1993). 각 층위의 거버넌스 구조들이 지닌 구조적 특성과 거버넌스가 이루어지는 이슈영역이 지닌 특성에 따라 다양한 형태의 거버넌스 구조가 나타날 수 있다. 나아가 관련된 이슈영역에서 층위별로 어떠한 특성을 지닌 거버넌스 구조로서의 정책네트워크가 형성되어 있느냐에 따라 층위 간의 상호작용의 방식과 영향의 정도도 달라질 수 있을 것이다.

이상의 거버넌스에 대한 이론적 고찰에서 살펴보았듯이 본 연구는 Pierre and Peters(2000)가 지적하는 것처럼 국가가 새롭게 바뀐 거버넌스적 환경에서도 여전히 예전과 같은 권력의 담지자로서의 위상을 유지하면서 그 본연의 역할을 수행해 오고 있는지를 논할 것인가에 관심을 두지 않는다. 다만 본 연구에서는 '거버넌스가 국가권력의 상대적 약화 및 축소'라는 탈국가적 경향과 그 반대급부로서의 '사회적 행위자(여기에서는 시장과 시민사회 행위자를 모두 포함)의 역할 강화와 행위자 간 상호의존의 심화'를 핵심적 내용으로 포함하고 있다는 점에 주목할 것이며, '지방의제 21'에 대한 연구의 과정에서 거버넌스의 이러한 측면에 초점을 맞추어 관찰과 분석을 진행하게 될 것이다. 아울러 거버넌스에 대한 다양한 관점들 중에서도 거버넌스를 하나의 정책목표를 달성하기 위한 정책연계망(혹은 연결망, 네트워크)의 구조(structure)로 파악하는 시각이 '지방의제 21'을 중심으로 한 환경 거버넌스의 역동성을 부각시키는 데 어떻게 기여하는가의 측면에서 거버넌스의 문제를 다룰 것이다.

2. 전 지구적(global) 및 지역적(regional) 차원의
환경 거버넌스와 'Local Agenda 21'

세계적 차원에서 환경문제의 중요성이 강조되면서 그의 해결을 위
한 국제적 차원의 노력이 전개되기 시작한 것은 세계화(globalization)
와 거버넌스(governance)가 주목을 받기 시작한 1990년대의 일이 아
니다. 유엔이라는 국제기구가 최초로 환경문제를 전 인류가 공동으
로 대처해야 할 공공재적 성격의 정책이슈로 다룰 것을 주장하기 시
작한 것은 1972년 스톡홀름에서 개최된 유엔인간환경회의가 그 최초
의 시도라고 할 수 있다.[3)]

이 역사적인 회의에서 유엔은 '인간환경선언' 및 '행동계획'을 이
끌어내었고 이어 이듬해 유엔환경계획(UNEP)의 창설계획을 발표하
였다. 그러나 초기 유엔의 환경협조에 대한 이러한 적극적 태도는
'선후진국 간의 이해 상충, 선진국의 산업기술 발전과 자원 수요의

---

3) 스톡홀름회의를 환경과 관련된 최초의 국제적 움직임으로 보는 것은 일
   견 문제가 있어 보인다. 실제로 1971년 이란의 람사에서 체결된 세계적
   습지보호를 위한 국제협약은 스톡홀름회의보다 시간적으로 앞선 사건이
   다. 그러나 람사협약은 환경문제 중 일부인 습지보호문제만을 다룬 것으
   로 스톡홀름회의가 다루고 있는 포괄적 범위에 미치지 못한다. 스톡홀름
   회의와 같은 국제회의는 당시의 지구촌 사람들에겐 꽤나 생소한 것이었
   다. 이전에는 그러한 종류의 주제를 다루는 회의가 없었다는 점에서 국
   제사회에 신선한 충격을 던졌다. 동 회의는 1968년 UN의 결의에 입각하
   여 개최되었는데 114개국, 3개 국제기구, 257개 민간단체로부터 파견된
   1,200여 명의 대표들이 참가하였다.

급증, 후진국의 인구급증과 빈곤, 냉전과 지역적 분쟁' 등으로 인해 별다른 성과를 내지 못하였다(권숙표 1992). 그럼에도 불구하고 이 스톡홀름에서의 환경회의는 환경문제에 관한 국제적 관심을 불러일으키는 주요한 계기로 작용하였다. 이 회의가 전기가 되어 마침내 환경문제는 1980년대를 거치면서 국제사회에서 가장 관심을 끄는 주제가 되었으며 1990년대 들어 본격적으로 불어 닥친 세계화와 거버넌스의 열풍을 선도하였다.

왜 이처럼 1980년대 이후 환경의 문제가 국제사회의 중요한 화두로 등장하고 있는가? 조경근(1998)은 환경정치의 문제가 국제정치의 중요한 이슈로 부각된 데는 첫째, 각국의 정치현안들에서 환경문제가 차지하는 중요성과 비중이 점증하고 있고, 둘째, 국제환경문제는 그것이 지닌 많은 수의 하부쟁점영역과 경제, 안보 등 타 영역의 문제와의 긴밀한 연관성, 국가 외 국제정치행위자들이 다차원의 밀접한 상관성을 가진 데서 비롯된 구조의 복잡성, 마지막으로 환경의 현 상태를 설명하고 장래를 예측할 수 있는 환경과 관련된 과학의 발전이 주효했던 것으로 주장하고 있다.

이러한 배경을 통해 볼 때, 환경 분야는 지역적 혹은 세계적 차원의 공동 이익을 실현키 위해 개별 행위자들의 극단적인 이익추구 행위가 자제될 수밖에 없으며 따라서 국가 간 협력이 그러한 이익의 조정을 통한 공동이익의 극대화를 위해 중요한 역할을 할 수밖에 없는 분야라 할 수 있다. 1990년대 들어 1992년의 리우 지구환경회의를 시작으로 본격적으로 형성되기 시작한 국제적인 환경협조체제는 개별 주권국가뿐만 아니라 지역적, 세계적 차원의 환경 거버넌스의 행위자들 간에 이러한 인식의 공감대가 광범하게 형성되면서 뿌리내리게 된 것이다.

1992년 유엔환경개발회의(UNCED)는 '의제 21(Agenda 21)'을 비롯하여 '환경과 개발에 대한 리우 선언(the Rio Declaration on Environment and Development)'과 '산림의 지속 가능한 관리를 위한 원칙에 관한 성명(the Statement of principles for Sustainable Management of Forests)'을 세계 178개 국가들이 참여한 가운데 채택함으로써 글로벌한 차원에서의 '지속 가능한 발전'에 대한 실천의 디딤돌을 놓았다. 특히 리우회의는 '의제 21'을 통해 전 지구적(globally), 일국적(nationally), 지방적(locally) 차원에서의 모든 단위들에 의한 지속가능 발전개념의 구현을 강조함으로써 지속 가능한 발전을 위한 지방정부의 역할을 강조하고 '지방의제 21'의 수립 및 실천을 권고하고 있다. 이는 각국 지방정부가 지속 가능한 지방발전과 지역공동체 실현을 위한 행동계획으로 '지방의제 21(Local Agenda 21)'을 지역주민과의 협의과정을 통해 작성할 것을 공식적으로 요구한 최초의 행위였다.

UNCED의 'Agenda 21'의 제28장은 지속 가능한 발전을 위해 "지방정부는 경제, 사회, 환경의 조직을 구성·운영·유지하고, 지역 환경정책과 규제방안을 수립하며, 국가적, 광역적 환경정책의 수행을 돕고, 지속 가능한 발전을 촉진하기 위해 주민을 교육시키고 동원하며 책임을 지우는 역할을 수행해야 한다"는 원칙을 적시하고 있다.[4]

---

4) UNCED의 'Agenda 21'의 인용부분은 지속가능발전위원회(2005)에서 재인용 하였다.

이러한 UNCED의 권고는 각국 정부에 의해 즉각적으로 받아들여졌는데 각국은 뒤이은 1994년 영국 맨체스터 '글로벌포럼 94' 등에 참가하면서 '지방의제 21'의 구체적인 실천과제들에 접근해 가고 있었다. 리우회의에서 채택된 '의제 21'이 완전한 형태의 '지방의제 21'로 모습을 갖추게 된 것은 2002년 '지속가능발전을 위한 세계정상회의(WSSD: World Summit on Sustainable Development)'를 통해서였는데 이는 글로벌 거버넌스 차원에서 논의된 결정들이 적절한 도덕적 구속력을 갖고 하위의 거버넌스 체계에 실질적으로 작동하게 되는 체계화된 거버넌스의 성공 사례로 손꼽힌다.[5)]

이와 같이 리우회의에서의 '의제 21'과 그에 기초한 '지방의제 21' 그리고 2002년 WSSD에서의 실천 및 행동계획 등 '지방의제'와 관련된 일련의 사건들이 거버넌스와 관련하여 큰 의미를 갖는 것은 그간 진행되어 온 갖가지 종류의 환경과 관련한 국제협약들이 주로 정부 간 기구를 중심으로 하여 협소한 국가적 이익에 기초하여 작성된 반면, '지방의제 21'의 경우에는 그와는 달리 지방이라는 거버넌스의

---

5) 리우회의와 WSSD를 통해 글로벌 거버넌스에서의 결정이 하위의(국가 및 지방 거버넌스) 거버넌스 체계로 전달되어 행동계획으로 옮겨졌다는 것이 Weberian적 개념에서의 수직적인 권위적 명령의 하달과 이행의 과정으로 비쳐질 위험이 있는데 반드시 그러한 것은 아니다. 리우회의와 WSSD의 준비과정을 통해 의제나 행동계획의 내용들이 각국의 환경행정가들, 주요기업들, 환경단체의 대표들에 의해 충분히 논의되었다는 점을 상기한다면 형식적으로는 하향식(top-down)으로 볼 수 있겠지만 내용적으로는 상향식(top-down)의 민주적 절차와 과정이 구현되었다고 보아야 할 것이다. 리우회의의 Agenda 21과 관련된 내용은 http://www.un.org/esa/sustdev/documents/agenda21/index.htm을 참고하였다.

기초단위에서의 실천과 행동계획을 성공의 요체로 삼고 있다는 점이다. 다시 말해 '지방의제 21'은 '지속 가능한 발전'의 이념을 구현할수 있는 지역사회를 형성하기 위해 지역의 경제, 사회, 환경을 통합적으로 고려한 새로운 행동계획이자 구체적인 실천 프로그램으로 이는 지방자치단체, 기업, 시민의 협치(governance)를 바탕으로 실천 의제를 공동으로 결정하고 집행해 나간다는 측면에서 지방자치단체의요구로 정책수립과정에 의견을 제시하거나 정책집행의 단계에서 참여단체로 동원되어 오던 기존 민간단체나 자문기구와는 뚜렷이 구별된다는 것이다.

또한 지방의제 21이 거버넌스와 관련하여 의미를 갖는 이유는 그것이 "지자체(GO)와 NGO가 협력해 지방의 지속가능성 실현을 위한실천의제들(예, 생태환경, 대기, 도시계획, 폐기물 등)을 선정하고 각자의 역할 배분을 통해 일상 활동으로 이를 이행하는 일종의 '주민주도 - 지자체 후원 환경보전 캠페인'과 같은 것"이란 점이다(지속위자료집 2005 - 6, 420). 즉 지방의제 21의 본래의 취지는 어디까지나지역공동체의 주민들이 스스로 자신들의 환경보전을 위해 실천 가능한 계획들을 수립하고 이를 강력히 행동에 옮긴다는 것이다.

3. 우리나라의 환경 거버넌스와 '지방의제 21'

우리나라에서 환경문제는 1970년대와 1980년대를 거치면서 주로 군사독재에 반대하는 반체제운동의 일부로 치부되어 왔을 뿐 별다른 국민적 관심을 불러일으키지 못하였다. 현재와 같은 협치적 수준에서의 환경문제에 대한 인식이 생겨나기 시작한 것은 1970년대 이후 공해추방운동으로부터 시작해서 꾸준히 활동해 온 환경활동가들의 노력도 노력이겠지만 어찌 보면 유엔을 중심으로 형성된 전 지구적(global) 차원의 환경 거버넌스 구조에 의해 촉발된 측면이 없지 않다. 1992년 브라질 리우에서 개최된 유엔환경개발회의에서 채택된 'Local Agenda 21'이나 1994년 영국 맨체스터에서 개최된 Global Forum의 경우 우리 정부의 환경행정가들뿐만 아니라 옵서버 등의 자격으로 참가한 민간환경활동가들에게 환경에 대한 거버넌스적 접근의 중요성을 자각하게 하는 중요한 계기가 되었다.

특히 1995년부터 전면 실시되기 시작한 지방자치제도는 '지방의제 21'이 지방적(local) 환경 거버넌스의 주요한 이슈로 자리 잡는 데 결정적인 역할을 하게 된다. 이제 막 출범한 민선자치시대의 지방자치단체장들은 새롭게 제기되고 있던 '지방의제 21'과 같은 이슈들을 적극 활용하여 자신들의 정치적 입지를 만들어 나가려 노력하였다. 이러한 지방자치제도의 전면 실시에 힘입어 각 지역에서 민·관·기업이 파트너십 정신에 따라 '지방의제 21' 추진 기구를 구성하면서 지속

가능한 지역사회 형성을 위한 의제작성 및 실천사업을 실시하게 되었다. 1994년 안산시에서 최초로 의제에 대한 시험작성이 이루어졌으며 이후 1995년 부산시에서 지방의제 21을 최초로 작성·발표하기에 이르렀다. 1997년 4월 환경부에서 '지방의제 21 작성지침'을 보급한 이후 각 지방자치단체에서는 경쟁적으로 '지방의제 21'을 작성, 발표하게 되는데 <그림 1>에서 보는 바와 같이 1999년 국민의 정부 출범과 함께 절정을 이루게 된다.

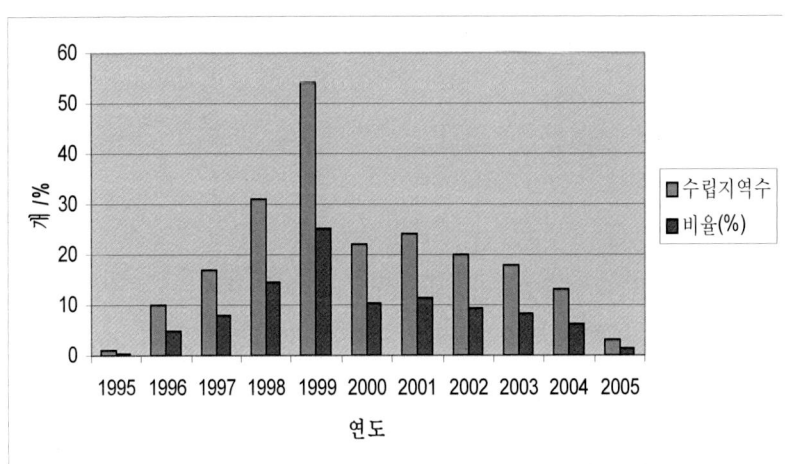

출처: 신윤관(2005)

〈그림 1〉 연도별 지방의제 수립 현황

한편 우리나라에서의 '지방의제 21'의 추진에 있어 또 하나의 중요한 계기가 된 것은 다름 아닌 대통령 직속 지속가능발전위원회의 설립이다. 브라질 리우에서의 유엔환경개발회의에서 채택된 '리우선언' 이후 UN은 '의제 21'의 실천계획 수립 및 이행평가를 위해 각국에 국가지속가능발전위원회 설치를 권고하였다. 또한 시민단체, 언론, 학계, 경제계 등 각계각층에서 지속가능발전에 관한 국가기구 설치를 정부에 건의하였다. 이와 같은 국내외의 요구에 부응하여 정부는 2000년 6월 5일 세계환경의 날을 맞아 김대중 대통령이 직접 동위원회의 설치를 천명하게 되었고 이어 8월에 대통령령 제16946호 지속가능발전위원회 규정을 제정하여 동위원회를 공식 출범시켰다. 새로 제정된 대통령령에 의거하여 2000년 9월 강문규 위원장의 주도로 제1기 위원회가 발족되어 활동에 들어갔으며, 2002년 10월에는 박영숙 위원장의 제2기 위원회가 출범하였고, 2003년 12월 고철환을 위원장으로 제3기 참여정부 지속가능발전위원회가 출범하여 오늘에 이르고 있다.

환경 분야의 정책결정과 관련된 대통령과 청와대의 정책결정에 중요한 역할을 수행하고 있는 지속가능발전위원회는 경제, 사회, 환경을 통합하는 지속 가능한 발전을 위하여 고려하여야 할 주요정책방향의 설정 및 계획의 수립에 참여하고 지속 가능한 국가발전과 관련된 사회적 갈등의 해결에 앞장서며 세계지속가능발전정상회의에서 채택된 이행계획을 수립하고 이를 시행하는 등 매우 폭넓은 환경정책영역을 관장하고 있다. 특히 위원회는 유엔환경개발회의에서 채택된 '의제 21'의 실천계획을 수립하고 이를 실행에 옮기는 임무를 부여받게 됨으로써 설립 즉시 '지방의제 21' 추진기구의 전국단위 네트워크 구축에 앞장서게 되는데 이는 '지방의제 21 전국추진협의회'

로 결실을 맺게 된다.[6]

지속가능발전위원회의 설립으로 한층 더 탄력을 받아 진행되던 '지방의제 21'이 보다 제도화된 형태로 추진된 배경에는 2004년 6월 환경부에 의해 제정된 '지방의제 21 추진기구 설치·운영 및 지원조례'가 큰 역할을 하였다. 환경부로부터 '지방의제 21' 추진기구의 설치를 권고받은 지방자치단체들은 앞 다투어 기구 설치에 돌입하게 되는데 2005년 다시 환경부는 '지방의제 21 전국협의회'에 대한 예산지원을 약속하는 한편 '그린시티' 공모사업을 통해 '지방의제 21'에 대한 지자체의 관심을 제고하는 데에 박차를 가함으로써 '지방의제 21'의 제도화의 기반을 다졌다(지속가능발전위원회 2005).

앞서 살펴본 바와 같이 리우 유엔환경개발회의 이후 10여 년의 짧은 기간 동안 엄청난 추진력을 갖고 진행된 '지방의제 21'은 기존의 하향식(top-down)의 계획과 행동을 지향하기보다는 작은 단위조직으로부터의 실천 가능한 과제들을 바탕으로 상위 조직들의 실천과제들을 도출해 나가는 상향식(bottom-up)의 계획이란 점, 환경문제뿐만 아니라 환경과 관련된 생산, 개발, 문화, 산업 등 우리 생활의 거의 모든 분야에서 환경보전의 가치를 지켜나갈 수 있도록 하는 종합계획이란 점, 그리고 과거와 같이 단순히 지역사회의 미래 비전과 행동규범만을 제시하는 탁상공론식의 계획이 아니라 구체적인 기간과 행동지침 및 평가기준까지를 포괄하는 매우 실질적인 실천계획이

---

6) 위에서 언급된 대통령 직속 지속가능발전위원회의 추진 경과 및 현황에 대한 모든 자료는 동 위원회의 공식 웹사이트(www.pcsd.go.kr)를 참고하였다.

란 점에서 기존의 계획들과는 확연히 구분된다(정규호 2005, 46–47). 또한 우리나라의 경우 '지방의제 21'에 참여하는 지방자치단체의 비율이 세계 최고 수준(약 91%)에 이르고 있으며 전체 지방자치단체 중 203개(81.2%)가 이미 의제수립을 완료하였고 24개(9.6%) 지방자치단체는 2005년 현재 의제수립이 진행 중이다(지속가능발전위원회 지방의제 21 연구팀 2005). 우리나라의 '지방의제 21' 추진사업은 지역단위 민·관 협력 거버넌스의 기반을 조성하고 지속 가능한 발전에 대한 지역의 인식을 제고하는 데에도 크게 기여하고 있다는 점에서 세계의 주목을 받고 있다.

그러나 이러한 의의에도 불구하고 '지방의제 21'의 발전과정에서 중앙정부의 역할과 지원은 여전히 미흡한 상태에 있을 뿐 아니라 참여정부의 출범과 함께 강조되기 시작한 국가균형발전 및 지방분권화의 국가적 과제가 개발중심으로 진행될 조짐이 보이기 시작하면서 환경(생태계)의 지속가능성을 추구하는 '지방의제 21'의 확고한 추진 의지가 상대적으로 산업생산이 둔화되고 있는 지방자치단체들을 중심으로 시험대에 올라 있는 실정이다. 또한 분권화 시대의 지속 가능한 지역사회 발전의 새로운 틀로서 지방의제 21에 대한 기대가 높은 반면 제도적 미비로 인해 지역의 지속가능발전을 실현하는 데에는 한계를 보이고 있는 점도 '지방의제 21'의 지속 추진에 걸림돌이 되고 있다.

앞서 말한 '지방의제 21'의 여러 가지 외형적인 성장에도 불구하고 질적인 측면에서의 미흡함을 지적하지 않을 수 없다. 전국적으로 '지방의제 21' 추진기구의 42.9%(87개)만 상설사무국이 설치되어 있고 <표 1>에서 보는 바와 같이 지자체별로 '지방의제 21'에 배분하는 예산의 차이 또한 크고 예산편차가 심할 뿐 아니라 2002년 이후에는 예산증가폭이 둔화되는 추세에 있어 일선 환경행정가나 관련 학계를 중심으로 '지방의제 21'의 사양화를 걱정하는 목소리가 높아가고 있다.

〈표 1〉 지방자치단체의 유형별 지방의제 예산 규모

(단위: 백만 원)

광역지자체			기초지자체		
평 균	최 대	최 소	평 균	최 대	최 소
370	1394	40	40	154.5	0.2

출처: 지속가능발전위원회(2005)

'지방의제 21'의 질적 측면의 평가는 또 다른 측면에서도 가능하다. 지방의제에 이념적 토대를 제공하는 대안적 패러다임으로서 '지속 가능한 발전'은 '사회 각 분야의 이해당사자들이 분야별 지속 가능한 발전의 목표와 지표를 도출하고 이를 일상활동을 통해 자발적으로 실천하는 것'을 강조한다(지속가능발전위원회 2005, 46). 그러므로 우리는 '지방의제 21'이 보다 이상적인 차원에서 진행될 때 핵심 실천 주체로 거론되고 있는 여성, 청소년, 농민, NGO, 지방정부, 근로자와 노동조합, 기업 및 산업계, 과학·기술계, 원주민 등 'Local Agenda 21'에서 규정한 9개의 주요그룹이 예외 없이 거버넌스의 과정에 참여하는 모습을 상정하게 된다. 지속가능발전의 개념은 바로 이러한 주요 그룹들의 자발적 참여가 보장되고 이들 간에 활발하고 지속적인 수평적 협의관계가 형성될 때, 즉 지속 가능한 발전을 실천하는 수단으로서의 협력적 통치(governance)가 이루어질 때 올바로 구현된다고 말할 수 있을 것이다.

따라서 이러한 측면에서 볼 때, '지방의제 21'에 대한 평가는 크게 두 가지의 대립적 견해로 나뉘고 있다. 먼저 주로 '지방의제 21'을 주도해 나가고 있는 정부 행정관료, 일부 환경 관련 학계, 정부지원에 의존하는 관변 민간 환경단체들을 중심으로 '지방의제 21'에 대해 매우 긍정적인 평가가 형성되고 있다. 이들은 '지방의제 21'이 정부−기업−시민사회 간의 진정한 협치(governance) 모델로 성공할수 있다고 본다. 이러한 긍정적 평가의 이면에는 그간의 '지방의제 21'이 거둔 외형적 성공에 대한 자기만족적 매너리즘이 어느 정도 작동한 흔적이 역력하다.

반면 '지방의제 21'에 대해 보다 냉정하고 비판적인 평가를 제시하는 그룹들도 있다. 이들은 대부분 실제 오랜 기간 환경운동분야에서 전문적인 활동을 펼쳐 온 민간 환경운동가들과 일부 학계의 진보적인 학자들인데 그들에 따르면 '지방의제 21'은 '협치(governance)'에 대해 정작 생색만 낼 뿐 실제로는 관이 주도하는 대표적인 전시행정의 표본이라 할 수 있다. 2005년 한국도시연구소에서 『도시와 빈곤』을 통해 '지방의제 21' 채택 10주년에 대한 평가를 진행한 바 있는데 거의 대부분의 참가자들이 그간 거둔 '지방의제 21'의 성과를 인정하면서도 그 실천과 구체적인 행동계획에 있어 여전히 많은 문제점을 안고 있어 절망과 희망이 공존하는 상황으로 '지방의제

21'의 현실을 진단하고 있다.

앞서 말한 우리나라에서의 '지방의제 21' 추진과정 및 성과에 대한 부정적 평가와 전망에도 불구하고 우리의 경우에도 '지방의제 21'이 매우 이상적인 형태로 진행된 사례들이 얼마든지 있다. 대부분의 지역에서 '지방의제 21' 운동이 관 주도의 하향식(top-down) 방식으로 전개되고 있는 중에도 안산시 등과 같은 몇몇 지역에서는 기존 시민사회의 환경운동적 흐름과 잘 결합하여 상향식(bottom-up) 방식이거나 적어도 그에 준하는 진정한 의미의 민관 간 협력기제로 지방의제를 추진한 경험이 있다. 안산시의 경우, '지방의제 21'이 도입되기 이전에 이미 안산YMCA를 중심으로 '녹색도시 지역공동체 운동'이 전개되어 오고 있었다. 따라서 이 시민사회적 운동 흐름과 지방정부에서 추진하기 시작한 '지방의제 21'은 자연스럽게 조화를 이루어 하나의 거버넌스적 흐름으로 나아갈 수 있었다(김갑곤 2005, 18).

Ⅲ. 부산시의 환경 거버넌스와
지방의제로서의 '녹색도시부산21'

1. 부산시의 환경 거버넌스 구조의
특성과 현황: 행위자를 중심으로

　앞서의 이론적 고찰을 통해 살펴본 바와 같이 거버넌스를 하나의 정책네트워크와 같은 구조로서 파악할 때 그 구조는 그것을 형성하는 행위자와 행위자 간의 관계에 의해 구조의 성격이 결정된다. 따라서 부산시의 환경 거버넌스의 특성을 제대로 이해하기 위해서는 부산시의 환경 거버넌스를 지탱하는 행위집단들의 특성과 그들 간의 관계의 성격을 이해하는 것이 무엇보다 중요하다. 이 장에서는 부산시의 환경 거버넌스를 구성하는 두 주요 행위자인 정부행위자와 시민사회 행위자에 대한 분석을 중심으로 부산시의 환경 거버넌스의 구조적 특성을 살펴보기로 하겠다.

1) 정부행위자: 부산시 환경국 및 산하기관, 낙동강유역환경청(부산출장소), 구군 환경위생과

부산시의 환경문제를 다루는 주요 정부행위자는 부산시 환경국과 환경부의 지방청의 하나인 낙동강유역환경청(부산출장소 포함)[7] 그리고 부산시 산하의 기초지방자치단체인 16개 구 / 군의 환경위생과를 들 수 있다.

먼저 낙동강유역환경청은 부산 - 울산 - 경남북지역의 환경 관련 행정기관으로 중앙행정기관인 환경부의 직접적인 통제를 받고 있다. 낙동강유역환경청은 1980년 부산환경측정관리사무소로 처음 개소한 이래 부산환경지청, 부산지방환경청 등으로 개칭되어 오다가 1991년 경남 도청소재지인 창원으로 이전하여 부산환경출장소로 다시 개소되었고 이후 울산환경출장소와 함께 부산동부환경출장소로 통합, 신설되었다. 1994년 5월 소재지를 부산으로 하여 낙동강환경관리청으로 개칭하였다가 다시 도청소재지인 창원으로 이전(부산환경출장소를 신설 잔류시킴)하였고 2002년 8월 지금의 낙동강유역환경청으로 개칭하여 오늘에 이르고 있다.

낙동강유역환경청은 1980년 개소 당시 정원 5명에서 출발하여

---

7) 낙동강유역환경청은 원래 1980년 부산환경측정관리사무소로 처음 개소한 이래 부산환경지청, 부산지방환경청 등으로 개칭되어 오다가 1991년 경남 도청소재지인 창원으로 이전하였는데 부산시 관내의 환경문제를 다루기 위해 별도로 부산환경출장소를 두고 있다. 낙동강유역환경청에 대한 보다 자세한 사항은 동 기관의 공식 웹사이트인 www.ndg.me.go.kr 을 참고하기 바란다.

1983년 33명, 1987년 67명으로 지속적으로 조직 규모가 확대되어 왔으며 2002년 지금의 낙동강유역환경청 발족과 더불어 115명이던 정원이 128명으로 대폭 증원되었고 2004년 다시 2명의 정원이 늘어났고 올해 2월 정원이 146명으로 다시 증원되기에 이르렀다. 현재 2국 11과 1감시단 2출장소의 조직편제를 유지하고 있다. 낙동강유역환경청의 직접적인 통제를 받고 있는 부산환경출장소는 소장을 포함 2팀 6명(행정측정팀 3, 지도점검팀 3)의 정원으로 구성되어 있으며 기장군을 포함 부산 전역을 관할구역으로 하고 있다.[8]

낙동강유역환경청이 비록 정부기관이고 부산시가 낙동강수계에 포함되어 있어 부산시의 환경 거버넌스에서 배제될 수 없는 존재이기는 하나 최근의 명지대교 건설, 을숙도 하구언 정비사업, 을숙도 쓰레기 매립장 침출수 사건 등에서 드러난 바와 같이 행정관리의 주체로서의 명백한 한계를 보여주고 있다. 예컨대 2005년 9월 낙동강유역환경청과 낙동강하구살리기시민연대, 민주노동당 등이 합의하여 명지대교 건설현장의 쓰레기매립장 침출수 누출을 확인키 위해 민관합동조사를 실시하려 하자 부산시건설관계자(부산시건설본부, 명지대교(주)), 부산시 청소시설관리사업소가 제방의 안전문제를 이유로 조사를 방해함으로써 합동조사가 무산된 사례[9]에서 낙동강유역환경청이

---

8) 사실상 부산시의 환경행정을 총괄하고 있는 부산환경출장소의 주요기능 및 관내 환경 관련 사업장 및 기반시설 현황에 대한 자세한 사항은 낙동강유역환경청 홈페이지 http://ndg.me.go.kr을 참조하기 바란다.

9) 부산녹색연합 등 낙동강하구살리기시민연대의 주장에 따르면 낙동강유역환경청은 시민연대와의 합의하에 쓰레기 침출수 확인을 위한 시료채취의 목적으로 협조공문을 부산시에 발송한 후 민관합동조사에 임하였음

지닌 관할권과 행정적 집행능력의 한계를 여실히 보여준 바 있다. 따라서 부산시의 환경 거버넌스에 있어 낙동강유역환경청은 정부행위자로서의 위상의 한계를 갖고 있다고 보아야 할 것이다.

　다음으로 부산시 환경 거버넌스에서 실질적인 정부행위자로 볼 수 있는 부산시 환경국의 경우 1998년 9월 민선2기를 맞아 IMF 경제위기의 효과적인 극복과 고비용 저효율의 구조를 개선하기 위한 조직개편으로 환경녹지국이 환경국으로 개편되면서 오늘의 조직적 위상을 갖추게 되었다. 이후 환경국은 지속적인 조직개편을 통해 현재 환경정책과, 환경보전과, 청소관리과, 하수도과의 4개 과에 18담당 1사업소(청소시설관리사업소)를 갖춘 방대한 조직으로 성장하였다. 환경국의 조직 중 청소관리과와 하수도과는 주로 대민 기초생활서비스 관련 업무를 다루고 있어 결국 부산시의 환경 거버넌스에서 핵심적인 정부행위자 역할을 하는 것은 환경정책과와 환경보전과라고 할 수 있다. 특히 환경정책과는 협치적 관점에서 부산시의 환경문제를 풀어나가는 데 있어 매우 중요한 역할을 담당하고 있는데 이는 <표2>에서 보는 바와 같이 환경정책과의 대민 관련 간담회 및 토론회에 쓰인 업무추진비 예산항목의 금액 및 건수 대비 비율만 보아도 쉽게 짐작해 볼 수 있다. 환경보전과의 대민 관련 간담회 및 토론회의 건수 대비 비율이 61.3%, 금액 대비 비율이 51.3%에 불과한 데 비해 환경정책과의 경우에는 각각 80%와 81.7%로 매우 높다. 이는 환경

에도 불구하고 부산시의 강력한 반발에 부딪치자 행정적 무능을 드러내고 말았다. 이에 관한 자세한 사항은 부산녹색연합의 공식 웹사이트(http://www.greenbusan.org/)의 "녹색활동" 게시판을 참고하기 바란다.

정책과가 다른 거버넌스 행위자와의 관계 형성에 보다 많은 시간과 재원을 투자하고 있음을 보여준다.

〈표 2〉 부산시 환경국(환경정책 / 환경보전과) 2005년도 업무추진비 집행내역

부　서	업무내역		회　수	비율(%)	금액(천원)	비율(%)
환경정책과	간담 / 토론회	대　민	56	80.0	16,698	81.7
		내　부	7	10.0	1,961	9.6
		국　제	3	4.3	906	4.4
	격려 / 지원금		4	5.7	860	4.3
	소　계		70	100.0	20,425	100.0
환경보전과	간담 / 토론회	대　민	19	61.3	6,089	51.3
		내　부	2	6.4	877	7.4
		국　제	7	22.6	4,113	34.6
	격려 / 지원금		3	9.7	795	6.7
	소　계		31	100.0	11,874	100.0

출처: 부산광역시 자료를 바탕으로 재구성

　기초자치단체의 환경 관련 행정조직들 또한 부산시 환경 거버넌스에 있어 정부행위자로 볼 수 있다. 기초단체인 구·군의 경우 1998년 조직개편 시·군·구의 실정에 맞는 조직으로 개편하였으나 행정의 통일성에 있어서는 다소 미흡한 점도 없지 않다. 대부분의 구에서는 환경위생과, 청소행정과에서 환경업무를 전담하고 있으며, 일부 구·군의 경우는 1개 과로 통합되어 운영되고 있고, 이마저도 보건, 위생, 산림 등의 업무가 추가되어 있는 실정이다. 따라서 부산시의 환경 거버넌스에 기초자치단체의 환경관련 행정조직이 실효적인 영향

을 미친다고 보기는 어렵다. <표 3>에서 나타나는 바와 같이 부산시의 환경 거버넌스를 대표하는 '녹색도시부산21'이 기초자치단체별로 자체 의제를 채택하고 있고 일부 자치체의 경우 별도의 추진협의회까지 구성하고 있는 등 비교적 외형적으로는 활발한 모습을 보이고 있어 이러한 기초자치체 수준에서의 의제 형성 과정에 기초지자체의 환경조직들이 주도적인 역할을 담당하였을 것으로 추측해 볼 수 있다. 그러나 <표 3>이 말해 주듯 대부분의 기초지자체가 의제만 선택하였을 뿐 추진기구를 별도로 조직하지 않았고, 추진기구를 설치한 경우에도 상설화된 업무조직 없이 이름만 내걸고 있으며, 관련된 예산규모도 미미한 수준이다. 따라서 기초지치체 수준에서 '지방의제21'을 다루는 환경조직의 지자체 내 위상이 실질적 의미를 가질 만큼의 활발한 거버넌스가 이루어지고 있다고 보긴 어렵다.

〈표 3〉 부산시 산하 기초자치단체(구 / 군)의 지방의제 21 추진 현황

(단위: 천 원)

자치단체명	지방의제 21 명칭	작성완료일	추진협의회 구성내역	예산 (2000)
부산광역시	녹색도시부산 21	'95.9.19	∴ 28명 -주민대표 17명 -기업대표 4명 -전문가 5명 -지자체 2명	322,000
사하구	사하구 의제 21	당초: '96.4.10 수정: '98.11.15	∴ 34명 -주민, 기업, 전문가, 지자체	-
서 구	녹색도시 서구21	'96.4.26	-	-
금정구	부산 금정의제 21	'96.5.9	-	-

자치단체명	지방의제 21 명칭	작성완료일	추진협의회 구성내역	예산 (2000)
강서구	강서의제 21	'96.5.21	−	800
남 구	부산남구 의제 21	'96.7.4	−	−
해운대구	해운대 행정의제 21	'97.3.28	−	
연제구	녹색도시 연제 21	'97.6.5	−	−
영도구	녹색환경도시 영도21	'98.4	∴ 14명 −지자체 공무원	−
수영구	수영의제 21	'98.11.14	∴ 15명 −기업, 민간단체, 지자체	−
사상구	자연사랑 인간사랑 사상21	'99.5.31	∴ 72명 −자문위원 4명 −시민환경위원회 48명 −기업환경위원회 8명 −추진기획단 12명	1,000
동래구	늘 푸른 동래21	'99.6.5	∴ 23명 −교수, 기업인, 지자체 등	2,100
중 구	녹생환경 중구21	'99.12.13	−	−
동 구	수립 중			
부산진구	맑고 푸른 부산진구21	2000.1.13	∴ 28명 −주민, 구의원, 지자체	2,000
북 구	푸른 숲, 푸른 강 내 고장 북구아젠다 21	2000.6.14	−	−
기장군	늘 푸른 기장21	2000.6.16	−	
동 구	수립 중		−	−

2) 시민사회 행위자: 부산시의 주요 환경운동단체들

부산시 환경 거버넌스의 또 다른 주요 행위자로 부산시에 본부를 두고 있거나 아니면 부산 이외의 지역에 본부를 갖고 있는 지부 조직의 민간 환경단체들을 빼놓을 수 없다. 우리나라의 경우 인구와 산업생산 등 모든 면에서 수도권 집중, 지방공동화 현상이 일반적으로 나타나고 있는데 환경 거버넌스의 건전성에 절대적 영향을 미치는 환경운동단체의 경우에도 마찬가지의 현상이 확인되고 있다. 현재 매년, 혹은 격년으로 발간되고 있는 『시민사회연감』이나 『한국민간단체총람』, "시민운동정보센터"(www.kngo.net) 등에 등록된 전체 환경 관련 민간단체의 수는 약 800개에 달하고 있다. "시민운동정보센터"의 자료에 따르면 이 중 47개 단체가 부산에 본부 혹은 지부의 형태로 활동하고 있다.[10]

〈표 4〉 부산광역시의 주요 민간 환경단체

이　름	회원수	상근 자 수	창립일자	예산규모 (만원)
한국해양구조단	730	5	2000-06-30	na
맑고향기롭게부산지부	4,000	5	1994-04-04	20,000
부산녹색연합	400	3	1997-06-17	8,000
부산환경운동연합	3,500	10	1984-00-00	50,000
자연보호부산광역시협의회	922	na	na	2,000

---

10) 참고로 시민운동정보센터의 자료에 따르면 현재 동 센터의 "NGO 검색" 목록에 등록된 부산지역 민간단체의 총수는 252개이다.

이 름	회원수	상근 자 수	창립일자	예산규모 (만원)
환경과 자치연구소	100	4	1995−01−01	na
환경보전연맹	3,000	3	1993−01−01	3,000
환경수호운동연합회	* 230,000	na	1999−07−10	na
금정산 / 천성산 반대 대책위원회	70	1	2002−02−01	na
낙동강보존회	300	1	1978−05−20	1,500
바다사랑실천운동 시민연합	6,000	3	1992−02−08	15000
범시민금정산보존회	2003	3	1991−04−12	6500
습지와 새들의 친구	234	1	2000−10−08	7000
온천천네트워크	220	3	2000−04−09	8500
학장천 살리기 주민모임	120	1	2000−10−12	1700

* 환경수호운동 연합회의 경우 전국 규모의 조직으로 등록되어 있어 전체 회원수를 반영 주)
1. 출처: 시민정보운동센터의 검색자료, 각 단체의 공식 홈페이지, 『한국민간단체총람』.
2. 부산 하천 살리기 시민운동본부나 낙동강 살리기 시민연대 등과 같이 단위 환경 단체들의 연합체적 성격을 가진 시민단체들은 대부분 제외되었다.
3. na: 확인되지 않음

<표 4>의 자료는 이 47개의 단체 중에서 회원수나 상근자수 혹은 예산규모 등 단체에 대한 정보가 비교적 상세히 공개되고 있는 부산 시 주요 환경운동단체를 정리한 것이다. 표에 따르면 회원수의 면에 서 부산환경운동연합, 맑고 향기롭게 부산지부, 바다사랑실천운동 시 민연합, 환경보전연맹, 범시민금정산모임 등이 비교적 큰 규모의 단 체라 할 수 있다. 예산규모의 측면에서 보면 부산환경운동연합이 연 5억 원 규모로 독보적이며 다음으로 맑고 향기롭게 부산지부와 바다 사랑실천운동 시민연합이 1억 원의 예산규모를 넘는 단체이다. 부산

녹색연합의 경우, 최근 부산시의 환경 거버넌스에 매우 적극적으로 참여하면서 그 실질적 영향력을 증대시키고 있는데 그러한 활발한 활동과 조직의 위상에 비하면 회원수(400명)나 예산규모(8천만 원) 면에서 그리 크지 않은 조직이다. 이러한 단체의 특징은 회원들의 조직에 대한 충성도가 매우 높으며 정부행위자와는 주로 갈등적 관계를 형성하게 된다는 것인데 부산 녹색연합의 경우에는 다른 단체에 비하여 정부와의 대립각을 세우는 경우가 많으나 사안에 따라 제도화된 형태의 참여를 병행하고 있다.

<표 4>에서 소개한 환경단체 이외에도 부산에는 많은 군소 환경단체들이 존재하는데 이들은 성격상 주로 중앙에 본부를 둔 관변적 성격의 단체의 지부에 속한다. 따라서 이러한 환경단체들은 대부분 대민 자원봉사에 주력하거나 정부정책 홍보에 동원되는 등 체제내적인 활동에 주력하고 있어 부산시 환경 거버넌스에 크게 영향력을 행사하지 못한다. 이러한 환경단체들에 비해 범시민금정산보존회나 온천천네트워크, 학장천 살리기 주민모임 등은 부산시의 자생적인 민간환경운동단체들로 주민들의 자발적 참여와 주민생활과 밀접한 환경영역에서 주로 활동하는 까닭에 조직의 규모에 비해 조직활동이 매우 활발할 뿐만 아니라 구체적인 환경 사안에 집중하고 있어 현안과 관련된 정책네트워크에서의 영향력이 상당히 높은 편이다.[11] 이

---

11) 부산 하천 살리기 시민운동본부에 참가하고 있는 온천천네트워크, 온천천가꾸기금정주민모임, 서부산시민협의회, 학장천 살리기주민모임, 화명포럼, 춘천보전회, 수영강사람들, 백양산동천사랑 시민모임, 삼락천지킴이, 송정청년회, 대천천네트워크 ,지사천주민모임, 반송천 네트워크, 온천천사람들의모임, 옴푸름이환경운동연합, 푸른해운대가꾸기공동체, 금

런 특징 있는 몇몇 단체들을 제외하고는 부산시의 환경 거버넌스에서 시민사회를 대표하는 실질적 행위자로 활동하는 단체들은 부산환경운동연합, 부산녹색연합, 낙동강보존회, 습지와 새들의 친구 등 몇몇 단체에 불과한 바, 부산시의 환경 거버넌스를 보다 활성화시키기 위해서는 이러한 환경운동단체들로 이루어지는 시민사회의 외연을 지속적으로 확대해 나가려는 정부와 시민사회의 공동의 노력이 절실히 요구된다.

2. '녹색도시부산21'의 추진 배경과 현황

이상에서 살펴본 바와 같이 부산시의 환경 거버넌스 구조는 정부 행위자에 비해 상대적으로 시민사회의 힘이 약하다고 볼 수 있다. 이러한 거버넌스에서의 두 주요 행위자 간의 힘의 불균형은 환경정책의 형성과정에서 시민사회의 영향력을 감소시키는 결과를 초래하고 있다. 부산시가 전국을 선도해 나갔던 '지방의제 21'의 초기 추진 과정과 이후의 답보적인 추진 상태에서 드러나는 엇갈린 명암은 부산시 환경 거버넌스가 지닌 본질적 딜레마를 여실히 보여준다.

앞에서도 강조한 바 있지만 부산시는 1995년 전국 최초로 '지방의

정골사람들 등이 대표적으로 이러한 성격의 단체에 속한다.

제 21'을 작성, 발표한 '지방의제 21'의 메카라 할 수 있다. 그러나 부산시의 이 발 빠른 움직임을 과연 환경에 대한 인식이 빨리 개화한 때문이라고 있는 그대로 받아들일 수 있을 것인가? 우리의 대답은 그렇지 않다. 부산의 '지방의제 21' 추진기구인 '녹색도시부산21'의 홈페이지[12]에 있는 조직 연혁에서도 강조되고 있는 바와 마찬가지로 1994년 7월 18일 동북아환경협력회의(NEASPEC: Northeast Asian Conference on Environmental Cooperation)의 부산개최가 결정된 것이 '녹색도시부산21'을 추진하게 된 직접적 계기로 작용하였다. 1995년은 마침 제1대 민선 부산시장을 뽑는 지방선거가 치러진 해였던 탓에 당시 정부여당이던 민자당 후보로 나선 문정수 초대 부산시장 후보가 '지방의제 21'의 추진에 직간접적인 영향을 미쳤을 것임은 자명하다. 동년 7월 노무현 후보를 물리치고 초대민선부산시장으로 취임한 문정수 초대시장으로서는 9월에 열리는 동북아환경협력회의는 자신의 정치적 이미지를 극대화시키는 데 더없이 좋은 소재였음에 틀림없다.

이러한 위로부터의 정치 / 행정적 동기에 고무되어 부산에서의 지방의제 추진이 탄력을 받게 되었다. 1994년 7월 NEASPEC 회의의 부산개최가 결정되자 제40회 시의회 임시회의에서 녹색도시부산21 추진 기본방향을 제시하면서 추진에 박차를 가하게 되며 1995년 3월 이후에는 본격적으로 '녹색도시부산21' 추진 실무팀이 구성, 운영되기에 이른다. 이 과정에서 부산시는 '지방의제 21'의 협치적 정신

---

12) 홈페이지의 도메인은 www.ecopa21.or.kr이다.

을 잃지 않고 시민대표와 환경 전문가를 준비 과정에 참여시키고 있지만 이러한 시민사회의 참여를 풀뿌리 환경운동에 기초한 상향식 (bottom-up) 참여로 보기에는 여러 가지로 무리가 따른다. 이후 부산시는 1995년 9월 19일 동북아환경협력회의 개막식에 맞추어 부산의 미래 비전을 제시한 부산환경헌장을 선언하고 '녹색도시부산21 3대 기본원칙'과 '21개 행동계획'을 발표한 데 이어 '녹색도시부산21'을 보다 효과적으로 추진하기 위해 같은 해 8월 각계 대표 28명으로 '녹색도시부산21 추진협의회'를 구성하고 100가지 실행사항을 선정하게 된다.[13] '녹색도시부산21 추진협의회'의 출범 이후 '지방의제21'의 추진과정은 <표 5>에서 보는 바와 같이 철저히 관 주도로 이루어지고 있음을 알 수 있다. 2000년 2월에나 가서야 상설조직인 '녹색도시부산21 사무국'이 설치되는데 그 이전의 시기에는 주로 부산시 환경국의 행정관료를 중심으로 '녹색도시부산21'의 제반 사업이 진행되었음을 알 수 있다.

---

13) '녹색도시부산21'의 추진과정에 대한 상세한 사항은 '녹색도시부산21 추진협의회'의 공식 홈페이지인 www.ecopa21.or.kr의 조직 연혁 부분을 참고하였다.

<표 5> '녹색도시부산21 추진협의회'의 업무 추진 현황

일 자	추진 내용	추진 주체
1997. 1.	부산광역시환경기본조례 제정	행정, 의회
1997. 5.	종합환경감시센터 개소	행 정
1998. 8.	부산시 환경보전종합계획 수립	행정, 시민대표, 환경전문가
1998. 10.	녹색도시부산 21의 실행성 확보를 위한 실행지침 발표	행 정
1998. 12.	녹색도시부산 21의 실행·평가- 행동주체별 성과관리	행 정
1999. 1.	녹색도시부산21 실천지침서 발간	행 정
1999. 7.	지방자치단체 국제환경협의회(ICLEI) 가입	행 정
1999. 11. 12	녹색도시부산21 활성화를 위한 1 차 간담회	행정(4), 환경전문가(6)
1999. 12. 11	녹색도시부산21 활성화를 위한 2 차 간담회	행정(4), 환경전문가(6)
2000. 2.	녹색도시부산21 사무국 설치	행정, 시민대표, 환경전문가

출처: '녹색도시부산21 추진협의회' 홈페이지(www.ecopa21.or.kr)의 조직연혁을 참고.

상설사무국이 설치된 이후 2002년 까지 '녹색도시부산21' 사업은 매년 별도의 기획실천사업과 공모실천사업으로 구분하여 비교적 활발하게 진행되어 왔다. 그러나 이마저도 지속적으로 추진되지 않아 2002년 이후에는 별다른 사업성과를 도출해 내지 못하고 있다. 2002년까지 추진해 온 기획 및 공모사업도 주로 대민 홍보 및 교육, 환경실태조사 등 매우 제한적인 부분에만 집중되고 있어 '녹색도시부산21'이 부산시에 산재해 있는 다양한 환경운동의 목소리를 담아내고 있지 못하다는 비판의 목소리가 높다. 이러한 '지방의제 21' 추진기구의 조직운영과 사업추진에 있어서의 한계는 '녹색도시부산21'의 거버넌스적 성격을 변질시켜 이름뿐인 관변 단체의 하나로 전락시키고 있다. 특히 2002년 WSSD회의에서의 행동계획 수립 권고 이후 새롭게 확산되어 가는 '지방의제 21'의 행동적, 실천적 단계로의 도입 분위기를 따라가지 못하게 만드는 부정적 요소로 작용하고 있다.

한편, 부산시의 지방의제가 1995년의 의욕적인 출발에 비해 점점 그 추진력을 잃어 가고 있는 사이 후발주자로 나선 다른 광역자치단체들의 '지방의제 21'의 추진 성과는 이제 오히려 부산시를 추월해 나가고 있는 실정이다. 인천을 비롯하여 경남, 울산 등 비교적 시민사회의 환경운동이 활성화되어 있는 광역자치체들은 탄탄하게 다져진 시민사회의 추진력을 통해 '지방의제 21'이 갖고 있던 본래의 형식성을 극복하고 실효적인 거버넌스로서의 '지방의제'와 관련된 행동계획들을 실천에 옮겨나가고 있다. 물론 이러한 실천의 중심에는 생활공동체를 바탕으로 하는 풀뿌리 지역환경운동단체들이 자리 잡고 있으며 행정조직은 이를 측면에서 보조, 지원하는 이상적인 형태의 생활중심의 환경 거버넌스가 정착되어 가고 있는 것이다.

Ⅳ. 부산시의 '지방의제 21' 추진사업의 문제점

앞서 살펴본 바대로 '지방의제 21'로 대표되는 부산시의 환경 거
버넌스는 점점 애초의 추진력을 잃어가고 있는 실정이다. '지방의제
21'은 지방정부가 먹기 좋게 차려놓은 밥상 정도로 치부되고 있다.
2기 녹색도시부산21 추진협의회는 1기에 비해 조직 규모 면에서는
2배 이상 확대되었으나[14] 성과의 측면에서는 개선된 점을 찾아보기
어렵다.[15]

부산시가 당면한 산적한 환경 현안들, 예컨대 명지대교 건설을 둘
러싼 시공사와 낙동강 살리기 시민연대와의 계속되는 마찰과 법정공
방, 밤섬의 휴양지 프로젝트와 관련된 시민운동단체와 관련 기업 및
시 행정조직과의 마찰, 을숙도를 포함한 낙동강 하구언 환경개선과
관련된 환경단체와 기초자치단체 간의 대립 등 손에 꼽기 어려울 정
도로 많은 현안들이 산적해 있는 것이 사실이다. 그러나 안타깝게도

---

14) <표 8>에서 나타나는 바와 같이 제2기 녹색도시부산21 추진협의회는
   제1기 협의회의 28명 정원보다 40명이 더 충원되어 68명으로 출범하게
   되었는데 이런 인적 구성의 변화는 주로 학계 / 전문가와 행정공무원들
   의 대표성이 강화된 결과로 나타난 것으로 해석된다.
15) 녹색도시부산21 추진협의회의 공식 홈페이지(http://ecopa21.or.kr/)에 나
   타나는 활동상으로 평가해 보건대 2002년 이후에는 협의회의 이름을
   내걸고 대규모로 추진된 사업은 더 이상 드러나지 않는다. 녹색도시부
   산21 추진협의회가 초기에 의욕적으로 추진했던 기획 / 공모 실천사업의
   경우도 2002년 이후에는 이어지지 않고 있다.

'녹색도시부산21 추진협의회'와 관련된 인터넷 사이트나 게시판 혹은 관련 발간자료 어디에도 부산시가 이러한 산적한 환경 현안들을 갖고 있는지 그 흔적을 찾기가 어렵다. 한마디로 '녹색도시부산21 추진협의회'는 더 이상 원래 조직이 목표하였던 환경 거버넌스의 구심체로서의 역할을 제대로 해낼 수 없는 유명무실한 조직으로 전락해 가고 있다. 물론 부산녹색연합이나 부산환경운동연합 등 부산의 비교적 전투적인 환경운동단체들도 '녹색도시부산21 추진협의회'에 대표를 파견하여 조직적으로 참여하고 있다.[16] 그러나 여전히 그들의 활동은 부산시의 환경 현안이 대두되는 곳곳에서 '추진협의회'에서의 또 다른 파트너인 당연직으로 참가하는 시의 환경 행정관료들과 반목하고 있다. 이들은 왜 차려놓은 밥상에서 파트너와 식은 죽 먹기보다 쉬운 대화를 마다하고 현장에서의 농성과 항의방문, 1인 시위, 촛불시위 등의 비제도적 참여를 택하는가? 이는 '녹색도시부산21 추진협의회'가 거버넌스의 구현을 위한 하나의 네트워크적 구조물로서의 기대되는 협치적 기능을 제대로 수행하고 있지 못하며 형식적인 기구로서만 존재하고 있음을 방증하는 것일지도 모를 일이다.

'녹색도시부산21 추진협의회'에 참가하고 있는 환경운동단체들의 입장에서 볼 때 협의회는 더 이상 대화의 상대로서 정부행위자를 바라보기 어렵게 만든다. 명지대교 건설과 관련된 지루한 법정공방에서도 드러난 바와 같이 명지대교 건설에 대한 환경행정공무원들의 대응은 무대책에 가까운 실정이다. 결국 기댈 언덕은 사법부의 법리

---

16) 부산환경운동연합에서는 제2기 추진협의회에 사무처장을, 부산녹색연합의 경우 운영위원장을 대표로 파견하고 있다(http://ecopa21.or.kr/).

적 판단이었으나 이마저도 최근에 있었던 환경단체의 명지대교건설 공사 중지 가처분 신청에 대한 법원의 기각결정에서 드러난 바와 같이 건설사와 개발을 앞세우는 행정관료들의 손을 들어 주었다. 환경 활동가들에게는 개발을 앞세우는 반환경적 정책네트워크의 실체를 확인하는 순간이었다. 이런 싸움들이 계속될 때 마다 정부-기업-시민사회 간에 어렵게 싹튼 신뢰는 조금씩 무너져 내리게 된다. 결국 부산시의 환경 거버넌스는 '녹색도시부산21'의 지방의제의 그 어떤 부분에도 남아 있지 않게 되는 것이다.

실제로 부산시의 환경정책에 대한 역행적 조치들은 최근 조금씩 가시화되어 나타나고 있다. 2006년도 예산에서 시 환경국의 전체 예산은 상당 규모로 삭감되었다. <표6>에서 나타난 바와 같이 부산시의 환경보전기금은 2005년 현재액 기준으로 전년에 비해 70%나 줄어들었다. <표 7>에서 보이는 바와 같이 '민간단체 등 보조금 지원' 현황(일반회계, 민간경상보조, 민간자본보조, 사회단체보조를 포함)은 2005년도 1,058.4억 원으로 총 세출결산액 3조 5,041억 원의 3.02%에 해당할 정도로 커졌으며 매년 증가하는 추세에 있다. 그러나 대부분이 APEC준비와 같은 시의 주요행사와 관련된 단체들에 집중되어 지원되었고 2005년 기준으로 환경단체의 행사에 시의 민간단체 보조금이 지원된 예는 찾아보기 힘들다. 문제는 이러한 환경행정에 대한 홀대나 환경단체에 대한 관심 부족이 어렵게 쌓아온 정부-기업-시민사회 간의 협치적 관계를 형해화하는 상징적 사례가 될까 두려운 것이다.

〈표 6〉 부산시 환경 관련 각종 기금 운용 현황

(단위: 백만 원)

| 구 분 | 2004년 현재액(A) | 증감액 | | | 2005년 현재액 |
		계(B) = (C − D)	수납액(C)	지출액(D)	(E) = (A + B)
환경보전기금	1,491	−1,064	1,436	2,500	427
폐기물처리시설 설치 지원 기금	17,480	−2,223	9,742	11,965	15,258
도시주거환경정 비 기금	112,166	13,279	13,815	536	125,466

출처: 부산광역시 2005년 예산결산서.

〈표 7〉 민간단체 등 보조금 지원의 연도별 증감 현황

| 구 분 | 연도별 비교 (백만 원) | | | | |
	2001	2002	2003	2004	2005
세출결산액	2,320,774	2,879,247	3,081,212	3,305,442	3,504,189
민간단체보조금	48,304	81,028	64,982	82,515	105,840
비율(%)	2.08	2.81	2.10	2.49	3.02

출처: 부산광역시 2005년 예산결산서.

부산시의 '녹색도시부산21'로 대표되는 환경 거버넌스와 관련된 다른 문제점은 그것이 시민들의 생활과 괴리되어 진행되고 있다는 점이다. 거듭 강조한 바대로 '지방의제 21'이 거버넌스와 관련하여 의미를 갖는 이유는 그것이 "지자체(GO)와 NGO가 협력해 지방의 지속가능성 실현을 위한 실천의제들(예, 생태환경, 대기, 도시계획, 폐기물 등)을 선정하고 각자의 역할 배분을 통해 일상 활동으로 이를

이행하는 일종의 '주민주도－지자체 후원 환경보전 캠페인'과 같은 것"이란 점이다(지속위 자료집 2005－6, 420). 즉 '지방의제 21'의 본래의 취지는 어디까지나 지역공동체의 주민들이 스스로 자신들의 환경보전을 위해 실천 가능한 계획들을 수립하고 이를 강력히 행동에 옮긴다는 것이다. 이러한 측면에서 볼 때 부산시의 지방의제 21은 원래의 취지와는 사뭇 다르게 진행되어 왔음을 부인할 수 없다. 비록 부산시가 1995년 전국 최초로 '지방의제 21'을 작성, 발표한 사실은 있으나 그것은 지자체의 행정조직에 의해 유도된 측면이 많고 이후 의제의 실천을 위한 구체적인 행동으로 옮겨지지 않았다는 점에서 '지방의제 21'이 지닌 원래의 거버넌스적 의미를 제대로 구현하고 있다고 볼 수 없다.

'지속 가능한 발전을 위한 의제 21'은 이른바 여성, 청소년, 농민, NGO, 지방정부, 근로자와 노동조합, 기업 및 산업계, 과학기술계, 원주민 등 모든 계층을 포괄할 수 있는 폭넓은 수용적 조직이어야 한다(지속가능발전위원회, 46). 그러나 우리는 위에서 언급하고 있는 핵심적인 실천 주체들이 '녹색도시부산21'에 빠짐없이 망라되고 있는가 반문해 보아야 한다. <표 8>에서 보는 바와 같이 녹색도시부산21 추진협의회의 인적 구성을 보면 교수 / 전문가의 비중이 상대적으로 높고 비록 제1기 협의회에 비해 늘어나기는 하였으나 여전히 기업의 대표성이 떨어지고 있다. 제2기 협의회에는 경제단위에서 7명이 참여하여 전체 구성의 10%를 차지하고 있는 것으로 주장되고 있으나 실질적으로 기업을 대표한 인물로는 부회장 겸 기획위원직을 맡고 있는 '명진TSR'의 조용국 사장이 유일하다고 할 수 있다. 부산경제살리기시민연대 상임대표를 맡고 있는 박인호 씨의 경우 시민홍보분과위원회에 소속되어 있어 기업 측 이해관계를 일부 대표한다고 할 수 있겠으나 지역의 경제개발과 관련된 시민단체의 회원 자격으로 참여하는 것이므로 진정한 의미의 기업대표로 보기 어렵다. 낙동강하구특별분과위원회에 소속되어 있는 수산업협동조합 임상봉 조합장의 경우에도 사정은 마찬가지이다. 이와 같은 대표성의 불균형 문제는 단기적으로 문제 되지는 않겠지만 장기적 관점에서 거버넌스 구조의 건전성을 해치는 요소로 작용할 가능성이 높다. 또한 <표 8>에서 나타나는 바와 같이 제1기 추진협의회에 비해 제2기 추진협의회가 규모 면에서 40명의 위원이 더 보강되었음에도 불구하고 이것이 추진협의회의 실질적 사업추진 능력의 향상으로 이어지지 않고 있다. 이는 규모의 확장이 주로 교수 / 전문가 및 행정공무원의 대표성을 늘이는 방향으로 진행된 때문인 것으로 해석되는바, 환경 및 시민사회단체의 대표성은 오히려 상대적으로 약화되고 있다는 점에서 추진협의회의 성격이 보다 순응적인 것으로 변화될 가능성을 내포하고 있는 것이다. 부산의 대표적 환경단체들이 그들의 대표를 추진협의회에 파견하고 있음에도 불구하고 협의회를 실질적인 문제해결의 장으로 활용치 않는 것도 부분적으로 이와 같은 협의회 자체의 인적 구성의 변화에 기인한 것일 수도 있다.

<강희덕 작, 희망, 72×32×19, 저자소장품>

〈표 8〉 부산시 '녹색부산21 추진협의회'의 인적 구성의 변화 추이

구분	계	환경 / 사회단체	교수 / 전문가	경제단위	행정	언론 / 교육 / 법조인	시 / 구의원	기타
제1기	28	13	6	3	2	1	1	2
제2기	68	13	31	7	10	3	4	0

출처: '녹색도시부산21 추진협의회' 공식 홈페이지 http://www.ecopa21.or.kr/

이상에서 살펴본 바대로 부산시의 대표적 환경 거버넌스로서의 '녹색도시부산21'은 많은 현실적 문제점들을 안고 있다. 이제 그러한 문제점들이 현실에서 구체적으로 어떻게 나타나는지를 항목별로 상세히 살펴보기로 하겠다.

먼저 지속가능발전위원회(2005)의 전국 지방의제 조직에 대한 평가에서 지적된 것과 마찬가지로 '녹색도시부산21'에서도 여러 가지 사업이나 행동계획과 같은 구체적 전술은 있으나 그러한 사업과 전술을 실행에 옮겨줄 조직과 운동 전략이 부재하다는 비판이 일고 있다. 실제 환경활동가로서 지방정부의 각종 '지방의제 21' 프로젝트에 동참했던 연안정보네트워크의 김갑곤(2005)에 따르면 '지방의제 21'의 가장 큰 문제점 중의 하나는 "사업과 전술은 있으나 조직과 운동 전략이 없다"는 것이다(23). '녹색도시부산21'에 부여된 가장 큰 역할과 임무는 부산시의 환경문제에 대한 통합적 논의구조를 만들고 단위 사업들이 지닌 환경적 의미를 공유하고 사업의 추진을 위한 구체적인 지원기제들을 형성해 주는 데 있다. 그러나 안타깝게도 '녹색도시부산21'은 이러한 유의미한 지역적 전략논의, 지속가능사회에 대한 진단, 다양한 사업적 의미와 기제를 마련하는 데 힘쓰기보다는

당장의 현실적 필요에 따른 단위활동에만 매달리는 경향이 지배적이다. 정작 그려야 할 많은 큰 그림들은 제쳐두고 내로라하는 환경전문가들이 목을 매고 추진하는 사업들이 자연탐사계획, 디카대회, 사생대회, 백일장 등이라면 '녹색도시부산21'과 다른 봉사 위주의 민간 환경단체가 무엇이 다르겠는가?

또한 '녹색도시부산21'의 추진과정에서 환경문제 자체에만 매몰되어서 개발의 문제, 생산, 문화 등 사회의 모든 분야를 아우르는 통합적 시각이 결여되어 있음이 여실히 드러나고 있다. 이는 앞서 <표 8>에서 지적한 바대로 지방의제의 참여자들 중에 생산과 개발을 담당하는 기업 주체들의 참여 정도(인적 구성의 측면에서)가 약하다는 사실에서 극명히 드러나고 있다. 앞서도 강조한 바이지만 '녹색도시부산21'은 '지속 가능한 발전'의 공동체를 만드는 데 그 목적이 있다. 이것이 다른 환경지상주의적 관념과 '녹색부산21'의 아이디어가 다른 점이다. 그러나 '녹색도시부산21'의 구체적인 행동계획이나 실천지침은 천편일률적으로 환경과 사회적 복지 혹은 공동체문화 조성에 관한 이슈들뿐이다. 환경을 보전하면서도 어떻게 경제적 번영을 지속해 나갈지에 대한 문제의식이 매우 희박하다. 부산시의 유수한 기업들이 '녹색도시부산'을 강 건너 불구경하듯 비웃고 있는 것도 이 때문이 아닐지 반문해 볼 일이다.

'녹색도시부산21'의 지방의제운동이 지역의 시민사회조직을 활성화하기 보다 오히려 그들의 활동을 억제함으로써 자생적 발전을 가로막는 역할을 하게 된다는 문제점 또한 지적될 필요가 있다. 김갑곤(2005)에 따르면 "지방의제는 대부분 독자적 단위사업이나 각종 연대사업들을 수행하면서 자체적인 조직성과를 만들어 가고 있다. 이러한 지방의제의 사업적 방식이 결과적으로 지역 내 독자적인 운동기반과 풀뿌리 시민조직의 자생을 어렵게 할 수도 있다."(24) 뿐만 아니라 지방정부가 오히려 지방의제 추진협의회를 유일한 민관 간 대화 창구로만 활용하게 됨으로써 오히려 지방의제가 민간 환경단체에 대한 지방정부의 대화 회피의 구실을 제공할 가능성도 있다. 즉 지방정부의 환경 관련 행정공무원들은 당연직의 형태로 추진협의회에 참가하게 되어 있으나 실제로는 이름만 걸어 놓고 협의회 활동은 등한시하는 경우가 많다는 것이다. 앞서 지적한 바의 '녹색도시부산 21'에 참여하는 환경단체와 부산시 환경행정관료들 간의 끊임없는 불협화음과 갈등은 '녹색도시부산21'을 수단시하는 행정관료의 빗나간 시각으로부터 빗어진 비극이라 할 수 있지 않을까?

'녹색도시부산21'의 지방의제운동이 사회적 대표성과 지도성을 상실해 나가고 있다는 지적도 만만치 않다. 김갑곤(2005)이 지적하고 있는 바대로 "현재 지방의제는 운영조직을 포함한 각종 위원회 자문조직이 있으나 지역을 대표하는 다양한 시민들의 구성이라기보다는 주요단체 대표들과 한정된 전문가 자문조직으로 채워져" 있을 뿐 아니라 "현재 지방의제가 의제기구 사무국을 중심으로 조직과 해당사업이 운영되면서 사실상 사회적 지도성 등이 해체되는 경향"을 나타내고 있음은 비단 부산만이 겪는 일은 아닐 것이다. 기존의 '지방의제 21' 추진협의체들은 행정관료들이 주도해온 탓에 참여 수준이 높지 않다. 협의회의 인적 구성을 보면 당연직으로 포함되는 일부 행정관료들과 생색내는 수준에서 초청된 1-2인 내외의 기업대표, 그리고 몇몇 시민단체의 간부들을 제외하고 나면 대부분이 관련 학계의 교수들로 협의회 위원진이 채워지고 있다. 따라서 그들의 적극적인 참여를 기대하기는 어려운 상황이며 협의회의 활동은 이런 전문가 집단에 의해서 주도되는 페이퍼워크를 위주로 이루어질 수밖에 없다. 적절하고 올바른 대표성을 담보하는 것은 지역환경 거버넌스로서의 '녹색도시부산21'의 성패를 좌우하는 매우 중요한 사안임을 잊어서는 안 될 일이다.

'녹색도시부산21'의 경우와는 조금은 동떨어진 현상이지만 일부 지자체의 '지방의제 21'에서는 조직이 특정한 시민사회운동세력의 주장만이 통용되는 섹터화된 분파조직으로 전락하거나 아니면 선거에서의 승리와 같은 불순한 정치적 목적, 즉 선거캠페인에 동원될 위험성마저 높아가고 있다. 실제 몇몇 지역에서는 지난 5대 전국지방동시선거 당시 선거운동에 '지방의제 21'을 활용한 사례들이 적지 않다는 보고가 지방의제 21 전국추진협의회로 답지하고 있음은 우리에게 하나의 경종이 될 것이다.

'녹색도시부산21'의 핵심적 이념은 생활공동체에 기반을 두고 실효성 있는 지속 가능한 발전을 도모하는 데 있다. 따라서 실상 '녹색도시부산21'을 현실의 생활공동체에서 구현해 감에 있어 가장 중요한 역할을 수행해야 하는 행정단위는 시/군/구 단위의 기초자치단체이다. 그러나 현재 추진되고 있는 '녹색도시부산21'은 비록 구/군단위의 기초자치단체에서 관련된 행동계획을 수립하고 별도의 실천협의회를 두고는 있으나 광역자치단체의 그것과 비교해 볼 때 실효성이 없는 것이 대부분이다. 부산시의 경우 거의 모든 16개 구/군

단위 기초지방의제 21 추진협의회의 활동이 사실상 유명무실하게 진행되고 있다. 이는 기초자치단체 수준에서의 환경 관련 전문가를 확보하기 힘들다는 등의 미비한 환경조건이 작용한 것일 수도 있겠으나 어떤 형태로든 기초자치단체의 '지방의제 21' 실천계획이 의미 있는 형태로 진행되지 않고서는 광역자치단체 수준의 의제 실천만으로는 명백히 운동의 한계가 있다고 할 것이다.

'녹색도시부산21'의 실천의제가 다른 구 / 군 단위의 의제와 별반 차별성이 없고 지역적 혹은 지자체의 단위별 특성이 제대로 반영되지 않은 의제가 선정될 경우 부적절한 행동계획 수립으로 의제를 실천에 옮기는 과정에서 실효성이 의심될 수 있다. 전국 단위의 '지방의제 21' 추진협의회는 전국적 차원에서 중앙정부와 함께 실천해 나갈 수 있는 의제를 형성하고, 광역자치단체는 그들의 행정 단위에서 필요한 의제들을 지역 특성을 고려하여 도출해 내고, 기초자치단체들도 생활 주변의 문제를 중심으로 의제를 발굴하여 행동계획을 수립해야 한다. 그러나 각 층위의 지방자치단체들이 내놓고 있는 의제들을 관찰해 보면 거의 천편일률적이며 지역 특색이 반영되지 못한 측면들이 있다. 지자체 단위 간 의제 형성의 과정도 주로 광역자치단체가 의제를 설정하고 이에 기초자치단체들이 구체적인 실천계획을 끼워 맞추는 식의 하향식(top-down) 방식의 의제설정이 주를 이루고 있다.

'녹색도시부산21' 추진의 이념적 배경이 되고 있는 '지속 가능한 발전(sustainable development)'에 대한 보다 깊이 있는 이해와 재성찰이 요구된다. '지방의제 21'의 참여자인 행정, 기업, 주민들이 각기

'지속 가능한 발전'의 개념을 자기중심적으로 해석함으로써 협치를 가능케 하는 공유된 인식을 갖기가 어렵다. 원래 '지속 가능한 발전'은 환경과 생태계의 지속가능성, 경제의 지속가능성, 사회의 지속가능성을 모두 포괄하는 개념이었으나 "현실에서는 경제, 사회, 환경의 개별 영역들 내에서 부분적으로 따로따로 실천이 이루어지고 있을 뿐"이란 비판이 일고 있다(정규호 2005, 52). 현실이 이러하다면 동상이몽에 따른 '지속 가능한 발전' 개념의 인식론적 혼란과 그에 따른 행동계획의 실천적 표류는 불을 보듯 자명한 일이 될 것이다. 부산시를 비롯한 우리나라의 지방자치단체에서 추진되어 온 지방의제 21의 실천의제와 행동계획들을 살펴보면 이러한 '지속 가능한 발전'에 대한 인식론적 혼란이 그대로 나타나고 있다. 예컨대 '첨부'에서 확인되는 바와 같이 부산시의 지방의제 21 추진계획인 '녹색도시부산21'의 경우 추진체계에서 부산시-시민-기업 3자의 참여를 강조하면서도 구체적인 추진의제에 있어서는 환경 분야의 지속가능성과 관련된 주제들이 주류를 이루고 있을 뿐 경제 및 사회 분야의 발전을 위해 어떤 구체적 실천과제를 수행할 것인지에 대한 문제의식이 결여되어 있음을 쉽게 확인할 수 있다. 전체 42개의 추진의제 중 환경의 지속가능성 증대와 관련된 의제가 28개로 전체 의제의 67%를 차지하고 있는 반면 교통/복지/문화 등 사회의 지속가능성과 관련된 의제는 12개(29%), 기타 거버넌스 관련 의제는 2개(4%)로 나타났으며 경제의 지속가능성과 관련된 의제는 단 하나도 찾아볼 수 없다.[17]

---

17) '녹색도시부산21'의 추진의제는 동 단체의 공식 웹사이트인 http://www.ecopa21.or.kr/의 자료를 참고하였다.

부산시의 경우 상위법에 근거를 두고 제정된 환경관련 조례는 일반적인 환경관련 조례보다는 폐기물이나 하수관계 조례가 대부분이었으나 2000년도부터 자연환경보전조례, 낙동강 하구 보전·관리 조례 등을 제정하여 생태계보전을 위한 제도적 기반을 구축해 가고 있다. 그러나 여전히 '녹색도시부산21'과 관련된 조례는 좀체 찾아보기 어렵다. 물론 다른 지방의제운동에서 드러나는 바와 같이 조례로 운영되는 경우도 법적 구속력의 부재라는 기본적인 한계를 어찌할 수 없다. '지방의제 21'이 조례에 의해 운영되기 때문에 기능과 역할에 한계가 있어 지자체장의 교체나 갈등사안의 발생 등 외부환경에 좌우되어 지방의제 21 예산상, 운영상 불안 요소가 상존하고 있다. 또한 개발 관련 여타 행정계획을 평가·숙의하지 못하므로 지방지속가능발전을 충분히 담보하지 못하고 있는 점도 간과되어서는 안 될 것이다. 그러나 부산시의 경우에는 법적 효력의 한계가 명백한 그 조례마저도 제대로 체계를 갖추어 제정되어 있지 않아 '녹색도시부산21'에 참여하는 주체들의 적극적인 참여를 끌어내기 어려운 측면이 있다.

V. 결론: 부산시 지방의제의 활성화 방안과 과제

'지방의제 21'이 진정한 민관협력에 기반을 둔 협치적 기제로 작동하기 위해서는 무엇보다 먼저 성숙된 시민사회의 존재가 필요하다. 우리나라의 경우 환경 분야의 운동뿐만 아니라 전체 시민사회운동이 수도권에 집중되고 있다. 전국 3대 규모의 광역자치단체인 부산의 시민사회운동도 마찬가지이다. 각종 민간단체 편람이나 연감 그리고 '시민사회운동정보센터' 등에 등록된 민간단체는 약 5만여 개에 달하는데 그중 부산지역 시민사회운동단체는 800여 개에 불과하다. 부산시를 활동 기반으로 등록되어 있는 800여 개의 시민사회운동단체 중 환경운동과 관련된 단체는 47개 단체에 불과하며 그들 대부분이 이름만 내건 지회, 지부 조직이거나 개인적인 목적에서 공익을 가장하여 설립된 단체여서 실제 환경운동을 내용 있게 추진하는 단체는 손에 꼽을 수 있을 정도이다. 시민적 자발성과 자율성을 해치지 않는 범위 내에서 시의 민간단체에 대한 지원을 줄일 것이 아니라 지속적으로 늘여 나갈 필요가 있다. 특히 앞서 본문에서도 확인한 바와 같이 부산시의 경우 환경 분야에서의 예산을 오히려 축소하고 있는데 시민단체에서는 시가 구체적으로 예산의 어떤 세부 지출항목들을 줄여 나가고 있는지 세밀히 모니터링할 필요가 있으며 환경단체의 성장에 직간접적인 피해를 주는 예산규모의 축소가 있을 경우 즉각적인 문제제기를 해야 한다. 이와 같은 예산과 관련된 위험요소를 근본적으로 제거하기 위해서는 관련 시민단체에 예산사업의 편성배경이나 예산 증/삭감의 이유를 충분히 설명하는 예산공개설명회와 같은 행사가 준비되어야 한다.

'지방의제 21'의 문제의식은 거버넌스의 담론으로부터 비롯된 것이다. 거버넌스의 활성화는 단위 거버넌스 구조의 내부 행위자들 간의 상호의존과 협력을 증대시켜 나가는 것도 중요하지만 유럽연합에서 활발하게 진행되었던 다자간(혹은 다층) 거버넌스(multi-level governance)처럼 거버넌스의 단위구조를 뛰어넘어 지역 거버넌스(regional governance) 및 글로벌 거버넌스(global governance)의 행위자와도 교류, 협력을 강화해 갈 필요가 있다. 부산시의 경우 특히 가까운 일본의 지방의제 추진 단위들과의 연대와 협력을 강화함으로써 일본의 모범적인 지속가능발전 사례들을 우리의 실정에 맞게 도입, 추진해 나갈 필요가 있다. 아울러 동북아를 중심으로 광범하고 다양한 형태로 형성되고 있는 지역(regional) 거버넌스 구조에의 참여를 확대시켜 나갈 필요가 있다. 동북아의 각종 정부 간 협의기구나 비정부조직의 연대행사 등을 Bexco, 누리마루 등의 기반시설을 적극 활용하여 유치하고 행사의 준비 및 진행과정에 '녹색도시부산21'에 참여하는 환경단체 등을 참여시킴으로써 부산시의 환경단체들을 동북아 지역 다층적 환경 거버넌스의 중심행위자로 키워내는 노력이 요구된다.

행정관료, 기업, 시민 등 지역의 환경 거버넌스를 구성하는 행위자들의 저조한 참여 수준과 수동적인 참여 행태는 '지방의제 21'이 진정한 의미에서의 협치적 기제로 작동할 수 없게 만드는 가장 근본적인 이유가 되고 있다. 따라서 이들을 보다 적극적, 능동적으로 의제 활동에 참여하게 만드는 적절한 방안이 강구될 필요가 있다.

먼저 행정관료들의 '지방의제 21'에 대한 수동적 수용을 어떻게 능동적 활용으로 전환시켜 나갈 것인가의 문제는 '지방의제 21'의 성패와 관련하여 매우 중요한 문제가 아닐 수 없다. 비록 부산시의 경우에도 일부 민간 환경단체의 활동가들이 진술하고 있는 바대로 과거에 비해 환경문제에 대해 보다 전향적인 자세를 보이고 있는 것은 사실이나 여전히 '지방의제 21'을 대하는 태도는 중앙정부로부터 전달된 행정적 실천사항을 실행에 옮기는 수동적 태도를 보이고 있는 것이 사실이다. 따라서 '녹색도시부산21 추진협의회'에 당연직 위원으로 참여하고 있는 행정부시장을 비롯한 시 간부들의 경우 협의회 활동에 적극적일 수 없으며 앞으로도 쉽게 그들의 자발적인 태도 전환을 끌어낼 수 없을 것이다. 이를 해결하기 위해서는 현재 '대통령 직속 지속가능발전위원회'에서 추진 중인 지속가능발전법 등 법적 제도화를 통해 그들의 적극적 참여를 강제하는 방법이 있을 수 있다.[18) 행정공무원의 특성상 법적으로 강제된 준칙은 지킬 수밖에 없다는 점에서 법적 제도화의 과정에서 지자체 공무원들의 적극적 참여를 강제할 수 있는 '행동의무'와 같은 조항으로 조문화할 필요가 있다. 만약 이러한 중앙정부 차원의 법적 제도화가 여의치 않을 경우 비록 그 법적 구속력이 현저히 떨어진다 하더라도 부산시 차원

---

18) 지방의제 21의 활성화 방안에 대한 보다 자세한 사항은 지속가능발전위원회 지방의제 21연구팀(2005)과 지속가능발전위원회(2005)를 참고하기 바란다.

에서의 일선 행정공무원의 '행동의무'를 규칙화할 수 있는 조례의 제정도 대안으로 고려될 수 있을 것이다. 또한 지방자치의 강화로 인해 그 활동영역과 강도가 점점 확대되어 가고 있는 시의회의 '지방의제 21'에 대한 참여를 강화함으로써 의회로부터의 감독을 신경 쓸 수밖에 없는 행정관료로서의 특성을 십분 활용하는 방법도 강구해 볼 수 있을 것이다(신윤관 2005, 41).

주민의 자발적 참여의 수준을 높이는 것 또한 '녹색도시부산21'이 당면한 과제 중 하나이다. 지방의제 21에 대한 시민들의 관심을 증대시키기 위한 방안으로는 언론매체를 통한 시 당국의 적극적인 의제 홍보와 일부 지자체에서 시행하고 있는 광역 / 기초자치단체 수준에서의 협의회 위원 선발에 대한 시민공모제 등을 검토해 볼 수 있을 것이다.

기업의 참여를 이끌어내기 위한 방안도 적극적으로 검토될 필요가 있다. 앞서 살펴본 바와 같이 '녹색도시부산21 추진협의회'의 경우 실질적으로 기업의 이해관계를 대표하는 인물은 부산상공회의소를 대표하는 1인뿐이다. 한마디로 말해 추진협의회 내에서의 기업의 대표성이 현저히 떨어진다고 볼 수 있다. '지속 가능한 발전'이 지나치게 환경 중심으로만 단편적으로 사고된 까닭에 협의회 구성에 있어 기업의 대표성을 제대로 배려하지 못한 탓일 수도 있겠고 기업들 스스로도 '녹색도시부산21 추진협의회'가 지닌 공동체적 의미를 애써 희석시킨 때문일 수도 있을 것이다. 부산상공회의소를 대표한 형식적 참여에 그치지 않고 실제로 부산시의 각종 개발프로젝트들의 수주에 참여하는 대기업들이나 부산시의 환경에 직접적으로 영향을 미치는 대규모 오염 배출업체의 기업대표들이 협의회에 전향적으로 관심을 가질 수 있도록 유도할 필요가 있겠다. 기업 스스로의 참여를 이끌어내기 위해서는 무엇보다도 지속가능발전위원회가 추진하고 있는 바의 지속가능발전법에 의해 법적 지위가 보장되는 새로운 협의체에 환경과 관련된 각종 갈등관리의 실질적 의무와 권한을 부여함으로써 기업 스스로가 그러한 논의구조에의 참여를 통해 자신들의 기업활동으로 인해 야기되는 각종의 환경분쟁 등을 효율적으로 처리해 나갈 수 있는 시스템임을 확인시켜 줄 필요가 있을 것이다. 기업의 입장에서 명지대교 건설중단을 둘러싼 롯데건설과 시민환경단체들 간의 법정분쟁에서 보이는 바와 같이 기업과 주민의 직접적인 대립보다 '지방의제 21' 추진협의체와 같은 거버넌스적 메커니즘을 통해 합리적으로 갈등관리를 하는 것이 기업의 이미지 관리 등 측면에서 훨씬 효율적이라는 인식을 갖게 한다면 기업 스스로의 참여를 이끌어낼 수 있을 것이다. 행정-주민-기업의 참여를 이끌어내기 위해 먼저 '지방의제 21'이 실질적인 환경문제와 관련된 갈등관리의 해결을 주도할 수 있는 실효성을 지닌 협치적 기제임을 증명해 보일 필요가 있다.

'지방의제 21'을 활성화하기 위해서는 법적 제도화를 통한 지방의제 자체의 위상을 강화하고 이를 통해 지방의제를 중심으로 한 로컬거버넌스의 참여자들에게 그 실천을 제도적으로 강요하는 것도 중요하지만 반드시 그러한 제도화의 길만이 지방의제가 당면한 모든 문제를 해결해 줄 수 있는 것은 아니다. 물가로 말을 데려갈 수는 있지만 억지로 물을 먹이진 못하듯이 거버넌스의 참여자들을 법적 강제를 통해 거버넌스의 틀 속에 묶어둘 수는 있지만 그들로 하여금 진정으로 자신들의 거버넌스 체제가 지향하는 이념적 목표를 이해하고 이를 달성하기 위해 자발적으로 행동하도록 만들기는 어렵다. 따라서 후자의 목표를 달성하기 위해서는 지방의제 그 자체를 정부-주민-기업 모두 생활의 문제로 체감할 수 있도록 생활중심의 의제를 시민을 대상으로 하는 공모사업을 통해 지속적으로 개발해 나가는 작업이 필요하다.

지속 가능한 발전의 개념을 사회, 경제, 환경(생태계)의 목표 분야에서 어떻게 구체적인 실천과제로 추진해 나갈지는 이미 지방의제들을 중심으로 잘 개발되고 있다. 문제는 지방의제의 참여자들이 그러한 실천과제의 추진성과를 눈으로 직접 확인할 수 있도록 계량 가능한 측정지표들로 구체화하고 이를 주기적으로 측정하여 그 결과를 공유하려는 노력이 필요하다. 부산시의 경우에 나름대로의 추진의제별 측정지표를 개발하였으나 실제로 지표별로 측정하여 그 성과를 주기적으로 발표하고 있진 않다. 따라서 앞으로 지방의제 추진 협의체 내에 별도의 성과관리조직을 구성하여 주기적 지표측정 및 발표작업을 수행해 나가야 할 것이다. 특히 부산시 산하의 16개 구/군의 실천성과가 비교될 수 있도록 함으로써 기초자치단체 간 건전한 경쟁을 유도할 필요가 있다.

부산시의 경우 구/군 단위로 '녹색도시부산21' 추진협의회가 별도의 명칭 아래 조직되어 활동 중에 있다. 그러나 문제는 앞서 지적한 바대로 그들의 활동이 대부분 페이퍼 워크에 그치고 있고 실질적인 활동이 이루어 지지 않는다는 점이다. 따라서 '녹색도시부산21'을 지속적으로 추진해 나가고 실질적인 성과를 얻기 위해서는 무엇보다도 기초자치단체들의 지방의제 활동이 실질적으로 이루어질 수 있도록 광역자치단체 수준에서의 행정지도를 강화해 나가야 할 것이며, '녹색도시부산21 추진협의회'와 구/군 단위의 기초자치단체의 지방의제 21 협의체들 간에 유기적인 협력관계가 만들어질 수 있도록 제도화를 위한 노력을 기울일 필요가 있다.

참고문헌

권숙표. 1992. 「유엔환경개발회의(UNCED)와 환경영향평가」, 『환경영향평가』1(1): 1-4.

김갑곤. 2005. 「지방의제 21 10년에 대한 문제제기」, 『도시와 빈곤』75: 17-31.

신윤관. 2005. 「지방의제 21의 절망과 희망: 지방의제 21 10년의 성찰을 위한 준비」, 『도시와 빈곤』75: 32-43.

조경근. 1998. 「지구환경쟁점의 정치적 구조와 한국의 과제」, 1998년도 한국정치학회 환경문제 특별학술회의 발표 논문.

지속가능발전위원회. 2005. 『지속 가능한 지역사회 발전을 위한 지방의제 21 활성화 방안』지속위 자료집 2005-6.

지속가능발전위원회 지방의제 21연구팀. 2005. 『지속가능한 지방발전을 위한 지방의제 21 제도화 방안』지속가능발전위원회 정책보고서.

정규호. 2005. 「지속가능발전과 거버넌스, 지방의제 21」, 『도시와 빈곤』 75: 44－56.

고경민. 1998. 「정책변화와 정책네트워크: 신제도주의 접근」, 『법정』 11(1): 207－26.

김석준 외. 2002. 『거버넌스의 이해』. 서울: 대영문화사.

남궁근. 1998. 『비교정책연구』. 서울: 법문사.

이수형. 2004. 「다층거버넌스로서의 유럽연합체제」, 『세계지역연구논총』 22(1): 29－47.

Aldrich, H., and D. A. Whetten. 1981. "Organization－Sets, Action－Sets and Networks: Making the Most out of Simplicity." In *Handbook of Organizational Design*, P. C. Nystrom, and W. H. Starbuck, eds. Oxford: Oxford University Press.

Allison, G. T. 1971. *The Essence of Decision*. Little Brown, MA: Brown & Company.

Benson, J. K. 1982. "A Framework for Policy Analysis." In *Interorganizational Co－ordination*: *Theory, Research, and Implementation*, D. L. Rogers, and D. A. Whetten, eds. Ames: Iowa State University Press.

Blom－Hansen, J. 1998. "A 'New Institutional' Perspective on Policy Networks." *Public Administration* 75(Winter): 669－93.

Börzel, T. A. 1998. "Organising Babylon: on the Different Conceptions of Policy Networks." *Public Administration* 76(Summer): 253－73.

Brans, M. 1997. "Challenges to the Practice and Theory of Public Administration in Europe." *Journal of Theoretical Politics* 9(3): 389－415.

Cook, K. S. 1977. "Exchange and Power in Networks of Interorganizational Relations." *The Sociological Quarterly* 18(1): 62−82.

De Bruijn, J. A., and A. B. Ringeling. 1997. "Normative Notes Perspectives on Networks." In *Managing Complex Networks*, W. J. M. Kickert, E. H. Klijn and J. F. M. Koppenjan, eds. London: Sage.

Dowding, K. 1995. "Model or Metaphor?: A Critical Review of the Policy Network Approach." *Political Studies* XLIII: 136−58.

Friend, J. K., J. M. Power, and C. J. L. Yewlett. 1974. *Public Planning: The Inter−Corporate Dimension*. London: Travistock Publications.

Hjern, B., and D. O. Porter. 1981. "Implementation Structures: A New Unit for Administrative Analysis." *Organizational Studies* 3: 211−37.

Jordan, Grant, and J. J. Richardson. 1987. *Government and Pressure Groups in Britain*. Oxford: Clarendon.

Jordan, Grant, and Klaus Schubert. 1992. "A Preliminary Ordering of Policy Network Lables." *European Journal of Political Research* 21: 7−27.

Kazenstein, Peter J. 1985a. *Small States in World Market*. Ithaca, NY: Cornell University Press.

Kazenstein, Peter J. 1985b. "Small Nations in an Open International Economy: The Converging Balance of State and Society in Switzerland and Austria." In *Bringing the State Back In*, P. Evans, D. Rueschemeyer and T. Skocpol, eds. Cambridge: Cambridge University Press.

Kenis, Patrick, and Volker Schneider. 1991. "Policy Network and Policy Analysis: Scrutinizing a New Analytical Toolbox." In *Policy*

Networks: *Empirical Evidence and Theoretical Considerations*, B. Marin and R. Mayntz, eds. New York: Free Press.

Klijn, Erik − Hans, and Joop F. M. Koppenjan. 2000. "Public Policy Management and Policy Networks: Foundations of a Network Approach to Governance." *Public Management* 2(2): 135 − 58.

Lehmbruch, Gerhard. 1984. "Concertation and the Structure of Corporatist Network." In *Order and Conflict in Contemporary Capitalism*: *Studies in the Political Economy of Western European Nations*, John H. Goldthorpe. Oxford: Oxford University Press.

Lindblom, C. E., and D. K. Cohen. 1979. *Usable Knowledge*: *Social Science and Social Problem Solving*. New Haven, CT: Yale Unversity Press.

Marin, B., and R. Mayentz(eds.). 1991. *Policy Networks*: *Empirical Evidence and Theoretical Considerations*. New York: Free Press.

Marsh, D., and R. A. W. Rhodes. 1992. "Policy Communities and Issue Networks: Beyond Typology." In *Policy Networks in British Government*, D. Marsh and R. A. W. Rhodes, eds. Oxford: Oxford University Press.

Pierre, Jon, and B. Guy Peters. 2000. *Governance, Politics and the State*. 정용덕 외 (역), 거버넌스, 정치 그리고 국가. 서울: 법문사, 2003.

Rhodes, R. A. W. 1997. *Understanding Governance*. Milton Keynes: Open University Press.

Rhodes, R. A. W. 1996. "The New Governance: Governing without Government." *Political Studies* 44(4): 652 − 67.

Rhodes, R. A. W. 1988. *Beyond Westminster and Whitehall*: *The Subsectoral*

Governments of Britain. London: Unwin Hyman.

Ripley, R. B., and G. Franklin. 1987. *Congress, the Bureaucracy and Public Policy.* Homewood, IL: Dorsey.

Salancik, G. R. 1995. "Wanted: A Good Network Theory of Organization." *Administration Science Quarterly* 40: 345−49.

Scharpf, F. W. 1978. "Interorganizational Policy Studies: Issues, Concepts and Perspectives." In *Interorganizational Policy Making*, K. Hanf, and F. W. Scharpf, eds. London: Sage.

Smith, Maran J. 1993. *Pressure, Power and Policy: State Autonomy and Policy Networks in Britain and the United States.* Pittsburgh, PA: University of Pittsburgh Press.

Stoker, Gerry. 2000. "Introduction." In *The New Politics of British Local Governance.* Gerry Stoker, ed. Basingstoke, England: Macmillan.

UNDP. 1997. *Governance for Sustainable Human Development: A UNDP Policy Document.* http://magnet.undp.org/policy/default.html.

분 야		의 제	지 표
건강한환경보전	대기	맑은 공기, 푸른 하늘, 아늑한 우리 부산	
		먼지 발생량을 줄인다	미세먼지(PM-10농도)
		화석연료 사용량을 줄인다	CO2 배출량
		소음·악취를 줄인다	연간 악취·소음진동 위반업소율
		자동차 배출가스를 줄인다	자동차 오염물질 연간 배출량
	물	맑은 물이 넘쳐흐르는 우리 부산	
		하천에 맑은 물이 흐르도록 한다	수질환경기준 Ⅳ등급 초과율
		싱그러운 갯내가 나는 바다를 만든다	해역수질기준 Ⅱ등급 초과율
		물 소비량을 줄인다	1인 1일당 물 소비량
	생물	다양한 생물들이 건강하게 살고 있는 우리 부산	
		푸르고 울창한 숲을 가꾼다	자연녹지율
		습지를 보전한다	습지조성면적
		철새들의 보금자리를 늘린다	낙동강 하구 철새 종수·개체수
지속가능한도시시스템구축	폐기물	쓰레기를 만들지 않고 자원으로 되쓰는 우리 부산	
		쓰레기를 줄인다	쓰레기 발생량
		재활용 비율을 높인다	재활용 비율
		음식물 쓰레기를 줄인다	연간 음식물 쓰레기 배출량
	에너지	지속 가능한 에너지 자급도시를 계획하는 우리 부산	
		에너지 사용량을 줄인다	1인당 연간 에너지 사용량
		에너지를 효율적으로 사용한다	에너지 효율
		신재생 에너지 사용량을 늘린다	신재생 에너지 사용율

분 야		의 제	지 표
지속가능한도시시스템구축	교통	마음이 편안한 거리, 남을 배려하는 교통문화가 있는 우리 부산	
		걷고 싶은 안전한 거리를 만든다	보행자 교통사고 사상자수
		교통문화수준을 높인다	교통문화 지수
		대중교통 이용을 늘린다	대중교통 수송 분담율
	도시계획	아름답고 조화로운 삶터인 우리 부산	
		녹지가 그물처럼 얽혀 있는 도시를 만든다	녹피율
		아름다운 해안선을 보전한다	해안선 매립 연장율
		조화로운 도시계획을 수립한다	
살맛나는사회조성	문화	격조 높은 문화가 있는 우리 부산	
		친숙한 문화공간을 늘린다	문화시설수
		문화 활동가를 늘린다	문화활동등록자수
		문화가 살아 숨쉬는 도시를 만든다	편의시설 설치율
	복지	시민 모두가 정겨운 이웃인 우리 부산	
		이동약자의 편의시설을 늘린다	편의시설 설치율
		청소년이 건강하고 밝게 자랄 수 있는 환경을 만든다	청소년회관수
		약자의 사회참여를 확대한다	여성·장애인·노인 경제활동 참가율
	연대와협력	무두 다같이 서로 돕고 넉넉함을 나누는 우리 부산	
		지속 가능한 발전을 위한 지역간 연대와 협력을 강화한다	지역 간 연대협력사업수
		지구환경문제를 해결하기 위한 국제적 연대와 협력을 강화한다	국제 간 연대협력사업수
		시민·기업·행정이 함께 협력하는 행정을 구현한다	시민참여사업수
		미래세대를 고려하여 행동한다	황경보전예산비율 또는 주관적 지표

분 야		의 제	지 표
건강한환경보전	대기	맑은 공기, 푸른 하늘, 아늑한 우리 부산	
		먼지 발생량을 줄인다	미세먼지(PM-10농도)
		화석연료 사용량을 줄인다	CO2 배출량
		소음·악취를 줄인다	연간 악취·소음진동 위반업소율
		자동차 배출가스를 줄인다	자동차 오염물질 연간 배출량
	물	맑은 물이 넘쳐흐르는 우리 부산	
		하천에 맑은 물이 흐르도록 한다	수질환경기준 IV등급 초과율
		싱그러운 갯내가 나는 바다를 만든다	해역수질기준 II등급 초과율
		물 소비량을 줄인다	1인1일당 물 소비량
	생물	다양한 생물들이 건강하게 살고 있는 우리 부산	
		푸르고 울창한 숲을 가꾼다	자연녹지율
		습지를 보전한다	습지조성면적
		철새들의 보금자리를 늘린다	낙동강 하구 철새 종수·개체수
지속가능한도시시스템구축	폐기물	쓰레기를 만들지 않고 자원으로 되쓰는 우리 부산	
		쓰레기를 줄인다	쓰레기 발생량
		재활용 비율을 높인다	재활용 비율
		음식물 쓰레기를 줄인다	연간 음식물 쓰레기 배출량
	에너지	지속 가능한 에너지 자급도시를 계획하는 우리 부산	
		에너지 사용량을 줄인다	1인당 연간 에너지 사용량
		에너지를 효율적으로 사용한다	에너지 효율
		신재생 에너지 사용량을 늘린다	신재생 에너지 사용율

분　야		의　제	지　표
지속가능한도시시스템구축	교통	마음이 편안한 거리, 남을 배려하는 교통문화가 있는 우리 부산	
		걷고 싶은 안전한 거리를 만든다	보행자 교통사고 사상자수
		교통문화수준을 높인다	교통문화 지수
		대중교통 이용을 늘린다	대중교통 수송 분담율
	도시계획	아름답고 조화로운 삶터인 우리 부산	
		녹지가 그물처럼 얽혀 있는 도시를 만든다	녹피율
		아름다운 해안선을 보전한다	해안선 매립 연장율
		조화로운 도시계획을 수립한다	
살맛나는사회조성	문화	격조 높은 문화가 있는 우리 부산	
		친숙한 문화공간을 늘린다	문화시설수
		문화 활동가를 늘린다	문화활동등록자수
		문화가 살아 숨 쉬는 도시를 만든다	편의시설 설치율
	복지	시민 모두가 정겨운 이웃인 우리 부산	
		이동약자의 편의시설을 늘린다	편의시설 설치율
		청소년이 건강하고 밝게 자랄 수 있는 환경을 만든다	청소년회관수
		약자의 사회참여를 확대한다	여성·장애인·노인 경제활동 참가율
	연대와협력	무두 다 같이 서로 돕고 넉넉함을 나누는 우리 부산	
		지속 가능한 발전을 위한 지역 간 연대와 협력을 강화한다	지역 간 연대협력사업수
		지구환경문제를 해결하기 위한 국제적 연대와 협력을 강화한다	국제 간 연대협력사업수
		시민·기업·행정이 함께 협력하는 행정을 구현한다	시민참여사업수
		미래세대를 고려하여 행동한다	황경보전예산비율 또는 주관적 지표

제3장

부산광역시 주차행정의 문제점과 발전방향: 주차
거버넌스 구축을 통한 불법주차 근절방안을 중심으로[*]

김 인(부산대학교 행정학과) · 우양호(부산대학교 행정학과)

Ⅰ. 서 론

1. 연구의 의의

일본의 항구도시 후쿠오카를 방문하면 많은 한국인들이 커다란 충격을 받곤 한다. 도시 어느 곳에도 불법 주차된 차량을 발견하기가 쉽지 않고, 도시 전체가 질서정연하고 깨끗하다. 그러나 한국의 대도시에서는 대부분 도로의 불법주차가 심각한 실정이다. 특히 이런 불법주차 문제를 해결하려는 그간 정부의 노력이 없었던 것은 아니다.

---

[*] 이 논문은 2006년 부산학 학술심포지엄(2006. 11. 17, 신라대학교 부산학연구센터 주최)에서 발표된 기획논문을 수정, 보완한 것으로서 「지방정부연구」 11권 1호(2007.5)에 게재된 논문임.

불법주차의 문제는 도로와 노상주차공간의 공유재적 성격에 기인하여 효율적인 관리체계가 확립되지 않으면 좀처럼 해결되기 어려운 것이다. 게다가, 불법주차의 문제는 다양한 이해관계자들이 관련되어 있을 뿐만 아니라 시민들의 주차의식의 문제도 중요하게 관련되어 있다. 따라서 도시의 주차문제는 그 공동체가 함께 문제를 인식하고 해결하려는 노력과 협력 없이는 결코 해결되지 않는 어려운 문제이다.

이와 같은 성격의 불법주차 문제를 해결하려는 우리나라 대도시 정부의 노력이 종래의 전통적인 행정에서 벗어나지 못하여 언제나 성과를 거두지 못하고 있다. 그럼에도 불구하고 행정당국은 자신들의 행정체계의 변화를 시도하지 못하고 있다. 따라서 대도시의 주차문제 해결을 위해서는 근본적으로 공공부문의 업무수행에 대한 새로운 패러다임으로서 주차 거버넌스의 구축을 모색할 필요가 있다. 종래 정부나 공공부문의 개혁에서는 흔히 정부 내의 관리체계의 개선에만 초점을 맞추는 경우가 많았다. 그러나 국가 간의 경쟁에 따른 효율성의 추구와 더불어 민주화에 따른 국가나 지역사회에서의 시민이나 NGO의 역할에 대한 새로운 인식은 정부나 공공부문의 개혁을 추진해 나가는 데 있어서도 정부 역할의 새로운 패러다임을 모색하도록 하고 있다. 이런 노력이나 변화의 움직임이 대도시의 어떤 서비스 부분에서는 부분적으로 나타나고 있으나,[1] 아직 주차서비스 분야에

---

[1] 그 예로 최근 부산광역시도 지역의 환경 전문가들에게 활동의 장을 마련해 지역의 특수한 환경문제에 대한 해결책을 제시할 수 있도록 '녹색 부산 환경포럼'(가칭)을 창설할 계획이라고 27일 밝혔다. 환경포럼에는 교수와 연구원, 시민단체, 공무원 등 100여 명이 참여할 예정이며 부산지역환경기술개발센터(BETEC)가 주관하고 부산시가 후원할 계획이다(부

서는 뚜렷한 변화의 움직임이 포착되지 않고 있다.[2] 이와 같은 맥락에서 본 연구는 부산광역시의 불법주차 문제를 공유자원의 효율적 관리라는 측면과 주차 거버넌스라는 관점에서 그 실태와 문제점을 파악해 보고, 이를 토대로 하여 주차 거버넌스의 발전방향을 제시해 보고자 한다.

2. 연구방법과 범위

　본 연구는 현실의 불법주차 문제를 해결하려는 실천지향적인 연구의 성격을 띠고 있다. 이를 위해서는 주차서비스 공급이나 주차 거버넌스와 관련한 규범적 연구도 필요할 것이며, 동시에 경험적 연구로서 주차서비스 및 주차 거버넌스의 실태에 대한 정확한 파악과 이해도 요망된다. 먼저, 불법주차서비스의 성격, 특성, 그리고 불법주차가 도로에서 이루어지기 때문에 도로의 공유자원의 효율적 관리를 위한

산일보, 2006. 9. 27). 이런 환경포럼은 환경 거버넌스의 주요 네트워크를 구축할 수 있는 장이 될 것이다.
2) 부산광역시의 경우 2006년 기준으로 서울특별시 및 전국 6대 광역시 중 도로율 6위, 교통혼잡비용 2위, 주차시설 확보율 73%, 불법주차 단속이 매년 70만 건 이상 등으로 나타나고 있다. 이처럼 매년 불법주차 단속이 상당히 많이 이루어지고 있으나 도로의 불법주차는 만연되어 있고, 동시에 과태료미납자가 매년 급증하고 있으며 불법주차 단속에 대한 불만도 급증하고 있어 불법주차 문제의 해결이 긴요한 실정이다.

원칙, 주차 거버넌스 등을 고찰함으로써 본 연구의 규범적 지침을 마련하였다. 또한 경험적 연구로서 부산광역시를 선정하여 연도별 유형별 주차장 개수와 면수, 자동차 증가 현황 등을 정부 발간의 통계자료집이나 인터넷을 통해 파악하였다. 또한 주차 거버넌스 실태를 파악하기 위한 탐색적인 조사를 위해 여러 차례 면담을 실시하였으며, 최종적으로 이를 통해 설문지를 작성하여 관련자들과의 체계적 면담을 실시하였다.

본 연구에서 사용된 탐색적 설문조사는 2차례에 걸쳐 시행되었다. 1차 조사(25명)는 2006년 9월 20일부터 10월 21일까지였고, 2차 조사(21명)는 자료보완을 위해 2007년 2월 22일부터 3월 5일까지였다. 조사는 방문면접 및 전화면접으로 이루어졌다. 조사대상자를 부산시 주차문제와 정책에 대해 충분한 정보를 인지하고 있는 사람들로 한정하였기 때문에 면접대상자의 수는 많지 않았다. 본 연구를 위해 사전 선별된 최종 조사대상자는 시청 및 16개 구·군청(차량등록사업소 포함) 주차담당공무원 21명, 경찰 및 소방 주차담당공무원 8명, 공기업(시설관리공단) 공영주차장 담당자 4명, 시민단체(교통문화운동시민연합, 부산참여자치시민연대 녹색교통위원회) 6명, 기업(주차장업자, 택시운수, 대형차운송업자) 5명, 언론인(지역신문) 2명 등 총 46명이었다.

II. 주차서비스와 주차 거버넌스에 대한 이론적 고찰

1. 주차서비스의 의의와 유형

자동차는 현대인의 생활을 유지하는 데 있어서 필수적이며 기본적인 요건인 동시에 국가발전과 국민생활의 편의성 증대에 있어 없어서는 안 될 중요 교통수단이다. 근래에 소득수준의 증가에 따른 자동차 수의 급증은 폭발적인 주차수요를 야기하고 있다. 그러나 대도시 내의 주차공간의 부족과 주차시설에 필요한 자원의 확보가 어려워 전반적인 주차공간은 완만하게 증가하고 있다(박용훈, 1996). 따라서 주차는 한국의 대도시를 위시한 전세계 대도시에서 심각한 문제로 제기되고 있다(Axhausen & Polak, 1991; 원재무, 2005). 또한 자동차는 개인의 욕망을 충족시키는 수단으로 자리 잡게 되어 해마다 자동차 보유대수가 급격히 증가해 왔음에도 불구하고, 그간의 정부정책, 시민의식 및 주차문화는 이런 문제를 해결할 만큼 따라가지 못하였다(윤형관, 2005). 따라서 현재와 같은 상태가 지속되는 한 주차시설은 양적으로 절대 부족하고 질적으로 영세화, 전용화되어 심각한 주차난이 해결되지 않을 것으로 예상되어 주차문제 해결에 대한 새로운 시각과 대책이 절실히 요구되고 있는 실정이다. 게다가, 대도시에서

합법적인 유료주차공간이 있음에도 불구하고 도로에는 불법주차 차량이 많아 혼잡과 사고발생 등 많은 문제를 야기하고 있다.

종래, 주차문제는 주로 교통공학이나 도시계획 등 기술적 측면에서 주로 많이 연구되어 왔다. 그러나 주차문제는 물리적 측면을 많이 내포하고 있지만 근본적으로 사람들이 행한 주차행위의 결과이기 때문에(Bradley & Layzell, 1986; Willson & Donald, 1990; Stubbs, 2002; Golias, Yannis & Harvatis, 2002) 주차문제를 단순히 물리적인 시설 측면에서만 파악할 것이 아니라, 시설 이용과 관련한 하나의 사회적 상호작용(interactivity)으로 파악할 필요가 있다(Bonsall & Palmer, 2004).

일반적으로 주차서비스란 통행의 일부로서 자동차를 정지 보관하는 주차시설의 공급 및 생산과 관련한 일련의 활동이다(김인, 1995).[3] 따라서 주차서비스는 통행, 즉 교통의 맥락에서 파악해야 한다. 이런 점에 비추어보면, 좋은 주차서비스란 통행자들이 편리하고 싼값에 누구나 쉽게 주차시설을 이용할 수 있는 것이다. 주차공간은 개별적 소비와 이용의 배제가 가능하다는 측면에서 비록 완벽하지는 않지만 사적 재화이며, 민영주차장이 그 예이다(임승달, 1994, 정성용, 1997).

---

3) 일반적으로 주차서비스의 개념에는 상호 연결된 여러 가지 목표들을 함축하고 있다. 즉, 주차서비스는 주민들의 차량과 상업용 차량의 주차수요에 부응하고, 고객과 방문자들에게 시장요율(market rates)로 주차공간을 제공한다(Kim, 1992; 1993; Rye & Ison, 2005). 그리고 도시 개발 정책으로부터 도출된 우선순위에 따라 희소한 공간을 할당하고, 도시 교통을 통제하고, 주차와 교통 순환(circulating traffic) 사이의 균형을 유지하며, 특히 근로자들이 대중교통을 선호하도록 교통수단 선택에 영향을 미치고자 하는 것 등이다(Topp, 1991; 김인, 1995).

주차서비스는 주차시설(공간)인 공공서비스(재) 공급 및 생산과 관련한 일단의 활동이므로 주차장의 특성에 따라 고찰할 필요가 있다 (Bennett & Johnson, 1979; 김인, 1995). 2006년 현행 주차장법(제 2조 1항)에 따르면, 일반적으로 주차장은 노상주차장, 노외주차장, 부설주차장, 기계식 주차장으로 크게 네 가지 유형으로 나뉜다.

첫째, 노상주차장은 도로의 노면 위에 설치되어 운영되는 주차장으로서 관리자가 요금을 받고 운영되므로 배제도 가능하고 한 사람이 주차공간을 이용하면 다른 사람이 이용 불가능하므로 사적 재화이다. 그러나 도로는 주차를 하는 경우 이를 배제하기 어렵고 주차를 하게 되는 만큼 그 공간이 줄어들고 있어 공유자원(common-pool resources)의 성격을 띠고 있다(Ostrom, 1990; Ostrom, Gardner & Walker, 1994). 따라서 노상의 주차는 그 배제 비용이 너무나 많이 들기 때문에(Savas, 1987) 자동차 운전자의 노상주차 이용을 배제하기 어렵다(서의택·손태민·이정헌, 1989).

둘째, 노외주차장의 이용은 쉽게 배제 가능하고 그리고 개별적으로 이용된다. 그러나 그것은 개인적인 차고가 갖고 있는 것과 똑같은 특성을 갖고 있는 것은 아니다. 그것은 주차공간의 수용능력까지 합동으로 이용되거나 소비된다(오윤표·김희생, 1997). 따라서 노외주차장은 요금재로 고려될 수 있다. 물론, 그것은 위성 TV와 같은 순수한 요금재는 아니다. 노외주차장의 성격은 순수 개별 소비와 순수 합동 소비 사이의 연속선상에 위치한다(김인, 1995).

셋째, 부설주차장은 배제와 소비에 있어서 노외주차장과 비슷한 성격을 갖고 있다. 그러나 그것은 건물의 고객에게 주로 제공되는 것이다. 환승주차장이나 기계식 주차장 역시 노외 및 부설주차장과 똑같은 배제와 소비의 특성을 갖고 있다. 그러나 그것은 도심 지역의 교통체증을 해소하려는 특수한 목적을 갖고 있다.

그 외에 시민들이 이용하는 많은 주차공간은 불법으로 이용하는 도로의 일부이다. 시민 혹은 사업자들이 이용하는 이런 주차공간은 서로 밀접하게 연계되어 있다. 위에서 설명한 여러 유형의 주차공간이 부족하거나 혹은 그 이용료가 시민들에게 부담이 될 경우, 시민들은 쉽게 불법주차의 유혹에 빠지게 될 것이다.

2. 불법주차의 개념과 특성

법적인 의미로 주차라 함은 차량이 승객을 기다리거나 화물을 싣거나 고장 따위로 정지하여 있는 상태, 또는 운전사가 자동차로부터 떠나 있어서 즉시 운전할 수 없는 상태를 이른다(도로교통법 제2조 17호). 구체적으로 차량 등이 손님을 기다리거나 화물을 싣거나 내리는 경우, 고장 등 기타 이유에 의하여 계속적으로 정차하는 것 또는 차량 등이 정지하고 운전자 등이 차량을 떠나 즉시 운전할 수 없는 상태에 있는 것이다. 계속적으로 정지한다는 것은 운전자가 각각의 목적을 위하여 계속 정지할 의사를 가지고 정지한 것이라면 시간의

장단은 문제가 되지 않는다.[4)]

불법주차는 법적인 의미에서 본다면 현행법에서 금지된 주차 및 정차행위를 하는 것으로, 일반적인 위반 유형은 다음과 같다(도로교통법 제32조-35조, 주차장법 제8조). 첫째, 표지 및 신호에 상관없이 오랜 시간 동안 주·정차 및 정지가 금지된 장소에서의 주·정차(주차 및 정차의 금지위반), 둘째, 주차금지표지가 있는 장소에서의 주차와 시간대나 주차공간이 제한된 장소에서의 주차(무단주차), 셋째, 주차장법과 주차목적에 위반되는 주차(부정주차) 등이 있다. 따라서 이 같은 의미에서 불법주차는 주차시설 및 공간의 부족으로 발생하며, 운전자 및 보행자 안전 위협, 거주지 접근 장애, 상업지역 하역 공간 부족, 간선도로 소통장애를 야기함으로써 모든 대도시의 문제가 되고 있다(Shoup & Pickrell, 1980). 이에 불법주차를 억제하기 위한 전략이나 수단으로 주차장 건설 촉진, 주차단속 강화, 통행 차량의 통제 정책 등이 활용되고 있으나 주차공간의 제공이나 도로 공간의 활용에 있어 효율적이지 못한 실정이다(윤형관, 2005). 이러한 불법주차는 교통사고, 교통혼잡, 접근장애, 교통환경 침해 등을 초래하는 것으로 보고 있다(Petiot, 2004; Arnott, 2006; Freeney, 1989; 이기우, 2001).[5)]

---

4) 정차란 5분을 초과하지 아니하고 정지하는 것으로서 주차 이외의 정지 상태를 말한다(도로교통법 제2조 18호). 다만, 횡단보도나 교차로, 그 밖의 교통표지에 의하여 정지하는 것은 일시정지이며 정차는 아니다. 이와 같은 이유로 불법주차는 불법정차와 항상 같이 취급하게 된다(김종민·김만배, 2004).

5) 불법주차의 환경적 비용은 불법주차 차량으로 인한 소음, 공해, 더 높은

이와 같은 많은 문제를 야기하는 불법주차의 문제도 다른 관점에서 볼 필요가 있다. 즉, 불법주차는 현행법에서 금지된 주차 및 정차 행위를 하는 것인데, 지역사회에서 볼 때 현행의 주차금지표지나 혹은 그 시간대가 부적절한 경우가 있어 불법주차가 되는 경우가 많다. 이런 경우 주차금지표지를 재정비한다면, 현행의 많은 불법주차가 합법주차로 바뀌게 됨을 주목해야 할 것이다. 이런 주차금지표지는 그 지역실정에 맞게 작성되어야 하나, 실제 그렇지 못한 경우가 많다.

3. 도로의 공유자원적 성격과
공유자원의 효율적 관리 원칙

불법주차는 일반적으로 노상에서 이루어지고 있어 도로를 이용하게 된다. 이 경우 주차하는 도로의 공간은 다른 사람들이 이용할 수 없으므로 소비의 경합성이 존재하며, 동시에 실제 도로에 불법 주차하는 것을 막기란 극히 어려워 자원 이용의 배제가능성이 극히 낮다. 이런 점에서 보면 불법주차의 도로는 공유재적 성격을 가지고 있다.

교통량으로부터의 위험, 그리고 가시적인 경관 및 쾌적함의 저해 등이다 (Mildner, Strathman & Bianco, 1997; Stubbs, 2002). 이는 종종 불법주차의 사회적 비용(social costs)으로 간주되기도 한다(Hollander, Prashker & Mahalel, 2006; Button, 2006).

불법주차가 가지고 오는 많은 문제점이 있음에도 불구하고 도로의 공유자원적 성격 때문에 불법주차를 막기 어렵고 불법주차가 만연되기 쉬우며 동시에 불법 주차된 도로에 대해서나 불법주차 단속에 대해서 시민들이 불만을 토로하기 쉽다. 이러한 문제를 해결하기 위해서는 공유자원의 자율적 관리의 원칙을 검토해야 하며, 동시에 도로의 효율적 관리를 위해서는 전적으로 주민들의 자율적 관리에만 맡길 수 없으므로 한 도시나 혹은 적어도 기초자치단체인 구에 의한 관리의 방식을 함께 검토해야 할 것이다. Ostrom은 전세계에서 아주 오랜 기간 동안 성공적으로 관리되어 온 공유자원의 사례를 통해 공유자원의 자치적 해결을 위한 제도적 장치를 마련하기 위한 원칙을 정리하였는데 이러한 원칙은 도로의 불법주차를 예방·억제하고 효율적으로 관리할 수 있는 원칙을 도출하는 데 원용될 수 있을 것이다.

첫째, 자원의 이용자의 경계를 분명히 하여 누가 그 자원을 이용할 자격이 있는지 분명히 해야 하며, 둘째, 자원이용 및 자원공급의 규칙을 그 지역의 사정과 일치시켜야 하며, 셋째, 자원체제의 운영규칙에 영향을 받는 대부분의 개인들이 운영규칙의 수정에 참여할 수 있어야 하며, 넷째, 공유자원의 상황과 이용자의 행태를 감시하는 사람은 이용자들에게 책임을 져야 하거나 아니면 이용자들이 감시자가 되어야 하며, 다섯째, 운영규칙을 위반한 사람들은 다른 이용자나 이런 이용자에게 책임을 지고 있는 관리자들에 의해 위반 사항이나 심각성에 따라 누진적으로 제재를 받게 해야 하며, 여섯째, 이용자들과 이들을 위해 일하는 직원들은 이용자들 사이나 혹은 이용자와 직원들 사이에 생기는 갈등을 해소하기 위해 적은 비용으로 신속히 접근할 수 있는 지역 내의 어떤 장(arena)을 가져야 하며, 일곱째, 이용자들이 스스로 제도를 마련하는 권리를 가지며, 이 권리는 중앙정부 당국으로부터 제한되지 않아야 하며, 끝으로 보다 큰 체제의 부분을 이루는 공유자원을 위해서는 이용, 공급, 탑지, 시행, 갈등해결, 그리고 통치활동들이 다계층의 상하체제(nested enterprises)의 일부로서 조직화되어야 한다는 것이다(Ostrom, 1990: 90, 김영평, 1992: 324, 김인, 1998: 14 − 15).

4. 주차 거버넌스의 개념과 의의

주차 거버넌스는 주차서비스와 관련한 거버넌스의 문제이다. 따라서 주차 거버넌스의 개념을 파악하기 위해서는 거버넌스의 개념을 먼저 파악할 필요가 있다.

최근 공공부문에서의 거버넌스(governance) 개념의 도입과 적용은 국가뿐만 아니라 지역의 공공부문에도 많은 영향을 미치고 있다. 즉, 지방정부와 관련된 환경의 변화과정에 대응하여 거버넌스 개념과 양식이 지역사회의 문제해결에 있어서도 새로운 관점과 방향을 제시해 주고 있다. 이와 같은 거버넌스의 개념은 학자들에 따라 다양하게 정의하고 있으나, 거버넌스의 개념 구분은 기본적으로 시민사회 내부의 자율적 관리체제로 보느냐 아니면 시민사회를 넘어서 국가, 시민사회 및 시장 간의 상호 협력관계로 보느냐에 따라 협의와 광의의 개념으로 구분하고 있으나(김석준 외, 2000: 41-4, Jessop, 1999, 이명석, 2002), 많은 연구에서 광의의 개념을 사용하고 있다(김인, 2006).

이와 같은 광의의 관점에서 내린 정의로서 흔히 거버넌스란 '정부 중심의 공적 조직과 사적 조직의 경계가 무너지면서 국가와 시장, 시민사회가 과거와는 다른 수평적 네트워크의 구축을 통한 새로운 형태의 상호작용과 협력체계를 구성하면서 등장한 조정양식'으로 파악하고 있다(김석준 외, 2000: 42, Stoker, 1998, 이현출, 2001: 220, 김인, 2006). 마찬가지로 Peters와 Pierre(1998)도 거버넌스를 '정부 밖에 있는 행위자들과 전략적으로 조직 간 협력을 통해 정부 능력을 제고하는 과정'으로 광의로 정의하고 있다.

이렇게 보면, 거버넌스는 공공목적을 달성하기 위한 자원동원과 권력행사 방식과 관련된다. 거버넌스는 권력을 주요 수단으로 하는 정부, 이윤추구를 주요 목적으로 하는 기업, 사명을 중심으로 하는 시민(단체) 간의 관계성에 초점을 두는 지역사회의 주요 부문 간의 협력과 참여라는 동반자적 관계를 통하여 지역사회의 공공문제를 해결해 나가는 방식을 제안하고 있다(김석준, 2000). 그리고 국가가 아닌 지역사회 혹은 지방수준에서의 거버넌스는 지방정부를 중심으로 한 제도적이고 공식적인 관계보다는 행정기관, 기업, 시민집단 간에 있어서 각자의 전략적 목표와 이해관계를 비공식적인 네트워킹을 통해 반영, 조정, 통합해 나가는 데 그 의의가 있다(박재욱·류재현, 2000). 이와 같은 거버넌스의 개념을 지방정부의 공공서비스 공급 및 생산과 관련하여 상정해 볼 수 있다. 예컨대, 도시경관 및 교통소통에 대한 다양한 정부의 규제활동(교통단속, 주차단속 등)과 동시에 정부, 기업, 시민단체가 함께 지역사회의 주차문제 해결을 시도한다면(이기우, 2001, 교통안전공단, 2003) 이는 전형적인 주차 거버넌스라고 볼 수 있을 것이다.

거버넌스 관점에 의한 주차서비스와 기존의 정부 관료제 중심의 주차서비스에는 근본적으로 차이가 있다. 기존 정부 관료제 중심의 주차서비스는 정부가 독자적으로 정책을 수립하고 이에 따라 서비스를 제공하는 것이다. 이에 비해 주차 거버넌스의 관점에 따른 주차정책과 서비스 공급은 주차문제에 대한 결정권을 정부와 시민단체, 주차업자, 사업자 등 관료제 밖의 여러 기관이나 단체들과의 협력 내지는 권한의 위임을 통해 이루어진다는 것이다. 즉 시나 구가 가진 정책결정권이나 도시공공서비스 공급의 권한을 다양한 방식으로 위임하는 것이다. 위임방식의 하나는 지방의회의 조례를 통해 위임하는 것이고 다른 하나는 지방단체장의 권한을 재량으로 위임하는 방식이다. 지방자치단체장의 권한을 위임하는 방식에도 내부적인 위임과 외부적인 위임이 있을 수 있다. 내부적인 위임은 관료제 조직구조상의 전통적 권한위임(empowerment)이고, 외부적인 위임은 위원회나 심의회, 자문회의 등을 통한 위임이다. 그리고 이들 위원회나 심의회, 자문회의에 대한 위원장을 외부전문가나 시민단체, 직능단체, 지역단체의 대표자에게 위임하는 방식과 지방단체장이 직접 위원장이 되는 경우도 있을 수 있다.

이와 같은 주차 거버넌스가 구축되기 위해서는 시장과 시의회의 관심이 중요하다. 즉 주차문제의 해결권한을 거버넌스 차원으로 변화시키기 위해서는 집단주의적 의식이 강한 한국행정 문화의 속성상 일종의 혁신의 수용과 새로운 제도 도입을 위하여 행정조직풍토의 진취성과 개방성이 필요하다고 지적되며 여기에 가장 큰 영향을 미치는 사람은 단체장과 관리직급 공무원이다(이동기, 2003, 김형양, 2006). 그리고 지방의회의 시민과 시민단체에 대한 인식이 긍정적일수록 협력도 긍정적이라는 주장은 지방의회의 역할이 주민의 대표로서 주민여론을 수렴하여 행정 및 정책과정에 반영하는 연결 작용을 한다는 의미이다(이동기, 2000). 또한 거버넌스 구성을 위해서는 커뮤니티 구성원 간의 신뢰가 전제되어야 한다. 거버넌스의 주요 논리는 정부능력의 한계를 여타 행위자들과 연계관계 강화를 통해 보완해야 한다는 것이다. 즉, 상호신뢰라는 사회적 자본이 효율적 정부나 진보와 직결된 문제라는 것이다(이병수·김일태, 2001, 전영평, 2003). 그리고 이는 기본적으로 정부와 다른 행위자들 간의 참여와 협력을 이끌어내는 보이지 않는 촉매역할을 한다(이명석, 2002, 옥원호, 2002). 마찬가지로 민간부문의 참여에 기초한 지방의 중요관심에 대한 공동책임체제의 구축을 통해 지방정부가 능동적 신뢰를 제고함으로써 사회자본의 축적에 기여할 수 있다. 이처럼 거버넌스 구축을 통해 지방수준에서 민간부문의 자원 즉 정보, 전문적 지식, 재정적 자원, 정치적 자원, 인간적 자원 등을 활용하여 공공부문의 서비스공급의 효과성과 효율성을 제고할 수 있다는 것이다(김형양, 2006).

Ⅲ. 부산광역시 주차서비스 현황과 거버넌스 실태

1. 자동차 증가현황과 주차공간의 확보 실태

부산은 역사적으로는 6 · 25 이후 많은 인구가 갑자기 유입됨으로써 도시가 체계적이고 장기적인 계획에 따라 정비될 여유가 없이 급속히 팽창하였으며, 지형적으로는 금정산, 백양산, 황령산 등 산지가 많고, 바다를 접하고 있는 대상형의 도시구조를 가지고 있어, 많은 교통량을 충분히 처리할 수 있는 도로망의 형성에 취약한 구조를 가지고 있다. 더구나 부산의 도로는 2006년 현재 총 연장 3,159.01㎞로서 도로율이 19.49%에 머물고 있어 해외 주요도시(동경의 24.4%, 파리의 25.1%, 런던의 23.3%, 뉴욕의 22.0%)는 물론 전국 7대 도시(서울 21.68%, 대구 23.12%, 인천 24.92%, 광주 20.5%, 대전 25.5%, 울산 16.91%) 중에서 두 번째로 낮다(부산광역시, 2005, 건설교통부, 2006). 이처럼 지형적으로 불리한 도시여건에다 차량교통량의 지속적인 증가와 항만이 도심에 위치하고 있음에 따른 항만화물의 시내도로 통과 등으로, 기간 도로교통망의 계속적인 확충에도 불구하고 낮은 도로율과 함께 교통체증은 가중되고 있으며, 7대 도시 중 서울 다음으로 높은 교통혼잡비용을 나타내고 있다(부산광역시 교통기획과, 2005, 한국교통연구원, 2006).6) 그런데도, 교통기반시설의 확충 및 개선, 교통관리 및 운영 등과 관련된 시스템 구축에 필요한 재원은 여전히 부족하다.

게다가 부산지역에는 등록차량의 전반적 증가와 더불어 자가용의 급격한 증가가 두드러진다. 구체적으로 대부분 자가용으로 이용되는 승용차는 1995년에 약 417,752대이던 것이 2000년에는 547,405대, 2006년에는 714,366대로 10년 사이에 약 30만 대가 증가하였다. 승합차와 화물차는 각각 10년 전보다 3만 대, 6만 대 내외로 증가했고 전체 차량은 10년 사이 30만 대 이상 증가했다(부산광역시 교통국 교통관리과 및 부산광역시 차량등록사업소 통계, 2006. 10). 따라서 부산시의 심각한 주차문제는 자가용 승용차의 폭발적인 증가가 주원인임을 잠정 예상할 수 있다. 즉, 주차시설 확보를 위한 법적, 제도적 규제가 완비되기 이전에 건축된 기존건물에 주차시설을 확보하지 못한 상태에서 급격한 자동차 증가현상이 발생한 것이다.

2006년 9월 현재 주차장의 면수는 총 35,702개소 726,977면수이며, 이를 유형별로 보면 노상주차장이 76,186면(10.5%), 공영노외주차장이 14,546면(2.0%), 민영노외주차장이 62,371면(8.6%), 건물부설

---

6) 교통혼잡비용이란, 왕복 4차로 이상의 도로에서 정상속도 이하로 달릴 수밖에 없어 발생하는 운전자의 시간가치 손실, 차량 운행비 증가 등의 비용을 합한 것을 의미한다. 2004년 기준으로 전국 교통혼잡비용은 23조 1천억 원으로 GDP 대비 2.97%에 달하며, 서울이 5조 7,237억 원, 부산이 3조 3,843억 원이었다. 이어 대구, 인천, 대전, 광주, 울산의 순이었으며 7대 도시의 총 혼잡비용은 13조 9,851억 원으로 나타났다(한국교통연구원, 2006).

주차장이 573,874면(78.9%)으로 나타났다.[7] 이러한 주차장 면수의 최근 10년간 증가비율을 보면 노상주차장의 경우 그 비율이 5.4% 노외공영주차장의 경우 141.3%, 노외민영주차장의 증가비율은 75.2%, 부속주차장의 경우 128.5%로 나타났다.

중요한 것은 부산시 전체 자동차 등록대수가 2006년 9월 기준 991,165대인 데 비해 총 주차면수는 726,977면으로 자동차 대비 주차시설 확보율(주차장 공급률)은 73.3%에 그치고 있으며 나머지 26.7%에 해당하는 264,188대의 차량은 주차시설에 주차를 할 수 없는 것이다. 즉, 현재 부산시 전체 자동차의 1/4 이상이 불법주차를 할 수밖에 없는 실정이며, 곧 이것은 간선도로 및 이면도로, 고지대 산복도로의 노상 불법주차로 인한 보행 및 교통 소통장애 유발과 도시 전반적인 주차난으로 나타나고 있다.[8]

---

7) 현재 부산시의 노상·노외 공영주차장은 시장 또는 구청장이 설치한 주차장으로 자치구, 시설관리공단, 교통공사 등이 직접 또는 민간위탁을 통해 관리하고 있다. 민간운영주차장은 공영주차장을 제외한 노상, 노외, 부설주차장을 말하며, 단체나 개인이 건물지하 등 사유지에 주차장을 조성하여 수익을 목적으로 운영되는 사설주차장이 이에 해당된다. 시설관리공단은 시내 전역에 걸쳐 있는 공영주차장 중 자치구 및 민간(개인)에서 관리하고 있는 일부 공영주차장을 제외한 노상·노외주차장과 역세권 주차장을 관리하고 있으며, 부산광역시 주차장 설치 및 관리 조례에 의거하여 지역별 주차요금 체계를 1급지부터 4급지까지 네 유형으로 차등화하여 관리·운영하고 있다(부산광역시 교통관리과, 2006).

8) 실제 부산시 시정백서(2005)에는 주차부족면수가 12월 기준 252,992면(부족률 26%)이라고 밝혔다. 이는 전국적으로 보면 2005년 12월 기준으로 부산은 전국 광역자치단체의 평균 주차장 확보율에 미치지 못하고 있다. 더구나 부산보다 자동차가 3배 이상 많은 서울이 주차장 확보율이 98%를 넘는 것과는 대조적이다(건설교통부 전국 도시교통현황통계, 2006).

불법주차는 자가용 차량을 가진 사람을 중심으로 일상에서 자주 나타나고 있다. 이는 부산광역시의 불법주차 단속현황 및 연도별 추이에서 잘 나타난다. 즉 불법주차 단속건수는 1997년 1,055,400건을 기록한 이래 이듬해 대폭 감소하였다가 해마다 증감을 반복하고 있다.[9] 2005년에는 약 75만여 건의 불법주차가 적발되었고, 2006년 9월까지는 68만여 건이 단속되어 전년도에 비해 줄어들지 않을 것으로 예상되고 있다(부산광역시 교통관리과, 2006). 이처럼 자동차 증가율과 주차공간의 확보율 간의 격차는 점점 벌어져 왔고, 향후에도 점차적으로 커질 전망이기 때문에 주차문제 해결을 위한 정부 관료제의 기능은 이미 한계에 다다랐다고 해도 과언이 아닐 것이다. 그간 부산광역시는 주차문제 해결을 위해 그간 교통수요 관리대상 기관 및 업체에 10부제 운행 강화, 주차장 유료화, 통근버스 운행, 주5일 근무제, 대중교통의 날 시행 등의 참가권장 등 교통 수요를 억제하는 한편 일반 주민들에게는 대중교통 이용을 적극 권장하였지만 주차문제에 대한 영향력은 미미한 수준이었다.

---

9) 부산광역시 교통국 교통관리과(2006. 10) 내부자료인 부산광역시 불법주차 단속현황 및 연도별 추이(1997－2006)를 보면 1997년 1,055,400건, 1998년 833,595건, 1999년 723,758건, 2000년 683,730건, 2001년 712,235건, 2002년 715,433건, 2003년 780,662건, 2004년 751,084건, 2005년 752,359건, 2006년(9월까지) 680,299건을 기록하였다.

2. 부산광역시 불법주차 단속 행정

주차서비스 및 불법주차 단속 등을 책임지고 있는 정부기관의 역할은 크게 법률과 조례로 구분할 수 있다. 도로교통법과 동 시행령은 단속의 주체를 규정하고 있으며,[10] 부산시 조례는 보다 구체적인 단속의 범위와 방법까지 규정하고 있다. 여기에는 부산광역시 주차장 설치 및 관리 조례, 부산광역시 주차장 설치 및 관리 조례 시행규칙, 부산광역시 주차위반 자동차 견인소요비용 산정기준에 관한 조례, 부산광역시 자동차관리사업 등록기준에 관한 조례, 부산광역시 시설관리공단 설치 조례 등이 있다.[11]

---

10) ① 도로교통법 제31조(정차·주차위반에 대한 조치)는 규정을 위반하여 정차하거나 주차하고 있는 차가 교통에 위험하거나 방해될 염려가 있는 때에는 경찰공무원 또는 시장 등이 대통령령이 정하는 바에 의하여 임명하는 공무원(이하 시·군·구 공무원이라 한다)은 그 차의 운전자 또는 관리책임이 있는 사람에 대하여 정차나 주차방법의 변경 또는 그 곳으로부터의 이동을 명할 수 있다고 명시하고 있다. ② 도로교통법시행령 제10조의 2항(주·정차단속 담당공무원)은 주차단속 주체의 범위를 대통령령이 정하는 바에 의하여 임명하는 공무원으로 보고 있으며 이들은 교통행정과 관련되는 분야에서 근무하는 공무원 등 당해 지방자치단체에 근무하는 공무원으로서 주·정차단속을 위하여 필요하다고 인정되어 시장 등이 임명하는 공무원을 말한다. 이에 따라 부산시는 시청과 산하 16개 구·군청 일반직, 기능직 공무원 이외에 경찰공무원, 소방공무원이 단속 주체에 포함되어 있다.

11) 서울특별시 강서구의 경우에도 시설관리공단 설치 조례에 의해 시설관리공단이 설치되어 공영주차장을 관리 운영하며, 공영주차장은 강서구의 주차장설치 및 관리 조례에 의해 운영되며 급지에 따라 요금이 다르게 적용된다(남형우·김수연, 2006: 149-162).

대부분의 대도시정부는 다양한 기관들의 역할 분담을 통해 이처럼 주차관련 서비스를 제공하고 있으나 상호 중복되거나 역할분담이 명확하지 않은 것도 있다. 부산광역시도 현행 주차관련 4가지 조례와 1개의 시행규칙을 통해 주차서비스와 단속업무의 주체와 범위를 규정해 두고 있으나, 명확하지 않고, 다만 지방정부 조직체계와 업무관장 규정에 따라 상위지방정부인 광역시청(교통국 교통관리과)이 주차계획과 주차관리업무를 총괄하는 가운데, 각 구·군청(교통행정과)이 불법 주·정차 현장 단속업무를 대부분 전담하고 있다. 이는 전국 6대 광역시에서도 동일한 유형으로 파악된다(부산광역시 교통국 교통관리과장 및 실무자 인터뷰, 2006. 12). 여기에 경찰과 소방공무원이 주차단속을 할 권한이 있지만, 경찰은 보다 중요한 교통소통과 안전운행 단속에 집중하거나, 소방은 화재진압 및 인명구급 본연의 업무 때문에 실제적인 주차단속 주체의 역할은 거의 하지 못하고 있다(부산시 교통국 교통관리과장 및 실무자 인터뷰, 2006. 12).

　　또한 주목되는 것은 단속과정에서 대부분의 단속요원운영과 불법주차 과태료 고지는 구·군청이, 불법주차 차량 견인에는 민간견인업자가, 견인된 차량 보관대행사업은 시설관리공단이, 과태료체납조회 및 이로 인한 압류는 차량등록사업소가 담당하고 있다. 이 같은 업무분산으로 인한 비효율성은 차량등록전산망의 공유로 극복될 수 있을지라도 각 기관들이 자신들의 업무상의 편의만을 위해 어떤 경우에는 과다한 단속이 이루어지는가 하면, 어떤 경우에는 단속이 전혀 이루어지지 않고 있으며, 차량의 견인의 경우에도 같은 양상이 초래되어 시민들의 불만과 불편을 초래하고 있다.

부산시에서는 주차질서 확립을 위하여 최초 1990년 11월 1일부터 주·정차 단속을 실시한 이래 지속적으로 계도와 단속을 병행하여 왔다. 특히 간선도로변, 곡각지, 인도변, 소방차 등 긴급차량 통행로 등의 불법주차 차량에 대해서는 1992년 민간부문에 대행업을 발족시킨 이후 2005년까지 약 80만 대 이상을 견인 조치하였으며, 이후에도 교통소통에 방해가 되는 차량에 대해서는 주·야간을 불문하고 강력한 견인단속을 실시하고 있다. 또한 간선도로변을 중심으로 경찰과의 합동단속을 강화하여 불법주차를 근절시키는 시책을 지속적으로 추진하고 있다(부산광역시 교통기획과, 2005). 더구나 2001년 6월 도로교통법이 개정되어 주차단속 공무원의 범위가 교통행정분야에 근무하는 공무원에서 지방자치단체에 근무하는 공무원으로 대폭 확대되어 소방공무원 등 현장공무원 등도 단속권한을 가지게 되었으며, 또한 광역시장도 단속권한을 가지게 되어 주차단속이 한층 강화되었다. 즉 2003년부터 부산시에서는 매월 1회 집중단속의 날을 운영하여 16개 구·군 및 경찰이 자치구별 취약지역을 순회 집중 단속해 왔으나, 2005년부터는 4개 권역 단위로 나누어 권역별 집중단속의 날을 월 2회 운영함으로써 불법주차 단속의 효율성 제고는 물론 기초질서 확립에도 박차를 가하고 있다. 또한 소방공무원들로 구성된 긴급차량 단속반을 편성하여 사전계도와 함께 지속적인 책임단속이 되도록 함으로써 화재나 재난 시 긴급차량의 진출입이 용이하도록 하여 재난예방에도 힘쓰고 있다. 부산시 교통관리 담당자에 따르면 2004년 7월에 도로교통법의 추가 개정이 이루어져 연제구 등 4개구에서는 무인단속카메라 10대(1억 4천만 원 소요)를 아시아드로,

수영로 등 간선도로와 상습 불법 주·정차 지역에 설치하여 무인단속 장비에 의한 불법주차 단속을 하고 있으며, 최근 무인 단속카메라를 연차적으로 확대 설치하면서 첨단시스템을 새로 도입하여 불법 주·정차 단속을 점차 강화하고 있다고 한다.12)

3. 주차 거버넌스의 참여 주체와 실태

부산광역시에서 주차문제와 불법주차 단속의 문제를 어떤 방식으로 해결하고 다루는지를 파악해 보기 위해서 주차서비스 관련자들을 대상으로 면담 조사를 실시하였다. 면담결과에 따르면, 우선 부산광역시의 경우 주차문제 해결을 위해 시의 주차담당자, 민영주차업자, 교통문제 해결을 위한 시민단체 등과의 네트워크를 구축하고 있지는 못한 실정이며, 교통문제 해결을 위한 위원회를 구성하였으나, 이 위

---

12) 부산시는 도심의 원활한 교통소통과 주차질서 의식을 제고하기 위해 불법주차 단속장비를 차량에 탑재하여 주행 중에 단속이 가능한 주행형 불법주정차 단속시스템을 2006년 10월부터 운영하고 있다. 이 시스템은 차량 위에 탑재된 CCTV로 시속 40km 정도의 속도로 주행을 하면서 불법 주·정차차량을 자동으로 인식하여 1회 최초 촬영 후, 5분 이후 2회 촬영으로 최종적으로 단속을 완료하는 방식이다. 차량 위에는 전광판을 부착하여 시민들이 현재 주차단속 중임을 즉시 알 수 있도록 하여 단속 전후의 불필요한 민원도 많이 해소 될 전망이라고 밝혔지만, 기존의 단속방식과 별 차이가 없어 문제시될 것으로 보인다.

원회에서 주차문제를 다루고 있지는 않다고 한다.[13] 주차문제의 해결을 위하여 노상주차장, 노외주차장, 부속주차장 등의 관계자들과의 지속적이고 안정적인 협력도 이루어지고 있지 않으며, 주차문제와 관련하여 구청, 교통공단, 시설관리공단 등과의 협력이나 연계도 미약한 편이라고 한다.

그렇다면, 부산광역시의 불법주차 단속의 경우 관련 정책행위자로서 과연 누가 존재하고 어떻게 활동하고 있는가를 거버넌스의 관점에서 살펴볼 필요가 있다. 그래서 부산광역시청과 구청 3곳, 시민단체 1곳을 방문하여 이를 알아본 결과, 시청 및 구청(차량등록사업소 포함), 경찰 및 소방서, 공기업(시설관리공단), 시민단체(교통문화운동시민연합, 부산참여자치시민연대 녹색교통위원회), 민간기업(주차장업자, 택시운수, 대형차운송업자), 언론(지역신문 및 방송) 등이 존재하는 것으로 나타났다. 이들을 시청의 공무원과 지방의회, 경찰, 공기업을 중심으로 한 내부 행위자와 시민단체(주민), 기업(운송 / 운수업자), 언론 등을 중심으로 형성되는 외부 행위자로 크게 두 그룹으로 나눌수 있다.

이들을 대상으로 부산시의 주차서비스와 불법주차 문제를 해결하

---

13) 2006년 8월 부산광역시 교통개선위원회 설치 및 운영에 관한 조례(제 4113호)에 의해 구성된 교통개선위원회는 기획관리실장, 재정관, 교통국장, 부산지방경찰청교통과장, 시의원, 교수, 변호사, 시민단체대표가 참여한 공동위원회로서 시내버스·마을버스·택시 및 도시철도의 운영 정책과 제도, 대중교통의 육성 및 이용 촉진에 관한 사항, 교통약자의 이동지원에 관한 사항을 심의하고 있다. 하지만, 아직 이 위원회는 구성초기로서 본격적인 운영이 되지 않고 있으며 더구나 주차문제는 전혀 다루지 않고 있다.

는 데 있어서 주요 정책행위자들이 어느 정도 참여와 협력을 하며, 어느 정도 공동으로 의사결정하며, 그리고 주차문제 해결에 어느 정도 영향력이 있는지를 설문조사를 통해 파악하였다. 왜냐하면, 주차 거버넌스에 대한 다양한 이해관계자의 참여와 협력(조정), 공동의사결정의 수준은 곧 일단 거버넌스 형성과 구축에 대한 또 다른 하나의 중요한 기준으로 볼 수 있기 때문이다. 앞서 소개한 각 행위자들을 면접 및 조사하면서 참여와 협력수준, 의사결정에서의 영향력, 전반적인 주차문제 해결에서의 영향력 등을 7점 척도로 나타낸 것이 <표 1>이다.

〈표 1〉 부산광역시 주차 거버넌스 참여자 영향력 분석

	참여 / 협력	공동의사결정	전반적 영향력
구(군청)	6.85	6.35	6.88
시 청	5.97	6.97	6.61
소방 / 경찰	3.12	4.62	4.33
민간업자	1.11	3.12	2.08
시민단체	2.32	2.13	2.46
시설관리공단	3.11	4.06	3.78
언 론	2.08	0.95	1.98

* 7점: 영향력이 아주 큼. 1점: 영향력이 전혀 없거나 아주 작음.

위의 <표 1>에서 현재 참여와 협력, 그리고 의사결정 및 전반적인 영향력 수준을 살펴보면 항목 간 유사한 분포를 보이고 있음을 알 수 있다. 7점 만점을 기준으로 볼 때, 먼저 참여와 협력에서는 구청

이 1위(평균 6.85), 시청이 2위(5.97), 소방 및 경찰이 3위(3.12)의 순으로 나타났다. 공동의사결정은 시청이 1위(평균 6.97), 구청이 2위(6.35), 소방 및 경찰(4.62)이 3위, 시설관리공단(4.06)이 4위의 순으로 나타났다. 전체 영향력에서는 구청(평균 6.88), 시청(평균 6.61), 소방 및 경찰(평균 4.33), 시설관리공단(평균 3.78)의 순으로 나타났다.[14) 나머지 행위자들인 민간업자, 시민단체(주민), 언론 등은 모두 7점 만점에 평균 3점의 수준에도 미치지 못한 것으로 나타나 앞의 행위자들의 결과와 대조를 이룬다. 이에 부산시 주차 거버넌스 주요 행위자들은 모두 네트워크상에서 관료방식을 대표하는 행위자인 데 반해 나머지 언론, 시민단체, 민간업자는 모든 거버넌스 항목에서 매우 낮은 수준으로 나타나고 있으며 전체 영향력도 비슷한 수준으로 나타나고 있다. 환언하면, 분포도에서 명확하게 나타나는 바와 같이 주차정책과 서비스에 대한 거버넌스의 축은 시청과 구청, 경찰 및 소방 등의 관료행위자에 편중되어 있는 문제점이 발견됨으로 인해 진정한 거버넌스의 의미와는 거리가 있다.

이러한 이유를 알아본 결과 현행 제도상 주차문제에 대한 대부분의 행정권한(주차장수급권한, 불법주차 단속권한)은 구청에 집중되어 있고, 이에 관한 상급기관으로서의 지침하달과 감독은 시청이 담당하고 있다. 그리고 각 구별 관할소방서와 경찰은 단속부문에 있어서

---

14) 조사대상자가 시청 및 16개 구청의 주차담당공무원이 21명이며, 경찰 및 소방 주차담당공무원 8명으로 공무원이 총 46명 중 29명을 차지하기 때문으로 볼 수도 있으나, 시민단체나 민간주차업자, 언론인도 참여와 협력, 공동의사결정에 있어 취약하다고 응답하고 있다.

의 주요협력 및 보조행정기관이며, 시설관리공단은 공영주차장 관리임무를 통해 주차수급부문에 어느 정도 영향을 미치는 것으로 파악되었다. 민간업자와 시민단체 등 외부행위자는 주차문제에 거의 관여할 의지나 권한이 없는 것으로 나타나 실제적으로 거버넌스 개념보다는 정부 중심적으로 주차문제가 다루어지고 있는 것으로 나타났다.

이러한 분석결과를 통해서 보면, 부산광역시 주차서비스 부문의 거버넌스 형성은 거의 되어 있지 않다고 볼 수 있다. 더욱 심각한 것은 부산시에서는 그간 주차 거버넌스 형성의 기본전제인 주차문제의 심각성을 각 구청에 맡기고 현황파악조차 제대로 하지 않았다는 점이다. 이러한 점은 부산시 교통관리과 담당자와의 인터뷰에서도 나타났다. 시장과 시의회가 주차문제에 대한 관심이 적은 가운데, 주차담당직원(단속, 관리, 수급, 기획 포함)이 총 5명으로 인력이 절대 부족하며, 보직임기도 국·과장의 경우 1년에서 1년 6개월 미만, 그 이하는 2년 미만으로 규정되어 있어 실무관리자조차 주차문제에 대한 전문적 식견과 관심이 불가피하게 저조한 이유라고 밝히고 있다. 하지만, 시청은 각 구청에 2007년 2월부터 주차수급실태조사를 실시토록 처음 예산배정(각 1억 원)을 하였고 이를 토대로 각 구별 주차환경개선지구의 전산·통계화를 계획하였다고 밝혔으나, 근본적인 주차 거버넌스 차원의 본질적인 대안은 거의 인식하고 있지 못한 것으로 나타났다.

Ⅳ. 부산광역시 주차 거버넌스의 문제점

1. 주차 거버넌스의 미구축

부산광역시의 경우 주차문제 해결을 위해 주차업자, 교통문제 해결을 위한 시민단체 등과의 네트워크가 구축되어 있지도 않으며, 주차문제 해결을 위해 이들과 협의나 협력을 하지는 않는다고 한다. 게다가, 시에 주차문제 해결을 위한 위원회도 구성되어 있지 않다. 이런 점에서 보면 부산광역시의 주차행정과 관련하여 가장 중요한 문제는 주차 거버넌스의 미구축을 들 수 있다.

이처럼 부산의 주차행정이 아직 과거 관료제 방식(bureaucratic model)과 유사한 특성을 보이는 것은 낮은 수준의 권력분화, 주차업무의 전문성 불인정, 성과관리체계의 미구축, 잦은 순환보직 등과 관련되어 있다고 판단된다. 민선지방자치 실시로 인해 중앙정부와 지방정부 간에는 권력분화가 어느 정도 진전되었지만, 지방정부 조직 내에서의 권력분화 수준은 아직 초보적이다. 중요한 권한이 지방정부 수준에서는 단체장에게 집중되어 지방정부의 하위 부서들은 장관과 단체장의 강력한 지휘 아래 통합되어 있는 것이다. 또한 부산시의 경우 환경부문이나 복지부문 등과는 달리 주차문제와 관련된 교통부문에서는 조직 내의 특정 정책영역에 종사하는 전문 행정관료들이 존재하는 것은 아니다. 또한 주차서비스와 관련하여 성과평가체계가 구축되어 있지 않을 뿐만 아니라 잦은 순환보직이 이루어지고 있어 주차정책담당 국장이나 과장, 계장들이 시민들의 주차서비스 만족에 대한 관심이 결코 높을 수가 없는 것이다. 이런 점은 주차행정의 패턴을 거버넌스 체계로 바꾸어야 할 아무런 동기도 마련해 주지 않을 것이다.

그러나 부산시의 주차행정이 전반적으로 관료제 방식으로 이루어지고 있으나 거버넌스의 가능성이 약간은 나타나고 있다. 부산시 교통관리과 담당자와의 인터뷰(2006. 10)에 의하면, 교통문화운동시민연합, 부산참여자치시민연대의 녹색교통위원회 등 시민단체가 부산시 당국에 주차단속과 관련하여 다양한 문제를 지적하고, 그 해결방안을 수차례 건의해 오고 있다는 것이다. 다만, 시 당국이 예산과 제도적 규정의 미비, 절차의 복잡성과 형평성 훼손을 이유로 이러한 건의들을 수용하여 문제해결을 함께 모색하고 있지 않을 뿐이라는 것이다.

2. 주차단속의 타당성 결여 및 제재의 미흡

1) 정부의 일방적이고 간헐적인 주차단속

주정차 허가를 결정하는 주차선을 시민들이나 지역주민들의 의견을 수렴하여 설정하는 것이 아니라 정부 일방적으로 설정하여 주민들의 실생활에도 불편할 뿐만 아니라 실제 이런 주차선을 지키지도 못하고 있는 실정이다. 예컨대, 일정한 구역의 도로에는 일정한 시간대에는 주차가 가능하다든지, 아니면 토요일 일요일에는 주차가 가능하다든지 할 수 있는데도 불구하고 아무런 유보조항 없이 천편일률적으로 주차실선과 점선을 설정하여 두고 있다. 이런 이유 때문에 실제 많은 주민들이 어떤 시간대에 어떤 곳에 당연히 주차할 수 있음에도 불구하고 타당성 없는 주차선 때문에 주차위반을 하게 되는 경우가 많다. 이러한 타당성 없는 주차선 때문에 시민들이 주차실선에 주차를 하지 않는다는 규칙을 꼭 지켜야 한다는 의식을 갖지 못하게 되고, 이에 따라 불법주차 단속에 걸려들게 되면 불법주차 단속을 한 사람에게 불만을 터트리게 된다. 실제 이런 불법주차 단속도 지속적으로 엄격하게 이루어지지 않고 간헐적으로 이루어지고 있어 시민들의 주차질서 의식이 느슨해지고 있을 것이다.

2) 불법주정차 단속의 타당성 결여

부산시의 주차단속 노력에도 불구하고 불법주차는 만연하고 있으며, 주차단속에 대한 시민들의 불만도 높다. 가장 중요한 이유는 불법주정차 단속의 타당성이 없기 때문이다.

먼저, 부산시와 예하 구(군)청은 불법주정차 단속 전담요원을 두어 단속근무를 하게 하고 있다. 그러나 이 제도의 운용이 잘못돼 운전자들의 불평을 야기하고 교통 소통에도 도움이 되지 않는 문제점이 드러나고 있다. 즉 공무원이나 공익근무요원 신분인 이들은 월 단위, 연 단위의 단속실적 건수에 따라 업무평가와 성과가 결정되고 이에 대한 각종 대우가 달라지기 때문에 거의 무차별적이면서 획일화된 단속을 하고 있다.[15] 이는 단속요원이 정규직 공무원이 아닌 계약직일 경우 더욱 심각하며, 경찰의 경우도 마찬가지이다. 또한, 현행 부산시의 불법 주·정차 관리 시스템은 단속 및 과태료 부과·징수는 구청이, 견인은 위탁업체가 시행하는 것으로 이원화돼 있는데다 그 견인서비스도 시민의 불만에 제대로 대응하지 못하고 있다. 구청이나 공무원의 입장에서는 이런 단속 행태에 대해 사람 없는 차만 단

---

15) 현행 도로교통법 시행령과 규칙에는 운전자가 승차하고 있을 때는 단속을 제외한다는 내용이 있다. 이 때문에 단속요원들은 운전자가 어떤 장소에서 어떤 방법으로 어떻게 주·정차를 했는지를 따지지 않고 주·정차한 차량에 사람이 없으면 일단 단속하고 보는 양상이 계속되고 있다. 즉 단속요원은 실적을 올리기 위해 차주가 없으면 재빨리 단속하고 도주하듯 가버린다. 잠시 약국이나 편의점에 들어가거나 생수운반차가 물을 배달하기 위해 차를 세우고 자리를 비운 사이 단속을 하니 당한 사람은 억울하게 생각한다.

속하는 것이니 무리가 아니라고 주장하고 있으나 시민의 입장에서는
불만이 많을 것으로 추정된다.

3) 제재장치로서의 과태료 징수 미흡

이에 주차 거버넌스 관점에서 문제의 초점은 과태료에 대한 불신
과 불응이 늘어간다는 점이다. 단속요원 한 사람이 하루 약 30건을
단속한다고 할 때 한 달에 10일 근무하는 사람 100명이면 연간 부
산시에는 120억 원 이상의 주차위반 과태료가 부과되고 있는 실정
이다. 그러나 행정처분이나 범칙금 부과에 따른 민원제기는 늘어나
고 범칙금 납부율은 점차 감소하고 있으며 그 부작용도 적지 않다.
범칙금은 도로교통법 따위의 규칙을 어긴 사람에게 과하는 벌금이며
과태료는 공법상의 의무 이행, 질서의 유지 등을 위하여 위반자에게
과하는 금전상의 벌이다. 경찰에 의해 발부되는 범칙금 고지의 경우
납부하지 않으면 차량압류 혹은 즉심회부와 같은 강력한 제재 때문
에 납부율이 높지만, 행정기관에서 발부하는 불법주차 과태료는 소
액이면서 즉각 내지 않아도 아무런 법적 제재가 없다. 단, 폐차를 할
때나 차량을 매매, 인도할 때 납부를 해야 한다. 이 때문에 통상 과
태료는 범칙금보다 납부율이 50% 이하로 현저히 낮다. 이에 차량 과
태료(2004년 기준 704억 원)가 전체 과태료 체납액의 절반 가까이를
차지하고 있는 부산시뿐만 아니라 서울시 등 각 지방자치단체가 눈

덩이처럼 늘어나는 주차위반 과태료에 골치를 앓고 있다. 체납 건수는 급증하는 반면 제때 거두어들인 과태료 징수액은 해마다 오히려 감소하고 있는 것이다. 더구나 최근 전국적으로 상습적 주차위반으로 인한 고액·장기 체납자가 수만 명에 이르고 있어, 구청 직원들이 독촉장 발부와 압류 조치로 아까운 행정력을 낭비하고 있다.[16]

3. 민간업자들의 주차장업에의 진입 부족

민간업자의 참여부족은 두 가지 측면에서 생각할 수 있다. 하나는 부산광역시의 경우 민영노외주차장의 비율과 그 증가비율이 낮다는 점이다. 현재 부산시의 노상 및 노외, 건물부속주차장에 민간업자의 참여는 모두 해당되지만 실제 노상이나 건물부설은 일반인의 이용이 제

---

16) 한때 서울시와 경찰청은 악성 연체자를 중심으로 과태료에 대해서도 가산금을 매길 수 있도록 도로교통법 개정을 추진했으나 법제처 반대로 무산되었다. 법제처는 당시 법 위반에 따른 형벌로 부과되는 범칙금은 가산금을 물릴 수 있지만 질서벌인 과태료에 가산금을 매기면 이중처벌 가능성이 있다며 반대하였다. 이에 부산지역의 총 과태료 연체액은 최근 3년간 총 1000억 원을 돌파하였다(경기매일신문, 2002. 1. 16, MBC뉴스 2006. 9. 18). 최근 노무현 정부는 2006년 8월에 과태료 강제납부 제재를 골자로 한 '질서위반행위규제 법안'을 국무회의에서 가결하여 국회심의를 기다리고 있으나, 이마저 국가인권위원회에서 국민의 기본권을 과도하게 침해할 우려가 있다는 의견을 내놓아 의견이 대립되고 있다(한겨레신문, 2006. 8. 31).

한되는 경우가 많아 주차장업에는 해당되지 않고, 그나마 채산성이 있는 주차영리목적의 민영노외주차장의 경우도 앞에서 고찰한 바처럼 부산시 전체 주차장의 726,977면 중 62,371면(8.6%, 2006년 9월 기준)에 그치고 있고 증가비율도 10년 사이에 경우 75% 정도 증가하였다. 이는 현재처럼 주차단속이 철저히 이루어지지 않아 노상에 쉽게 불법주차를 할 수 있는 상황이어서 주차장업의 경제성이 높지 않기 때문이다. 게다가, 민영주차장의 경우 대부분의 경우 지나치게 높은 지가와 운영비로 채산성이 낮아 유휴지를 주차장으로 임시 활용하고 있는 실정이어서 문제이다(부산광역시 교통관리과, 2006).

민간업자 참여의 다른 하나는 주차수요를 갖고 있는 유통관련 민간사업자들이 주차규칙 및 주차선 설정, 주차단속 등에 자신들의 의견을 반영하지 못한다는 점이다. 불법주차 근절을 위한 주차 거버넌스의 관점에서 생각해도 도로와 같은 공유재 관리에 대한 이들 민간업자들의 참여는 중요하다고 볼 수 있다. 현재 노상의 불법주차 차량으로는 승용차가 가장 많지만 도로를 생활의 터전으로 삼는 운수, 운송업자의 차량인 택시나 화물차의 비중도 만만치 않다. 운전자 시야를 가리는 등 교통소통을 방해하는 대형화물차량, 택시의 불법주차 문제도 심각하다. 이런 문제들을 해결하는 과정에서 민간사업자들의 참여가 이루어지고 있지 못한 점은 문제이다. 예컨대, 부산시 내의 제1부두 앞의 해안도로에 대형화물차가 상시적으로 불법 주차되어 있는데, 합법화시키든지 철저히 단속하든지 지역사회가 결정해야 할 것이다.[17] 현재처럼 특정 지역의 특정 차량의 경우 주차질서도 지키지 않고, 불법주차 단속도 하지 않는 것은 시 전역의 주차질서 확립이라는 측면에서 문제이다.

4. 주차질서에 대한 시민의식과 신뢰 부족

불법주차의 문제는 시민들의 사회적 행위의 결과이다. 이것은 지리적 물리적 특성, 주차제도의 특성, 주차공간의 확보 등과도 관련이 있겠지만, 시민들의 주차의식과 관련이 있다. 부산시민들의 질서의식과, 그리고 주차제도와 관련한 주차질서 의식상의 문제들을 몇 가지 지적할 수 있다.

먼저, 주차질서에 대한 전반적 시민의식을 나타내는 지표로 보면 부산시 교통문화 지수는 상당히 낮다.[18] 2005년 부산의 교통문화 지

---

17) 현재 부산지역에는 물류 및 대도시의 특성 때문에 649개의 화물차동차 운송사업자와 100개의 택시사업자가 등록되어 있다. 이에 화물차는 총 39,832대(일반화물 28,048대, 개별화물 5,646대, 용달화물 6,138대), 택시는 총 25,229대(일반택시 11,251대, 개인택시 13,978대)가 운행 중인 것으로 나타났다(부산광역시 교통관리과, 2006). 따라서 막대한 교통량을 차지하는 이들 민간운수업자들은 그들의 생계문제도 중요한 만큼 그들의 입장도 수용할 것은 수용하고, 그렇지 않은 것은 철저하게 주차질서를 지키게 해야 할 것이다. 다만 이러한 문제에 대한 결정을 이제는 정부 혼자서 결정해서는 안 된다는 점이다.

18) 교통문화 지수는 시민의 운전행태(불법주차 대수 외 6개 항목), 교통안전(교통사고발생건수 외 3개 항목), 보행행태(무단횡단 외 1개 항목) 등 3개 부문의 13개 항목을 조사 분석해 100점 만점으로 계량화한 수치로,

수는 81.42점으로 전국 7대 대도시(서울 82.09, 대구 81.60) 중 최하위를 기록하고 있다. 이는 부산이 2000년과 2001년 각각 2위와 1위를 기록했던 사실에 비추어볼 때 시민의 교통문화와 의식이 오히려 점점 낙후되어 가고 있다는 사실을 반증한다. 더구나, 불법주차가 포함되어 있는 운전행태(37.37점)의 경우도 최하위(광주 40.63, 대전 40.46)를 기록하고 있어 주차질서에 대한 시민의식이 부족함을 단적으로 나타내 주고 있다(부산광역시 교통국 교통관리과, 2006).

둘째, 노상 및 노외주차장에 대한 시민의 자율적인 주차의식이 중요한데, 이를 제대로 지키지 않고 있다고 한다. 현재 시행 중인 주거지전용주차제나 장애인전용주차구역은 시민들의 자율적인 주차질서 확립에 일차적으로 의존하고 있다. 그러나 일부 시민들의 주거지전용 및 장애인전용주차구역에 대한 불법주차로 인해 주민과 장애인이 불편을 겪고 있다고 한다. 이것은 무엇보다 시민들의 의식수준이 낮은 것으로 풀이되고 있으며 주차관리담당자들의 홍보부족과 단속미흡도 한몫을 하고 있는 것으로 추정된다.[19]

셋째, 부산광역시는 2002년부터 주거지 주차난 완화시책으로 단독주택의 담장 또는 대문을 헐고 주차공간을 확보하는 이 운동을 16개

해당 도시에 거주하는 시민의 교통문화 수준을 보여준다. 녹색교통운동과 교통안전공단에서 이 지수를 도입하여 1998년에 전국 13개 도시를 대상으로 조사하였고, 1999년 25개 도시로 확대 적용하고 있다.

19) 장애인·노인·임산부 등의 편의증진보장에 관한 법률 17조 2항 등에는 장애인승차를 위한 자동차임을 식별하는 표지가 부착되지 않은 자동차를 장애인전용주차구역에 주차한 자는 20만 원 이하의 과태료에 처한다고 규정돼 있다. 그러나 이 법규 자체를 모르거나 무시하는 시민들도 적지 않아 장애인 주차공간에 대한 시민들의 개별적 배려가 필요하다.

구·군으로 확산하여 추진하고 있으나 내 집 주차장의 필요성에 대한 시민들의 인식부족과 참여부족, 홍보부족으로 성과가 별로 없는 실정이다.[20]

V. 부산광역시 주차행정의 발전방향

지금까지 부산시의 다양한 주차문제와 주차행정상의 문제들을 살펴보았다. 지리적인 측면에서의 부산광역시의 교통 및 주차상황을 통해서 보면 앞으로도 현재처럼 도심의 심각한 교통체증과 주차문제가 계속될 것이다. 따라서 주차문제는 근본적으로 교통체증의 완화라는 맥락에서 파악해야 한다. 이런 관점에서 본다면 부산의 주차문제 해

---

20) 2002년에는 133가구 133면, 2003년에는 184가구 255면, 2004년도에는 281가구 448면의 설치를 지원하였다. 희망 가구에 한하여 설치비의 50% 범위, 100만 원 한도로 시와 구(군)에서 50%씩 설치비를 지원하여 왔으나, 2004년부터는 시민의 설치비 부담 경감을 위하여 지원근거인 부산광역시 주차장 설치 및 관리 조례를 개정하여 설치비의 70% 범위 300만 원 한도로 상향하여 개인 주차공간 확보를 적극 지원하고 있으며, 2008년까지 2,000면의 내 집 마당 주차장 설치를 목표로 2005년에 261가구 300면을 설치할 계획이다.

결을 위해 도로율의 제고나 대중교통 개선, 지하철노선의 확장, 주차 공간의 확대 등이 필요하나, 이에는 상당한 비용과 시간이 소요된다. 따라서 주차문제의 해결을 위해서는 단기적으로는 볼 때 무엇보다도 주차 거버넌스를 제도적 차원에서 획기적으로 발전시켜야 할 것이다. 이러한 맥락에서 향후 부산시의 바람직한 주차행정과 관련해 몇 가지 발전방향을 제시하고자 한다.

1. 주차 거버넌스 구축을 위한
자치단체장과 지방의회의 관심 제고

불법주차의 문제를 해결하기 위해서는 종래의 전통적인 행정 방식인 정부 일방적인 결정과 집행이 아니라 관련 이해관계자들의 참여와 협력이 필수적이다. 불법주차 문제를 해결하기 위해서는 무엇보다도 불법주차가 왜 발생하는가에 대한 시나 구 당국의 정확한 이해가 전제되어야 할 것이다. 불법주차 문제의 해결은 시 당국이나 구 당국의 일방적인 결정과 시행을 통하기보다는 여러 이해관계자들과 전문가, 언론 등 사회의 다양한 부문의 참여와 협력을 통해서 이루어져야 할 것이다. 그런데 이런 주차 거버넌스가 잘 구축되지 않는 이유는 무엇보다도 부산시나 구의 고위 정책결정자와 시의회 및 구의회가 주차문제를 해결하는 데 주차 거버넌스의 중요성을 제대로 인식하고 있지 않기 때문이다.

특히, 지방정부는 관료제조직이므로 계층제 원리상 자치단체장인 시장과 구청장의 관심이 가장 중요하다. 시장이나 구청장이 주차문제에 대해 별로 중요하다고 생각하지 않으면 아무리 담당국장이나 담당과장이 주차문제가 중요하다고 하더라도 주차문제는 정책의제로 설정되기 어려우며, 정책으로 채택·집행될 가능성이 낮다. 그러나 시장이나 구청장이 주차문제에 깊은 관심을 갖게 하는 데는 교통국장이나 교통관리과장의 역할이 중요할 것이다. 주차문제가 가져오는 피해와 이런 주차문제의 해결 가능성이나 해결방법을 제시해 줌으로써 시가 주차문제의 해결을 중요한 정책의 하나로 채택할 가능성이 높아지는 것이다. 또한 시의회나 구의회가 주차문제의 심각성을 인식한다면, 주차문제의 해결을 위한 주차 거버넌스 구축을 집행부에 촉구할 수 있을 것이다.

2. 주차서비스 개선위원회 구성을 통한 주차 거버넌스의 제도화

사회현상의 모든 변화는 외형적으로는 제도변화에서부터 출발한다.

설문결과에서 보았듯이, 현재 미흡한 주차 거버넌스의 체계적 구축과 확산을 위해서도 먼저 기본적인 제도와 시스템의 정비가 필요하다. 본 연구의 설문조사의 결과를 통해 부산시 주차문제 해결 메커니즘을 유추해 보면 거버넌스 활성화를 위한 환경적 기반은 어느 정도 조성되었으나 아직 이의 체계화 및 조직화에는 이르지 못한 미숙한 상태로 판단된다. 주차 거버넌스와 네트워크의 구축 및 확장은 정책 의제설정과 결정과정을 개방하는 효과를 가져오며, 이에 따라 다른 이해관계자들이 주차정책 네트워크에 참여하기가 쉬워지게 된다. 다양한 행위자의 연계가 중요한 이유는 불법주차 행위와 이에 대한 단속문제는 그 원인이 복합적이고 행위의 주체가 다양하므로 이를 해결하기 위해서는 다양한 행위자들과의 협력이 필요하기 때문이다. 이처럼 주차 거버넌스의 구축은 지방정부 입장에서 지역사회의 다양한 협조를 구하고 그 자원을 활용할 수 있으며 결과적으로는 항상 부족했던 주차재정의 문제를 해결하는 데 도움을 줄 수 있기 때문에 중요하다.

마찬가지로 불법주차 문제는 주차공간의 확보, 주정차선의 재정비, 시민들의 협조 등 다양한 측면의 노력이 함께 기울여져야 해결될 수 있다고 했다. 이런 노력을 기울이기 위해서는 일회성의 회의나 혹은 시 당국의 협조요청이 아니라 지속적으로 만나서 협의하고 공동으로 노력을 기울이는 것이 필수적이다. 이를 위해서는 부산시와 각 구청에 가칭 '주차서비스 개선위원회'를 설치하여 상시적으로 운영해야할 것이다. 부산광역시의 경우 부산지역 주차문제 개선을 위한 장기 계획 및 실천 계획 수립, 정부와 민간부문과의 역할 분담 및 협력 증진방안, 민간주차업의 활성화를 위한 유인 설정 등을 맡고, 각 구청의 경우 각 지역에 맞는 주정차선의 재검토, 향후 불법주차에 대한 단속과 제재 방안 강구, 시와 협의하여 구별 주차문제 해결을 위한 장기계획 및 실천계획 수립, 주정차 단속에 대한 불만 제소 및 해결 등을 관장해야 할 것이다. 특히 주민들 가까이 이런 위원회를 두어 주정차와 관련한 주민들의 불만과 갈등을 해소해 주는 것은 지역사회의 주차관련 규칙을 잘 준수하고 공동체를 굳건히 하는 데 효과적이라는 점을 E. Ostrom(1992)도 공유자원의 효율적 관리방안에서 지적하고 있다.

그리고 이 위원회에는 시의 교통국장, 시의원, 주차관리공단의 임원, 주차업자 대표, 상공인 대표, 교통전문가, 행정학자, 법률전문가, 언론인 등을 포함해야 할 것이며, 구청의 경우에도 이와 상응한 참여자가 포함되어야 할 것이다. 그리고 이런 위원회가 활성화될 수 있도록 필요한 재정적 지원도 이루어져야 할 것이다. 많은 경우 위원회를 구성해 두고 1년에 한두 번 회의를 개최하는 경우도 있으나 주차 개선위원회는 비교적 상시적이라고 할 만큼 정기적으로 회의를 개최해야 할 것이며, 동시에 이런 활동이 원활하게 이루어질 수 있도록 충분한 예산이 뒷받침되어야 할 것이다.

3. 주차문제 해결을 위한 장기적인 로드맵 수립

　불법주차 근절의 문제는 많은 주차공간의 확보, 주차선의 타당성 검토를 위한 이해관계자 및 시민의 의견수렴, 시민들의 의식 개선 등을 포함하는 일로서 짧은 시간 내에 해결될 수 있는 것은 아니다. 주차공간은 사적 재화의 성격을 띠고 있다. 정부가 불법주차의 근절이란 측면에서, 혹은 대중교통 이용의 유도 등을 위해 공공주차장의 공급을 맡을 필요도 있지만, 민간부문이 활발하게 참여할 필요도 있다. 이런 과제는 다양한 유인의 설정도 필요하고, 토지이용의 문제, 민간 주차장업에 대한 기대 등을 포함하고 있어 상당한 시간이 소요된다. 또한 주차선의 재검토, 간선도로 및 이면도로의 주차문제 혹은 노상주차를 위한 규칙의 재검토 등은 상당한 이해관계자들에게 상당한 갈등을 노정할 수 있어 충분한 의견수렴을 거쳐야 할 것이며, 이를 위해서는 상당한 시간이 소요될 것으로 사료된다. 뿐만 아니라 이런 문제해결 중 시급히 해결해야 할 과제와 장기적으로 해결해야 할 과제도 있을 것이다.

　게다가, 주차는 교통 행위의 한 부분이므로 교통의 기본 방향과도 일치하여야 할 것이다. 예컨대, 지역사회 전체의 입장에서 시민들이 대중교통을 보다 많이 이용하도록 기대하고, 교통정책의 방향도 이런 관점에 서 있다면, 많은 주차공간의 확보를 통한 값싼 주차공간의 공급이 바람직한가에 대해 다시 검토해 봐야 할 것이다. 즉, 주차문제의 해결은 교통문제 해결의 맥락에서 검토되어야 할 것이며, 주차 거버넌스 활동은 교통 거버넌스 활동과 연계되어 이루어져야 한다. 이런 맥락에서 보면, 주차공간의 확보를 공공부문과 민간부문의 참여, 주차선의 재정비와 주차활동에 대한 새로운 규칙 설정, 시민들의 의식구조 개선을 위한 캠페인 전개 등을 필요로 하는 주차문제의 해결은 단기적으로 이루어질 수 있는 것도 있겠지만 장기적으로 이루어질 수 있는 것도 있다. 따라서 주차문제 해결을 위한 장기적인 로드맵이 수립되고 이에 따른 다양한 주차정책이 수립되고 집행되어야 할 것이다. 특히 불법주차 단속은 기초자치단체에서 맡고 있는데, 구청장이 선거를 의식하여 단속을 철저히 하려고 히지 않는 경향이 있는데, 이를 막기 위해서는 향후 주차서비스 성과 지표 속에 '주차질서의 확립' 혹은 '불법주차 단속'을 하나의 지표로 설정하는 것이 필요할 것이다.

4. 민간주차장업 진입 유인 설정

부산시는 향후 주차 거버넌스 구축 여부를 떠나 지역 내의 관련 민간주차업자를 단순히 자신들의 정책과정에 형식적으로 참여시키는 것이 아니라 주차 거버넌스의 중요한 하나의 축으로서 인정하여 실질적인 문제해결을 위한 파트너십 형성을 위한 노력이 필요하다. 왜냐하면, 이러한 과정은 그 자체도 중요하겠지만, 그 과정에서 지역의 다양한 인사와 시민들의 협력과 관심이 집중됨으로써 우선 하나의 정책공동체로서의 주차 거버넌스 경험을 만들어 보는 것도 필요하기 때문이다.

주차장 유형별로 생각할 때 노상주차장이나 혹은 지하철 환승역의 경우 일반적으로 정부가 공급하고 있으나, 민간주차장은 유료로 민간이 공급하고 있다. 이런 주차공간이 하나의 사적 재화와 서비스라는 관점에서 보면 민간부문이 더욱 많이 맡는 것이 바람직하다. 특히, 노상주차장은 도로기능을 잠식함으로써 교통소통에 장애가 될 수 있고, 건축물부설주차장은 특정인들만이 주로 이용하는 주차서비스라는 한계가 있으므로 효과적인 주차공간 확보율을 질적으로 제고하기 위해서는 안정적인 노외주차장의 공급이 가장 바람직하다. 그러므로 교통소통에 장애가 되는 노상주차장보다는 민간노외주차장업의 유인을 통해 주차문제를 해결하는 것이 더욱 현실적인 방안이라 볼 수 있다. 현재 부산시의 주차장업은 인허가제가 아닌 신고제로 운영되고 있어, 주차장업이 하나의 사업으로서 경제적 타당성이 있으려면 비용에 비해 수익이 어느 정도 보장되어야 할 것이다. 그러나 가선도로의 노상이나 이면도로에 불법주차를 하여도 단속을 제대로 하지 않는다든지, 공공주차장의 주차요금이 지나치게 싸면 민간부문의 주차장업은 존속하기 어려울 것이다. 앞으로 주차로드맵의 따라 일정한 주차공간을 확보해 주고, 일정기간 후에는 불법단속을 철저하게 함으로써 민영 주차장에 대한 수요가 확실하게 생길 수 있도록 보장해 주어야 할 것이다. 또한 도심의 토지 비용이 워낙 비싸고 불법주차를 해소할 수 있는 긍정적 파급효과를 고려하여 주차장업의 초기 진입 시 세제상의 혜택이나 혹은 보조금 지원 등을 검토할 필요가 있을 것이다.

5. 토의 및 담론의 문화와 신뢰구축

주차질서 준수에 대한 공동체의 신뢰는 사회적 자본으로서 거버넌스 구축에 긴요한 요소이다. 현재 부산시를 포함한 지방대도시에는 불법주차 문제와 이로 인한 교통 혼란에 대한 담론과 토의문화가 성숙되어 있지 않다. 시민에 대한 생활규제인 주차단속에 대한 불만과 비현실성에 따른 주차단속의 찬반의 격렬한 논쟁거리를 합리적으로 풀어 나가려는 의지와 기술이 발달되어 있지 않은 상태이며, 대화와 타협을 위한 문화가 토착화되지 못한 상태이다. 불법주차 단속의 정책집행과정에서는 차이보다는 공감을, 비판보다는 협력이라는 차원에서 접근해야만 한다. 이에 다음과 같은 과정이 필요할 것으로 생각된다. 우선 오프라인(off-line)상에서는 주차관리부문에서 기획과 시설관리, 단속업무별로 이슈네트워크의 주제를 발굴하고, 이슈별로 전문가와 이해집단을 취합하여 이슈네트워크화를 도모해야 한다. 그리고 상위부처인 교통국은 관련부처와 이해집단을 취합하여 종합네트워크화하고 부산시는 주차문제의 이슈별로 정책공동체화할 수 있는 전략을 만들어야 한다. 그리고 온라인(on-line)상에서는 불법주차와 주차민원에 대한 시민과의 대화를 활성화하기 위해 별개의 콘텐츠를 개발하여 시행하는 것이 바람직할 것이다.[21]

불법주차 문제는 주차공간의 부족, 불법 주차하는 개인의 의식과 사회문화, 불법주차 단속의 미흡이나 혹은 이에 대한 극렬한 반발 등 여러 요인과 관련되어 있다. 따라서 새로운 주차규칙, 예컨대 어느 일정시점과 공간에는 주차가 가능한가뿐만 아니라 새로운 주차문화의 확립을 위해서는 시민들이 참여하여 의견을 개진하고 이를 반영할 수 있어야 시민들이 주차질서를 수요하고 동시에 시민들이 주차질서를 지킬 것이란 믿음이 생겨날 수 있다. 이를 위해서는 시 차원에서의 공청회도 필요하겠지만 각 지역 또는 구별로 그 지역의 특성을 반영하고 시민들이 지킬 수 있는 주차규칙을 설정할 수 있을 것이다.[22]

---

21) 온라인상에서 영국의 경우, 런던시와 런던교통공사가 2006년 8월부터 10월까지 시내 주차관련 규제에 대한 시민 의견을 수렴해 정책을 수정, 2007년 4월부터 시행할 계획이다. 런던 시민이나 관계자는 불법주차 범칙금, 버스 전용차선 문제, 불법주차 유형별로 세분화된 범칙금 및 벌점 부과방안에 대해 전자우편이나 전화, 홈페이지 (www.alg.gov.uk/parkingconsultation)를 통해 의견을 낼 수 있도록 하고 있다(한국행정연구원, 2006).

22) 전세계에서 성공적으로 공유자원을 관리하고 있는 사례를 연구하여 공유자원의 효율적 관리 방안을 제시하고 있는 E. Ostrom도 공유자원의 이용과 관련한 규칙이 현지의 실정에 잘 맞아야 하며, 이런 규칙의 타당성이나 개정과 관련하여 야기되는 갈등을 해소하기 위해 이의를 제기할 수 있고 이를 결정하는 의사결정의 장(arenas)을 지역 내에 두어 공유자원 이용자들이 이 장에 쉽게 접근할 수 있어야 한다는 점을 지

이런 절차를 거침으로써 시민들 사이에 부산지역의 주차질서가 잘 지켜질 것이라는 상호 신뢰의 터전이 구축될 수 있을 것이다. 이런 신뢰는 Francis Fukuyama(1995)가 지적했듯이 중요한 사회적 자본이 될 것이다. 즉, 주차 거버넌스 구축의 전제는 부산시와 주차행정공무원에 대한 시민과 시민단체의 신뢰 구축이 관건이다. 불법주차 단속의 경우, 초기에 분명한 홍보와 방침이 서지 않으면 시민이 민원을 제기하는 등 난맥상이 복합적으로 작용할 소지가 많다. 더구나 1000억 원이 넘는 과태료 미납과 같은 시민의 불응 행태로 볼 때 지역의 시민과 시민단체는 지방정부의 주차문제 해결을 위한 의지와 노력에 대해 전폭적인 신뢰를 보내고 있지는 않을 것으로 추정된다. 이는 비단 불법주차 단속이라는 규제정책의 목표와 수단에 대해서도 비효과적으로 생각하고 있는 것으로 나아가 부산시와 공무원 전체에 대한 신뢰를 흔들 소지도 있다. 이에 신뢰 구축의 전제는 앞에서 밝힌 바처럼 부산시가 주차문제에 대한 참여를 전제로 요구사항을 듣고 이를 제대로 반영하는 노력을 보임으로써, 시민이 불법주차 단속을 당하더라도 상대적인 불신과 박탈감이 생기지 않도록 하는 점이 중요할 것이다.

적하고 있다(Ostrom, 1990: 90; MCkean, 1992: 275).

6. 주차선의 재정비와 시민의 의견수렴

불법주차 거버넌스의 다른 전제는 지방정부가 지역실정에 맞는 주·정차선의 재정비를 통해 절대 주·정차가 불가능한 곳과 일정한 시간대에 일정한 시간 동안 주차가 가능한 곳을 분명하게 설정함으로써 일정한 시간대에 주차한 것이 불법주차가 되지 않도록 해야 한다. 이런 문제는 특히, 다양한 입장에 있는 많은 사람들의 견해를 수렴하는 노력이 필요할 것이다. 특정 시간대에 특정 도로에 주차가 불가피하면, 이런 주차를 유료로 할 것인지 무료로 할 것인지에 타당한 검토가 있어야 할 것이다. 예컨대, 부산은 서면, 광복동 등과 같은 도심상가지역 노상에 주차가 가능한지, 불가능한지를 상가지역주민, 통행인들인 시민들의 다양한 의견을 수렴하여 타당성 있으면서 바람직한 주차규칙의 설정 내지는 재검토가 필요하며, 이런 결정과정에 시민들의 참여를 통해 그 결과를 수용하도록 하는 노력이 필요할 것이다. 또한 간선도로인 남항 부두 앞 해안도로에 대형화물차가 상시적으로 불법주차를 하고 있는데, 이런 주차가 불가피한지를 이해관계자 및 전문가, 시 당국 등이 함께 검토하는 노력이 기울여져야 할 것이다. 만약 주차가 불가능하다면, 이런 불법주차에 대해서도 철저한 단속과 제재의 이행이 필요할 것이다. 이를 위해서는 화물차주나 운전자들과 시 당국과의 대화와 문제해결의 노력이 필요할 것이다. 지역실정에 맞는 주정차선의 재정비는 고지대와 일반주거지역의 경우 더욱 긴요하며, 이런 재정비 과정에서 시민들의 의견수렴이 이루어져야 할 것이며, 단기적 해결보다는 정기적 해결이 요망될 것이다.

7. 불법주차의 철저한 단속과 시민캠페인 전개

현재는 부산시 전역에 걸쳐 불법주차가 만연하고 있지만, 현지의 실정에 맞게 주차선을 재정비하고, 정부와 민간 부문을 통해 주차공간을 충분히 공급한 후에는 불법주차를 철저하게 단속하고, 동시에 단속에 따른 제재도 엄격하게 시행해야 할 것이다. 불법주차가 엄격하게 단속되지 않으면, 시민들도 불법주차를 쉽게 하게 되고, 동시에 불법주차가 워낙 만연되어 있으면 그 단속도 결코 쉽지가 않을 것이다. 그러나 불법주차가 별로 많지 않으면 그 단속은 상대적으로 쉬워질 것이다. 또한 현재 불법주차에 따른 과태료를 제대로 납부하지 않는 사람들이 많은데, 이에 대한 특별한 조치가 이루어져야 할 것이다. 이런 제재의 내용에 대해서도 주차 거버넌스를 통해 해결하는 것이 바람직할 것이다. 차량이나 통행인구가 많은 지역의 노란색 실선을 위반한 차량은 견인하고, 차량이 많지 않아 교통을 크게 방해하지 않는 경우에는 주차위반 고지서를 발부하는 등 제재의 내용이 위반한 내용에 비례하도록 결정되어야 할 것이다(Mckean, 1992: 275).

그래야만 공동체 내에서 도로를 이용하거나 주차를 하는 사람들의 불만이 크지 않을 것이며, 그 제재를 수용할 것이다.

단속과 함께 병행하여야 할 것은 시민캠페인이다. 불법주차는 다양한 원인에 의해 야기되지만, 종국적으로 주차하는 개인의 행태에 의해 결정된다. 이런 행태는 개인에게 이익이 되는 합리적 행위로서 나타나기도 하겠지만, 주차문화에 의해 크게 영향을 받을 수 있다. 주차문화는 하루아침에 형성되는 것은 아니지만 시민들이 지속적으로 주차질서를 준수하려는 의지를 갖는 것에 의해 크게 영향을 받게 된다. 이런 시민들의 의지는 철저한 주차단속과 더불어 언론의 지속적인 주차질서 준수 캠페인을 통해 확립될 수 있다. 따라서 주차서비스 개선 로드맵에 따라 각 시점에서 요구하는 주차질서를 시민들이 준수하도록 하는 언론의 캠페인은 부산광역시 주차질서 확립을 위한 토대가 될 것이다.

참고문헌

김석준 외. (2000). 「뉴거버넌스 연구」. 서울: 대영문화사.
김영평. (1992). 공유자원에 대한 통치 「행정과 정책」(고려대) 창간호: 319-337.
김인. (2006). 지방정부의 공공서비스 전달에 있어서 거버넌스 구조가

성과에 미치는 영향: 서비스 유형별 비교분석. 「한국지방정부학회 춘계학술대회 발표논문집」.

김인. (1998). 공유자원의 효율적 관리를 위한 제도적 장치. 「지방정부연구」, 2(1), 1-28.

김인. (1995). 부산시 주차서비스의 공급과 생산을 위한 제도적 장치. 「한국 사회와 행정연구」. 5(1).

김종민·김만배. (2004). 「교통행정론」. 서울: 보성각.

김형양. (2006). 로컬 거버넌스 형성의 영향 요인에 관한 연구. 「지방정부연구」. 10(1).

남형우·김수연. (2006). 강서구시설관리공단 운영사례, 「한국지방공기업학회보」, 2(2), 149-162.

박용훈. (1996). 주차장이 도시교통에 미치는 영향. 대한지방재정공제회. 「도시문제」. 31.

박재욱·류재현. (2000). 로컬 거버넌스와 시장의 리더십. 「국정관리의 새로운 방향과 과제」, 한국행정학회 하계학술대회 논문집.

서의택·손태민·이정헌. (1989). 부산시 자가운전자의 주차행태에 관한 조사연구. 부산대학교 도시문제연구소. 「도시연구보」. 3.

오윤표·김희생. (1997). 부산시 도심 지역의 주차행동결정 수량화 모형에 관한 연구. 「대한교통학회지」. 14.

옥원호. (2002). 로컬 거버넌스를 위한 지역 NGO의 과제. 「지방정부연구」. 6(3).

윤형관. (2005). 불법주차 규제정책에 관한 연구. 「공공정책연구」. 18.

원재무. (2005). 「도시교통론」. 서울: 박영사.

이기우. (2001). 불법주차 단속과 시민참여. 「자치행정」. 160.

이동기. (2000). 혁신확산의 영향 요인에 관한 분석. 「한국행정학보」. 34(3).

이명석. (2002). 거버넌스의 개념화: '사회적 조정'으로서의 거버넌스.

「한국행정학보」. 36(4).

이병수 · 김일태. (2001). 지방정부와 NGO간의 로컬 거버넌스 형성조건
　　에 과한 연구: 정부시 공무원과 NGO활동가들의 의식, 태도, 경
　　험을 중심으로. 「도시행정학보」. 14(2).

이현출. (2001). 거버넌스와 NGOs: 의약분업 사례를 중심으로. 한국정치
　　학회보, 35(3): 217－236.

임승달. (1994). 한국 주차정책의 개선방향에 관한 연구. 국민대학교 박
　　사학위논문.

전영평. (2003). 지방정부의 거버넌스 모형 구축: 공익형 NGO의 형성
　　정도와 정책참여 수준을 중심으로. 「행정논총」. 41(1).

정성용. (1997). 민영주차장 활성화를 통한 대도시 불법주차 해소방안.
　　「한국지역개발학회지」. 9(3).

건설교통부. (2006). 전국 도시교통현황 통계자료.

교통안전공단. (2003). 「교통안전을 위한 불법주차 개선방안 연구 보고서」.

교통안전공단. (2003－2005). 「교통문화 지수 조사 보고서」.

부산광역시. (2001－2005). 「시정백서」.

부산광역시 교통기획과. (2005). 「부산광역시 도시교통정비중기계획」.

부산광역시 교통관리과. (2006). 내부자료(부산시 주차장, 불법주차 단속
　　통계 외 3건).

부산광역시 차량등록사업소. (2006). 「부산시 자동차 등록통계」.

한국교통연구원. (2006). 2004 교통혼잡비용 보도자료(2. 21).

한국행정연구원. (2006). 「해외행정동향」(9월).

Arnott, R. (2006). Spatial Competition between Parking Garages and
　　Downtown Parking Policy. *Transport Policy*. 13(6).

Axhausen, K. W. and Polak, J. W. (1991). Choice of Parking: Stated Preference Approach. *Transportation*. 18.

Bennett, J. T. and Johnson, M. H. (1979). Public versus Private Provision of Collective Goods and Services: Garbage Collection Revisited. *Public Choice*. 34.

Beunen, R, Jaarsma, C. F. and Regnerus, H. D. (2006). Evaluating the Effects of Parking Policy Measures in Nature Areas. *Journal of Transport Geography*. 14(5).

Bonsall, P. and Palmer, I. (2004). Modelling Driver's Car Parking Behaviour Using Data from a Travel Choice Simulator. *Transportation Research*. 12(5).

Bradley, M. A. and Layzell, A. (1986). Parking Behavior in a Suburban Town Centre. Working Paper 354. Transport Studies Unit. Oxford University. Oxford.

Button, K. (2006). The Political Economy of Parking Charges in First and Second−Best Worlds. *Transport Policy*. 13(6).

Freeney, B. P. (1989). A Review of the Impacts of the Parking Policy Measures on Travel Demand. *Transportation Planning and Technology*. 13.

Fukuyama, Francis(1995). *Trust: The Social Virtues and the Creation of Prosperity*. New York: Simon & Schuster, Free Press Paperbacks.

Golias, J., Yannis, G. and Harvatis, M. (2002). Off−Street Parking Choice Sensitivity. *Transportation Planning & Technology*. 25(4).

Hollander, Y., Prashker, J. N. and Mahalel, D. (2006). Determining the Desired Amount of Parking Using Game Theory. *Journal of Urban Planning & Development*. 132(1).

Jessop, Bob. (1999). The Changing Governance of Welfare. Recent Trends in Its Primary Functions, Scale, and Modes of Coordination. *Social Policy and Administration*, 33(4).

Kim, In. (1992). A Framework for Institutional Analysis of Urban Service Delivery Performance: the Case of Police Service. *Journal of Local Governments and Administration*(Pusan National University. Korea). 4(1).

Kim, In. (1993). Institutional Arrangements for Public Service Delivery of American Municipal Governments. *Journal of Local Governments and Administration*(Pusan National University. Korea). 5(1).

McKean, M. A. (1992). Success on the Commons: A Comparative Examination of Institutions for Common Property Resource Management, *Journal of Theoretical Politics*. 4(3): 247−281.

Marsden, G. (2006). The Evidence Base for Parking Policies: A Review. *Transport Policy*. 13(6).

Mildner, G. S., Strathman, J. G. and Bianco, M. J. (1997). Parking Policies and Commuting Behavior. *Transportation Quarterly*. 51(1).

Ostrom, E. (1990). *Governing the Commons*: *The Evolution of Institutions for Collective Action*. New York: Cambridge University Press.

Ostrom, E., Gardner, R. and Walker, J. (1994). *Rules, Games, and Common−pool Resources*. Ann Arbor: The University of Michigan Press.

Petiot, R. (2004). Parking Enforcement and Travel Demand Management. *Transport Policy*. 11(4).

Pierre, J. and B. Guy Peters. (2000). *Governance, Politics and the State*, London: Macmillan Press Ltd.

Rye, T. and Ison, S. (2005). Overcoming Barriers to the Implementation of Car Parking Charges at UK Workplaces. *Transport Policy*. 12(1).

Savas, E. S. (1987). *Privatization: The Key to Better Government*. Chatham. New Jersey: Chatham House Publishers. Inc.

Shoup, D. C. and Pickrell, D. (1980). *Free Parking as a Transportation Problem*. U. S. Department of Transportation. Washington D. C.

Stoker, G. (1998). Public−Private Partnerships and Urban Governance, in J. Pierre(ed.), *Partnerships in Urban Governance*. London: Macmillan Press.

Stubbs, M. (2002). Car Parking and Residential Development: Sustain−ability, Design and Planning Policy, and Public Perceptions of Parking Provision. *Journal of Urban Design*. 7(2).

Topp, H. H. (1991) Parking Policies in Large Cities in Germany. *Transportation*. 18.

Willson, R. W. and Donald C. S. (1990). Parking Subsidies and Travel Choices: Assessing the Evidence. *Transportation*. 17.

www.alg.gov.uk/parkingconsultation

제4장

성공적 지역경찰활동을 위한 경찰과 지역사회 간의 력관계에
관한 연구: 경찰과 주민단체 간의 파트너십을 중심으로*

허용훈(부경대 행정학과) · 문유석(경성대 행정학과)

Ⅰ. 서 론

1. 연구의 목적

오늘날 공공문제의 해결은 정부를 포함한 어느 한 부문이나 기관
만의 노력만으로는 한계가 있으며, 관련 부문이나 기관들과의 협력
체제의 구축이 보다 효율적인 공공문제의 해결에 필수적이라는 인식
이 확산되고 있다. 소위 거버넌스적 문제해결방식의 도입에 대한 필

---

* 본 원고는 서울행정학회,『한국 사회와 행정연구』17권 4호(2007.2)에 게
재된 논문입니다.

요성은 경찰부문에서도 활발히 논의되고 있다. 이러한 논의는 양적으로 증대되고 지능화·흉포화되는 범죄에 대해 경찰의 배타적이고 독자적인 노력을 강조하는 종래의 전문화된 경찰방식(the professional model of policing)으로는 한계가 있으며, 범죄에 보다 효율적으로 대처하기 위해서는 새롭고 획기적인 전략과 방안이 모색되어야 한다는 인식에 기초하고 있다. 새로운 경찰수행방식의 모색을 위한 노력은 광역적인 차원뿐만 아니라 지역 차원에서도 요구되고 있으며, 양 차원 모두에서의 경찰활동 변화의 핵심은 정부가 더 이상 경찰활동의 배타적·독점적 수행자가 아니라 관련 기관들 및 지역사회와의 협력관계의 구축을 통해 경찰활동을 보다 다면화하자는 데 있다(Jones·Sigler, 2002; Goris·Walters, 1999; Scott, 2002; 경찰대학, 2004: 248).

최근에 우리 경찰은 범죄의 예방과 퇴치를 위한 노력의 일환으로 지난 수십 년간 운영해 오던 파출소제도를 획기적으로 개선하여 2003년 8월부터 순찰지구대와 치안센터를 근간으로 하는 지역경찰제를 운영하고 있다. 거버넌스적 관점에서 보면 지역치안의 보다 효과적인 확보를 위해서는 보다 합리적인 경찰기구의 개편과 더불어, 범죄의 예방과 퇴치는 경찰만의 책임이 아니고 지역사회와 경찰의 공동의 문제라는 인식의 공유와 함께 경찰과 지역사회 간의 네트워크의 구축을 통한 치안협력체제를 강화하는 것이 필수적이다. 그러나 우리나라는 오랫동안 국가경찰제도가 지속되어 오면서 지역사회의 참여는 동원적인 것에 머물러 온 탓에 경찰과 지역사회의 협력관계의 구축은 기초적인 수준에 머물러 왔다.

지역치안의 확보에 기여하는 경찰과 지역사회 간의 협력관계의 구축을 위해서는 그 실태에 대한 심층적인 분석과 더불어 이에 영향을 미치는 요인들을 추출하여 이러한 요인들에 대한 이해를 토대로 실현 가능한 정책대안을 개발하여 실행하는 것이 요구된다.

본 연구는 이러한 관점에서 경찰과 지역사회 간의 치안협력체제의 구축방안을 모색해 보고자 하는 데 그 목적이 있다. 이를 위하여 본 연구는 지역경찰활동의 핵심이라고 할 수 있는 순찰지구대를 중심으로 경찰과 지역사회 간의 치안협력관계의 실태를 분석 평가하고 그 영향 요인을 분석함으로써 양자 간의 협력관계 구축을 위한 정책적 시사점을 도출하고자 한다.

2. 연구의 범위 및 방법

본 연구의 범위는 전국을 대상으로 하는 전국적 치안문제나 광역자치단체의 치안문제가 아니라 기초자치단체를 중심으로 이루어지는 지역경찰활동을 그 대상으로 지역치안협력체제의 구축 정도를 분석 평가하고 있다. 기초자치단체를 중심으로 이루어지는 지역경찰활동은 경찰서 순찰지구대가 핵심적인 역할을 수행하고 있다. 그러므로 본 연구는 순찰지구대를 중심으로 지역치안문제 해결을 위한 지역치안협력체제의 구축 정도를 분석하고자 한다. 다만 순찰지구대가 수행하고 있는 지역경찰활동은 그 범위도 넓고 또 그 임무를 수행하기 위하여 직접적으로 관계를 맺고 있는 기관뿐만 아니라 간접적으로 관계를 맺고 있는 기관들의 수도 대단히 많기 때문에 이러한 모든 기관들과의 협력관계의 구축 정도와 그 영향 요인을 분석하는 것은 시간 및 예산상의 한계로 현실적으로 매우 어렵다. 그러므로 본 연구는 지역경찰활동 가운데서도 순찰 등 방범활동을 중심으로 순찰지구대가 어떤 기관들과 협력관계를 맺고 있는가를 파악하고 그 관계의 구축 정도는 어떠한가를 분석·평가하고자 한다.

그러나 전술한 바와 같이 순찰지구대가 지역경찰활동을 위하여 협력관계를 맺어야 할 그리고 맺고 있는 기관이 너무나 많기 때문에 여기서는 그중에서도 특히 주민단체를 중심으로 순찰지구대와 주민단체 간의 협력체제의 구축 정도를 분석하고 그 영향 요인을 분석하고자 한다. 이를 위하여 본 연구는 일선에서 직접 지역경찰활동을 수행하고 있는 부산광역시 각 경찰서의 생활안전과, 순찰지구대 및 치안센터에 근무하는 경찰관들을 대상으로 설문조사를 실시하였고,[1] 이와 더불어 지역치안협력체제의 발전방향을 위하여 관계 경찰관들과의 면담도 실시하였다.

---

[1] 물론 경찰과 지역사회 간의 파트너십을 평가하기 위해서는 치안서비스의 수혜자라고 할 수 있는 지역주민에 대한 조사가 함께 이루어지는 것이 바람직하다고 할 수 있으나 여기서는 조사의 어려움으로 인하여 경찰관만을 대상으로 설문조사를 실시하였다는 점에서 연구의 한계가 있을 수 있다. 그러나 한편으로 주민들은 지역경찰활동에 대하여 무관심하고 잘 모르는 경우가 많기 때문에 오히려 관내 사정을 더 잘 알고 있는 경찰관의 견해를 중심으로 협력관계의 정도를 분석·평가하는 것이 더 바람직할 수도 있다.

최근에 들어와 미래의 국정방향으로서 거버넌스(governance)에 관한 연구가 많이 이루어지고 있다. 그러나 대부분의 연구들은 거버넌스에 대한 규범적 성격의 연구가 대부분이며, 비교적 최근에 의약분업, 보건의료서비스, 자활사업 등 구체적인 서비스 분야에서 거버넌스가 어떻게 구축되어 있는지를 밝히는 연구가 이루어지고 있다(김인, 2006: 9). 그러나 치안서비스를 대상으로 하여 파트너십의 형성 정도와 그 영향 요인을 실증적으로 연구한 것은 거의 없다. 이런 측면에서 보면 본 연구는 치안서비스에 대한 거버넌스적 이해를 위한 경험적 연구로서의 의미가 있다고 할 수 있다.

Ⅱ. 지역경찰활동 및 경찰과 지역사회 간의 협력관계에 관한 이론적 고찰

1. 지역경찰의 개념 및 운영체계

지역경찰이란 용어는 최근에 지역경찰제를 도입하면서 사용된 개념이기 때문에 아직까지도 논자 간에 개념 정의가 일치하지 않고 있다. 지역경찰의 개념은 논자에 따라서 자치경찰이란 개념으로 오해되기도 하고, 특히 미국 등의 지역사회경찰활동(community policing)을 의미하는 것으로도 사용되고 있으나 지역경찰의 개념은 자치경찰이나 미국의 지역사회경찰활동과는 그 개념이 다르다(허용훈, 2004: 191, 정우열·손능수, 2006: 134).

우리나라 지역경찰활동은 지역경찰제에 의하여 이루어지고 있고 핵심적인 수행 주체는 국가경찰인 순찰지구대이다. 이러한 점에서 우리나라 지역경찰활동은 국가경찰제에 의해서 운영되는 경찰활동이다. 또한 지역경찰은 지역사회경찰활동(community policing)과 혼용하여 사용되고 있으나 양자는 서로 다르다. 지역경찰제가 지역사회경찰활동을 지향한다는 점에서 어느 정도 공통점을 갖는다고 볼 수 있다. 그러나 현재 영미국가에서 실시하고 있는 지역사회경찰활동은 자치경찰제를 바탕으로 하기 때문에 국가 활동인 우리나라 지역경찰활동과는 차이가 있다. 뿐만 아니라 지역경찰제가 지역사회경찰활동의 핵심적 요소를 상당 부분 결여하고 있기 때문에 지역경찰제와 지역사회경찰활동은 동일시되거나 혼용될 수 없다고 할 수 있다(이창무, 2005: 96).

현재 우리나라에서 지역경찰이라고 하는 것은 과거의 외근경찰을 의미하는 것으로서 과거의 파출소에 근무하는 경찰관들의 범죄예방 활동, 각종 봉사활동 및 지역의 안전활동 등 기존의 파출소가 수행하는 경찰활동을 포괄하는 용어로 사용되고 있다(석청호, 2003: 95, 경찰대학, 2004: 291).

그러나 지역경찰활동의 범위가 매우 넓고 이에 따라 지역경찰활동의 범주에 포함되는 경찰활동의 수가 매우 많기 때문에 지역경찰활동의 개념을 정확하게 규정하기란 매우 어렵다. '지역경찰조직및운영에관한규칙' 제2조에서는 지역경찰의 임무를 "지역경찰은 관할지역의 실태를 파악하여 그에 알맞은 활동을 하고, 항상 즉응체제를 유지하여 경찰업무 전반에 걸쳐 초동조치를 함으로써 주민생활의 안전과 평온을 확보해야 한다"고 규정하고 있다. 이러한 관점에서 지역경찰의 개념을 규정하면 지역경찰이란 지역치안을 위한 경찰의 제일선 활동으로서 관할구역 주민의 안전과 평안을 위해 범죄를 사전에 예방하고 진압하는 경찰활동이라고 할 수 있다.

지역경찰제는 경찰서의 관할을 지역실정과 치안수요 등을 고려하여 3-5개 권역으로 구분하고 각 권역별로 3-4개의 파출소 인력과 장비를 재배치하여 한곳으로 통합한 순찰지구대를 창설하고 기존 파출소들은 봉사와 지역협력활동에 중점을 두도록 치안센터로 기능을 전환하여 운영하고 있다(박동균, 2005, 정우열·손능수, 2006). 지역경찰은 순찰지구대를 중심으로 범죄예방업무를 수행하기 위하여 다양한 업무를 수행하고 있다. 김상호 외(2004: 568)는 경찰의 범죄예방활동을 일반방범활동과 특별방범활동으로 나누고 있고, 장병철(2000: 35)은 지역경찰활동의 범위를 크게 순찰활동, 주민연계 범죄예방활동, 범인성 유해환경의 관리, 사회질서유지활동의 네 범주로 분류하고 있다. 이러한 견해를 종합하여 범죄예방을 위한 지역경찰활동의 범위를 제시해 보면 지역경찰활동은 크게 순찰활동, 현장방범활동, 및 경찰사범단속 등으로 구분할 수 있다.[2]

2. 성공적인 지역경찰활동을 위한
경찰과 지역사회 간 협력관계의 중요성

오늘날 사회문제의 해결을 위한 패러다임으로서 거버넌스에 관한 논의가 활발하게 이루어지고 있다. 지금까지 유지되어 온 관료주의나 시장주의를 지양하고 정부, 시장, 비영리부문이 자율적이고 상호의존적이며 안정적인 협력관계를 바탕으로 하여 공공의 문제를 해결하는 새로운 조정양식을 활용할 것을 요구하고 있다(주선미, 2003: 70). 이에 따라 최근에는 치안분야의 경우에도 범죄예방을 위하여 이러한 거버넌스의 논리를 적극 도입 응용하자는 주장이 활발히 논의되고 있다.

일반적으로 거버넌스는 공동의 문제를 해결하기 위한 행위자 간의 자기통치적 네트워크(Stoker, 1998), 혹은 국가, 시장, 시민사회 등 상호의존적 행위자들 간의 자율적, 수평적 복합조직(heterachy)으로 정의된다(Jessop, 2000). 그러나 행정적인 입장에서 거버넌스의 개념을 이해한다면, 거버넌스는 정부의 독점적 서비스 공급을 비판하는 입장으로 정부, 기업, 시민사회의 다양한 조직들이 자발적으로 상호 의존하며 사회문제 해결에 협력하는 하나의 통치방식이자 정책네크워

---

2) 여기서 현장방범활동이란 지역경찰관이 관내에 진출하여 직접 주민을 상대로 범죄예방에 관한 지도계몽, 상담, 홍보활동을 하는 것을 말한다. 이러한 활동에는 방범심방, 방범진단, 범죄예방교육 및 홍보활동 등이 있다(경찰대학, 2004: 203).

크체계라고 할 수 있다(이도형, 2004: 223).

이러한 거버넌스의 개념을 토대로 지역치안 거버넌스의 개념을 살펴보면, 지역치안 거버넌스는 지역의 치안문제 해결을 위하여 경찰, 행정기관, 기업 및 주민단체 등이 네트워크를 구축하고 이를 바탕으로 다양한 주체들 간의 협력과 참여라는 파트너십을 통하여 지역치안문제를 해결해 나가는 방식이라고 할 수 있다.

치안문제 해결을 위한 이러한 거버넌스적인 접근방법은 지역경찰제의 지도이념이라고 할 수 있는 지역사회경찰활동(community policing)의 철학 및 이념의 구현을 위해서도 필수적이다. 지역사회경찰활동은 이념적 기초로서 경찰과 지역사회 간의 문제해결 파트너십(problem-solving partnership)을 강조하고 있고 이것은 거버넌스적 접근방법에 의하여 실현될 수 있다.

지역사회경찰활동은 오늘날 경찰과 지역사회의 공동노력을 통하여 범죄를 예방하려는 지역사회 범죄예방활동으로서 21세기 경찰행정의 새로운 패러다임으로 정착되고 있다. 지역사회경찰활동은 현재 미국, 영국, 캐나다 등을 비롯한 외국의 많은 경찰기관들에서 실시되면서 범죄와, 범죄에 대한 두려움을 감소시키는 데 있어서 지대한 공헌을 해오고 있으며 우리나라도 지역경찰활동에 이러한 지역사회경찰활동의 이념과 철학을 도입하고 있다. 이것은 '지역경찰조직및운영에관한규칙'을 통해서도 알 수 있는 바, 동 규칙 제36조는 "지역경찰관은 경찰업무 수행상 필요한 사항에 대한 실태나 주민의견 등을 파악하고 적극 대처하기 위하여 방범심방 등 지역사회경찰활동을 수행한다"고 규정함으로써 지역사회경찰활동이 지역경찰제의 지도원리로 작용하고 있음을 시사하고 있다.

그러므로 지역경찰제가 성공적으로 이루어지기 위해서는 무엇보다도 지역사회경찰활동의 이념을 실천해야 하고 이를 위해서는 다음의 두 가지가 전제되어야 한다. 첫째로, 경찰이 지역사회의 범죄를 예방하고 삶의 질을 향상시키기 위해서는 경찰과 지역사회 간의 협력관계의 구축이 무엇보다 중요하다는 점이다(Cordner, 2000: 53; Ren, L., 2006: 464; Friedmann, 1992). 범죄예방을 위한 노력은 단순히 경찰만의 노력으로는 소기의 성과를 거두기가 어렵다. 청소년 범죄문제만 하더라고 경찰조직뿐만 아니라 학교당국, 학부모, 시민단체, 소년보호시설 등과의 협조가 있어야만 해결의 실마리를 찾을 수가 있다. 그러므로 범죄방지는 시민참여의 증대나 자치적 주민감시제도의 개발, 그리고 경찰과 주민단체의 공동적인 치안서비스의 제공 등을 통해 보다 효과적으로 이루어질 수 있다는 점에서 방범활동을 위한 자발적이고 적극적인 주민참여와 협조는 매우 중요하다(Skolnick and Bayley, 1988: 최선우역, 2001: 22).

둘째로, 경찰이 범죄문제에 효과적으로 대처하기 위해서는 범죄발생 후의 대응조치만으로는 부족하고, 범죄발생의 원인이 될 수 있는 지역사회내의 제반 요인들을 적극적으로 파악하여 이를 미리 제거함으로써 범죄발생을 사전에 예방하는 문제지향적 경찰활동이 이루어져야 한다는 점이며(Oliver, 1998: 100; Eck & Spelman, 2000: 63, Bayley, 1994: Goldstein, 1990; 허용훈, 2004: 12-13) 이를 위해서는 경찰과 지역주민이 지속적인 상호접촉을 통하여 범죄문제를 확인하고 우선순위를 결정하고 그것을 해결하기 위하여 상호 노력하여야 한다는 점이다 이상의 논의를 종합해 보면 지역경찰활동을 성공적으로 수행하기 위해서는 지역경찰활동의 지도이념인 지역사회경찰활동의 철학과 이념을 따라야 하고 이를 위해서는 구체적으로 경찰과 지역사회 간에 문제해결 파트너십이 구축되어야 한다는 점이다. 이것은 지역의 치안서비스 공급과정에 있어서 거버넌스적 정책결정구조의 핵심인 민-관 공동참여의 가치와 거버넌스적 정책집행의 장점인 공동협력 및 공동자원부담의 책임성을 접목시키는 것이다(이도형, 2004: 224).

물론 우리나라 경찰은 아직까지도 자치경찰이 아니고 국가경찰이기 때문에 지역사회와의 치안협력체제의 구축에는 한계가 있다는 점이 지적되고 있다.3) 그러나 현재의 국가경찰체제일수록 지역주민의 이익이나 지역사회의 특수성에 민감하게 대응할 수가 없다는 점에서 성공적 지역경찰활동을 위한 경찰과 지역사회 간의 지역치안협력체제의 구축은 필수적이다.

현재 경찰방범활동에 대한 경찰과 지역사회 간의 협력관계는 지역주민의 참여방식에 따라 크게 두 가지 형태로 구분할 수 있다. 하나는 직접적인 방식으로 경찰서비스 전달과정에서 경찰과 주민들이 공동으로 펼치는 자율방범대 등을 대표적인 예로 들 수 있고, 다른 하나는 간접적인 방식으로 경찰시책결정과정에서 경찰행정발전위원회

---

3) 현재 국가경찰의 문제점 가운데서 가장 많이 지적되고 있는 것은, 경찰이 지역사회의 특수성에 부합되는 경찰활동을 수행할 수 없다는 것이다. 지방경찰청장이나 일선경찰서장이 중앙정부에 의하여 통제되고 있기 때문에 지역주민의 이익이나 지역사회의 특수성에 민감하게 대응할 수가 없다. 이것은 지역사회와의 협력관계의 구축을 어렵게 하는 요인으로 작용하고 있다.

등 경찰협력단체를 통한 주민참여를 예로 들 수 있다.[4] 어떤 형태를 띠든지 간에 지역경찰활동이 성공적으로 이루어지기 위해서는 경찰과 지역사회 간에 치안협력관계가 활성화되어야 한다. 그럼에도 불구하고 현실은 그렇지 못하다는 점에서 앞으로 이에 대한 대책마련이 시급하다고 하겠다(김형준, 2003, 최응렬, 2002).

3. 경찰과 지역사회 간 협력관계의 영향 요인

경찰과 지역사회 간의 협력관계, 즉 파트너십에 관한 논의는 과거에도 많이 있어 왔다. 그러나 최근에 들어와 지역사회경찰활동(community policing)이 21세기 경찰행정의 새로운 패러다임으로 대두되고 이에 따라 지역사회경찰활동의 이념적 기초로서 거버넌스 논리가 강조되면서 치안분야에 있어서도 경찰과 지역사회 간의 파트너십의 문제가 새롭게 대두되고 있다.

경찰과 지역사회 간의 파트너십이란 지역사회 주민들의 전반적인

---

[4] 현재 일선경찰서에 구성된 주민협력단체로서는 경찰행정발전을 위하여 지역주민들로 구성된 경찰서 행정발전위원회, 경찰서 자율방범연합회, 경찰서 생활안전협의회, 경찰서 녹색어머니회, 경찰서 모범운전자회, 순찰지구대 생활안전협의회, 순찰지구대 자율방범대, 경찰청 시민단체·경찰협력위원회 등을 들 수 있으나 주민협력단체 현황은 경찰서 및 순찰지구대마다 다소 차이가 있다.

삶의 질을 향상시키기 위하여 범죄문제를 확인하고 우선순위를 결정하고 그것을 해결하기 위하여 경찰과 지역사회가 함께 노력하는 것을 의미한다(Hooper, 1988: 442; Bureau of Justice Assistance, 1994: 13).[5] 경찰은 이러한 경찰과 지역사회 간의 파트너십의 개발을 통하여 무엇보다도 지역치안문제의 해결과 경찰서비스의 질을 향상시킬 수가 있으며 둘째로, 특정한 지역사회의 수요에 보다 반응적이며 셋째로, 지역의 문화적 또는 인구적 다양성에 보다 민감할 수 있고 넷째로, 보안과 안전문제에 있어서 상담자(consultant)로서의 역할을 수행할 수가 있다(L.A. Police Department Community Outreach Centers, 1997: 3)

경찰과 지역사회가 이러한 협력관계를 발전시키기 위해서는 무엇보다도 경찰과 지역사회가 긍정적인 관계를 개발하여야 하고, 보다 나은 범죄통제와 예방을 위하여 의사결정과정에 지역사회 구성원들을 참여시켜야 하며, 또한 경찰과 지역사회가 자신들의 자원들을 서로 공유하여야 한다(Bureau of Justice Assistance, 1994: 13; Weisheit, 1994: 551; Oliver, 1998: 36; 김인·허용훈, 2000: 91). 이러한 측면에서 경찰과 지역사회 간의 협력관계는 크게 경찰과 지역사회 간의 공생산

---

5) 일반적으로 파트너십이란 상호 합의된 목표에 기초한 다양한 행위자들 간의 협력적 관계를 의미하는 것으로서 상호존중, 의사결정에서의 동등한 참여, 상호책임성, 상호영향력, 투명성 등을 주요 특징으로 삼고 있다(Brinkerhoff, 2002: 21). 오늘날 거버넌스 시대에 있어서 파트너십은 거버넌스의 중요한 작용원리라고 할 수 있다. 정부가 독점적인 권위를 행사하던 시기와는 달리 거버넌스 시대에는 정부가 기업, 시민단체 등의 비정부 대표들을 정책파트너로 삼아 국정을 운영하며 국가와 사회발전을 모색하는 전략을 수립해야만 하는 시대적 요청을 받고 있기 때문이다(주성수, 2003: 77).

(coproduction), 방범관련 의사결정과정에 대한 주민참여, 경찰과 주민 단체 간의 네트워크의 세 가지 차원으로 구성되어 있다.

일반적으로 성공적인 지역경찰활동을 위한 경찰과 지역사회 간의 협력관계의 영향 요인으로는 여러 가지가 있을 수 있으나 이에 관한 경험적·실증적 선행연구가 거의 없기 때문에 이론적으로 영향변수를 추출하기가 매우 어렵다. 이러한 측면에서 본 연구는 경찰과 지역사회 간의 협력관계에 영향을 미치는 요인을 선정하기 위하여 파트너십을 핵심 구성개념으로 삼고 있는 거버넌스 일반에 대한 선행연구에서 제시된 변수들을 원용하고[6] 그 외에 연구자의 경험 및 지역경찰관과의 면담을 기초로 하여 지역치안협력관계에 영향을 미치는 요인을 다음과 같이 경찰과 지역사회 간의 상호신뢰 요인, 경찰의 개방성 요인, 주민단체 역량 요인, 지역사회특성 관련 요인, 범죄 관련

---

6) 이와 관련하여 김형양(2004)은 로컬 거버넌스에 대한 그동안 연구를 살펴보고 이들 연구에서 공통적으로 강조된 변수로서 크게 민·관의 신뢰와 대화, 파트너십, NGO의 내부역량, 자치단체의 행·재정지원 등을 들고 있다. 이우권(2003: 263)은 로컬 복지 거버넌스의 구축방안으로서 지방자치단체장의 추진의지, 파트너십에 대한 공무원의 인식전환, 사회복지협의체의 구성, 복지다원주의에 입각한 민간참여, 이를 위한 지방자치단체의 법·제도적 장치를 강조하고 있다. 문인수·이종열(2002)은 로컬 거버넌스의 성공조건으로서 정치·사회·경제적 환경의 조성, 리더십, 민관협력에 대한 인식전환, 파트너십의 제도적 장치 마련을 제시하고 있고, 강황선(2003)은 로컬 거버넌스의 결정요인으로 리더십, 이해관계자의 신뢰와 파트너십, 참여자의 자체역량, 정부의 유인체계를 제시하고 있다 (이도형, 2004: 225). 또한 장인봉·고종욱(2004)은 지역 NGO와 지방정부의 파트너십 형성요인과 관련하여 지역 NGO의 실효성과 역량, 지방정부의 지역 NGO인정과 지원, 지방정부와 지역 NGO 간 상호의존성과 신뢰를 들고 있다.

요인의 5가지 요인을 제시하고자 한다.

1) 경찰과 지역사회 간의 상호신뢰 요인

경찰과 지역사회 간의 협력관계에 영향을 미치는 요인으로서는 경찰과 지역사회 간의 상호신뢰 요인을 들 수가 있다. 경찰과 지역사회 간의 협력관계의 구축은 경찰과 지역사회 간의 신뢰를 바탕으로 한다. 신뢰는 지역사회경찰활동의 성공적인 집행을 위하여 가장 중요한 요소이다. 경찰과 시민 간의 신뢰가 없으면 효과적인 경찰활동은 불가능하다(Bureau of Justice Assistance, 1994: vii).

우리나라 경찰은 과거 오랫동안 정권을 유지하는 역할을 해왔고 권력자들의 눈치를 보면서 경찰권을 행사해 왔기 때문에 경찰에 대한 국민들의 인식은 그렇게 우호적인 편은 아니다. 이러한 상황에서 우리 경찰은 주로 치안 및 질서유지에만 치중해 왔고 주민에 대한 봉사나 서비스 기능은 다소 소홀히 해왔다. 뿐만 아니라 법 집행 위주의 권위적인 경찰활동으로 인하여 주민과 경찰의 관계는 상호협력 및 공존의 관계라고는 볼 수가 없다(김용환, 1998: 7, 허용훈, 2003: 66).

경찰과 시민의 관계가 악화되면 경찰에 대하여 적대감을 가지는 시민이 늘어날 것이고 범죄를 목격하고서도 경찰에 신고하거나 증인으로 나서지 않을 수도 있다. 이러한 적대감은 또한 경찰관의 업무태도 및 업무수행에도 영향을 미쳐 경찰관 역시 시민들에게 호의적이고 봉사하는 자세를 갖지 않는 악순환을 가져올 수 있다(정경선·박기태, 2001: 33).

과거에는 주로 시민들이 경찰을 부정적으로 인식하는 것이 보통이었으나, 이제는 경찰의 입장에서도 시민들에 대한 부정적인 인식으로 인해 긴밀한 신뢰관계 구축에 어려움이 따르고 있다. 이러한 이유 중의 하나로서는 시민들이 경찰의 적당한 법 집행에 순응하지 않고 심지어는 합법적인 공권력에 대항하는 모습이 최근 크게 증가한 것에 기인하고 있다(김형준, 2003: 126). 이것은 경찰에 대한 공무집행방해 사범의 현황을 통해서도 알 수 있다. 경찰청에 따르면 경찰의 공무집행방해 사범은 2000년 월 평균 785.4명에서 2001년 878.3명, 2002년 939.7명으로 크게 늘었다. 2003년 7월 말 현재 6,431명으로 월 평균 918.7명이 공무집행방해혐의로 구속되었다(세계일보, 2003.9.6).

앞으로 경찰이 지역사회의 범죄를 예방하고 삶의 질을 향상시키기 위해서는 경찰과 주민 간의 협력관계의 구축이 무엇보다도 중요하고 이를 위해서는 경찰과 지역사회 간에 신뢰관계가 전제되어야 한다. 경찰과 지역사회 간의 상호신뢰는 경찰과 주민단체 간의 신뢰, 및 경찰과 지역주민 간의 신뢰로 측정할 수 있다.

2) 경찰의 개방성 요인

경찰과 지역사회의 협력관계를 구축하기 위해서는 무엇보다도 치안 협력체계 구축의 필요성에 대한 경찰의 인식 전환이 선행되어야 한다. 경찰이 방범활동을 위한 주민단체의 효과성을 인정하지 않고 오히려 주민단체를 성가신 존재로 인식하는 경우 양자 간의 협력체제의 구축은 불가능하다.

경찰은 공권력 작용 기관으로서 법 시행을 위해 물리적 힘을 주요한 수단으로 사용하고 있으며, 이런 성격 때문에 경찰기관은 일반적인 타 행정기관에 비해 더욱 권위적이며 폐쇄적이다. 이런 점에서 볼 때 경찰이 지역사회의 주민들이나 타 행정기관과 파트너십을 형성하여 경찰업무를 함께 협의한다는 것은 결코 쉽지 않다. 만약 경찰이 이러한 태도를 보인다면 성공적인 지역경찰활동을 위한 협력체계의 구축은 불가능하다(김인·허용훈, 2000: 104). 그러므로 경찰은 지역경찰활동의 성공적인 수행을 위해서는 주민과의 파트너십 형성을 통한 문제해결 능력의 신장이 중요하다는 점을 새롭게 인식하여야 한다.

이러한 점을 감안한다면 앞으로 경찰과 주민단체 간의 지역치안협력체계의 구축을 위해서는 무엇보다도 경찰이 주민들과 협력하고자 하는 적극적인 의지가 선행되어야 하고 이러한 적극성이 존재할수록 양자 간의 협력체제의 구축은 강화될 것이다. 그러므로 주민단체를 비롯하여 타 행정기관과 적극적으로 협력하고자 하는 경찰의 수용성 내지는 개방성은 경찰과 주민단체 간의 협력체제 구축을 위한 중요한 변수라 할 수 있다(정정화, 2006: 53). 특히 경찰조직은 과거 권위주의적이고 권력적인 기관으로서 오랫동안 고객지향적인 이념이 수용되고 확산되기에는 아직 어려움이 많다. 이러한 환경 속에서 익숙해진 경찰관들은 주민들의 참여와 관심에 다소 부정적인 인식을 갖고 있는 경우가 많다. 실제 경찰관과 면담해 본 결과 자율방범대의 필요성을 인식하면서도 이들의 참여를 형식적이고 비능률적인 것으로 판단하는 경우도 있기 때문에(김형준, 2003: 124) 진정한 의미에서 경찰과 지역사회 간의 협력체제가 구축되기 위해서는 주민과의 협력체제에 대한 경찰의 인식 자체가 변화되어야 하고 이에 따라 주민단체를 비롯하여 동사무소 및 구청 등 타 행정기관과 적극적으로 협력하고자 하는 경찰의 의지가 수반되어야 한다. 이러한 관점에서 경찰의 개방성은 경찰의 주민단체와의 협력의 적극성 정도나 타 행정기관과의 협력의 적극성 정도로 측정할 수 있다.

3) 주민단체 역량 요인

경찰과 주민단체 간에 파트너십이 형성되기 위해서는 주민단체 역시 파트너로서의 제 역할을 다하여야 한다. 파트너십이 형성되기 위해서는 무엇보다도 각 파트너가 파트너십에 기여하는 것을 전제조건으로 한다. 한쪽만이 자원과 가치를 기여하고 다른 한쪽은 기여하는 것이 없다면 진정한 파트너십이 성립된 것이 아니다(주성수, 2003: 79).

경찰과 지역사회 간의 협력체계가 구축되기 위해서는 경찰뿐만 아니라 주민단체 역시 방범활동에 있어서 소정의 역할을 다함으로써 성공적인 지역경찰활동을 위하여 공헌을 하고 있다는 평가를 받아야 한다. 그러나 현재 자율방범단체들은 인적·물적 및 기술적 자원의 부족으로 인하여 기대하는 만큼 제 역량을 발휘하지 못하고 있다.

첫째로 자율방범단체에 대한 시민들의 자발적인 참여가 미흡함으로써 인력이 매우 부족하다는 점이다. 이것은 그 지역사회의 문화나 관습, 정부의 여러 가지 제도적 장치 등을 포함하여 다양한 이유 때문이라고 할 수 있겠지만 무엇보다도 자율방범활동 자체가 자원봉사로 운영되는 것이어서 회원의 참여율이 저조하다는 점을 들 수 있다. 둘째로, 자율방범단체에 대한 예산지원이 아주 적거나 전혀 없다고 하는 점이다. 현재 주민단체의 설립은 경찰 내규에 근거하고 있으나 이들 기관은 법정 단체라고 볼 수 없기 때문에 이들 기관의 활동에 대한 예산지원은 법적으로 이루어지지 않고 있다. 서울의 강남구청과 같은 일부 자치단체에서는 자율방범대 활동 지원조례가 있어 장구 구입비와 운영비를 지원받고 있으나 대부분의 자치단체는 미흡하거나 아예 이것마저도 없는 실정이다. 또한 예산지원상의 문제 외에도 치안봉사활동 중의 상해 등 각종 피해 발생 시 그 보상제도가 아주 미흡하다(허용훈, 2003: 71). 셋째로, 자율방범단체 구성원들이 방범활동을 효과적으로 수행하기 위해서는 범죄 진압 및 예방과 관련한 충분한 기술과 지식을 보유하고 있어야 한다. 이를 위해서는 자율방범대원들에 대한 교육훈련이 필수적이다. 그럼에도 불구하고 자율방범대원들에 대한 체계적인 관리 및 교육프로그램이 미흡하다는 점을 들 수 있다. 현장 순찰 시 필요한 체계적인 방범 기초실무 교육이 부족하고, 간담회 및 시민경찰학교 등을 통하여 자율방범대원들을 대상으로 교육을 시키고는 있으나 이들을 대상으로 하는 체계적이고 전문적인 교육프로그램은 충분하지 못한 실정이다(임창호, 2000: 236).

이상에서 살펴본 바와 같이 자율방범단체들은 인적·물적 및 기술적 자원의 부족으로 인하여 그 역할이 활성화되지 못하고 있고, 이러한 결과는 자율방범단체의 역량에 대한 부정적인 평가를 하게 함으로써 경찰과 주민단체 간의 치안협력체제의 구축을 저해하는 요인으로 작용하고 있다. 그러므로 향후 경찰과 지역사회 간의 치안협력관계가 활성화되기 위해서는 인적·물적 및 기술적 자원의 확보를 통한 주민단체 역량 확보가 필수적이다. 주민단체 역량 요인은 주민단체의 인력보유 정도, 방범관련 기술 및 지식보유 정도, 시설·장비의 보유 정도, 및 주민단체의 예산보유의 정도로 측정할 수 있다.

4) 지역사회 특성 관련 요인

경찰과 지역사회 간 협력관계의 구축에 영향을 미치는 요인으로서는 동네의 지역적 특성을 들 수 있다. 최근 많은 선진국에서는 빈곤, 범죄, 실업 등과 같은 지역사회문제를 해결하기 위하여 동네를 단위로 주민의 참여를 조장하고 역량구축을 지원하는 사업들이 실험되고 있다. 특히 동네 수준에 있어서의 다양한 '느슨한 유대'(weak ties)와 동네조직들이 동네사람들의 신뢰, 상호부조 및 자기부양(self help)의 규범을 조장할 수 있고 이러한 규범들이 범죄 등 지역사회 문제해결을 위해서는 없어서는 안 될 중요한 자원이라는 것이다(곽현근, 2003: 262).

이러한 동네의 특성과 치안협력관계 간의 연구를 살펴보면, Black(1976)은 지역사회의 결집력이 약해지고 주민 간의 거리가 멀어지면 멀어질수록 시민들은 공식적인 사법절차에 더욱 의존하는 경향이 있다고 주장하고 있다. 또 Hartnagel(1979)는 범죄공포와 사회심리적 변수들, 즉 이웃 간의 결속력, 사회적 활동, 그리고 지역사회 내의 애착심 등과 같은 변수들과의 관계에 대한 연구를 통하여 이웃을 살기 좋은 곳으로 여기는 주민들이 그렇지 않은 주민들에 비하여 범죄 공포를 덜 느끼고 있는 것으로 나타났다고 주장하고 있다(이백철, 1992: 74). Scott(2002)는 결집력, 신뢰 및 적극적인 사회적 상호작용(social interaction)의 수준이 높은 동네는 범죄와 무질서의 문제를 극복할 보다 많은 잠재력을 가지고 있다고 주장하고 있으며 이에 따라 동네 주민들 간의 결속력이나 사회작용이 강하면 강할수록 범죄예방을 위한 비공식적 사회통제력이 강해지고 이를 위하여 경찰과의 협력관계가 더욱더 강화된다고 할 수 있다. 비공식적 사회통제이론에 따르면 지역사회의 통합성이 높을수록 비공식적 사회통제가 더욱 효율적으로 작용한다는 것이다. 연대감과 통합성이 높은 지역사회는 구성원이 비공식적 사회통제에 더 많이 참여하게 되고 더 많은 사람들이 집단규범을 준수하고 동네의 일탈을 방지하기 위하여 경찰과 항상 지속적인 협력관계를 유지한다는 것이다. 그러므로 비공식적인 사회통제는 통합성이 높은 사회집단에서 잘 나타나고 통제의 강도는 사회적 상호작용의 양, 사회경제적 지위의 유사성, 물리적 근접성, 집단의 규모에 의해 결정된다. 비공식적 사회통제와 지역사회범죄예방활동은 소득이 낮고 문화적으로 이질적이며 물리적 환경이 사회적 상호작용을 배제하는 지역에서는 개발되기 어렵다(경찰대학, 2002: 41).

Sampson(2002: 98)은 지역사회의 특성 요인을 비공식적 사회통제와 사회적 결속력의 두 가지 개념으로 측정하고 사회적 결속력을 이웃 간의 긴밀한 정도, 이웃 간에 서로서로 믿는 정도, 동일한 가치의 공유 정도, 이웃을 기꺼이 돕는 정도, 이웃 간에 서로 잘 지내는 정도 등으로 측정하고 있다. 여기서는 지역사회의 특성 요인을 주민들 간의 인적 네트워크 정도, 주민의 결속력 정도, 지역주민의 문제해결 정도 등을 통하여 측정한다.

5) 범죄 관련 요인

경찰의 주된 업무는 범죄의 예방과 퇴치에 있으며, 범죄율, 검거율, 범죄대응시간 등 범죄와 관련된 지표들은 이와 관련한 경찰성과를 평가하는 데 사용되고 있다. 지역사회경찰제도 등 새롭게 제시되는 경찰혁신방안들도 궁극적으로는 범죄와 범죄의 공포에 대한 보다 효과적이고도 능률적인 해결을 지향하고 있다. 범죄의 증가와 이로 인한 시민들의 범죄에 대한 공포의 확산은 경찰로 하여금 보다 나은 범죄예방 및 퇴치방법을 강구하도록 하는 압력으로 작용한다. 또한 시민들은 범죄와 범죄의 두려움을 자신이 살고 있는 동네가 해결해야할 첫째가는 문제로 언급하고 있다(Ren, L., 2006: 468).

범죄의 공포는 범죄에 대한 불안감 또는 공포심으로 실제 발생하는 범죄에 대한 대처 못지않게 주요 관심의 대상이 되고 있다(이성식, 2000: 133). Trojanowicz와 Bucquerouz(1990: 130)는 범죄공포를 '직접적으로 범죄를 체험한 사람은 물론, 그 밖의 다른 모든 사람을 희생시키는 사악한 범죄의 그림자'라고 묘사하고 있다(이백철, 1992: 67). 범죄공포로 인하여 사회와 개인이 입는 경제적·사회적 손실은 범죄 자체가 주는 피해만큼 심각하다. 그러므로 범죄와 범죄에 대한 공포는 경찰과 지역주민 간의 치안협력체계를 구축하지 않으면 안 되게 하는 핵심적인 변수이다. 범죄관련 요인은 지역의 범죄발생 정도, 지역의 경제적 수준 등을 통하여 측정할 수 있다. Hagan(1989)은 빈곤의 집중에 의하여 특징져지는 동네일수록 범죄가 더 많이 발생한다는 것을 실증적으로 밝히고 있다(Hagan, 1989; Pino, 2001: 202).

Ⅲ. 분석 틀 및 조사설계

1. 분석 틀

본 연구는 전술한 바와 같이 성공적인 지역경찰활동을 위한 경찰과 지역사회 간의 협력관계의 구축 정도와 그 영향 요인을 살펴봄으로써 바람직한 지역치안 거버넌스 구축을 위한 정책적 시사점을 얻고자 하는 데 그 목적이 있다. 본 연구는 이러한 관점에서 경찰과 지역사회 간의 치안협력관계의 구축 정도와 영향 요인을 분석·평가

하기 위한 개념적인 틀(conceptual framework)을 설정하고 다음과 같
은 연구문제를 제시하고자 한다<그림 1>.

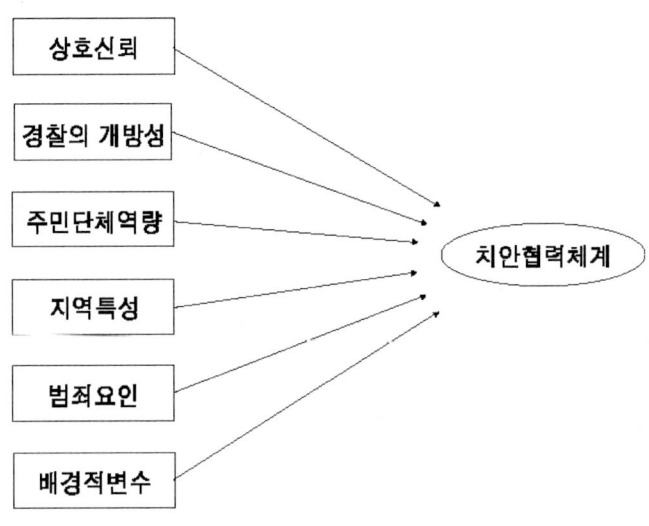

〈그림 1〉 경찰과 지역사회 간의 협력관계에 관한 개념적 틀
(conceptual framework)

　첫째로, 경찰과 지역사회 간의 협력관계, 특히 경찰과 주민단체 간
의 협력관계 정도는 어느 정도인가? 둘째로, 이러한 협력관계에 영향
을 미치는 요인은 무엇인가? 그리고 이러한 요인들 가운데서 어느 요
인이 가장 많은 영향을 미치고 있는가? 이러한 측면에서 본 연구는 경
찰과 지역사회 간의 협력관계의 구축 정도와 그 영향 요인을 분석·평
가하고자 한다.

　여기서 종속변수로서 경찰과 지역사회 간의 협력관계의 정도는 제

2장의 이론적 논의를 근거로 하여 그 구성변수로서 경찰과 주민단체 간의 공생산(coproduction) 정도, 방범관련 의사결정과정에 대한 주민참여의 정도, 경찰과 주민단체 간의 네트워크 정도의 세 가지를 선정하고 순찰지구대원들을 대상으로 한 설문조사를 실시하여 이들 지표들을 측정하였다.

경찰과 지역사회 간의 협력관계의 정도에 영향을 미치는 독립변수는 전술한 이론적 논의에 따라 크게 경찰과 지역사회의 상호신뢰 요인, 경찰의 개방성 요인, 주민단체 역량 요인, 지역 특성 관련 요인, 범죄 관련 요인의 5가지 요인으로 구분하고 각 요인별로 이를 측정하기 위한 하위변수들을 제시하였다. 협력관계의 정도 및 그 영향 요인을 평가하기 위한 구체적인 변수들을 표로 제시하면 다음의 <표 1>와 같다.

〈표 1〉 변수목록과 신뢰도 분석

요 인		변 수	신뢰도 계수
종속변수: 경찰과 주민단체 간의 파트너십	주민참여	주민단체와 협의하여 결정하는 정도	.8454
		치안 의사결정과정에 대한 주민단체의 참여 정도	
	공동생산	경찰과 주민단체와의 협조 정도	.7545
		민간순찰활동에 대한 동참 정도	
		반상회 등 지역모임에 참석 정도	
	네트워크	주민단체와의 접촉과 교류 정도	.8318
		주민단체와의 유대감 정도	
독립변수	경찰과 지역사회의 상호신뢰 요인	경찰과 주민단체 간의 신뢰 정도	.8657
		지역주민과의 친밀도 정도	

	요 인	변 수	신뢰도 계수
독립변수	경찰의 개방성 요인	주민단체와의 협력의 적극성 정도	.8657
		타 행정기관과의 협력의 적극성 정도	
	주민단체 역량 요인	주민단체의 인력보유 정도	.8555
		주민단체의 기술 및 지식보유 정도	
		주민단체에 대한 시설·장비의 지원 정도	
		주민단체의 예산 보유 정도	
	지역 특성 요인	주민들의 인적 네트워크 정도	.7995
		주민간의 결속력 정도	
		지역주민의 문제해결능력 정도	
	범죄관련 요인	관할 지역의 범죄발생률 정도	.7270
		과거 1년간 범죄발생 정도	
		지역의 경제적 수준	
통제변수	응답자의 개인적 요인	성별, 연령, 계급, 학력, 근무기간, 근무 지역	n.s

2. 조사설계

본 연구는 전술한 바와 같이 순찰지구대 경찰관의 인식을 중심으로 경찰과 지역사회 간의 협력관계의 구축 정도를 평가하고 그 영향 요인을 분석하기 위하여 지역경찰활동을 담당하고 있는 부산광역시 각

경찰서의 순찰지구대 경찰관 등을 대상으로 설문조사를 실시하였다.[7]

표본추출은 층화표본추출방법(stratified sampling)을 활용하여 먼저 지역적 특성이 비교적 달리 나타날 수 있도록 도심 지역, 주택가 지역, 농어촌 지역으로 나누어 경찰서를 선정하고, 경찰서별로는 표본이 지구대별로 골고루 추출될 수 있도록 지구대를 관내 지역별 소득수준, 범죄발생률 등 관내 지역 특성에 따라 골고루 추출하였고, 계급별로는 순찰지구대 대원들이 골고루 추출될 수 있도록 순경, 경장, 경사, 경위 이상의 4가지 계층으로 나누어 표본을 추출하였다.

응답자의 일반적 특성을 살펴보면, 먼저 계급별로는 경사가 40.7% (158명)로 가장 많고, 그 다음으로 경장이 26%(101명), 순경이 17% (66명), 경위 이상이 15.2%(59명)의 순으로 나타나 현 순찰지구대의 직원 구성을 잘 반영하고 있다.[8] 근무연수는 15~20년이 22.4%(87명)로 가장 많고 그 다음으로는 20년 이상이 23.7%(92명), 5년 미만이 18.8% (73명), 10년에서 15년이 18.6%(72명)로 비교적 10년 이상의 고참

---

7) 방법론상으로 볼 때 경찰과 지역사회 간의 협력관계의 요인 및 정도를 분석하기 위하여 부산광역시 전체 경찰서의 생활안전과, 순찰지구대 및 치안센터의 경찰관을 조사대상으로 한 것은 분석단위의 측면에서 적합하지 않다는 지적이 있을 수 있으나 본 연구는 경찰과 지역사회 간의 협력관계의 요인 및 정도에 대하여 조사대상 일선경찰관의 인식을 분석한 것으로서 실제의 협력관계의 영향 요인 및 정도와는 다소 차이가 있을 수 있다. 이것은 본 연구의 한계로 앞으로 후속연구를 통하여 보완할 과제라고 할 수 있다.

8) 2006년 9월 13일 현재 부산광역시 각 경찰서의 순찰지구대 인원현황을 살펴보면 14개 경찰서에 순찰지구대가 64개로 현원은 총 3,419명이다. 그 중에서 경감이 56, 경위가 411, 경사 1,662, 경장 852, 순경이 438명으로 구성되어 경사 및 경장이 전체의 73%를 차지하고 있다. 여경은 112명으로서 전체의 3.2%를 차지하고 있다(부산광역시 지방경찰청 내부자료).

경찰관의 응답비율이 높게 나타나고 있다. 근무지역은 일반주택가가 45.6%(177명), 아파트단지가 12.1%(47명), 상가 및 유흥가 12.6%(49명), 영세민거주지가 9.3%(36명), 농어촌지대가 12.8%(50명)의 비율로 나타나고 있다. 성별은 남자가 96.6% (375명)로 남자가 절대 다수를 차지하고 있고, 연령은 30세 이상~40세 미만이 38.7%(150명)로 가장 많고 그 다음이 40세 이상~50세 미만이 28.6% (111명)로 나타나 30대와 40대 경찰관이 응답자의 많은 부분을 차지하고 있다. 학력은 고졸이 39.7%(154명), 전문대 졸업이 19.6%(76명), 대졸이 38.4%(149명)로 학력은 대체로 전문대졸 이상이 절반 이상을 차지하고 있다.

〈표 2〉 응답자의 일반적 특성

구 분		n	%	구 분		n	%
성별	남 자	375	96.6	학 력	고졸미만	7	1.8
					고 졸	154	39.7
	여 자	13	3.4		전문대졸	76	19.6
					대 졸	149	38.4
	합 계	388	100.0		대학원졸	2	0.5
					합 계	388	100.0
계급	순 경	66	17	근무기간	5년 미만	73	18.8
	경 장	101	26		5~10년	64	16.5
	경 사	158	40.7		10~15년	72	18.6
					15~20년	87	22.4
	경위 이상	59	15.2		20년 이상	92	23.7
	합 계	384	98.9		합 계	388	100.0
연령	20~30세	59	15.2	근무지역	일반주택가	177	45.6
					아파트단지	47	12.1
	30~40세	150	38.7		상가 및 유흥가	49	12.6
	40~50세	111	28.6		영세민거주지	36	9.3
	50세 이상	68	17.5		농어촌	50	12.8
	합 계	388	100.0		기 타	29	7.5
					합 계	388	100

설문지의 구성은 선행연구의 검토 및 관계 경찰관과의 면담을 통하여 확정하였고, 설문지의 타당도를 높이기 위하여 관계 경찰관의

협조를 얻어 사전조사를 실시하였으며 이를 바탕으로 설문지의 내용을 재조정하였다.[9]

지역치안협력관계의 구축 정도와 영향 요인에 관한 문항은 총 21개 문항으로 구성되어 있으며, 조사대상자의 인구통계학적인 변수는 성별, 연령, 계급, 학력, 근무기간 및 근무지역의 6개 문항으로 구성되어 있다.

척도구성은 응답자인 경찰관의 배경적 변수를 제외하고 모두 Likert Type의 5점 척도로 구성하였다. 경찰관의 태도를 측정하는 문항은 응답자의 신뢰도를 측정하기 위하여 신뢰도 분석을 실시하여 Cronbach's α값을 측정하였다. Cronbach's α값은 평가항목별로 모두 0.6보다 크게 나타나고 있어 문항 간의 내적 일관성은 충분하다고 할 수 있다 <표1>.

---

9) 설문조사는 각 경찰서 생활안전계 관계 경찰관의 협조 아래 2006년 10월 18일부터 10월 26일 사이에 실시되었으며 총 410부의 설문지를 배포하였다. 배포현황을 살펴보면 동부경찰서가 70부, 동래 90부, 해운대 80부, 강서경찰서가 60부, 남부경찰서 100부를 배포하였으며, 그중에서 398부를 회수하였다(회수율 94.6%).

Ⅳ. 성공적 지역경찰활동을 위한
경찰과 지역사회 간의 협력관계 분석

1. 요인 분석 및 평균 분석

1) 요인 분석

여기서는 경찰과 지역사회 간의 협력관계의 정도 및 영향 요인을 분석하기에 앞서 설문문항의 타당성을 검증하기 위하여 먼저 요인 분석을 실시하였다. 요인 분석은 먼저 경찰과 지역사회 간의 협력관계에 영향을 미치는 독립변수를 대상으로 실시하였다. 본 연구에서는 요인추출방법으로 주성분분석을 행하였으며 요인추출 후 고윳값이 1.0 이상이고 누적백분율이 50% 이상인 요인을 베리멕스(varimax) 회전방식에 의한 직각회전을 실시하여 <표 3>과 같은 4개 요인을 추출하였다. % 누적은 추출된 요인들이 전체분산의 몇%를 설명하는가를 나타내는 수치로서 여기서 4개의 요인이 전체분산의 66.9%를 설명하고 있음을 알 수 있다. 본 연구는 Ⅱ장의 이론적 논의에서 지역치안 협력관계에 영향을 미치는 요인으로 경찰과 지역사회 간의 상호신뢰 요인, 경찰의 개방성 요인, 주민단체 역량 요인, 지역사회 관련 요인, 범죄관련 요인 등 5개를 제시하였다. 그러나 요인 분석을 실시한 결과 경찰의 개방성은 경찰과 지역사회 간의 상호신뢰 요인으로 통합되어 4개의 요인으로 분류되고 있다.

〈표 3〉 경찰과 지역사회 간의 협력관계의 영향 요인에 대한 요인 분석

요 인	1	2	3	4
주민단체와의 협력의 적극성 정도	.803	.133	.283	−.009
방범활동에 있어서 주민단체 역할의 인정 정도	.762	.269	−.016	−.014
경찰과 주민단체 간의 신뢰 정도	.762	.186	.221	.027
타 행정기관과의 협력의 적극성 정도	.738	.255	.204	−.034
지역주민 간의 친밀성	.647	.225	.416	.000
주민단체에 대한 시설 및 장비의 지원 정도	.328	.819	.094	.000
주민단체의 인력보유 정도	.283	.802	.128	.080
주민단체의 예산보유 정도	.051	.732	.356	.114
주민단체의 기술 및 지식보유 정도	.365	.692	.215	.132
주민 간의 결속력 정도	.210	.158	.768	−.052
지역주민의 문제해결능력 정도	.376	.215	.763	−.085
주민들의 인적 네트워크 정도	.352	.404	.598	.021
과거 1년간 범죄발생 정도	.039	−.045	.041	.909
관할지역의 범죄발생률	.101	.092	−.018	.883
지역의 경제수준	.002	.150	.512	.517
고윳값(eigen value)	6.240	2.112	1.230	1.124
%분산	39.002	13.203	7.691	7.027
%누적	39.002	52.204	59.895	66.922

2) 평균 분석

본 연구는 전술한 바와 같이 연구주제의 하나로 경찰과 지역사회 간의 협력관계의 수준에 대하여 일선경찰관들은 어떻게 인식하고 있는지를 분석하기 위하여 평균값 분석을 하였다.

<표 4>의 평균값 분석에서 먼저 종속변수의 세 차원에 대한 평균값을 살펴보면 네트워크 정도의 평균값이 3.15로 가장 높게 나타나고 있고, 그 다음이 공동생산 정도(2.96), 주민참여(2.84)의 순으로 나타나고 있다. 이를 통해서 볼 때 경찰과 지역사회 간의 협력관계 정도와 관련하여 네트워크 정도에 관해서는 어느 정도 긍정적인 평가를 하고 있으나 그 외의 주민참여 정도나 공동생산 정도는 보통이라 할 수 있는 3.0보다 낮은 점수를 나타내고 있다.

각 변수별로 지역경찰관의 인식과 태도를 살펴보면 주민단체와의 접촉과 교류 정도, 경찰과 경찰협력단체의 협조 정도, 주민단체와의 유대감 정도, 경찰의 민간순찰활동에 대한 동참 정도는 보통 이상을 나타내고 있으나 주민단체와 협의하여 결정하는 정도, 치안의사결정과정에 대한 주민단체의 참여 정도, 반상회 등 지역모임의 참석 정도는 보통 이하의 저조한 점수를 나타내고 있다.

〈표 4〉 주요변수에 대한 평균 분석

요 인	변 수	평균값	
주민참여 정도	주민단체와 협의 결정 정도	2.90	2.84
	치안의사결정에 대한 주민단체의 참여 정도	2.80	
공동생산 정도	협력단체와의 협조 정도	3.16	2.96
	민간순찰활동에 대한 동참 정도	3.02	
	반상회 등 지역모임에 참석 정도	2.73	
네트워크 정도	주민단체와의 접촉과 교류 정도	3.23	3.15
	주민단체와의 유대감 정도	3.08	
경찰과 지역사회의 상호신뢰 요인	경찰과 주민단체 간의 신뢰 정도	3.16	3.12
	지역주민과의 친밀도 정도	3.06	
	주민단체외의 협력의 적극성	3.21	
	타 행정기관과의 협력의 적극성	3.08	
주민단체 역량 요인	주민단체의 인력보유 정도	2.56	2.43
	주민단체의 기술 및 지식보유 정도	2.52	
	주민단체에 대한시설·장비지원 정도	2.60	
	주민단체의 예산보유 정도	2.07	
지역사회의 특성 요인	주민들의 인적 네트워크 정도	2.78	2.85
	주민간의 결속력 정도	2.95	
	지역주민의 문제해결능력 정도	2.85	
범죄관련 요인	관할 지역의 범죄발생률	2.92	2.74
	과거 1년간 범죄발생 정도	2.75	
	지역의 경제적 수준	2.57	

2. 경찰과 지역사회 간의 협력관계에 대한 분산분석

　이상에서는 평균값 분석을 통하여 경찰과 지역사회 간의 협력관계에 대한 응답자 전체의 인식과 태도를 살펴보았으나 여기서는 지역경찰관의 개인적 특성별로 경찰과 지역사회 간의 협력관계의 정도 인식에 어떠한 차이가 나타나고 있는가를 분석하기 위하여 일원분산분석(One－Way ANOVA)을 실시하였다. 일원분산분석은 협력 정도에 대하여 연령, 계급, 학력, 근무기간, 근무지역을 중심으로 실시하였다. 성별에 대해서는 남·여 두 집단 평균차이 검증(t검증)을 하였다.

　협력 정도에 대한 분산분석 결과를 살펴보면 5개의 개인특성 변수 가운데서 성별과 근무지역을 제외하고 연령, 계급, 학력, 및 근무기간의 변수에서 집단 간에 유의미한 차이가 나타나고 있다<표 5>. 이를 구체적으로 살펴보면 연령의 경우는 연령이 적은 집단과 연령이 많은 집단이 평균값이 높게 나타나고 있는 반면에 연령이 중간층일수록 협력 정도에 대한 인식이 낮게 나타나고 있다(20～30세, 3.14, 30～40세, 2.87, 40～50세, 2.88, 50세 이상, 3.27). 계급의 경우에도 순경 집단(3.18)과 경위 이상(3.14)의 집단이 평균점수가 보통 이상으로 나타나 협력 정도에 대하여 긍정적으로 생각하고 있는 반면에 경장(2.87), 경사(2.93)의 중간계층의 경우는 협력 정도에 대한 인식이 부정적으로 나타나고 있다. 이러한 결과는 일반적으로 젊고 근무기간이 짧은 경찰관일수록 자율방범대 등 주민단체의 방범활동에 동참해야 할 의무 및 기회가 경장이나 경사보다 상대적으로 많기 때문이라고 할 수 있다. 그리고 연령이 많고 계급이 높은 경찰관의 경우도 대체로 순찰지구대의 대장 및 소장급으로서 직책상 협력치안을 위하여 노력을 해야 할 책임이 크기 때문이라고 할 수 있다(지역경찰조직 및 운영에 관한 규칙, 18조). 이것은 근무기간의 경우에도 동일한바 5년 미만의 경우와 20년 이상의 경우 협력 정도에 대하여 긍정적인 평가를 하고 있으나 나머지의 경우는 부정적인 평가를 하고 있다. 교육수준의 경우는 대체로 학력이 낮은 경찰관일수록 협력 정도에 대하여 긍정적인 반응을 나타내고 있는 반면에 학력이 높은 경우는 부정적인 평가를 하고 있는 것으로 나타나고 있다(고졸미만 3.30, 고졸 3.12, 전문대졸 2.85, 대학교졸 2.91, 대학원졸 2.05).

Lewis(1999: 572)는 Wisconsin의 Racine 경찰서의 경찰관들을 대상으로 한 연구에서 경찰관의 교육수준과 지역사회경찰활동에 대한 태도는 아무런 관계가 없으며, 경찰관의 연령과 지역사회경찰활동의 지지는 부적(-)인 관계를 나타내고 있다고 보고하고 있다(허용훈, 2004: 205). 이것은 본 연구의 결과와 반대되는 결과라 할 수 있으나, 계급의 경우는 계급이 높은 경찰관이 일선경찰관보다 지역사회경찰활동을 더 많이 지지하고 있는 것으로 나타나 본 연구의 결과와 일치하고 있다.

〈표 5〉 경찰과 지역사회 간의 협력관계 정도에 대한 분산분석

구 분		평 균	표준편차	F / t	유의확률
성 별	남 자	2.9864	.76093	-0.677	.499
	여 자	3.1325	.87886		
연 령	20~30세	3.1412	.74338	5.972	.001**
	30~40세	2.8785	.73321		
	40~50세	2.8874	.79142		
	50세 이상	3.2794	.72238		
계 급	순 경	3.1810	.67215	2.812	.025**
	경 장	2.8702	.76869		
	경 사	2.9367	.77257		
	경위 이상	3.1488	.79953		
학 력	고졸미만	3.3095	.57722	3.294	.011**
	고 졸	3.1273	.75709		
	전문대졸	2.8560	.75633		
	대학교졸	2.9172	.75222		
	대학원졸	2.0556	1.0556		
근무기간	5년 미만	3.1218	.67241	5.497	.000***
	5~10년	2.9731	.73782		
	10~15년	2.7261	.81986		
	15~20년	2.8742	.80407		
	20년 이상	3.2186	.69251		
근무지역	일반주택가	3.0289	.80503	0.946	0.451
	아파트	3.0142	.69064		
	유흥가·상가	2.9399	.71171		
	영세민주거	2.8102	.63487		
	농어촌지대	3.1000	.71358		
	기 타	2.8487	.92485		

3. 경찰과 주민단체 간의 협력관계의 영향 요인

1) 종속변인과 독립변인 간의 상관관계 분석

이상에서는 경찰과 지역사회 간의 협력 정도에 대한 인식이 경찰관의 개인적 특성별로 어떠한 차이가 있는가를 분석하기 위하여 일원분산분석을 실시하였다. 여기서는 경찰과 지역사회 간의 협력 정도와 그 영향 요인의 관계를 측정하기 위해서 주민참여 정도, 공동생산 정도, 네트워크 정도의 3개 요인과, 이에 영향을 미치는 독립요인으로 경찰과 주민 간의 상호신뢰 정도, 주민단체의 역량 정도, 지역사회의 특성, 범죄관련지표 등 4개의 요인을 선정하여 이들 요인들 간의 관계를 알아보기 위하여 상관관계분석을 실시하였으며, 그 결과는 <표6>에 제시되어 있다.

〈표 6〉 종속변인과 독립변인 간의 상관관계 분석

	A	B	C	D	E	F
주민참여 정도(A)	1					
공동생산 정도(B)	0.674**	1				
네트워크 정도(C)	0.640**	0.662**	1			
경찰과 지역사회의 상호신뢰 요인(D)	0.652**	0.653**	0.614**	1		
주민단체의 역량 요인(E)	0.529**	0.636**	0.500**	0.617**	1	

	A	B	C	D	E	F
지역사회의 특성 요인(F)	0.554**	0.480**	0.412**	0.604**	0.505**	1
범죄관련 요인(G)	0.094	0.064	0.086	0.078	0.030	0.167

** < .01

3개의 종속변인 상호간에는 .64에서 .67에 이르는 비교적 높고 유의미한 정의 상관관계를 보이고 있는데, 이는 주민참여 정도, 공동생산 정도, 네트워크 정도 등이 밀접히 연관되어 있음을 시사하는 것이라 할 수 있다.

4개의 독립변인들 중에는 범죄관련 요인을 제외한 3개의 요인 모두가 3개의 종속변인들 모두에 대해 유의미한 정의 상관관계를 보여주고 있다. 그중에서 경찰과 지역주민 간의 신뢰 정도는 3개의 종속변인과 가장 높은 상관관계를 보여주고 있다. 주민단체의 역량 정도도 3개의 종속변인과 .50 이상의 상관관계를 보이고 있으며, 그중 특히 공동생산 정도와 가장 높은 상관관계를 보이고 있다. 지역사회의 특성 요인은 3개의 종속변인 중 주민참여 정도와 가장 높은 상관관계(.55)가 있는 것으로 나타났다. 이러한 경과를 종합해 보면 경찰과 지역사회 간의 협력관계는 경찰과 지역사회 상호간에 신뢰가 높을수록, 지역사회 내에서 지역경찰활동에 참여하거나 영향을 미치는 주민단체의 역량이 클수록, 지역사회가 결속력이 강하고 문제해결능력이 뛰어날수록 높아진다고 볼 수 있다.

독립변인 상호간의 상관관계를 살펴보면, 경찰과 지역사회의 상호신뢰 요인은 주민단체의 역량 요인 및 지역사회의 특성 요인과 .60

이상의 비교적 높은 정의 상관관계를 가지고 있는 것으로 나타났고, 주민단체의 역량 요인은 지역사회의 특성 요인과 .50의 상관관계를 가지고 있는 것으로 나타났다.

한편 변인들 간의 가장 높은 상관계수는 .68로서 이들 변수 간에는 심각한 다공선성(multi-collinearity) 문제는 없는 것으로 나타났다.

2) 경찰과 주민단체 간의 협력관계의 영향 요인

상관관계분석에 이어서 여기서는 협력 정도에 어떤 변수가 상대적으로 영향을 더 많이 미치는가를 분석하기 위하여 다중회귀분석을 실시하였다. <표 7>은 협력 정도에 대한 회귀분석으로서 종속변수는 주민참여의 정도, 공동생산 정도, 네트워크 정도로 측정하였다. 독립변수는 이론적 검토에서 살펴본 바와 같이 경찰과 지역주민 간의 상호신뢰 정도, 주민단체의 역량 정도, 지역사회의 특성, 범죄관련 요인의 4개 변수로 하였다.

회귀분석 결과 회귀식은 통계적으로 유의미하게 나타났고, 종속변수의 설명력을 나타내는 R^2값도 0.636으로 매우 높게 나타났다. 종속변수에 통계적으로 유의적인 영향을 미치는 변수를 살펴보면 회귀식에 투입된 모든 독립변수들이 범죄관련 요인을 제외하고 통계적으로 유의미한 영향을 미치고 있다. 독립변수의 상대적 영향력을 나타내는 표준회귀계수를 통해 각 독립변수의 영향력 정도를 살펴보면 상호신뢰 요인($\beta=.677$)이 협력 정도에 가장 큰 영향을 미치는 것으로 나타났다. 이것은 경찰과 지역사회 간의 상호신뢰 정도가 협력 정도를 예측하는 가장 중요한 변수라는 것을 의미한다. 그 다음으로는 주민단체의 역량 요인($\beta = .321$), 지역사회의 특성($\beta = .271$)의 순으로 영향력을 나타나고 있다.

이러한 결과를 통해서 볼 때 협력 정도는 상호신뢰 정도가 절대적인 역할을 하고 있는 것으로 나타나고 있고, 주민단체의 역량이 강하고, 지역사회가 결속력이 강할수록 경찰과 주민단체 간의 협력 정도가 높게 나타나고 있다. 이것은 이론적 검토에서 살펴본 바와 일치하는 결과로서 충분히 예측이 가능한 결과이다.

다만 경찰과 주민단체 간의 협력을 위해서는 상호신뢰, 주민단체의 역량, 지역사회의 결속력 등의 변수들이 중요한 영향을 미친다는 것이 회귀분석을 통하여 경험적으로 입증되었음에도 불구하고 현실적으로 볼 때 이들 변수들의 수준은 앞의 평균값 분석에서 살펴본 바와 같이 상호신뢰 요인을 제외하고는 모두 평균값이 보통보다 낮게 나타나고 있어 변수의 중요성에 비해서 변수의 현실적인 수준이 매우 낮다는 것을 알 수 있다. 그중에서도 주민단체의 역량변수는 평균값이 가장 낮게 나타나고 있어 협력 정도를 강화하기 위해서는 이에 대한 지원문제가 시급히 해결해야 할 문제라는 것을 시사해 주고 있다.

<표 7> 경찰과 지역사회 간의 협력관계의 영향 요인

	B	표준오차	베타	t	유의확률
(상수)	2.991	.024		127.035	.000
상호신뢰 요인	.517	.024	.677	21.947	.000
주민단체 역량 요인	.246	.024	.321	10.419	.000
지역사회의 특성 요인	.207	.024	.271	8.778	.000
범죄관련 요인	1.939E-02	.024	.025	.822	.411

R .797 R제곱 .636 수정된 R 제곱 .632 F=166.990 유의확률.000

4. 분석결과의 논의

이상에서와 같이 본 연구는 경찰과 지역사회 간의 협력 정도에 영향을 미치는 요인을 요인 분석을 통해 알아보고, 협력 정도 및 요인에 대한 현황을 평균 분석을 통해 살펴보았다. 또한 경찰관의 배경적 변수에 따른 인식의 차이유무를 분석하기 위해 분산분석을 실시하였다. 그리고 종속변수와 독립변수들 간의 상관관계 분석을 통해 변수들 간의 관계를 알아보았으며 마지막으로 다중회귀분석을 통해 경찰과 지역사회 간의 협력관계에 영향을 미치는 요인들의 비중을 살펴보았다. 이러한 분석들을 통해 얻어진 결과를 토대로 다음과 같은 논의를 할 수 있을 것이다.[10]

첫째, 경찰과 지역사회 간의 협력은 만족할 만한 수준에 이르지 못하고 있다. 협력 정도에 대한 분석에서 네트워크 정도만 보통을 약간 상회하고 있을 뿐 공동생산이나 주민참여의 정도에서는 보통에도 미치지 못하고 있다. 이는 지역경찰활동이 전통적인 전문가모형(professional model)에 의해 수행되고 있음을 보여주는 것이라 할 수 있다. 지역사회경찰제도의 도입과정에서 논의된 바와 같이 전문가모형에 의한 경찰만의 노력으로는 효과적인 지역치안을 달성하기 힘들며, 보다 효과적인 지역치안은 주민과의 파트너십 형성을 통해 지역사회 전체의 범죄대응역량을 증대함으로써 달성될 수 있는 것이다. 따라서 성공적인 지역경찰활동을 위해서는 주민과의 협력관계를 구축하려는 노력이 시급하다고 할 수 있다. 본 연구의 결과는 네트워크, 공동생산, 주민참여 등이 모두 공통적으로 만족할 만한 수준에 이르지 못함을 보여주는데, 이의 개선을 위한 경찰의 노력이 요구됨을 보여주고 있다. 그러나 오랫동안 지속되어 온 경찰수행방식을 단시일 내에 바꾸기는 쉽지 않을 것이며, 단계적으로 쉬운 것부터 바꾸어 나가는 전략이 수립되어야 할 것이다. 의사결정에서 주민단체와의 협의를 늘려 나가거나 순찰활동에의 민간자율방범대의 동참, 주민과의 보다 빈번한 접촉을 통한 교류의 확대 등은 비교적 실천이 용이한 것들이며, 장기적으로는 주민단체들의 보다 실질적인 참여가 이루어지는 방안이 모색되어야 할 것이다.

---

10) 물론 지역경찰활동은 지역적 특성에 따라 그 양상이 다르게 나타날 수 있기 때문에 분석결과를 정확히 해석하기 위해서는 지방경찰청별로 비교연구가 이루어지는 것이 바람직하다고 할 수 있으나, 여기서는 현실적인 한계로 인하여 부산지역만을 대상으로 조사를 했기 때문에 분석결과를 일반화하기에는 제약이 있을 수가 있다

둘째, 경찰관들은 나이, 계급, 학력, 근무기간 등에 따라 협력관계의 수준을 다르게 인식하고 있다. 연령적으로는 30세 이하와 50세 이상, 계급적으로는 순경과 경위 이상, 근무기간으로는 5년 미만과 20년 이상의 순찰지구대원 집단들이 다른 집단에 비하여 협력관계의 수준을 다소 높게 평가하고 있다. 이들 집단들은 사실상 동일집단으로 볼 수 있으며, 실무경험이 짧거나 혹은 직접 일선에서 근무하지 않는 경찰관으로 볼 수 있다. 그러나 이들이 인식하고 있는 협력의 수준도 보통을 약간 상회하는 정도에 그치고 있다. 특히 현장에서 상대적으로 많은 현장경험을 가진 경찰관들(연령적으로 30~50세, 계급적으로 경장~경사, 근무기간으로는 5~20년)이 느끼고 있는 협력의 수준은 보통 이하로 나타나고 있다. 학력별로는 고학력층이 협력관계의 수준을 낮게 평가하고 있다. 배경적 변수에 따른 이러한 인식의 차이는 협력의 필요성 및 요구되는 정도 등에 대한 이해의 상이 등이 영향을 미치고 있을 것으로 판단된다. 주민단체와의 협력이 보다 효율적으로 이루어지기 위해서는 우선 먼저 순찰지구대원들 사이에 협력의 필요성 및 요구되는 정도 등에 대한 인식의 공유가 선행되어야 한다.

셋째, 종속변인과 독립변인들 간의 상관관계분석에 따르면, 종속변인인 경찰과 주민단체 간의 협력관계를 구성하는 지표들(주민참여 정도, 공동생산 정도, 네트워크 정도)은 상호 밀접한 정의 상관관계를 보이고 있는 것으로 나타났는데, 이는 어느 한 요소의 변화를 통한 협력관계의 개선을 꾀할 경우 다른 요소들에도 긍정적인 파급효과를 미칠 수 있다는 점을 의미한다. 즉 주민들이 경찰활동과 관련된 의사결정과정에 참여하는 기회가 많아지게 될 경우, 이는 곧 직접적인 경찰서비스 제공에의 주민참여와 경찰과 주민단체와의 네트워크 활성화로 이어질 수 있음을 의미한다. 4개의 독립변인들 중에는 범죄관련 요인을 제외한 3개의 요인 모두가 3개의 종속변인들 모두와 정의 상관관계를 보여주고 있는데, 이는 경찰과 지역사회 간의 협력관계는 경찰과 지역사회 상호간의 신뢰 정도, 지역사회 내에서 지역경찰활동에 참여하거나 영향을 미치는 주민단체의 역량, 지역사회의 결속력과 문제해결능력 등이 모두 영향을 미친다는 것을 보여주는 것으로, 협력관계의 제고를 위해서는 이러한 변수들을 고려한 전략적 방안이 요구됨을 시사하고 있다. 또한 독립변인 상호간에도 비교적 높은 정의 상관관계가 있음이 밝혀졌는데, 이는 여건이 좋은 지역사회에 있는 경찰이 주민과의 관계도 좋다는 것을 의미하는 것으로, 협력관계의 개선을 위해서는 경찰 쪽에서의 노력뿐만 아니라 지역사회로부터의 노력도 동시에 요구됨을 시사하는 것이라 볼 수 있다.

끝으로, 경찰과 주민단체 간의 협력관계의 영향 요인에 관한 분석결과에 따르면, 범죄관련 요인을 제외한 상호신뢰 요인, 주민단체역량 요인, 지역사회특성 요인 등이 유의미하고도 긍정적인 영향을 미친다. 상대적으로는 상호신뢰의 정도가 절대적인 영향을 미치고, 주민단체의 역량이 강하고 지역사회의 결속력이 강할수록 협력 정도는 높다. 이를 구체적으로 살펴보면, 경찰과 주민단체 간의 신뢰 정도와 지역주민과의 친밀도 정도 등은 경찰과 주민단체 간의 협력 정도에 가장 큰 영향을 미치는 것으로 해석된다. 상호신뢰는 쌍방적인 것인만큼 상호간의 노력이 요구된다고 할 것이다. 상호신뢰의 제고를 위해 경찰에 요구되는 것은 보다 주민에게 다가가려는 자세라고 할 수 있다. 이를 위해서는 지역사회경찰제도의 한 유형이라고도 볼 수 있는 경찰과 지역사회의 관계개선 운동(police community relations)에서 사용되었던 여러 가지 방안들을 참조할 필요가 있다. 경찰에 대한 소원감 및 불신감을 줄이기 위해서는 순찰지구대에 대한 주민의 접근성을 높이고 범죄예방에 관한 지도계몽, 상담, 홍보활동 등을 통한 경찰의 다각적인 노력이 요청된다. 주민단체의 역량 강화와 지역사회의 결속력 강화는 오랜 시일이 소요될 뿐만 아니라 보다 광범위하고 거시적인 접근이 요구되는 것이다. 중앙정부 및 지방정부 차원에서 주민단체의 역량을 강화시키기 위해 필요한 방안들이 모색되어야 할 것이고, 상대적으로 결속력이 약한 지역사회에 대한 배려도 있어야 할 것이다.

범죄관련 요인이 협력의 정도에 유의미한 영향을 미치고 있지 않다는 결과는 흥미로운 발견으로서, 몇 가지 원인들을 생각해 볼 수 있다. 우선 먼저 생각해 볼 것은 범죄관련 요인에 대한 응답자들의 인식에 유의미한 차이가 없는 경우이다. 다음으로 생각하여 볼 것은 경찰은 경찰과 주민단체의 협력관계를 추진하는 것은 반드시 보다 효과적인 범죄대응방법을 강구하기 위한 목적으로 추진되는 것은 아니라고 인식하고 있다는 것이다. 경찰과 주민단체의 협력강화는 비록 그것이 가시적인 성과를 가져오지 않는다고 할지라도 당연히 경찰이 지향하여야 할 것으로 인식할 경우 범죄관련 요인의 고려 없이 협력을 추진할 수 있을 것이다.

V. 결 론

　본 연구는 전술한 바와 같이 성공적인 지역경찰활동을 위한 경찰과 지역사회 간의 협력관계의 실태를 분석·평가하고 이를 토대로 양자 간의 협력관계의 구축을 위한 정책적 시사점을 도출하는 데 목적을 두고 경찰과 주민단체 간의 협력관계의 정도와 그 영향 요인에 대하여 분석하였다.

　분석결과를 통해서 볼 때 현재로서의 경찰과 주민단체 간의 협력관계의 정도는 보통 이하로 나타나 양자 간의 협력이 만족할 만한 수준에 이르지 못하고 있으며, 구체적으로는 주민참여와 공동생산 등이 잘 이루어지지 않고 있는 실정이다. 이는 경찰이 관내의 치안문제를 해결하기 위하여 주민이나 주민단체와 충분히 협의하여 해결방안을 결정하지 않고 있으며, 관내의 치안문제와 관련한 의사결정과정에 주민이나 주민단체의 참여가 활발히 이루어지지 못하고 있음을 의미하는 것이다. 뿐만 아니라 지역경찰관이 반상회 등 지역 모임에 참석하여 방범대책에 대해 주민과의 협의를 충분히 수행하지 않고 있음을 시사하는 것이다.

　경찰이 공공질서를 유지하고 범죄에 효과적으로 대응하며 국민의 인적, 물적 자원을 잘 보호하기 위해서는 경찰과 지역사회 간의 협력관계의 구축이 필수적이라는 사실을 감안한다면 이러한 결과는 성공적인 지역경찰활동을 위하여 시급히 해결해야 할 과제라 할 수 있다.

경찰과 지역사회 간의 협력관계의 구축은 현실적으로 경찰이 주도할 수밖에 없으며 주민은 단순히 경찰서비스의 고객에 불과한 존재가 아니라 오히려 주민은 지역사회 안전의 수요자이며 나아가 지역사회 안전을 창출해 나가는 적극적인 참여자라는 인식이 전제되어야 한다. 다시 말하면 주민들은 법 집행기관과 함께 다양한 종류의 활동을 통하여 안전한 지역사회 환경을 창출해 나가는 치안서비스의 공동생산자라는 사실을 절감해야 한다. 이러한 인식하에 경찰과 지역사회 간의 협력관계 구축을 위한 노력이 이루어질 때 지역사회의 안전이 확보되고 지역주민의 삶의 질이 제고될 수 있을 것이다.

끝으로 우리나라 경찰은 아직까지도 국가경찰로 인한 경찰권의 집중으로 인하여 경찰행정의 분권화가 이루어지지 못하고 있고 집권적인 경찰행정으로부터 탈피하지 못하고 있다. 이것은 경찰과 지역사회 간의 치안협력체제의 구축을 어렵게 하고 있는 가장 중요한 요인 중의 하나이다. 앞으로 이러한 한계를 극복하기 위해서는 조속한 시일내에 자치경찰제가 시행되어야 할 것이다.

참고문헌

강황선. (2003). 정부중재형 거버넌스 체제의 운영전략에 관한 연구: 이해관계자들의 범위와 역할 그리고 거버넌스 역량의 결정요인을 중심으로. 「한국 사회와 행정연구」, 14(3): 201-227.

곽현근. (2003). 동네관련 사회자본의 영향 요인에 관한 연구, 「한국 사회와 행정연구」, 14(3): 259-285.

김상호 외. (2004). 「경찰학개론」. 서울: 법문사.

김용환. (1998). 「지역사회경찰활동의 구체적 활동모델 개발에 관한 연구」. 서울: 치안연구소.

김 인. (2006). 지방정부의 공공서비스 전달에 있어서 거버넌스 구조가 성과에 미치는 영향: 서비스 유형별 비교분석. 「2006년도 춘계학술대회 논문집」, 5-39.

김 인·허용훈. (2000). 지역사회경찰제도의 도입방안. 「지방정부연구」, 4(1): 87-111.

김형준. (2003). 「지역사회경찰활동의 제도화에 관한 연구」. 서울대석사학위논문.

김형양. (2004). 로컬 거버넌스 형성의 영향 요인에 관한 연구-부산광역시의 사회복지 및 환경분야를 중심으로. 「한국행정논집」, 16(1): 29-47.

문인수·이종열. (2002). 거버넌스 패러다임으로서 파트너쉽 전략의 활용방안, 「한국정책과학학회보」, 6(3): 53-76.

박동균. (2005). 농촌지역 순찰지구대 운영에 대한 평가. 「한국행정학회 춘계학술대회 발표논문」.

석청호. (2003). 한국지역경찰 운영실태에 관한 연구. 「한국경찰학회보」, 7: 93 - 122.

이도형. (2004). 로컬 복지 거버넌스전략: 자활사업을 중심으로. 「한국행정학보」, 38(3): 221 - 238.

이백철. (1992). 경찰과 시민간의 협조관계에 관한 국가 간 비교연구. 「형사정책」, 6: 59 - 107.

이성식. (2000). 지역사회경찰활동과 범죄두려움. 「한국공안행정학회보」, 10: 133 - 159.

이우권. (2003). 로컬 거버넌스와 복지문제. 이은구 외. 「로컬 거버넌스」, 236 - 268. 서울: 법문사.

이창무. (2005). 경찰범죄예방 활동의 질적 평가 - 지역경찰제를 중심으로. 「한국경찰행정학회 제11회 정기학술세미나 발표논문」. 93 - 109.

임창호. (2000). 한국 지역사회경찰활동의 실태분석 및 발전방안. 「한국경찰학회보」, 2: 223 - 250.

장인봉·고종욱. (2004). 지역 NGO와 지방정부의 파트너십 형성요인에 관한 지방공무원의 인식분석. 「한국지방자치학회보」, 16(3): 87 - 110.

정경선·박기태. (2001). 「지역사회경찰론」. 사단법인 경찰공제회.

장병철. (1999). 「치안서비스의 성과지표에 관한 연구: 순찰서비스의 범죄예방성과를 중심으로」. 서울대학교 행정대학원 석사학위논문.

정정화. (2006). 정부와 NGO의 관계 비교연구: 미국, 일본, 한국의 환경 NGO를 중심으로, 「한국 사회와 행정연구」, 17(1): 47 - 79.

정우열·손능수. (2006). 순찰지구대 경찰관의 직무만족도와 그 영향 요인에 관한 연구. 「한국사회와 행정연구」, 17(3): 131 - 155.

주선미. (2003). 보건의료서비스 공급의 협력체계에 관한 연구. 「한국행정연구」, 12(2): 69 - 89.

주성수. (2003). 「공공정책 거버넌스」. 서울: 한양대학교 출판부.

최선우역. (2001). 「지역사회경찰활동: 각국의 이슈와 현황」. 서울: 집문당.

최응렬. (2002). 경찰서 행정발전위원회의 운영실태 및 개선방안. 「한국 공안행정학회보」, 13: 309-332.

허용훈. (2003). 우리나라 지역사회경찰활동의 실태와 정책과제. 「지방정부연구」, 7(3): 59-82.

허용훈. (2004). 지역경찰제도에 대한 경찰관의 수용태도에 관한 연구. 「지방정부연구」, 8(3): 189-213.

경찰대학. (2004). 「범죄예방론」. 용인: 경찰대학.

경찰대학. (2002). 「경찰방범론」. 용인: 경찰대학.

Bayley, D. H. (1994). *Police for the Future.* New York: Oxford University Press.

Black, Donald J. (1976). *The Behavior of Law.* New York: Academy Press.

Brinkerhoff, Jennifer M. (2002). Government-Nonprofit Partnership: A Definition Framework. *Public Administration and Development,* 22: 19-30.

Bureau of Justice Assistance. (1994). *Understanding Community Policing: A Framework for Action.* U.S. Department of Justice, Office of Justice Program.

Cordner, Gary W. (2000). Community Policing: Element and Effects. In Geoffrey P. Alpert and Alex R. Piquero(ed.), Community Policing: Contemporary Readings, 45-62. Illinois: Waveland Press.

Eck, John E. and Spelman, William. (2000). Problem-Solving: Problem-Oriented Policing in Newport News. In Geoffrey P. Alpert and Alex R. Piquero(ed.), *Community Policing: Contemporary Readings,* 63-77. Illinois: Waveland Press.

Friedmann, Robert R. (1992). *Community Policing: Comparative Perspectives and Prospects.* New York: St. Martin's Press.

Goldstein, Herman. (1990). *Problem Oriented Policing.* New York: MacGraw Hill Publisher, Co.

Goris, Peter, Walters, Reece. (1999). Locally Oriented Crime Prevention and the Partnership Approach. *Policing.* 22(4): 633－645.

Hagan, J. (1989). *Structural Criminology.* N.J., Piscataway: Rutgers University Press.

Hartnagel, Thimothy. (1979). The Perception and Fear of Crime: Implication for Neighborhood Cohesion, Social Activity and Community Affect. *Social Focus,* 58(1).

Hooper, Michael K. (1998). Community Policing. In Jay M. Shafritz(ed.), *International Encyclopedia of Public Policy and Administration, 442－447.* Colorado: Westview Press.

Jessop, Bob. (2000). Goverment Failure. In Gerry Stoker(ed.), *The New Politics of British Local Governance,* London: Macmillan Press Ltd.

Jones, Marshall Alan & Sigler, Robert T. (2002). Law enforcement partnership in community corrections. *Journal of Criminal Justice,* 30: 245－256.

L.A. Police Department Community Outreach Centers. (1997). *CPAB Summit, SECOND C－PAB SUMMIT BUSINESS / C－PAB DYNAMICS WORKSHOP, WORKSHOP OUTLINE.*

Lewis, S., Rosenberg, Helen, Sigler, Robert T. (1999). Acceptance of Community Policing among Police Officers and Police Administrators. *Policing.* 22(4): 567－588.

Oliver, Willard M. (1998). *Community Oriented Policing.* New Jersey: Prentice Hall.

Pino, Nathan W. (2001).Community Poling and Social Capital. *Policing.* 24(2): 200−215

Ren, L., Zhao, J., Lovrich N. P., Gaffney, M. J. (2006). Participation community crime prevention. *Policing.* 29(3): 464−481.

Sampson, Robert J. (2002). Crime and Public Perspectives on Social Capital. In Susan Saegert, J. Phillip Thompson, and Mark R. Warren. *Social Capital and Poor Communities,* 89−114. New York: Russell Sage Foundation.

Scott, Jason D. (2002). Assessing the Relationship Between Police− Community Coproduction and Neighborhood−Level Social Capital. *Journal of Contemporary Criminal Justice,* 18(2): 147−166.

Skolnick, Jerome H. and Bayley, David H. (1988). *Community Policing*: *Issues and Practices Around the World.* Washington, D. C.: National Institute of Justice.

Stoker, Gerry. (1998). Public−Private Partnership and Urban Governance. In Jon Pierre(ed.), *Partnership in Urban Governance,* 34−51. London: Macmillan Press Ltd.

Trojanowicz, Robert C., Kappeler, Victor E., Gaines, Larry K., Bucqueroux, Bonnie. (1998). *Community Policing*: *A Contemporary Perspective.* Cincinnati:

Weisheit, Ralph A., L. Edward Wells, and David N. Falcone(1994). Community Policing in Small Town and Rural America, *Crime & Delinquency* 40, No.4.

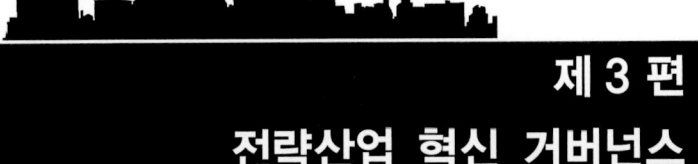

제 3 편
전략산업 혁신 거버넌스

제1장
부산항 경쟁력과 항만행정 거버넌스의 혁신*

최성두(한국해양대 통상행정학부)

Ⅰ. 들어가는 말

우리나라는 세계 10위권의 해양강국이고, 부산은 우리나라 해양산업 경제의 중추도시이다. 부산은 1990년 초에 이미 국가경제를 넘어 세계를 관통하는 무국경 경제체계 안에서 그 역할을 수행하는 세계도시체계에 편입되었으며, 특히 항만물류 부문에서 세계도시이다. 도시기능적으로 부산은 해양·물류기능에 기반을 둔 해양도시이고 광역권 개발 측면에서 동북아 항만물류 및 국제교역중추도시로서 명실 공히 우리나라의 해양수도이다(부산광역시, 2002). 부산항은 지정학적으

---

* 이 글은 저자의 졸고 "해양수도 부산의 항만경쟁력 강화를 위한 해양행정 체계모색"(지방정부연구 제10권 4호, 2007.2)을 일부 수정 보완한 것이다.

로 북미대륙과 아시아를 연결하는 세계 간선항로(main trunk route)상에 위치함으로써 동북아 중심항만으로서의 발전가능성이 매우 크며, 동북아시아의 물류중계 거점항으로서 최적의 위치에 자리 잡고 있다.

그러나 국제경영개발원(IMD)의 2002년도 항만부문 국가경쟁력 평가결과에 의하면 싱가포르 1위, 홍콩 5위, 대만 20위, 일본 22위, 한국 28위를 차지하여, 우리나라 대표적 항만인 부산항은 외형적 성장에도 불구하고 아직 낮은 항만경쟁력을 가진 것으로 평가받고 있다. 항만경쟁력은 훌륭한 지정학적 위치뿐만 아니라 항만시설, 항만요금, 항만서비스, 선박입출항여건, 배후경제규모, 정치사회적 안정성, 배후 교통연계시스템, 미래성장가능성 등 제 요인에 의해서 좌우된다. 더하여, 무엇보다 중요한 것은 이들 항만경쟁력관련 제 요인들을 조직화하고 통합·조정하여 항만이 효율적으로 기능하게 만드는 항만행정 거버넌스의 역할이라고 할 수 있다. 현행 해양수도 부산항은 부산항만공사(BPA) - 부산광역시 - 부산지방해양항만청(국토해양부) 삼자 간 협력적 항만행정체계를 통해 관리되고 있지만, 이들 삼자 간 협력체계 및 부산항 관련 다양한 운영 주체들 간의 협력적 네트워크 구축 즉 항만 거버넌스 측면이 아직 취약한 점이 많은 것으로 평가된다.

2004년 부산항에 선진 항만행정체제로서 도입된 부산항만공사(Busan Port Authority)가 제 역할을 다하기 위해 최고의사결정구조 측면에서 어떻게 개혁되는 것이 바람직한가? 현행 부산광역시 항만행정체계는 해양수도 부산항의 경쟁력 강화와 시정과 항정의 조화사업 추진을 위해 어떻게 개혁되는 것이 바람직한가? 향후 '해양수도 부산항'의 문제점 해결 및 항만경쟁력 강화를 위해 필요한 부산항의 거버넌스는 어떤 사업 및 기능분야에서 어떤 형태로 구성되고 효율적으로 운영되는 것이 바람직한가? 이 글은 이상의 질문들을 중심으로 그에 대한 해답을 논구해 보는 데 그 목적이 있다. 해양수도 부산항의 문제점 해결과 항만경쟁력 강화를 위해 부산항 항만행정 거버넌스 혁신방안을 종합적이고 체계적으로 모색·검토·제안하는 일은 결국 부산항을 '동북아시아의 허브물류항만'으로, 부산을 '우리나라의 해양수도'로 발전시키는 데 기여할 수 있을 것이다.

Ⅱ. 부산항의 항만경쟁력을 좌우하는 영향 요인

세계 모든 항만들은 항만이용자에게 보다 나은 서비스를 제공하기 위해 서로 경쟁하면서 존립을 유지하고 항만발전을 도모하고 있다. 항만이용자들이 항만을 이용함으로써 얻는 효용과 만족도를 항만가치라 하고 이러한 항만가치가 높아서 다른 항만들보다 우월성을 확보하고 있는 것을 항만경쟁력이라 한다. 일반적으로 항만경쟁력의 좌우요인은 지리적 입지조건, 배후지와의 연계수송체제, 항만의 서비스

수준, 항만관련 제반 서비스가격, 사회경제적 안정성, 통신과 정보서비스 등이 지적되고 있다(김학소, 1993, 이석태 외, 1993, 전일수 외, 1993, 여기태 외, 1996, 문성혁, 2003). 더하여 최근 세계 항만들은 치열한 항만경쟁에서 살아 남기 위해 넓은 육상부지를 가진 제3세대 항만을 도시외각에 신항만으로 개발하는 것이 추세일 뿐 아니라, 항만기능의 다양성에 대한 수요 때문에 수준 높은 도시경제환경과 친환경적 시민공간으로의 개발이 요구되고 있다. 그래서 문성혁(2003)은 항만경쟁력이 높은 항만이 구비해야 할 요건을 항만시설·입지 측면, 물류서비스 측면, 제도 및 인간적 측면, 친환경적 측면, 도시경제적 측면 등으로 구분한 바 있다.

동북아시아 경쟁항만과 세계 주요 항만들을 대상으로 해양수도 부산항의 항만경쟁력 수준을 평가한 부산발전연구원 허윤수(2005)의 연구결과를 살펴보면, 항만외적 요인인 배후경제규모가 가장 중요한 요인으로 나타났고, 그 다음으로 배후연계시스템, 사회정치적 여건, 지정학적 위치순으로 나타났다. 항만요율 및 항만시설은 상대적으로 낮게 나타났는데, 이는 세계 주요 항만 간의 치열한 경쟁으로 이미 요율 및 시설수준 측면에서 어느 정도 평준화가 되었다는 현실을 반영한 결과이다.[2] 따라서 향후 부산항은 단순 하역처리항만 중심의

---

[2] 항만경쟁력 평가요인 가운데 첫째 항만시설은 싱가포르항과 홍콩항, 로테르담항이 가장 좋다고 평가하고 있고, 다음으로는 함부르크항, 도쿄항, 부산항, 카오슝항, 상해항의 순으로 평가하고 있다. 둘째, 항만요율은 부산항이 가장 좋다고 평가하고 있으며, 다음으로 상해항, 카오슝항 등의 순으로 평가하고 있다. 셋째, 항만서비스는 싱가포르항, 홍콩항, 로테르담항 등이 타 항만들에 비해 상당히 좋은 평가를 받고 있는 것으로 나

타났다. 넷째, 선박입출항 여건은 항만시설과 항만서비스와 마찬가지로 싱가포르항이 가장 좋다고 평가받고 있고, 홍콩항과 로테르담항도 타 항만에 비해 비교적 좋은 평가를 받고 있다. 다섯째, 선사들이 평가하는 지정학적 위치는 싱가포르항이 가장 좋으며, 다음으로는 홍콩항, 로테르담항, 부산항의 순으로 평가되었다. 특히 부산항의 지정학적 위치에 대한 평가 값이 상당히 높게 나타난 것은 의미 있는 결과로 볼 수 있다. 여섯째, 배후경제규모는 당연히 상해항이 가장 좋았으며, 홍콩항, 로테르담항, 함부르크항이 다음 순으로 평가받고 있다. 타 항만에 비해 부산항과 카오슝항의 평가 값이 상대적으로 낮게 나타나고 있다. 일곱째, 사회정치적 안정성에서는 싱가포르항, 홍콩항, 로테르담항의 순으로 높게 평가하고 있다. 특히, 부산항과 카오슝항의 평가 값이 낮게 나타나는데, 부산항의 경우에는 화물연대파업과 노사불안정 등이 가장 큰 원인이고, 카오슝항의 경우는 정치적 불안정이 큰 원인인 것으로 판단된다. 여덟째, 배후연계시스템은 로테르담항, 홍콩항, 싱가포르항의 순으로 나타났다. 로테르담항은 철도, 공로, 수로 등의 다양한 연계시스템을 확보하고 있고, 홍콩이나 싱가포르는 다양한 피더망과 연계망을 가지고 있기 때문인 것으로 판단할 수 있다. 아홉째, 선사들의 기항선호도는 상해항과 싱가포르항, 홍콩항, 부산항의 기항선호도가 높게 평가되고 있다. 열째, 항만의 성장가능성에서는 타 항만에 비해 상해항이 월등히 높게 평가되고 있는데, 이는 항만의 성장가능성을 평가함에 있어 배후경제규모를 매우 중요하게 고려했다고 판단된다. 마지막으로 종합적인 항만경쟁력에서는 싱가포르항이 가장 높게 평가되었고, 다음으로 홍콩항, 상해항, 로테르담항과 부산항의 순으로 평가되었다. 도쿄항과 카오슝항은 항만경쟁력에서 타 항만에 비해 월등히 낮게 평가되고 있다.

이와 같은 분석결과는 기존의 항만경쟁력 평가요인 중에서 항만시설의 확충에만 주안점을 두었던 항만정책에 큰 시사점을 제공한다. 즉, 선사들이 평가하는 항만경쟁력은 항만내적 평가요인보다 항만외적 평가요인을 더욱 중요하게 고려하고 있다는 것이다. 그중에서도 배후경제규모와 배후연계시스템이 가장 중요하며, 이는 중심항 경쟁에서 우위를 확보하기 위해 반드시 해결하여야 할 과제이다. 배후경제규모의 확충을 위해 배후부지의 물류부지 확대 및 조립가공단지 조성, 기술집약적 국내외 제조업체 유치 등이 필요하다. 또한, 배후연계시스템의 확충을 위해 부산 신항 배후도로 및 철도, 항만배후도로망의 조기 확충이 필요하다.

사업에서 항만배후 물류산업 진흥 중심으로 발전시켜 나가야 한다. 예컨대, 2004년 통계자료를 통해 부산항과 싱가포르항, 로테르담항을 비교해 보면, 부산항의 화물처리량은 1,149만TEU이고 부가가치가 34억이었던 것에 비해 로테르담항은 830만TEU 싱가포르는 2,300 TEU의 화물량을 처리했지만 부가가치는 각각 245억과 164억으로 부산항보다 월등히 높았다. 이러한 결과는 로테르담항과 싱가포르항이 단순 화물처리중심항이 아니라 항만배후 물류산업중심항으로 그 역할을 수행하고 있기 때문이다.

이 글은 기존의 항만경제학과 물류공학 분야에서 항만경쟁력을 논의하는 관점에서 더 나아가서, 행정학의 새로운 관점에서 항만경쟁력을 좌우하는 주요 요인으로 '바람직한 항만행정체계의 구축'이 해양수도 부산항의 항만경쟁력에 큰 영향을 줄 수 있다는 가정·전제·관점 하에서 논의를 전개하려고 한다. 이는 마치 해양력(sea power)을 좌우하는 요인으로 지리적 위치, 해군력, 해양경제자원, 해양산업력, 영토 규모와 인구 외에도 정부형태(해양행정체계)를 주요 변수로 포함하는 것과 동일한 맥락이다(최성두, 2004). 만일 현행 부산항 항만행정체계가 바람직하지 못하여 비효율성, 무능력, 환경변화에의 대응력 부족, 국제경쟁력 저하, 고객불만족, 비민주성, 부정부패 등의 문제점이 나타나고 있다면, 이를 개선하여 바람직한 상태로 항만행정체계를 새롭게 변동시키는 혁신활동이 부산항 경쟁력 강화를 위한 방안이 된다는 것이다(최성두, 2001).

바람직하지 못한 현재 상태를 개혁하여 목표 상태인 바람직한 항만행정체계로 개혁하려 할 때 반드시 포함되어야 할 것에는 다음과 같은 요소들이 있다. 첫째, 다양한 항만운영 주체들의 참여보장과 상호 경쟁과정을 통해 항만발전에 대한 새로운 사업과 아이디어가 제시되도록 민주적 자율경쟁체계가 보장되어야 한다. 둘째, 항만과 관련된 많은 행정기능과 사업들이 유기적으로 통합되어 항만행정의 시너지 효과가 극대화되도록 항만관련 조직체계를 개편해야 한다. 셋째, 항만구성 주체들 간의 다양한 네트워크를 구축하고 이들 간의 적정한 역할분담과 유기적 상호관계 형성을 통해 각종 항만사업의 효율성이 증진되도록 항만 거버넌스를 개혁해야 한다.

이 가운데 당장 개혁해야 될 부산항의 경쟁력 강화 당면과제를 들자면, 우선 부산항의 경영수익사업을 직접 수행하고 있는 부산항만공사(BPA)의 최고의사결정기구인 항만위원회는 현재보다 다양한 주체의 참여가 보장되도록 더욱 개방함으로써 단계적으로 자율적인 경영관리체계를 확립해 나가야 한다. 둘째, 부산항이 입지해 있는 도시정부로서 부산광역시는 현재 산재되어 있는 시 직제 내 항만기능들을 통합하여 항만행정의 시너지 효과가 극대화되도록 통합적 항만행정 체계로 조직개편을 추진해야 한다. 셋째, 부산의 항만경쟁력과 관련된 여러 가지 사업들을 효율적으로 추진하기 위해 각 사업과 기능별로 관련 항만 주체들의 네트워크의 활성화 즉 다양한 항만 거버넌스가 구축되어야 할 것이다(그림 1 참조).

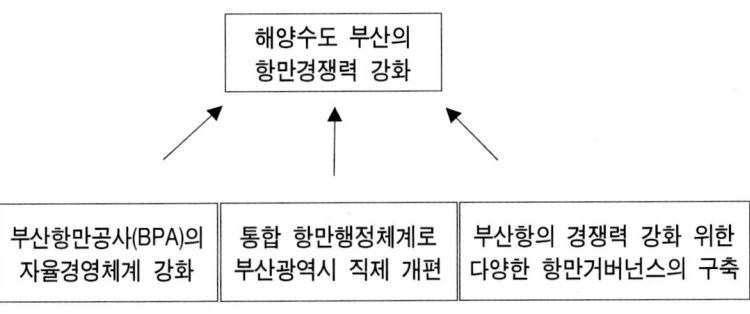

〈그림 1〉 부산항의 항만행정 거버넌스 혁신의 당면과제

Ⅲ. 부산항만공사(BPA) 자율경영체계의 단계적 강화

과거 우리나라 항만행정체계는 국영제를 근간으로 하는 중앙집권적 방식이었다. 그러나 2004년부터 항만재정자립도가 높은 부산항, 인천항 등 대규모 항만에 대해 단계적으로 지방정부와 항만이용자가 참여하는 항만공사제를 도입하여 항만경쟁력 강화를 도모한 바 있다 (한국생산성본부 외, 1999, 해양수산부 외, 2003). 2004년 1월부터 부산항은 우리나라 최초로 항만공사(Port Authority)가 설립되었는데, 이는 항만운영의 경쟁력 강화를 위한 항만행정체계의 민영화(공기업

화)라는 의미가 있다(부산광역시, 2004a, 강윤호, 2006). 항만공사법의 부산항만공사 설립목적에 따르면, 부산항만공사의 설립이유는 항만시설의 개발 및 관리운영에 대한 업무전문성과 효율성 제고와 더불어 항만을 경쟁력 있는 해운물류 중심기지로 육성하여 국민경제에 기여한다고 하고 있다 즉, 부산항이 국가경제에 미치는 영향과 동북아물류중심기지 구축의 중요성을 감안하여 부산항을 선진 항만관리체계인 항만공사제(Port Authority: PA)로 개혁한다는 것이다.

성공한 대부분의 선진 항만들의 항만행정체계인 항만공사제(PA)는 독립채산제와 수익자부담원칙으로 재정이 운영되며, 이를 위해 항만운영에 있어서 기업적 상업원리와 공익원리의 조화를 추구하며, 법률적으로 정치행정권력으로부터 항만자치의 독립성을 보장받은 공기업 형태의 항만자치기구이다(박상희·최성두, 2002). 즉, 항만공사제는 '정부로부터 독립된 기관이 독립채산제로 항만관리 및 개발업무를 전문적으로 수행하는 체제'이다. 부산항에 항만공사제를 도입함으로써 기대되는 효과는 첫째, 항만운영에 독립채산제와 기업경영기법 등 시장경쟁적 요소를 도입하고 전문성 있는 인재를 임용함으로써 항만행정의 효율성을 제고할 수 있고, 둘째 공기업적 조직이기 때문에 정부조직보다 항만환경의 급속한 변화에 탄력적으로 대처할 수 있고, 셋째 다양한 항만투자재원의 확보로 항만개발의 적시성과 유연성을 확보할 수 있고, 넷째 항만관련 주요 의사결정에 부산시 및 항만이용자의 참여보장으로 지방행정과의 조화 및 정책결정의 민주화를 도모하고, 다섯째 궁극적으로 동북아의 물류거점항만으로 부산항의 국제경쟁력을 제고할 수 있다는 것이었다.

그러나 현재 부산항만공사는 항만경쟁력 강화를 위한 항만행정체계 구축과 역할 수행에 있어서 다음과 같은 문제점에 직면해 있다. 부산항만공사(BPA)의 최고의사결정기구이자 부산항 최고 정책결정체계인 항만위원회는 그 구성에 있어서 중앙정부 중심의 의사결정이 이루어질 가능성이 높다는 문제점이 있다. 항만위원회 위원의 추천권이 중앙정부가 반수 이상을 차지하기 때문이다. 2004년부터 현재까지 항만위원 11명은 해양수산부 추천 4명, 부산시 추천 4명, 항만이용자 2명의 중앙정부 추천과 1명의 부산시 추천으로 구성되므로, 결국 중앙정부가 지방정부보다 6 대 5의 비율로 우위를 차지한다. 이러한 중앙정부 우월구조는 신항만 개장 후 경상남도가 항만위원회에 참여하는 2007년 이후에도 변함이 없다. 즉, 항만위원 총 15명은 해양수산부 추천 5명, 지방정부 중 부산시 추천 3명과 경남 추천 2명, 항만이용자 중 중앙정부 추천 3명과 부산시 추천 1명과 경남 추천 1명으로 구성되어, 결국 중앙정부가 지방정부보다 8 대 7의 비율로 우위를 차지하게 될 것이다. 항만공사제(PA)는 항만자치와 독립채산제적 기업경영을 위해 정치적 영향으로부터 자율적인 기관독립성을 보장받기 위하여 다수의 항만위원으로 구성되는 합의체기구의 형태를 취하는 것인데, 현재 부산항만공사 항만위원회의 모습은 중앙정부의 영향이 가장 강한 모습을 취하고 있다고 판단된다.

따라서 향후 부산항의 산업경제적 특성이 단순하역처리 중심에서 항만물류산업·해양관광산업으로 변화되고, 중앙정부 의존적 재정규모가 감소되는 추이에 맞추어 점진적·단계적으로 부산항만공사 항만위원회는 항만이용자단체, 부산시민단체, 전문가 집단 등의 참여를 확대하는 방향으로 개방화해야 하고, 또한 다양한 직능과 전공분야 (예: 항만물류, 해양문화, 해양관광, 도시계획, 교통, 산업경제, 지방 행정)의 전문가들이 항만관리의 시대적·산업경제적 특성에 맞게끔 항만위원회를 구성하도록 해야 할 것이다. 참고로 <표1>에서 보는 바와 같이 런던항만공사의 경우에는 임명권자도 다양할 뿐만 아니라 위원수를 이익단체별로 배분하여 각계의 이익이 고루 반영되도록 하고 있다(최재수, 1994).

〈표 1〉 런던항만공사(Port of London Authority)의 항만위원회 위원구성

독립위원 : 항만평의회와 협의 후 국무장관이 임명		2명
대표위원 : 각 이익단체의 선출 또는 추전과정을 거쳐 국무장관이 임명	하 주	3명
	하주 및 무역업자	3명
	기타 이용자	2명
	노동연맹	2명
	지방자치단체	2명
	Trinity House	1명
	항만청장	1명
	소 계	14명
합 계		16명

* 자료: 최재수. (1994). "포트 오소리티의 개요와 이상적 항만관리형태." 「항만관리론」.

또한, 향후 부산항만공사는 2003년 하반기 해수부와 부산시 간의 정치적 타협안으로 중앙정부-지방정부가 항만위원회를 공동 구성하

는 공기업 형태로 출발하였기 때문에, 부산항만공사의 운영방향이 실적과 성과, 기능효율성과 경제적 수익과 같은 실용적 가치보다 지역안배, 기관안배와 같은 정치적 고려가 작동하는 것을 경계해야 한다. 최고 항만의사결정기구인 항만위원회가 제 역할을 다하기 위해 항만위원 구성에서 민간에 더욱 개방되고, 위원들 간에 아이디어와 비전의 경쟁이 이루어져야 한다. 구체적으로 항만위원 추천권의 과반수를 가지고 있는 현행 중앙정부의 권한을 낮추어서 항만정책결정 과정에서 항만위원 간의 자유 경쟁이 제고되어 우수한 아이디어, 비전, 제도, 정책이 창출되는 의사결정구조를 만들어야 한다. 과거 집권성·독점성·독재성을 가진 항만관리체계(port government)를 분권성·경쟁성·민주성을 가진 항만관리체계(port governance)로 전환했던 것은 자유경쟁을 통해 항만 개별 주체의 역량 최고화를 통한 항만발전을 도모하자는 것이요, 불확실성이 높은 급변하는 항만환경에 유연하게 대응하는 데 유리했기 때문이었다. 부산항의 최고 정책결정과정에서 각 주체 간에 시장적 자유경쟁을 할 수 있는 구조·제도·체계를 만드는 것이 부산항만공사 발전의 요체이다. 즉, 항만관리운영에서 개별 주체의 참여확대, 정부의 간섭 최소화, BPA의 기관독립성과 자율적 경영 등이 가능한 방향으로 부산항만공사의 거버넌스가 개혁되어야 한다.

한편, 중앙정부와 관련해서 현재 부산항만공사는 공공기관의 운영에 관한 법률(2007. 1. 19. 제정, 이하 '공공기관운영법')의 적용을 받아야 하는 문제점에 직면해 있다. 부산항만공사가 공공기관운영법의 적용을 받으면, 중앙정부의 외부통제가 강화되어 항만경영의 독립성과 자율성을 확보하기 위해 출범한 부산항만공사의 설립 취지가 퇴색될 뿐만 아니라 부산항만의 생산성과 국제경쟁력 제고에도 악영향을 줄 수 있다. 왜냐하면, 공공기관운영법에 의해 부산항만공사는 인사·예산상의 조치와 경영실적 평가방법 및 평가기준 등 주요 경영사항에 대해 해양수산부장관에 보고하고, 기획예산처 산하 공공기관운영위원회의 의결을 거쳐야 하는 등 중앙정부의 외부통제가 강화됨으로써 부산항만공사의 자율·책임경영체계가 심각하게 훼손되기 때문이다.

본래 부산항만공사(BPA)는 의결기구와 집행기구를 분리하여 자율·책임경영체제를 갖추도록 한다는 취지에서 설립된 기관인데, 공공기관운영법의 적용을 받게 되면 부산항만공사의 주요 경영사항을 심의·의결하는 항만위원회가 사실상 유명무실해질 수밖에 없고 '옥상옥'의 또 다른 통제기구를 두게 되는 모습이 된다. 따라서 이러한 부당한 중앙정부의 간섭과 규제의 굴레를 벗어나서 부산항만공사의 자율성과 독립성을 확립하기 위해서는 공공기관운영법의 개정이 이루어져야 한다. 공공기관운영법의 입안 시 부산항만공사가 법 적용 예외기관으로 되지 못했기 때문에 이러한 일이 발생했지만, 향후 빠른 시일 내에 법 개정 추진을 통해 이를 시정해야 할 것이다. 마치 부산항만공사가 정부투자기관이지만 항만관리의 자치경영과 기관독립성 보장을 위해 정부투자기관관리기본법의 예외 적용대상으로 별도의 항만공사법을 적용했던 것처럼,3) 동일한 맥락에서 공공기관운영법에서도

---

3) 정부투자기관관리기본법(약칭 '정투법')은 원칙적으로 정부가 납입자본금의 5할 이상을 출자한 기업체 모두를 적용대상으로 하고 있으나, 이미

그 적용대상 기관에서 배제되도록 해야 할 것이다.

Ⅵ. 통합 항만행정체계로 부산광역시 직제 개편

부산항만공사 출범은 경제적으로 항만운영 이윤의 극대화, 항만서비스 비용의 극소화, 화물처리량의 극대화, 국가 또는 지역경제에 대한 기여도의 극대화 등 항만정책목표들을 가장 효율적으로 달성할 수 있다는 경제적 의미뿐 아니라, 그동안 중앙정부와 특별지방행정기관(지방해양수산청)이 독점했던 항만관리권에 대해 부산시가 참여할 수 있게 됨으로써 항만자치 및 항만행정 분권화라는 자치행정적 의미가 있다. 또한, 부산시가 그동안 중앙정부 및 특별지방행정기관과의 업무협력 한계로 할 수 없었거나 미흡했던 '시정과 항정의 조화'를 이제는 할 수 있게 되었다는 즉, 부산항만공사 운영에의 참여로

예외적으로 언론기관인 한국방송공사와 한국교육방송공사, 그리고 금융기관으로 한국산업은행, 중소기업은행, 한국수출입은행 등이 그 특수성을 인정받아 정투법의 적용 예외로 하고 있다. 또한, 항만공사(Port Authority)는 전국적인 조직인 다른 정부투자기관과는 달리 지역적 특성을 갖고, 입지항만 도시정부와 관련성이 매우 높다는 측점에서 정투법 적용의 예외를 항만공사법 제정 시 인정받았다.

도시의 균형적 발전을 추진할 수 있게 되었다는 도시행정적 의미가 있다(부산광역시, 2004a).

부산항만공사 설립 후 부산시의 기본 역할은 PA 항만위원회의 주요 멤버이자 부산항 입지 도시정부로서, 부산항이 국가경제의 근간으로서 기업의 물류비용을 줄이고 외자획득의 주요한 무대가 되고 동시에 부산지역경제 활성화의 엔진이 되도록 전문적이고 효율적으로 사업을 지원하는 것이다. 그런데 현재 부산시의 행정조직 기구는 해양수도 부산에 걸맞게 부산항만공사(BPA)와의 협력관계를 잘 유지하며 시정과 항정의 조화를 추구할 수 있을 정도로 효율적이고 전문적인 항만행정체계를 구성하여 운영하고 있는가?

현행 부산시의 항만행정관련 부서는 해양농수산국, 경제진흥실, 문화관광국, 도시계획국, 환경국, 교통국 등이 있으며, 실무부서(과)로는 해양항만과, 경제정책과, 산업지원과, 투자통상과, 공업기술과, 문화예술과, 관광진흥과, 국제협력과, 도시계획과, 시설계획과, 도로계획과, 환경정책과, 하수도과, 교통기획과, 대중교통과 등으로 그 업무가 분산되어 있다. 실제 항만행정 주무부서인 해양항만과를 제외하고 항만관련 업무를 수행하고 있는 부산시 행정부서는, <표2>에서 보는 바와 같이, 17개 과이며 이들 과에서 57개의 주요 항만관련 업무를 분산적으로 수행하고 있다. 부산시 항만행정관련 업무의 직접적 수행은 해양농수산국(해양항만과)에서 총괄하고 있으나, 현재 증가추세인 항만업무를 담당하는 부서가 '해양항만과' 1개 과에 불과해 동북아 물류중심항만을 지향하는 해양수도 부산시의 항만조직체계로는 매우 취약한 상태라 할 수 있다. 더구나 1996년 해양수산부 신설에 따른 업무 증가, 새 정부의 지방분권 국정운영에 따른 추가 지방이양 업무 등이 증가되고 있고, 특히 부산항만공사(PA) 출범으로 수행해야 할 업무량을 감안할 때, 현재의 1개 과 항만조직체계로는 너무 큰 업무과중이 예상되므로 부산시 항만조직체계의 개편 확충방안이 요구되고 있다.

이에 따라 부산시는 2002년 해양수도 기본계획에서 부산시 행정조직에서 항만농수산국(현 해양농수산국)을 농수산국과 항만국으로 분리하되 특히 항만물류분야의 행정조직('항만국')을 공고히 한다는 방안을 제시한 바 있다(부산광역시, 2002). 이 방안에 의하면 항만국 산하에 항만정책과, 항만물류과, 항만개발과, 항만관리과, 항만배후부지과 등 5개 과를 둔다는 것이다. 또한 이전의 연구결과에 의하면, 1999년 한국해양수산개발원은 지방분권의 활성화에 따라 해양수산부 조직의 모사체(replica)를 지방자치단체에 두기 위해 지방자치단체에 '해양수산국'을 설치해야 한다는 방안을 제시한 바 있다(정필수 외, 1999, 김형태 외, 2000). 이 방안에 의하면 해양수산국 산하에 해양정책과, 해운항만과, 수산과, 어업관리과의 4개 과를 둔다는 것이다. 이미 인천광역시의 경우는 인천국제공항 개항과 더불어 해운, 항공 등 복합운송(intermodalism)에 의한 물류행정을 체계적으로 지원하기 위한 '국' 단위 독립행정조직으로 '항만공항물류국'을 만들어 운영하고 있고, 항만공항물류국 산하에 항만공항지원과, 항만공항물류과, 수산과를 두고 있다. 또한, 기초자치단체이지만 광양시는 행정조직에서 '항만물류과'를 설치하여 운영하고 있다. 이 밖에 외국의 지방정부 조직에서 국 단위로 행정조직을 운영하고 있는 곳으로는 지방정부가 항만을 직접 관리하는 일본의 도시들(예: 고베시 '항만총국')과 미국 로스앤젤레스 항만국 등을 예로 들 수 있다.

〈표 2〉 부산광역시의 부서별 항만행정관련 업무현황

□ 개발행정담당관실
  ○ 동·서부산권 개발 투자유치 전략수립 및 추진에 관한 사항(항만분야)
  ○ 국토의계획및이용에관한법률 제51조, 동법시행령 제43조의 규정에 의한 지구단위계획구역과 지정대상지역 중 시장이 필요하다고 인정하는 지역의 지구단위계획에 대한 관련부서 협의, 계획수립(항만분야)
  ○ 도시미관·경관 및 친수공간에 관한 사항(항만분야)

□ 개발기술담당관실
  ○ 동·서부산권 개발 종합기획·보고 및 조정에 관한 사항(항만분야)
  ○ 동·서부산권 개발계획 수립에 관한 사항(항만분야)
  ○ 동·서부산권 개발 기본계획 및 조성(실시)계획 수립에 관한 사항(항만분야)
  ○ 동·서부산권 개발관련 행정절차 이행에 관한 사항(항만분야)
  ○ 동·서부산권 개발 재무분석 및 재원조달에 관한 사항(항만분야)
  ○ 동·서부산권 개발관련 용역 및 공사 추진에 관한 사항(항만분야)
  ○ 동·서부산권 개발관련 사업시행 및 투자유치 기술지원에 관한 사항(항만분야)

□ 체육민방위과
  ○ 해양스포츠 육성·지원에 관한 사항
  ○ 레저·레크리에이션시설에 관한 사항

□ 노동정책과
  ○ 산업인력양성·교육연계 및 지원에 관한 사항(항만분야)

□ 경제정책과
  ○ 지방중심의 경제활성화 전략수립 및 정책대안 개발(항만분야)
  ○ 지역산업 진흥에 관한 종합정책수립 및 조정(항만분야)
  ○ LME 지정창고 활성화 종합계획 수립
  ○ LME 지정창고 운영·지원
  ○ 기타 지역산업정책에 관한 사항(항만분야)

□ 산업진흥과
　○ 중소기업육성종합계획 수립・조정 및 평가(항만분야)
　○ 중소기업 창업지원에 관한 사항(항만분야)
　○ 중소기업 자금지원 관련 유관기관 협의에 관한 사항(항만분야)
　○ 지역특화산업 기술개발 지원에 관한 사항(항만분야)
　○ 산・학・연 기술개발 지원에 관한 사항(항만분야)

□ 투자통상과
　○ 국내외 투자 종합대책 수립・조정(항만분야)
　○ 국내외 투자 촉진을 위한 제도개선에 관한 사항(항만분야)
　○ 외국인 투자관련 유관기관 협조 및 조정에 관한 사항(항만분야)
　○ 지역기업의 해외투자에 관한 사항(항만분야)
　○ 지역산업 발전을 위한 기업투자(항만분야)
　○ 외국기업 투자유치 설명회 및 홍보・지원에 관한 사항(항만분야)
　○ 외국인투자조사단 방문 지원사항(항만분야)
　○ 투자사절단 파견 사항(항만분야)
　○ 외국인 투자기업의 공장설립 관련 민원의 접수 및 처리(항만분야)
　○ 외국인 투자여건 개선(산업인력지원, 노동문제 지원, 세제 및 금융지원, 애
　　로사항
　　및 처리 등)에 관한 사항(항만분야)
　○ 국제도시 간 경제협력 전략 및 종합계획 수립(항만분야)

□ 교통기획과
　○ 교통행정의 종합계획 수립・조정(항만분야)
　○ 교통수요 종합관리계획의 수립・조정(항만분야)
　○ 교통운영체계 종합계획 수립・조정(항만분야)
　○ 국제해상여객운송노선 확충관련 업무

□ 대중교통과
　○ 화물운송 및 운송주선업에 관한 종합계획 수립・조정(항만분야)
　○ 복합운송주선업 등록에 관한 사항(항만분야)
　○ 창고업 육성・지원(항만분야)
　○ 도시물류기본계획 수립・조정(항만분야)

□ 공업기술과
　○ 조선기자재산업 육성에 관한 사항

□ 관광진흥과
　○ 크루즈산업 및 해상관광개발 사무

□ 국제협력과
　○ 자매도시 및 국제도시 간 교류에 관한 사항(항만분야)
　○ 국제회의 유치·개최·지원에 관한 사항(항만분야)

□ 하수도과
　○ 하수도기본계획 재정비 및 신개발지역의 하수처리시설에 관한 사항(항만분야)

□ 환경정책과
　○ 환경영향 평가에 관한 사항(항만분야)
　○ 환경영향 저감방안에 관한 의견협의(항만분야)

□ 도시계획과
　○ 도시기본계획 및 재정비계획에 관한 사항(항만분야)
　○ 도시계획 용도지역·지구·구역의 지정 및 변경에 관한 사항(항만분야)
　○ 기타 도시계획 및 도시개발관련 민원·업무협의 등에 관한 사항(항만분야)

□ 시설계획과
　○ 도시계획 시설 입안, 도시계획시설 결정·변경(폐지)지적 고시, 도시계획
　　시설 지적승인고시 및 변경(폐지)지적 고시, 도시계획의 실효 고시, 기타
　　도시계획확인원, 민원, 업무협의 등에 관한 사항(항만분야)
　○ 도시계획시설계획 관련 업무협의 및 조정(항만분야)
　○ 다른 법률과 관련 시행되는 도시계획시설 업무협의 및 조정(항만분야)

□ 도로계획과
　○ 도로계획 및 교통정비계획과의 협의조정(항만분야)
　○ 도로건설 관련 협의사항(교통, 환경영향평가 등)(항만분야)

* 자료: 최성두. (2004.1). 「해양수도 21(항만관련분야) 추진 세부계획수립연구」(부
　산시용역).
** 표주: 〈표2〉는 위 자료의 조사결과를 2006년 현행 부산광역시 직제에 따라 재조
　사·정리함.

　향후 해양수도 부산광역시의 항만조직체계는 정밀 조직진단과 기
능분석 과정을 거쳐, 현행 부산시 행정조직 가운데 항만행정관련 경
제통상과 산업진흥, 도시개발과 도시계획, 교통, 문화와 관광, 환경,

방재 등의 행정기능과 연계해서 새로운 항만조직체계를 개편해야 할 필요가 있다. 마치 중앙정부 조직 중 통합해양행정 부처로서 1996년 해양수산부의 설립처럼, 부산시 항만관련 업무들을 전반적으로 통합하여 항만대상 업무들을 중심으로 한 부서편성을 추진해야 한다. 조직개편 과정에서 해양항만행정은 그 특성상 '대상별 부서편성화'를 추구해야 하므로 보편적 부서편성 원리로서 '기능별 부서화' 행정조직들과 기능갈등이 불가피할 것이며 여러 가지 문제점들이 발생할 수 있다.4) 그러나 '우리나라의 해양수도, 부산'을 지향하는 부산항을 국제경쟁력 있는 세계적 허브항으로 만들기 위해서는, 현재의 1차산업 중심적 기능적 행정조직모형으로부터 전환하여 해양항만관련 부처의 다양한 기능들을 통합함으로써 해양항만행정의 시너지 효과를 극대화할 수 있는 방향으로 새로운 대상별 해양항만 행정조직모형으로 개혁해야 할 것이다.

따라서 향후 부산시의 해양항만 행정조직체계는 해양수도 부산에 적합하면서 부산항을 국제경쟁력 있는 세계적 허브항으로 발전하는 것을 지원하도록 다음과 같이 단계적으로 통합 해양항만행정체계를 구축해 나가는 것이 바람직하다고 본다. 우선, 1단계로 현행 해양농수산국 해양항만과의 업무 가운데 항만관련 기획·규제업무와 사업·집

---

4) 대상별 부처 조직편성을 하게 되면 다음과 같은 단점이 나타난다. 첫째, 동일한 조직 내에서 여러 가지 기능을 수행하게 되므로 기능별 분업화의 이익이 확보되지 않는다. 둘째, 행정의 고객(수익자)과 취급물은 다양하므로 현실적으로 전면적인 적용이 어렵다. 셋째, 조직이 지나치게 세분화되어 복잡하고, 조직 내 하위부서 간의 권한충돌이 유발되기 쉽다. 넷째, 대상(수익자)에 의한 간섭과 압력을 받기 쉽게 된다.

행업무를 구분하여 전자는 '항만정책과', 후자는 '항만물류과'를 각각 설립하여 업무를 수행하도록 하며, 수산행정과와 수산진흥과는 현행 유지하고, 농업행정과는 경제진흥실로 이전하도록 한다. 현재 1차산업적 명칭이 강한 해양농수산국을 개칭하여 '해양수산국'으로 한다. 특히, 신설 '항만물류과'는 부산항만공사 지원업무, 항만노무관리업무, 항만관련기관 협력업무 외에도 부산시의 타 과 업무 중 컨테이너수송차량의 등록·지도업무, 관세자유지역 운영업무, 런던금속거래소(LME) 창고 운영업무, 항로개선업무, 크루즈산업 및 해상관광개발 업무, 조선기자재산업 육성업무 등을 이관받아 이들 업무를 수행하도록 한다. 그 다음 2단계로 신항만 개장 및 관세자유지역 확대 시점에 맞추어 증가되는 항만행정 업무를 처리하기 위해 '항만배후단지과'를 신설하는 것이 바람직하다. '항만배후단지과'는 항만배후단지 개발업무, 기업유치 업무, 물류센터 운영지원 업무, 부산시 타 과의 항만관련 이관업무, 해양수산부 이양 항만배후단지 관련 업무 등을 수행하도록 한다. 최종적으로 3단계는 신항만이 최종 완공되는 2011년 시점에 맞추어 '항만개발지원과'(engineering & tecnology service department)를 신설하고 독립적인 '국' 단위 항만행정체계인 '항만국'으로 개칭하도록 한다. 항만국은 항만정책과, 항만물류과, 항만배후단지과, 항만개발지원과의 4개 과를 두도록 한다. 신설 '항만개발지원과'는 신항만 개장 후 항만개발 공사 및 시설관리(engineering & technology) 업무를 지원하도록 한다.

더하여 자치행정적 측면에서 우리나라 해양수도로서 부산이 그 기능을 충실히 수행하기 위해서는 포괄적인 해양수산관련 행정기능을

단계적으로 국가로부터 이양받아 이를 부산광역시 직제로 행정조직
화해야 할 것이다. 즉, 부산이 해양산업·경제의 중추기능을 가진 해
양수도가 되기 위해서는 해양관련 행정기능이나 사업 가운데 여타
중앙부처와의 협의가 필요한 국가기능을 제외하고 포괄적으로 해양
수산 행정기능을 이양받는 것이 바람직하다. 현재까지 우리나라 해
양수산관련 기업의 대부분이 중앙 정부부처가 있는 서울에 본사가
입지하고 있어서, 부산은 해양산업·경제활동의 중심현장임에도 불
구하고 핵심적인 최고의사결정이나 정보·금융·인사기능은 모두 서
울에서 이루어지고 있고 생산된 부가가치가 대부분 서울로 유출되어
부산경제 활성화나 해양산입 집적에 도움이 되지 못하였다(이수호,
2002). 부산을 중심으로 한 동남경제권은 항만, 조선, 수산업 등이
밀집해 있어서 전국적으로 어느 곳보다 높은 해양경쟁력을 가지고
있는 만큼, 국토해양부와 그 관련 공공기관이 대폭 이전하거나 혹은
해양수도에 맞는 포괄적 해양행정기능을 부산시가 넘겨받는 등 국가
기능의 지방이양이 실천되어야 할 것이다. 그래서 해양수도 부산이 실
제 우리나라 해양관련 정책을 만드는 중심 거점이 되도록 해야 한다.

Ⅴ. 부산항 경쟁력 강화를 위한
다양한 항만 거버넌스 구축

거버넌스(governance)는 그 개념을 명확하게 규정하기 어렵고 그 내용이 혼란스럽고 무질서하고 복잡하다(김석준 외, 2000, 이명석, 2002, 박재욱 외, 2000, 김순은, 2005, 박재욱 외, 2006, 김형량, 2006).[5] 그러나 거버넌스의 공통적인 핵심내용은 '공통의 문제를 해결하는데 여

---

[5] 거버넌스는 과거처럼 관료들이 일방적 수직적으로 의사결정을 행하는 것이 아니라, 정책커뮤니케이션 내의 이해관계자들인 국가, 지방자치단체, NGO, 일반시민, 직능단체 등을 정책과정에 참여시켜서 문제를 해결하고 책임을 지게 하는 공공의사결정의 한 형태이다(염일현 외, 2003). 거버넌스는 국가, 시장, 시민사회 등 상호의존적인 행위자들 간의 자율적이고 수평적인 복합조직(heterarchy)이며(Jessop, 2000), '공식적 권위 없이도 다양한 행위자들이 자율적으로 호혜적인 상호의존성에 기반을 두고 협력하도록 하는 제도 및 조종형태' 또는 '정부중심의 공적 조직과 사적 조직의 경계가 무너지면서 나타난 새로운 상호 협력적인 조정양식으로서, 국가와 시장, 시민사회가 과거와는 다른 새로운 형태의 상호작용과 협력체계를 구성하면서 등장한 조정양식, 정부의 운영체제, 사회문제 해결방식'이다. 거버넌스 개념을 구성하는 요소에는 ① 공동의사결정의 형태, ② 동등한 의사결정권, ③ 정부와 시민사회 간의 수평적 네트워크 구축과 파트너십을 통한 새로운 협력양식, ④ 상호의존적인 자율적·복합적 조직, ⑤ 자발적인 협동에 의한 사회적 조정을 강조하는 형태, ⑥ 상호의존성, 대화와 협력, 신뢰, 네트워크, 공동의 문제해결방식과 조정양식, ⑦ 정부와 NGO 간의 파트너십, ⑧ 상호의존성, 자원의 교환, 게임의 규칙과 국가로부터의 상당한 자율성, 조직 간 네트워크 등이 있다(김형량, 2006).

기에 관계되는 여러 집단들이 자율성을 지니면서 서로 유기적인 상호작용을 통해서 협상과 타협 및 조정을 이끌어냄으로써 문제를 해결하고자 하는 것'이고(백완기, 2006), 그 핵심개념은 네트워크이다. 네트워크는 단체 간의 유대를 지속시켜 주는 연계망으로 비공식적이고 유동적인 존재이고, 국가로부터 자율성을 갖는 단체나 조직들 간의 지속적인 유대와 상호작용을 의미한다(Rosenau et al, 1993; Rhodes, 1996; Peters, 1996).

거버넌스는 새로운 국가사회적 문제해결기구로서, 단체들 간의 '네트워크 효율성'과 '역할배분 및 협력관계'를 통해 사회공동체의 문제를 해결하고자 한다. 과거 정부의 공공문제를 풀어나가는 데 전통적인 관료적 행정체제에서는 행정이 지휘하는 자세에서 주도적으로 문제를 풀어 나갔는데, 거버넌스 체제에서는 정부가 지휘하고 주도하는 자세를 버리고 시장과 시민단체 등 자율성을 지닌 여러 이웃단체들과 파트너십을 유지하면서 협상하고 타협하고 조정하면서 문제를 풀어 나간다는 것이다. 거버넌스는 조직 간의 상호작용과 협상에 관심을 두고 이웃 집단들과 파트너십을 형성함으로써 문제를 참여를 통해 보다 민주적으로 푼다는 특징을 가진다.

이러한 측면에서 항만 거버넌스 개념은 항만관련 구성 주체들 간의 협력적 네트워크와 상호작용과정이라 정의할 수 있다. 예컨대, 부산항을 구성하는 공식·비공식기관으로 국토해양부와 부산지방해양항만청, 부산항만공사(BPA), 부산시, 경상남도, 경제자유구역청, 항만터미널운영사, 항만물류기업, 항만산업관련 이익단체, NGO(시민단체, 공익단체), 언론, 부산경남본부세관, 부산항 출입국관리소, 검역관청,

항운노조 등의 협력적 네트워크와 상호작용과정을 말한다.

우리나라 항만 거버넌스는 과거 국가(해양수산부)중심 항만 거버넌스에서 2004년 1월부터 지방정부와 항만이용자의 참여도 허용되는 항만공사제(Port Authority) 중심의 항만 거버넌스로 전환되었다. 항만 거버넌스는 결국 문제해결기구이자 항만경쟁력 강화기제이므로, 구성 주체들의 개별역량 강화와 참여보장 및 상호경쟁으로 항만 관리운영의 민주성과 효율성을 확보하는 것이 무엇보다 중요하다. 또한, 불확실한 항만환경에 유연하게 대응할 수 있는 신축적 조직구조을 형성하고, 고객중심적 마인드로 항만경영의 수월성을 확보하는 것이 요구된다. 따라서 항만관리방식에 있어서 현재 집권적 거버넌스에서 보다 분권적인 '항만 거버넌스'(port governance)로 전환되어야만 네트워크의 유연성, 신축성, 효율성이 증가되며 궁극적으로 부산항을 국제경쟁력 있는 항만으로 변화시킬 수 있다.

현행 부산항 거버넌스의 핵심은 BPA－부산시－국토해양부(구 해양수산부) 삼자 간 관계와 상호작용과정이다. 2003년 하반기 해수부와 부산시 간의 정치적 타협안으로 중앙정부－지방정부 공동운영 공기업으로 BPA를 출발시켰다. 이들 삼자 간의 기본적 역할분담은 부산시가 항만배후부지의 도시계획, 교통계획, 산업경제계획, 문화관광계획을 중심으로 참여하고, BPA는 경영수익적 성격의 항만관리운영을 직접 담당하고, 해양수산부와 부산해양수산청은 공익적 성격의 안전(교통, 경찰), 환경, 인프라시설, 선원등록관리 등 업무와 국가 간 항만협력 업무를 맡고 있다. 구체적인 역할분담과 네트워크 효율성에 대한 것은 이들 삼자 간의 해양수산행정협의회(또는 부산항발전협의회)를 통해 논의하고 있으나, 주로 개별적 기관임무 중심으로 작동되고 있다고 할 수 있다.

그러나 부산항은 이들 삼자 외에도 다양한 공공기관과 비공식 주체들이 참여하는 항만관리체계여야 한다. 따라서 향후 다양한 구성주체들의 참여가 제도적으로 보장되도록 하여, 이들 간의 자유경쟁과 개별역량 극대화를 통한 부산항 발전을 도모하는 방향으로 항만 거버넌스가 혁신되어야 할 것이다.

허윤수(2005)의 연구에 의하면, 부산항은 경쟁항만인 상해, 도쿄, 카오슝, 홍콩, 싱가포르, 로테르담, 함부르크 등과 비교해서 항만경쟁력 5위를 차지하고 있다. 구체적으로 우수한 경쟁력요소에는 항만요율 1위, 지정학적 위치 4위 등뿐이고, 상대적으로 열악한 경쟁력 요소에는 항만시설 6위, 항만서비스 7위, 배후경제규모 7위, 사회정치적 안정성 7위, 배후연계시스템 5위 등으로 나타났다. 항만 거버넌스는 이러한 항만경쟁력의 제 문제를 해결하고 항만의 경쟁력을 강화하는 구조와 과정이라 할 수 있다. 향후 부산항 거버넌스가 추구해야 할 항만경쟁력 강화 및 부산항 문제해결 방향은 앞서 지적된 열악한 요소들의 문제점을 해결하여 경쟁력을 강화하는 방향으로 혁신되어야 한다.

우선 '해양수도 부산항'은 부산항의 문제점 해결 및 항만경쟁력 강화를 위해 다음과 같은 사업 및 기능별 거버넌스(project & function governance)가 형성되어야 한다. ① 우선 항만서비스 제고를 위해 '국내·외 항만들과의 네트워크 구축'을 통해 환적서비스 기능을 강화해야 한다('환적 거버넌스'). ② DHL, 페덱스 등 세계적 물류기업에 매력적인 유치여건을 마련하기 위해 자유항 수준의 비관세, 세관검사면제, 항만 내 제품조립 및 제조 허용 등을 추진하여 물류관련 제도를 혁신해야 한다('물류 거버넌스'). ③ 세관-출입국-검역(C·I·Q) 관련 기관들을 통합하는 고객창구를 운영함으로써 고객들에게 빠르고 편리한 행정서비스를 제공해야 한다('C·I·Q 거버넌스'). ④ 부산항의 항만도시기능 강화를 통해 항만이용자의 도시기반시설 이용편의를 더욱 증진해야 한다('항만도시기능 거버넌스'). ⑤ 항만시설 및 배후경제단지 조성을 위해 BPA-부산시-국토해양부-경제자유구역청-국내외 항만물류산업체 등으로 효율적 네트워크를 구축해야 한다('항만시설 및 배후물류단지조성 거버넌스'). ⑥ 항만이용자의 화물처리 편의를 증진하기 위해 철도(KTX)-신공항-도로의 교통연계네트워크를 강화해 나가야 한다('배후 교통연계 거버넌스'). ⑦ 항만과 도시의 정치사회적 안전성(security)을 위해 항만노사 간 협력체계를 강화해야 한다('항만 노·사·정 거버넌스'). ⑧ 항만의 방재 및 테러에 대비하는 기관 간 방재네트워크를 구축하고 항시 운영해야 한다('항만방재 및 안전 거버넌스').

다음으로 이러한 다양한 사업 및 기능을 효율적으로 추진하기 위한 거버넌스로서 크게 다음 세 가지 유형의 네트워크가 구축되어야 한다. 첫째, 직접적으로 부산항을 이용하는 항만이용자단체들을 구성요소로 하는 네트워크인 '부산항 거버넌스'를 구축해야 한다. 둘째, 항만을 보유하는 국내 지방정부들을 구성요소로 하는 네트워크인 '국내항만도시 거버넌스'를 구축해야 한다. 셋째, 항만을 보유한 동북아시아 및 세계 주요 항만도시들을 구성요소로 하는 네트워크인

'국외항만도시 거버넌스'를 구축해야 한다.

첫째, 해양수도 부산항의 항만경쟁력 저해요인들의 해소와 부산항을 둘러싼 환경변화에 적극적이며 능동적으로 대처하기 위하여, 항만이용자 단체를 중심으로 '부산항 거버넌스'를 구성하여 부산항 발전을 도모해야 한다. '부산항 거버넌스'의 주요 기능은 ① 부산항 장기발전계획 및 부산항 관세자유지역 운용계획 등 부산항 관련 주요 정책 사항의 건의, 협의 및 자문, ② 항만관련 계획과 도시계획의 연계·조정, ③ 체계적이고 지속적인 부산항 홍보 및 마케팅, ④ 깨끗하고 쾌적한 부산항 조성을 위한 환경개선, ⑤ 기타 부산항 활성화 등 항만발전에 관한 사항 등이 될 수 있다. 에컨대, '부산항 거버넌스'의 구성은 부산광역시를 중심으로 항만이용자 단체로서 부산상공회의소, 부산항만공사, 부산항만하역협회, 부산항부두관리협회, 한국도선사협회 부산지회, 부산항업협회, 부산관세협회 부산지회, 복합운송사업협회, 선기조합, 대한무역협회 부산지회를 포함하고, 유관 정부기관으로 부산광역시의회, 부산지방해양항만청, 부산본부 세관, 부산출입국관리사무소, 국립부산검역소, 부산해양경찰서. 국립수산진흥원을 포함하고, 학계로는 한국해양대학교, 부경대학교, 부산발전연구원 등을 포함하도록 한다(부산광역시, 2004a).

둘째, 항만을 보유하고 있는 국내 지방정부들 간의 '국내항만도시 거버넌스'의 주요 기능으로는 ① 항만관련 주요 정책사항의 건의, 협의 및 자문, ② 항만관리의 지방화를 위하여 지방자치단체 간 교류협력을 통한 중앙정부 대응전략 수립 및 정책방안 강구, ③ 지방자치단체의 항만발전을 위한 지역별 조사연구 및 상호간 의견교류, ④ 지방항만 활성화를 위한 대정부 논리의 공동개발 및 중앙정부 권고안의 공동수립, ⑤ 항만관련 제반 정책의 입안, 계획, 개발에 대한 공동노력, ⑥ 항만시설의 유지 및 보수, 항만경비 및 보안업무 등에 대한 시스템의 공동개발, ⑦ 지역항만의 마케팅, 대외홍보, 판촉활동, 투자유치, 관세자유지역 지정, 포털 사이트 개설·운영 등에 대한 공조체제 유지 등이 된다. 예컨대, '국내항만도시 거버넌스'의 구성은 부산광역시, 인천광역시, 울산광역시, 경상남도, 전라남도, 전라북도, 경기도, 강원도 등 광역지자체와 평택시, 군산시, 목포시, 여수시, 광양시, 마산시, 포항시, 묵호시, 삼척시 등 기초지자체를 중심으로 각 해당지역 상공회의소, 항만물류산업협회 및 단체, 각 자치단체 의회, 지역대학, 지역 공공단체 등을 포함하도록 한다(부산광역시, 2004a).

셋째, 항만을 보유한 동북아 및 세계 주요 항만도시들 간의 '국외항만도시 거버넌스'는 국제적 인적·물적 교류 증대에 따라 컨테이너 물동량의 공동 확보를 위한 포터 세일즈와 항만관련 국제적 분쟁 등을 사전에 방지하고 인근국가 도시항만 간의 Win-Win전략 차원에서의 거버넌스 구성이 필요하다. '국외항만도시 거버넌스'는 부산항을 중심으로 구성하고 부산항의 브랜드가치와 경쟁력을 최대화하는 목표를 가지고 활동함으로써 기존에 설립된 세계항만도시 거버넌스와 차별성을 가져야 한다. 즉, 부산항의 창의와 특성을 바탕으로 국제협력의 장을 마련하여 동북아 허브항으로 도약할 수 있는 기반을 마련해야 한다.

Ⅵ. 맺음말

현행 부산항 항만행정 거버넌스의 핵심은 BPA - 부산시 - 국토해양부 삼자 간 네트워크 관계와 상호작용과정이지만, 향후 이들 삼자 외에도 다양한 구성 주체들의 참여가 제도적으로 보장되도록 하여 이들 간의 자유경쟁과 개별역량 극대화를 통해 부산항이 발전하도록 해야 한다. 부산항 거버넌스의 핵심기구인 부산항만공사의 경우에는 다양한 경영수익 사업들을 자유롭게 추진할 수 있도록 항만위원회 최고의사결정구조의 개혁, 철저한 실용주의 · 중상주의적 사업가 정신에 의한 항만경영 추진, 다른 기관으로부터의 부당한 간섭과 규제를 받지 않는 제도 혁신을 추진해야 한다. 또한, 부산광역시 항만행정체계는 현행 1차산업중심적 기능적 행정조직모형으로부터 전환하여 해양항만관련 부처의 다양한 기능들을 통합함으로써 해양항만행정의 시너지 효과를 극대화할 수 있는 방향으로 새로운 대상별 또는 사업부제 형태의 통합적 해양항만행정 조직모형으로 혁신해야 할 것이다.

향후 다양한 네트워크 구성으로 부산항이 개선 · 보완해야 하는 사업별 거버넌스에는 환적 거버넌스, 물류 거버넌스, C · I · Q 거버넌스, 항만도시기능 거버넌스, 항만시설 및 배후물류단지조성 거버넌스, 배후교통연계 거버넌스, 항만 노 · 사 · 정 거버넌스, 항만 방재 및 안전 거버넌스 등이 있다. 또한, 구축해야 할 네트워크에는 부산항이용자 거버넌스, 국내항만도시 거버넌스, 국외항만도시 거버넌스가 있다. 앞으로 부산항은 부산항만공사－부산광역시－국토해양부(부산지방해양항만청)의 삼자 간 협력체계 외에도 부산항 관련 많은 구성 주체들의 개별 역량 강화, 효율적 네트워크의 구축, 구성 주체 간의 적정한 역할배분을 통해 효율적인 항만 거버넌스를 구축함으로써 세계적인 허브항만으로 발전시키고, 더하여 부산을 우리나라 해양수도이면서 동시에 국제물류중심의 세계도시로 발전시켜 나가도록 해야 할 것이다.

〈참고문헌〉

강윤호. (2006). 항만공사(PA)제도 도입에 따른 항만 거버넌스 구조의 효율화방안. 「한국행정학보」, 40(1).

김석준 외. (2000). 「뉴 거버넌스 연구」. 대영문화사.

김순은. (2005). 우리나라 도시 거버넌스의 실태와 함의: 부산광역시를 중심으로. 「지방정부연구」, 9(2).

김형량. (2006). 로컬 거버넌스 형성의 영향 요인에 관한 연구. 「지방정부연구」, 10(1).

김형태 외. (2000). 「지방자치단체의 항만관리능력 향상 방안」(kml 연구용역보고서).

문성혁. (2003). 「현대 항만관리론」. 다솜출판사.

박상희·최성두. (2002). 「항만공사제 도입에 따른 법제적 연구」(국회 연구용역보고서).

박재욱·류재현. (2000). 로컬 거버넌스와 시장의 리더십. 「한국행정학회 2000년도 하계학술대회 발표논문집」.

박재욱 외. (2006). 동북아 도시혁신과 거버넌스 비교연구: 부산·오사카·상하이를 중심으로. 「한국지방정부학회 2006년도 하계학술대회 논문집」.

백완기. (2006). 「행정학」. 박영사.

유기준. (2006). 부산해양특별자치시 설치 필요성 및 향후 추진방향. 「부산해양특별자치시의 추진방향과 전략 세미나 자료집」.

이명석. (2002). 거버넌스의 개념화: '사회적 조정'으로서 거버넌스. 「한국행정학보」, 36(4).

이석태·이철영. (1993). 극동 아시아 컨테이너 항만의 능력평가에 관한 연구. 「한국항만학회지」, 7(1).

이수호. (2002). 해양수도와 해양경제산업. 「부산발전포럼」, 제76호.

여기태·노홍승·이철영. (1996). 퍼지적분을 도입한 계층구조의 평가 알고리즘. 「해양안전학회지」, 2(1).

전일수·김학소·김범중. (1993). 「우리나라 컨테이너항만의 국제경쟁력 제고방안에 관한 연구」. 해운산업연구원 정책자료.

정필수 외. (1999). 「지방정부 해양정책발전 장기구상」(㎞ 연구용역보고서).

최성두. (2001). 부산 항만자치공사 설립의 표류원인 분석평가. 「한국행정학보」, 35(4).

최성두. (2004). 「해양과 행정」. 도서출판 전망.

최재수. (1994). 「항만관리론」(한국해양대 해운경영학부 교재).

허윤수. (2005). 「항만경쟁력 변화분석에 다른 부산항의 대응방안」(BDI

연구용역보고서).

부산광역시. (2002). 「해양수도 21 기본계획」.

부산광역시. (2004a). 「해양수도 21(항만관련분야) 추진 세부계획 수립연구」.

부산광역시. (2004b). 「해양특별시 설치 타당성 연구」.

한국생산성본부・가립회계법인. (1999). 「해양수산부・해양경찰청 경영진
단보고서」.

해양수산부. (2002). 「미래 행정수요에 대비한 해양수산기능 조정방안
연구」.

해양수산부・한국행정연구원. (2003). 「소속기관의 위상 및 역할 재정립
방안」.

Rhodes, R. A. W. (1996). The New Governance: Governing without
Government. *Political Studies,* 44(4).

Rosenau, J. and E. Czempiel. (ed.). (1992). *Governance without Government*:
Order and Changes in World Politics. Cambridge University Press.

Peters, G. (1996). *The Future of Governing*: *Four Emerging Models.*
Kansas City: University Press of Kansas.

제2장

부산지역 산업정책 거버넌스 구축방안

정승진(부산전략산업기획단장)

I. 서 론

　참여정부는 국가균형발전을 추진하면서 국가균형발전특별법의 제정, 국가균형발전특별회계의 신설, 국가균형발전5개년계획 수립 등 제도적인 기반을 마련한 바 있다. 이러한 국가균형발전정책은 구체적인 예산과 제도가 뒷받침된 실행계획으로 추진되었다는 점에서 의의가 있으며 정책효과도 기대된다. 2005년도 국가균형발전특별회계 지역혁신계정사업으로 11개 부처, 35개 단위사업에 대해 총 12,872억 원이 지원되었다. 이 사업의 대부분은 산업자원부와 교육인적자원부 소관사업으로 그 비중은 87.5%에 이른다. 산업자원부 소관사업으로는 지역산업진흥사업의 비중이 가장 크며 교육인적자원부는 지방대학혁신역량 강화사업(NURI사업)이 중심이 되고 있다.

산업자원부 지역전략산업진흥사업은 지역의 혁신역량을 확충하고 지역전략산업을 통한 성장동력을 확보하기 위한 사업이다. 지역의 성장잠재력을 확충한다는 면에서 가장 실질적인 균형발전정책이라고 할 수 있다.

그러나 참여정부 들어서 추진된 대형국책사업들이 사업단위별로는 나름대로 타당성과 정책효과를 가지고 있지만 사업 간 연계체계 구축에는 미흡한 점이 노출되었다. 이는 중앙정부 사업이 부처별로 각기 추진되어 전체적인 조정에 한계가 있었고 이러한 사업을 추진할 수 있는 지역의 거버넌스 구축이 선행되지 못하였기 때문이다.

지역산업의 경쟁력은 곧 국가의 경쟁력으로 이어지며 향후 우리나라의 성장동력을 한 단계 업그레이드하기 위해서는 지역의 성장잠재력을 반드시 확충해야 한다. 따라서 자역산업육성의 문제는 참여정부의 고제가 아니라 향후 한국경제 생존을 위한 정책과제인 것이다. 수도권만의 경쟁력을 가지고 결코 한국경제가 세계시장에서 경쟁력을 갖추고 산업의 성장동력을 지속적으로 유지하기는 불가능하다.

본고에서는 산업자원부 지역혁신사업을 중심으로 지역산업육성을 위한 지역산업정책 거버넌스의 문제점을 살펴보고, 부산지역산업의 활성화를 위해 추진 중인 부산지역 산업정책 거버넌스의 특징을 분석한 후 효과적인 거버넌스 구축방안을 제시하고자 한다.

Ⅱ. 지역혁신사업 거버넌스의 현황과 문제점

1. 지역혁신사업 현황과 문제점

1) 현 황

산업자원부의 지역혁신사업은 <표1>와 같이 정리될 수 있다. 이 중에서 가장 큰 비중을 차지하는 사업이 지역전략산업진흥사업이다. 지역전략산업진흥사업은 지역별 전략산업을 중심으로 혁신 주체 간 집적 및 네트워크를 강화하여 지역혁신체제를 구축하고 산업클러스터 형성을 활성화하기 위한 사업이다. 기업지원센터 건립, 장비구축, 지역특화기술개발, 인력양성, 기술지원, 해외마케팅 등을 패키지 형태로 지원하고 있다. 1999년 대구의 섬유사업을 시작으로 부산지역의 신발산업, 경남 기계산업, 광주 광산업 등 4개 지역을 대상으로 1단계사업(1999~2003년) 국비 1조 562억 원이 지원되었다. 2002년부터 나머지 9개 지역을 대상으로 사업(2002~2007년)이 확대되었다. 부산, 경남, 광주, 대구 등 4개 지역의 경우 1단계 사업이 완료됨에 따라 2004년부터는 기존 1개 전략산업 이외에 2~3개의 성장유망산업을 추가하여 2단계 사업(2004~2008년)이 추진 중이다(산업자원부, 2006: 7~9).

〈표 1〉 산업자원부 지역혁신사업

구 분		세부사업	세세부사업	지 역
지역전략산업진흥사업	지역산업진흥사업	지역산업기반구축사업		4개 지역, 9개 지역
		지역산업기술개발사업	공통기술개발	4개 지역, 9개 지역
			중점기술개발	4개 지역, 9개 지역
			기초기술개발	대구 섬유
		기업지원서비스사업	인력양성사업	4개 지역
			기술지원	4개 지역
			신기술보육	부산신발, 광주광
			해외마케팅	4개 지역
		지역전략산업기획단운영사업		4개 지역, 9개 지역
	지역혁신기반구축사업	인프라, 기술개발, 기업지원 등		4개 지역 9개 지역
산업단지혁신클러스터 사업		클러스터기반구축사업	산업클러스터통합정보망구축 및 운영사업	7개 산업단지 (창원, 구미, 울산, 반월시화, 광주, 원주, 군산)
			해외교류 및 협력사업	
			창업 및 기업유치 지원사업	
		혁신역량 강화사업	산학연협의체 운영사업	
			산학연협력지원사업	
			연구개발인프라구축사업	
		혁신환경기반조성사업		
테크노파크(TP) 조성사업				16개 TP
지역혁신센터(RIC)사업				전 국

구 분	세부사업	세세부사업	지 역
지방기술혁신 사업	지역연구개발클러스터 구축사업		서울제외
	지자체연구소육성사업		서울제외
	지자체주도연구개발지 원사업		서울제외
지역혁신특성 화(RIS)사업	프로젝트사업		전 국
	포럼활동지원사업		전 국
	지역혁신네트워크활성 화사업	이노카페사업	전 국
		지역혁신협의회 지역혁신연구회	전 국

주: 4개 지역: 부산, 경남, 대구, 광주 9개 지역: 강원, 경북, 대전, 울산, 전남, 전
　　북, 제주, 충남, 충북
자료: 산업자원부, 한국산업기술평가원, 『2006년도 지역혁신사업 안내』 2006.4.

참여정부 들어서 새롭게 추진된 사업으로는 산업단지혁신클러스터
사업이 있다. 이 사업은 특정산업 부문에 연관된 기업 간 R&D, 부
품생산, 완성품 제작, 마케팅에 이르기까지 산업네트워크를 구성함으
로써 분야별 전문성을 높이고 상호 기업 간 가치창출을 극대화하여
경제도약을 견인할 혁신클러스터로 육성하고자 하는 데 목적이 있다
(산업자원부, 2006: 67~68). 이 사업은 국가산업단지를 중심으로 사
업대상을 지정하고 산업단지관리공단을 시행조직으로 하여 클러스터
추진단을 구성하여 운영되고 있다. 현재 창원, 구미, 울산, 반월시화,
광주, 원주, 군산이 시범단지로 지정되어 사업이 추진되고 있다.
　테크노파크 조성사업은 지역기술혁신을 촉진하고 지역산업진흥을
위해 연구개발·창업보육·시험생산·기업지원서비스 기능을 집적하

는 거점단지를 조성하고, 지역혁신사업 간 연계·조정 등 거점기능 수행을 위해 설립되었다. 1997년 12월 경북, 광주, 대구, 인천, 경기, 충남 6개 시범테크노파크를 선정하고 국비를 지원하였으며 이후 전국적으로 테크노파크가 설립되었다(산업자원부, 2006: 75~77).

지역혁신센터(RIC)사업은 지역전략육성 분야 및 대학 강점 분야의 장비구축·활용, 연구개발 등을 통해 대학－기업 간의 혁신역량을 높이고 지역의 성장잠재력을 확충하기 위한 사업이다. 1995년부터 산업자원부에서는 TIC(Technology Innovation Center), 과학기술부에서는 RRC(Regional Research Center)사업을 각각 추진하였으나 2004년 10월부터 과학기술행정체계 개편에 의거하여 RRC사업이 산업자원부로 이관됨에 따라 RIC(Regional Innovation Center)로 통합 운영되고 있다. 현재 TIC사업이 전국에 50개가 있으며 RRC사업이 65개, RIC사업이 6개가 있다(산업자원부, 2006: 85~87). 이 사업의 특징은 대학을 중심으로 산학협력을 추진하는 점에 있다.

지방기술혁신사업은 지방의 자생적 성장동력 확보에 장애가 되는 부족한 과학 및 산업기술혁신역량 강화를 위하여 지역별 특성화 분야를 대상으로 연구 인프라 구축, 기술개발 활동, 연구거점기관 육성, 클러스터 구축 등을 지원하는 사업이다. 총 5개 세부사업으로 구성되어 있으나 지방연구중심대학육성사업 및 지방과학연구단지육성사업은 과학기술부에서 추진 중이다. 현재 지역연구개발클러스터 구축사업 6개, 지자체연구소육성사업 11개, 지자체주도연구개발지원사업 9개 등 26개 사업이 추진되고 있다(산업자원부, 2006: 97~101).

지역혁신특성화(RIS) 사업은 지역여건에 맞는 지역혁신체계 구축과 지역혁신역량 강화를 위하여 지자체가 선정하는 산학연 협력사업을 지원하는 프로그램이다. 기술개발, 인력양성, 기업지원, 마케팅, 네트워킹 강화를 목적으로 하는 프로젝트사업과 지역 내 전략산업 육성에 관한 세부계획을 수립하기 위한 포럼사업이 있다. 2004년 프로젝트사업 42개, 포럼활동지원사업 115개, 2005년 프로젝트사업 12개, 포럼활동지원사업 26개를 지원하였다. 이노카페사업은 혁신 주체들의 만남의 장을 마련하고 대면접촉을 촉진하기 위한 것이다. 지역혁신협의회 사업은 국가균형발전특별법상 지역단위의 균형발전사업 주관기구로서 지역혁신발전계획 수립 및 국가균형발전에 대한 협의 및 조정업무를 지원하는 사업이다(산업자원부, 2006: 107~111).

2) 문제점

지역혁신사업은 지역산업 클러스터 구축이라는 이론적 근거하에 지역혁신을 위한 모든 분야를 망라하여 사업이 진행되고 있다. 그러나 사업의 추진체계에 미흡한 점이 있다.

첫째, 중앙정부 부처별로 각각 사업을 추진하기 때문에 유사한 내용으로 여러 사업이 진행되는 등 비효율이 발생하고 있다. 예를 들면 인력양성사업은 교육인적자원부 지방연구중심대학육성사업, 지방대학혁신역량 강화사업(NURI)과 산업자원부의 산학협력중심대학사업, 지역혁신인력양성사업 등이 있다. 중앙부처에서는 각기 다른 사업으로 추진되지만 결국 이 사업을 수행하는 지역의 입장에서는 유사한 내용이 중복적으로 진행되는 문제점이 있다. 또한 설사 유사한 내용이 중복적으로 진행된다고 할지라도 지역에서는 국비확보라는 명분 때문에 사업을 하지 않을 수 없고, 권한이 없기 때문에 사업을 변경·조정할 수도 없게 된다. 이것은 사업이 중앙정부 주도로 이루어지기 때문에 발생하는 것으로 산업정책이 지역을 중심으로 이루어질 경우 상당부분 해소될 수 있다. 따라서 중앙정부에서 세부적인 사업까지 선정하기 보다는 기본적인 가이드 라인만을 제시한 후, 포괄적으로 사업예산을 지자체에 교부하고, 지자체가 책임감있게 사업을 추진하고 조정해나가도록 하는 것이 더욱 효과적이라 할 수 있다. 모든 정책사업은 결국 최종적으로는 지역에서 수행되기 때문에 사업의 기획·평가에 지역의 역할을 더욱 확대해야 할 필요가 있다.

〈표 2〉 지역혁신계정 주요 사업

부　처	사업명	'05예산	사업내용
산자부 (6,525)	4개 지역산업진흥2단계	1800	전략산업 장비, 기술개발, 인력양성, 마케팅 종합지원
	9개 지역산업진흥	1800	
	지역혁신산업기반구축	300	
	지역혁신특성화	650	지연산업 장비, 기술개발, 포럼
	테크노파크(TP) 조성	200	지역혁신거점 육성을 위한 건축, 장비
	지역기술혁신센터(TIC)	220	산학공동활용장비, 기술개발, 인력양성
	지역협력연구센터(RRC)	260	
	기업지방이전촉진	300	수도권 이전기업 부지매입비, 교육비
	지역혁신인력양성	270	산학공동연구개발지원 석·박사 보조
	7개산업단지혁신클러스터	300	산학연 네트워크, 기업지원서비스
	산학협력중심대학지원	120	대학의 산학협력체제 구축 지원

부 처	사업명	'05예산	사업내용
교육부 (4,736)	지방대학혁신역량 강화	2,400	신입생충원률, 교원확보율 등을 전제로 인력양성, 대학특성화 지원
	산학연협력체제활성화지원	450	산학협력중심대학 등
	전문대 다양화 · 특성화	1,680	실험기자재, 산학협력프로그램 운영
	지역대학우수과학자지원	106	지방대 정규직 교수에 연구비 지원
	지방연구중심대학육성	100	연구개발, 인력양성, 장비구축(4개 대학)
과기부 (180)	지방과학연구단지육성	80	연구장비, 통신인프라 확충
	대덕R&D특구육성	100	대덕특구 기술사업화, 국제교류협력
문광부 (205)	지역문화클러스터	150	7개 문화클러스터 포럼, CRC 지원
	지역대학문화산업연구센터(CRC)	25	센터건립 및 기술개발
해수부	해양생물연구센터	35	연구개발 · 인력양성 시설 · 장비
환경부	환경기술개발	64	16개 지역환경기술센터 운영비
정통부 (197)	소프트타운 육성	152	11개 S / W지원센터 및 7개 S / W타운 운영 및 유망기업지원 서비스 구축
	지역소프트웨어지원센터	45	
건교부	지역 특성화연구개발	20	지역별 건설기술수요에 맞는 기술개발
농림부	지역농업클러스터	120	혁신체계구축, 산업화 · 마케팅
농촌진흥청 (120)	지역연구기반 조성	70	도농업기술원 등의 시설 · 장비 보강
	지역농업클러스터육성	50	5개 내외의 특성화대학에 기술개발
중기청 (671)	창업보육센터	150	보육실 확장 및 보육센터운영비 지원
	산학연 공동기술개발	421	중소기업, 연구소 공동의 기술개발
	벤처육성 촉진지구	100	입주업체 공동사업, 네트워크운영

자료: 산업자원부 내부자료.

둘째, 신규사업이 기존사업과 중복성이 발생하고 있다. 예를 들면 신규로 사업이 추진되는 산업단지 혁신클러스터 사업은 기존 사업인 테크노파크 사업과 중복되는 측면이 있다. 테크노파크 사업은 조성사업과 운영사업으로 구분되는데 일단 테크노파크가 조성된 후 이를 활성화하기 위한 운영사업은 산업단지 혁신클러스터 사업과 내용상 유사한 부분이 많다. 특히 네트워크 사업의 경우 거점기능이 중요한데 사업 주체가 이원화되면서 중복지원의 발생 및 기업들의 혼란 등이 나타날 우려가 있다. 이것은 지역혁신사업의 거점기관이 확립되지 못하였기 때문에 발생하는 것으로 지역 차원에서 네트워크의 거점 기관을 지정하는 것이 필요하다.

셋째, 사업이 중앙정부 차원에서 공모방식에 의해서 이루어져서 사업 간 연계가 잘 이루어지지 못하고 있다. 공모방식에 의해 단위 사업별로 여러 주체가 응모하여 사업이 선정되다 보니 사업 간 연계성이 상실되는 경우가 있다. 예를 들면 인프라 사업은 A대학에서 사업을 수행하고, 구축된 인프라를 활용하여 수행하는 네트워크 구축 사업은 B대학에서 수행하는 식이다. 사업 주체가 달라도 사업 간 연계가 잘 이루어진다면 문제가 없겠지만 실질적으로 조직이 다른 두 사업의 협력이 어려운 것이 현실이다. 인력양성, 인프라 구축, 연구개발, 네트워크 등 지역혁신사업의 연계가 잘 이루어지지 못하여 사업의 효과를 약화시키는 현상이 나타나고 있다. 지역혁신사업의 거점기관을 통해 다양한 주체들이 연합하여 참여하는 방식으로 사업추진방식의 변경이 필요하다. 또한 지역산업 육성에 필요한 사업을 종합적으로 먼저 기획하고 이에 근거하여 단계적으로 사업을 추진해야 한다. 공모 방식을 지양하고 지역산업진흥사업의 추진방식을 근간으로 하여 지역산업육성정책을 추진할 필요가 있다.

넷째, 사업의 평가가 중앙정부 주도로 단위사업별로 이루어져 지역의 종합적인 정책효과를 반영하지 못하고 있다. 지역산업진흥사업을 예로 들면 사업의 평가는 센터사업, 기술개발사업, 인력양성사업 각각 단위사업별로만 이루어지고 있다. 즉 기계산업 육성을 위해 기계부품소재기술지원센터, 자동차부품소재기술지원센터 등 각종 센터가 연계하여 부산지역 기계부품소재산업의 성장에 얼마만큼 기여하였는가를 평가하는 것이 아니라 전국의 기계관련 센터들을 평가하여 1위부터 순위를 매기는 방식으로 평가하고 있다. 개별 센터의 평가도 필요한 부분이 있지만 산업 환경과 여건이 다른 전국의 센터들을 하나하나 순위를 매기는 것이 큰 의미가 없다는 의견이 지배적이다. 이러한 문제점을 개선하기 위해서는 지역혁신사업의 평가에 지역이 참여하는 방식이 필요하다. 센터 단위의 평가는 지역 차원에서 사업 추진의 공정성과 회계의 투명성, 사업의 방향성 등을 평가·컨설팅하고 중앙정부 차원에서는 개별 사업들을 종합하여 지역산업 전체적인 성과를 중심으로 평가 관리하는 것이다.

다섯째, 국가혁신시스템과 지역혁신시스템 간 연계기능이 잘 이루어지지 못하고 있다. 국가적으로 추진되는 대형국책사업과 지역발전을 위해 수행되는 지역혁신사업의 유기적 연계관계가 미흡하다. 지역혁신사업이 지역 퍼 주기 식 사업으로 오해되는 것은 바로 이러한 연계기능의 부족에서 기인한 바가 크다. 국가적인 연구개발사업 역시 궁극적으로는 어떤 한 지역에서 수행되기 때문에 국가사업과 지역사업을 사실상 구분하는 것이 무의미하다. 국가사업에 지역혁신 주체를 참여시키고 국가사업과 지역사업을 통합적으로 관리하며 연계시키는 시스템이 필요하다.

2. 지역산업 혁신기관 거버넌스의 개선방안

1) 지역산업 혁신기관의 현황

부산지역의 경우 산업자원부 지역혁신사업을 수행하는 기관을 살펴보면 <표3>와 같다. 주목할 것은 부산테크노파크가 가장 많은 사업의 주관기관이라는 점이다. 지역특화센터 설립 등 하드웨어사업 9개 중에서 (재)부산테크노파크가 주관기관인 사업이 6개에 이른다. RIC, RIS사업이 주로 대학 중심의 사업이라고 보면 그 이외 대부분의 지역혁신사업이 (재)부산테크노파크를 중심으로 이루어져 있음을 알 수 있다.

〈표 3〉 부산지역 산업자원부 지역혁신사업 수행기관

구 분		사업명	추진 주체
지역전략산업진흥사업	지역특화센터	• 기계부품소재기술지원센터	(재)부산테크노파크
		• 자동차부품기술지원센터	(재)부산테크노파크
		• 선박용전자장비시험인증센터	(재)한국조선기자재연구원
		• 해양레저장비개발센터	(재)중소조선연구원
		• 해양생물산업육성센터	(재)부산테크노파크
		• 신발산업혁신기반구축사업	한국신발피혁연구소
		• MEMS / NONO부품생산센터	(재)부산테크노파크
		• 디지털생산기술혁신센터	(재)부산테크노파크 (한국생산기술연구원 위탁운영)
		• 조선기자재검사물류센터	부산조선기자재협동조합
	기업지원	• 부산신발전문 인력양성사업	경남정보대학(동서대, 동아대, 부산산업과학고)
		• 부산부품소재산업기술지원사업	(재)부산테크노파크
		• 부산신발산업해외마케팅사업	KOTRA부산무역관
	기획단	• 부산전략산업기획단운영사업	(재)부산테크노파크
	지역혁신기반	• 텔레메트릭스사업화기반구축	(재)부산테크노파크
테크노파크 조성		• 부산테크노파크 조성사업	(재)부산테크노파크
RIC	TIC	• 유비쿼터스컴퓨터그래픽스응용지역기술혁신센터	동서대학교
		• 전자세라믹스 지역기술혁신센터	동의대학교
		• 자동차테크노센터산학협동연구기반구축	(사)부산경남자동차테크노센터
	RRC	• 지능형통합항만관리연구센터	동아대학교
		• 전자제라믹스연구센터	동의대학교
		• 신소형재가공청정공정개발연구센터	동아대학교
		• 친황경첨단에너지기계연구센터	부경대학교
		• 환경기술산업기술개발연구센터	부산대학교

구 분		사업명	추진 주체
지방기술혁신	지자체연구소 육성사업	• 하이테크부품소재연구지원센터	(재)부산테크노파크 (한국기초과학지원연구원 위탁)
RIS	프로젝트	• 해양생물산업지역혁신체제구축 및 지역역량 강화사업 • 유기LED기술개발산학협력지원사업 • 부산영화영상산업혁신을 위한 PPS 사업 • 고령친화U-Healthcare산업육성을 위한 지역혁신체계 구축	신라대학교 부산대학교 동서대학교 부산대학교

자료: 산업자원부, 한국산업기술평가원, 『2006년도 지역혁신사업 안내』 2006.4에서
재정리.

　　부산테크노파크는 현재 엄궁동에 대지 47,139㎡, 연건평 10,569㎡
를 테크노파크로 지정받아 운영하고 있다. 2006년 3월에는 지사동
부산과학산업단지 내 32,054평에 테크노파크 확장 공사를 착공하고
2007년에 완공할 예정이다. 테크노파크는 지역기술거래소, 우수기술
특허자산화사업 등 기술혁신 종합지원시스템 구축사업을 추진하고
있다. 처음 테크노파크는 단지 조성 및 기업 입주공간 제공을 통한
입지지원기능을 중심으로 산학연계사업을 추진하여 왔지만 2006년부
터 산업자원부가 지역산업 거버넌스의 거점기관으로 지정하여 그 역
할이 강화되고 있다.
　　부산지역에서는 산업자원부 차원의 거버넌스 구축방안이 수립되기

이전부터 테크노파크 중심의 지역혁신 거버넌스 체계를 구축하였다. 이는 그동안 지역혁신사업의 추진과정에서 발생되어 온 한계점을 인식하고 이를 개선하기 위한 내부적 필요성에 의해서였다. 그동안 지역혁신사업은 대부분 대학을 중심으로 센터를 설립하여 운영해 왔다. 그러나 대학 내에 설립된 센터들이 기업과의 유기적인 연계관계 구축, 대학 간 협력 및 공동사업 수행, 장비활용, 사업의 지속성 등의 면에서 성과가 미흡하게 되자 통합적인 관리운영 주체의 필요성을 실감하게 되었다.

따라서 2004년에 2단계 지역산업진흥사업을 추진할 시점에서 지역혁신사업의 거점기관에 대한 논의가 시작되었다. 즉 기계부품소재기술지원센터, 자동차부품기술지원센터, MEMS / NANO부품생산센터, 디지털생산기술혁신센터, 해양생물산업육성센터 등 5개 센터를 어떻게 설립할 것인가 하는 문제였다. 최초의 구상단계에서는 기계분야 4개 센터가 별도의 독립 법인화하는 방안, 부산기계부품소재기술원을 설립하여 통합 법인화하는 방안 등이 제시되었다. 그러나 각기 별도의 재단법인을 설립할 경우 과다한 행정비용 발생 및 산업클러스터 추진의 어려움 등 문제점이 예상되어 기존법인인 부산테크노파크에 센터를 설치하는 것으로 부산광역시와 전략산업기획단이 조정하였다.

이렇게 테크노파크를 활용할 수 있었던 것은 이사장을 부산광역시장으로 바꾸고 원장 제도를 도입하면서 초기에 특정대학 중심으로 운영된다는 오해를 불식시키고 기구를 중립화하였기 때문이다.

테크노파크를 중심으로 지역산업진흥센터를 설치함으로써 부산지역에 실질적인 클러스터 구축이 가능하게 되었다. 즉 부산과학산업단지 연구개발구역을 테크노파크로 지정하여 부산테크노파크가 단지 전체를 효과적으로 관리하고 연관센터들을 지리적으로 집적시키는 하드웨어적인 클러스터와 부산테크노파크 기구 내에 관련센터를 설치함으로써 센터의 독립성과 더불어 상호 시너지 효과를 증대시키는 소프트웨어적인 클러스터를 동시에 구축할 수 있게 된 것이다.1) 테크노파크가 거점기관으로서 기능하게 되자 이후에 지역혁신기반구축사업으로 선정된 텔레메트릭스산업화지원센터, 산업기반조성사업으로 추진되는 고령친화용품산업화지원센터 역시 테크노파크 내에 설립되게 되었다.

그러나 이것이 테크노파크가 지역사업을 독점하는 것을 의미하는 것이 아니다. 테크노파크가 거점기관으로서 사업의 주체로서 기능하되 지역대학이 같이 참여하여 공동으로 사업을 수행하는 것이다. 예를 들어 고령친화용품산업화지원센터의 경우 테크노파크가 사업의 기획·유치에 중심적인 역할을 수행했고 동의대학교, 인제대학교가 공동수행기관으로 참여하였고, 경성대학교가 위탁사업을 수행하고 있다. 부산대학교, 동의대학교, 춘해대학교 교수가 각각 센터장, 부장으로 센터운영에 참여하는 등 산학연관의 협력체제도 설립·운영된 바 있다..

---

1) 센터는 예산, 인사가 독립되어 운영상의 자율권을 가지고 있다. 그러나 법인의 대표권이 원장에게 있기 때문에 재산의 관리, 센터 간 사업조정, 감사, 사업평가 등은 원장이 수행한다. 이로써 단일 법인 내에서 원장을 중심으로 각 센터가 상호 협의를 통해 혁신활동이 내부적으로 활발하게 이루어질 수 있게 된다.

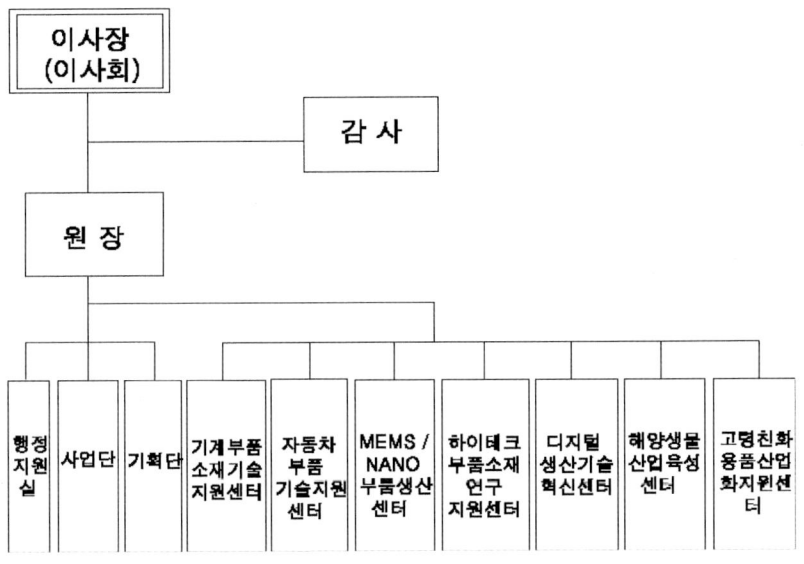

〈그림 1〉 부산테크노파크 조직도(2006년 기준)

2) 지역혁신기관의 문제점

참여정부 들어 본격적으로 지역산업 육성정책을 추진함에 있어 다양한 사업 주체가 생기면서 사업 주체들 간의 연계·조정이 잘 이루어지지 않고 있다. 전국적으로는 2005년 말 기준으로 누리사업단 112개, 지역산업진흥사업의 특화센터 51개, 산업단지클러스터 추진단 7개, TIC 44개 센터, RRC 65개 센터, 13개 전략산업기획단 등 사업 주체가 다양하다. 따라서 이들 주체들 간의 사업연계와 정보교류에 한계점을 가질 수밖에 없다.

특히 지역혁신 주체 간 거점기관이 형성되어 있지 않기 때문에 수요자인 기업의 경우 어느 기관을 방문하여 어떤 서비스를 받아야 하는지 혼란을 초래할 수 있다. 산업자원부에서 테크노파크를 거점기관으로 지정하고 테크노파크 중심의 거버넌스를 구축하려고 하고 있지만 아직 미흡한 점이 있다. 부산지역의 경우 테크노파크와 유사한 기능을 수행하는 다양한 기관이 있고 이러한 기능을 조정하는 것은 쉽지 않은 일이기 때문이다.

부산테크노파크와 가장 유사한 기능을 수행하는 기관은 부산중소기업지원센터이다. 부산중소기업지원센터는 지역균형개발 및 지방중소기업 육성에 관한 법률 시행령 제63조에 의해 설립되었으며 설립재원은 부산시 71억 원, 중소기업청 50억 원, 행정자치부 교부세 50억 원 등 171억 원이다. 중소기업종합지원센터는 중소기업 지원을 위한 원루프(one roof) 서비스를 제공하는 것을 목적으로 하고 있고 중소기업 육성자금 및 운영자금 지원, 무역상담회, 해외전시회 참가지원 등 수출통상 지원을 주요 업무로 하고 있다. 테크노파크가 기술개발지원에 중점을 두고 있다면 중소기업지원센터는 기업자금지원과 해외시장개척사업을 중심으로 하는 점에서 차별화되어 있다.

산업별로는 신발산업, IT산업, 디자인산업에 대한 거점 기관이 있다. 신발산업의 거점기관으로는 1단계 지역산업진흥사업에 의해 설립된 부산신발산업진흥센터가 있다. 동 센터는 부산신발산업진흥센터 설치 및 운영조례에 의해 설치되었으며 현재 부산광역시 중소기업종합지원센터에 위탁 운영 중이다. 신발산업진흥센터는 부지매입

35억 원, 건축비 144억 원, 장비구축 118억 원, 운영비 20억 등 317억 원이 투입되어 설립되었다. 센터 개소 후 2004년 159개 업체 306건, 2005년 168개 업체에 696건의 장비활용사업을 추진하였고, 특수기능화 공동개발, 신발산업 해외마케팅지원 등을 주요사업으로 추진하고 있다.

신발산업의 연구개발 거점기관으로는 한국신발피혁연구소가 있다. 동 연구소는 민간연구소이지만 정부의 지원을 받고 있는 전문생산기술연구소로서 신발소재분야의 탁월한 연구역량을 보유하고 있다.

부산신발산업진흥센터와 신발피혁연구소는 상호 기능의 중복성 여부에 대해 많은 논란이 있었다. 그러나 지금 두 기관의 역할은 연구소와 지원기관으로서 분명히 구분되는 측면이 있다. 향후 두 기관의 발전방향에 따라 더욱 그 기능이 구분될 것으로 보인다.

IT산업의 거점기관으로서는 부산정보산업진흥원이 있다. (재)부산정보산업진흥원은 부산광역시 현물 12,049백만 원으로 설립되었으며 IT벤처기술개발지원, IT벤처 국내외마케팅지원, IT벤처 자금경영지원 기능을 수행하고 있다. 정보통신부 소프트웨어지원센터로 출발하였지만 소프트웨어지원센터를 통합하여 정보산업진흥원으로 확대 개편하였다. 현재 부산IT벤처센터, 부산S / W지원센터, 부산멀티미디어지원센터, 모라S / W지원센터 등 IT지원시설을 운영하고 있다.

부산디자인센터는 산업자원부 247.8억 원 부산광역시 213.8억 원, 민자 10억 원 등 471.5억 원의 재원으로 설립되었으며 디자인 진흥 및 지역디자인 특화사업, 디자인 공동연구개발, 디자인 인력의 교육 및 훈련을 주요 기능으로 하고 있다.

이러한 기관들은 각 산업에서 또는 기능별로 거점기능을 수행하기 위해서 설립되었다. 문제는 산업별 거점기능과 기능별 거점기능이 중복된다는 점이다. 신발산업, IT산업 등 산업별 거점기관이 해당 기업에 대해 마케팅지원, 기술지원을 종합적으로 수행하는 것이 타당한 것인지 아니면 마케팅지원 전문기관, 또는 기술지원 전문기관이 특정산업을 포함하여 부산지역 모든 기업에 지원을 하는 것이 효과적인지 하는 것이다.[2] 이것은 향후 산업정책 거버넌스를 구축함에 있어서 기본 틀을 어떻게 갖추느냐의 문제이므로 정책지원의 보편성과 산업별 특수성 중 어떤 부분을 강조하느냐에 따라 달라지게 된다.

3) 지역혁신기관 거버넌스 구축방안

지역혁신기관의 거버넌스 구축을 위해서는 유사한 지원기관을 통합 연계하는 것이 필요하다. 최근 부산지역에서 설립이 추진되고 있는 부산경제진흥원은 이러한 관점에서 구상된 것이다. 당초 통합대상으로 논의된 기관은 부산테크노파크, 부산정보산업진흥원, 소상공인지원센터, 부산신용보증재단, 부산디자인진흥원, 부산신발산업진흥센터 등 6개 기관이다. 그러나 앞에서 살펴보았듯이 6개 지원기관은

---

[2] 예를 들면 신발진흥센터가 신발해외마케팅, 신발디자인을 지원하는 것이 효과적인가, 아니면 KOTRA가 신발해외마케팅, IT산업해외마케팅을 지원하고 디자인센터에서 신발, 상품디자인을 함께 수행하는 것이 효과적인가의 문제이다.

설립근거가 다르고 정부의 지원에 의해서 운영되고 있어 지역 차원에서 법인을 통합하기는 현실적으로 불가능하다. 예를 들어 부산테크노파크는 전국적인 조직으로 설립되어 있고, 현재 산업자원부에서 매년 25억 원을 지원받고 있는데 만약 테크노파크 법인이 해산된다면 지원금을 받기는 현실적으로 어려울 것으로 예상된다. 부산신용보증재단은 지역신용보증재단법에 따라 설립된 금융기관으로서 보증채무의 50%를 전국신용보증재단연합회의 재보증을 받는 등 전국단위 연계조직으로 운영되고 있다. 그러므로 부산지역만 법인을 해산하는 것은 현실적으로 불가능에 가깝다.

따라서 지원기능의 효율성과 예산절감을 위해 추진되는 부산경제진흥원이 오히려 국비지원의 축소, 운영상의 어려움을 가져올 수 있는 현실적 문제점을 내포하고 있다. 만약 이러한 현실성인 문제점 때문에 통합대상기관을 축소하게 되면 부산중소기업지원센터, 소상공인지원센터, 부산신발산업진흥센터 정도만 통합대상기관으로 남게 되는데 이것은 이미 부산중소기업지원센터가 위탁하고 있는 센터이기 때문에 통합의 효과가 없게 된다.

그러므로 부산경제진흥원을 설립하기 위해서는 법인을 해산하고 통합법인을 설립하는 것이 아니라 법인은 존속하고 법인을 부산경제진흥원에서 위탁 운영하는 방식이 도입되어야 한다. 이를 위해서는 부산경제진흥원을 별로로 설립하여 5개 대상기관을 전부 위탁하거나, 5개 대상기관 중 한 곳의 명칭을 부산경제진흥원으로 변경한 후 4개 대상기관을 위탁하는 방식이 고려될 수 있다. 위탁운영 방식은 법인 해산의 절차가 필요 없고 재단법인 설립의 취지는 살릴 수 있을

뿐만 아니라 운영상의 효율을 극대화할 수 있는 최적의 대안이라고 할 수 있다.3)

부산경제진흥원이 지역혁신사업의 거점기관이 된다면 중앙정부와 부산광역시의 체계적인 지원을 통하여 공익성과 수익성이 조화된 자립형 거점기구로 육성되어야 할 것이다. 인프라 구축, 성과유도, 자립화의 3단계 전략을 통하여 단계별로 최적의 지원이 이루어지도록 해야 한다. 인프라 구축 단계에서는 정부의 지역혁신사업과 부산광역시의 매칭펀드 지원을 통하여 인프라를 중점 구축하고 네트워크 기능을 확대하여 거점역량을 배양해야 한다. 성과유도 단계에서는 기업 등 고객에게 실질적으로 도움을 줄 수 있는 사업을 적극 개발하여 민간참여를 확대해 나갈 필요가 있다. 자립화 단계에서는 정부지원을 공공업무 수행4)으로 최소화하여 운영상의 효율성을 도모해야 한다.

---

3) 현재 부산테크노파크는 디지털생산기술혁신센터, 하이테크부품소재기술지원센터를 각각 한국생산기술연구원, 한국기초과학지원연구원에 위탁 운영하고 있는데 이 모델을 벤치마킹하면 된다.

4) 네트워킹, 기획, 기술혁신역량조사, 지역의 장비관리 등 공공사업에만 한정해야 한다.

Ⅲ. 부산지역산업정책 거버넌스의 특징 분석

1. 부산지역 산업정책수립의 특징 분석

1) 기본방향

부산지역의 산업정책 측면의 거버넌스를 분석하기 위해서는 부산광역시의 대표적 산업정책인 10대전략산업육성정책의 수립절차를 살펴볼 필요가 있다. 부산광역시에서는 1999년도에 10대전략산업을 지정하고 조례까지 제정한 바 있지만 실질적으로 사업이 추진된 것은 2004년 10대전략산업을 개편한 이후부터이다. 현재 부산의 전략산업을 살펴보면, 핵심전략산업은 항만물류산업, 기계부품소재산업, 관광·컨벤션산업, 영상·IT산업이고, 지연전략산업은 선물금융산업, 해양바이오산업, 실버산업, 신발산업, 수산·가공산업, 섬유·패션산업이다. 2004년 12월 부산광역시에서는 부산전략산업기획단과 공동으로 10대전략산업육성마스터플랜을 수립하였으며 매년 계획을 수정하여 집행하고 있다.

산업정책의 수립방식은 일반적으로 위에서 아래로 향하는 top-down 방식과 아래에서 위로 향하는 bottom-up 방식이 있다. Top-down

방식은 지자체나 유관기관의 선도적인 방향제시나 활동에 기인하며, bottom－up 방식은 기업의 요구가 반영되어 형성되는 것이다. 이 방식은 우월관계에 있는 것이 아니라 각각의 경우 그 지역의 특성이나 산업구조의 특성에 맞추어 실행되어야 할 부분이다.

그동안 부산광역시 산업정책은 전문연구기관의 용역을 통해 수행되는 것이 일반적이었다. 연구용역과정에서 전문가의 자문이 있기는 하지만 통상 1~2회에 그치며 심도 있는 논의가 전개되기 어려운 특징을 가지고 있다. 또한 산업정책이 일단 수립되면 연구용역이 다시 이루어지지 않는 한 큰 변화 없이 계속 유지되는 것이 일반적이었다. 따라서 산업정책은 소수의 전문연구자들과 공무원에 의해 Top－down 방식으로 이루어지며 정책이 잘 변화되지 않는 경향이 있었다.

그러나 10대전략산업육성정책의 수립절차는 그동안의 정책수립방식과는 다른 방식으로 진행되고 있다. 즉 <그림2>에서 보듯이 워킹그룹, 지역혁신협의회 등을 통해 bottom－up 방식으로 이루어지고 있다. 비록 부산광역시와 부산전략산업기획단이 주도하고는 있지만 산·학·관·연의 전문적인 의견을 수렴하여 정책을 결정하고 산·학·연 네트워크를 상설화하여 지속적인 정책의 변화가 이루어질 수 있도록 한 것이다. 즉 산·학·관·연간의 인적 네트워크를 형성하여, 상호 학습하고 협력하여 정책을 도출할 수 있도록 하고 있다. 이러한 네트워크가 활성화될 경우 일정기간 이후에는 정부부문의 지원이 없더라도 자발적으로 경제 주체들의 혁신네트워크가 구축될 수 있을 것이다.

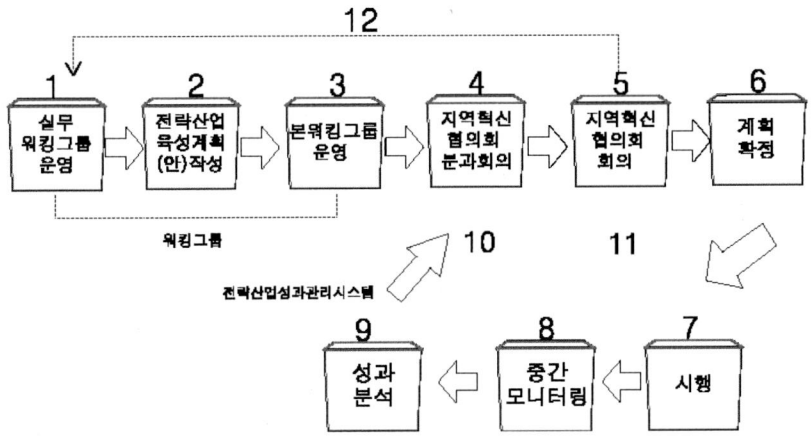

〈그림 2〉 부산지역 전략산업육성정책 수립 체계도

2) 워킹그룹 운영

부산지역 10대전략산업 육성정책 수립에 있어서 공무원이 일방적으로 주도하거나, 학계, 산업계의 수요가 각기 달리 반영되는 문제점을 해소하기 위해 10대전략산업 워킹그룹(Working Group)을 운영하고 있다.

워킹그룹은 각 산업별로 기업체, 학교, 연구소, 지원기관, 부산시 공무원 등 10~15인 내외의 각 분야의 전문가 157명으로 구성되었다. 기업 현장의 목소리, 학교와 연구소의 체계적이며 미래지향적인 사고와 지원기관 및 지자체의 실무 지원기능을 결합하는 구조를 지향하고 있다. 그리고 필요에 따라서 세부사업별 또는 현안 사항별 실무워킹그룹을 구성하여 실행프로그램을 개발하고 정책현안을 해결하고 있다.

본워킹그룹 운영의 중심역할은 민간부분에서 수행이 가능하지만 정책의 최종기획자이자 집행자인 지자체의 업무담당자를 PM(Project Manager)으로 지정하였다. PM은 자료수집, 워킹그룹 위원 구성, 운영, 회의 주도, 일정 관리 등을 지원한다. 그러나 실무워킹그룹은 전략산업기획단이 총괄간사가 되어 부산광역시의 지원하에 실무 전문가를 중심으로 활발한 토론이 일어날 수 있도록 진행되고 있다. 실무워킹그룹에서 충분히 논의된 사항을 본워킹그룹에 상정하여 종합적으로 논의할 수 있도록 하고 있다.

워킹그룹 운영은 각계 전문가들의 도움으로 현안 문제를 해결하고 기업체와의 잦은 접촉을 통하여 내발적인 소모임을 유도하여 혁신을 이끌어내는 이점도 더불어 가지고 있다. 이러한 소모임의 활용은 하나의 작은 모임에서 시작하여 주위로 파급되는 형태로 진행하여 이상적인 혁신네트워크를 형성할 수 있을 것으로 기대된다.

<표 4> 부산광역시 전략산업 워킹그룹 구성현황

산업별	기업	대학	연구소	관련기관	지자체	계
항만물류산업	2	4		7	3	16
기계부품소재산업	1		4	6	2	13
관광・컨벤션산업(관광분야)	4	4		3	2	13
관광・컨벤션산업(컨벤션분야)	3	3		4	2	12
영상・IT산업(영화영상분야)	1	5		5	2	13
영상・IT산업(IT분야)		1	2	6	4	13
선물금융산업	3	3		6	2	14
해양바이오산업	2	3	3	3	2	13
실버산업		7		2	3	12
신발산업	4	3	1	2	2	12
수산・가공산업	1	5		4	4	14
섬유・패션산업	4	3	1	2	2	12
계	21	38	10	48	28	145

주: 본워킹그룹 위원만을 대상으로 한 것으로 실무워킹그룹 인원은 제외하였음.
　　조합협회는 관련기관으로 분류되어 실제 기업을 대표하는 인원이 많음.

그리고 각각의 워킹그룹의 위원들은 산・학・연・관의 다양한 분야의 전문가들로 이루어져 있어 연관분야에 대한 상호학습의 기회제공을 통한 시너지 효과도 거둘 수 있다. 기업체는 현장에서의 애로사항과 시장동향을, 대학과 연구소는 첨단 산업정보 및 관련 학계의 기술동향, 관련기관 및 지자체는 산업 전반에 대한 방향성 등을 제공함으로써 상호 부족한 부분에 대하여 보완할 수 있는 기회가 되고 있다. 또한 각기 다른 시각에서의 접근을 통하여 산업의 정책 및 방향설정에 있어 의견수렴 기구로서 역할을 하게 된다.

3) 지역혁신협의회

워킹그룹에서 논의된 10대전략산업육성정책은 지역혁신협의회에서 심의하게 된다. 지역혁신협의회는 본협의회5)와 기획조정분과, 전략산업1분과, 전략산업2분과, 인적자원개발분과, 과학기술분과 등 5개 분과협의회로 이루어져 있다. 전략산업1분과는 기계부품소재, 해양바이오, 신발산업 등 2단계지역산업진흥사업에 속하는 산업에 대한 정책을 심의하고, 전략산업2분과는 10대전략산업 중 1분과에 해당되지 않는 산업정책을 심의한다. 지역혁신협의회 위원 중 일부는 전략산업워킹그룹과 중복 참여하고 있고, 전략산업기획단이 두 업무를 총괄 지원하고 있어 워킹그룹과 지역혁신협의회는 정책협의가 상호 연계되어 이루어지고 있다.

1기(2004~2005년) 혁신협의회는 본협의회와 분과협의회가 이원화되어 서로 정보교류가 이루어지지 않는 문제점을 노출하였다. 따라서 2기(2006~2007년) 혁신협의회에서는 분과협의회 위원장이 본협의회 당연직 위원으로 참여할 수 있도록 하여 분과협의회와 본협의회 간의 연계관계를 구축하였다.

지역혁신협의회는 지역의 혁신 주체들이 참여하는 가장 비중 있는 단체임에도 불구하고 대규모 위원회 조직의 특성상 사업내용을 실질적으로 토의하고 심의하는 데 한계점을 가지고 있다. 그러나 법적인

---

5) 본협의회란 명칭은 없고 실제로는 지역혁신협의회가 본협의회의 정확한 명칭이다. 분과협의회도 넓은 의미로 지역혁신협의회에 포함시키기 때문에 분과협의회와 구분을 위해 본협의회라고 통상적으로 불린다.

지위를 가진 지역혁신사업의 최종의사결정기관으로서 핵심적인 혁신 주체들이 정보를 공유하고 정책결정과정에 제도적으로 참여한다는 점에서 의의가 있고 점차 그 역할이 활발하게 이루어지고 있다.

향후에는 실의기능 보다는 정책기획기능과 정책정보공유 및 협의기능을 중심으로 지역혁신협의회를 운영하는 것이 바람직할 것이다.

4) 전략산업기획단

10대전략산업 육성정책, 지역산업진흥사업, 지역균형발전시행계획 등 지역혁신사업의 거버넌스에 중요한 실무지원기능을 담당하는 기관이 전략산업기획단이다. 부산전략산업기획단은 2004년 5월에 설립되었으며 2단계 지역산업진흥사업의 기획과 평가를 주요 업무로 하고 있다. 부산, 경남, 대구, 광주에서 시행된 1단계 지역산업진흥사업을 추진하면서 대규모 국책사업을 관리할 수 있는 기관의 필요성이 시급히 요청되었다. 따라서 9개 지역에서 시작된 지역진흥사업에는 사업을 기획하고 연구개발사업을 평가 관리하는 전략산업기획단운영사업이 신설되었다. 이후 4개 지역 2단계 사업에서도 전략산업기획단이 설치되어 운영되게 되었다.

전략산업기획단은 국비와 시비지원비율이 7 : 3으로 국비지원비율이 높고 국가에서 운영비를 지원하는 특수한 형태의 사업이다. 그만큼 지역사업에 대한 기획평가기관으로서 중앙정부에서 전략산업기획단의 역할을 중요시하고 있다. 기획단은 산업연구원의 정책기획기능과 산업기술평가원의 기술 및 사업평가기능을 지역에 결합시킨 모델이라 할 수 있다. 예산이 투입되는 실제 사업을 기획한다는 점에서 시도연구원과는 차별화되고, 평가기능을 통해 연구개발예산을 실제 배분하는 기능은 지역 최초로 도입되었다.

향후 지역산업 육성정책사업을 총괄하는 지역의 전담기획·평가기관으로서 전략산업기획단의 역할이 강화되어야 한다. 현재는 대부분의 지역전략산업기획단은 산업자원부 지역산업진흥사업만을 중심으로 기획·평가기능이 국한되어 있다.

그러나 부산전략산업기획단은 부산광역시와 협약에 의해 부산광역시가 지방비를 매칭하는 모든 연구개발산업에 대한 성과관리를 수행하고 있다. 또한 국비사업에 부산시비를 매칭하기 전에 평가위원회와 조정위원회를 통하여 기획단계에서부터 사업의 타당성을 검증하고 있다. 전략산업기획단이 지역연구개발사업을 총괄관리함에 따라 사업의 중복성을 방지하고 사업의 성과를 높이는 데 큰 기여를 하고 있다.

따라서 전략산업기획단을 활용하여 지역산업육성정책을 종합적으로 기획·평가·조정하는 시스템을 중앙정부와 지방정부가 협력하여 구축하여야 한다. 이를 위해서는 평가기관으로서 전략산업기획단의 중립성 유지를 위한 제도적 뒷받침이 수반되어야 할 것이다.

2. 부산지역 산업정책성과관리시스템

부산지역 산업정책에 있어서 가장 중요한 특징은 2006년도에 도입된 전략산업성과관리시스템이다. 부산전략산업기획단과 부산광역시가 공동으로 추진하는 전략산업성과관리시스템은 10대 전략산업의 성과를 실질적으로 측정하여 정책의 효과를 제고하고자 하는 목적에서 추진되었다.

그동안 부산지역에서 다양한 지역혁신사업과 산업정책이 집행되었지만 사업평가가 제대로 이루어지지 않아서 사업의 중복성과 연계성 분석, 사업관리기능도 부족하였던 것이 사실이다. 따라서 사업의 효과가 지역기업으로 파급되는 데도 한계가 있었다.

따라서 전략산업성과관리시스템을 구축하여 지역산업정책이 사업을 수행하는 주관기관을 통하여 지역기업에 파급되는 구체적인 과정을 모니터링할 필요가 제기되었다. 금년부터 부산광역시와 부산전략산업기획단은 경제진흥실 소관사업을 시범대상사업으로 하여 전문가의 실태조사, 10대전략산업 선도기업을 통한 설문조사 등을 통하여 육성사업의 성과를 체계적으로 분석하고 있다. 특히 전략산업성과가 표준산업분류에 의한 통계지표를 통해 파악하기 힘들다는 점 때문에 산업별로 선도기업을 선정하고 선도기업을 통해 육성사업을 집중적으로 수행하고 선도기업 모니터링을 통해 정책효과를 검증하는 데 중점을 두고 있다.

전략산업 성과모니터링 결과를 차년도 사업기획에 반영하고 사업의 기획, 사업의 추진과정 모니터링, 사업성과평가, 사업의 수정기획 등 산업정책의 전 과정을 시스템화함으로써 사업효과를 극대화할 수 있게 되었다는 점에 의의가 있다.

Ⅳ. 결 론

참여정부 들어 지역혁신사업이 광범위하게 시행되었지만 아직 그 규모나 범위 면에서 부족한 점이 없지 않다. 향후 지역혁신사업은 더욱 확대되어야 하며 지역의 내생적인 발전을 유도할 수 있을 정도의 임계치까지 투자가 지속되어야 한다.

그러나 사업의 효과를 더욱 제고하기 위해서는 지역사업을 추진함에 있어서 지역산업정책의 거버넌스를 체계화시키는 것이 선행되어야 한다.

우선 중복적으로 진행되고 있는 일부 지역혁신사업을 통합 조정하는 것이 필요하다. 이를 위해서는 지역혁신사업의 실질적인 기획과 평가기능을 지역으로 환원시키는 것이 필요하다. 실제 사업이 집행되는 지역에서 사업의 통합조정권한을 가지고 사업의 중복성을 제거하고 연계성을 제고하도록 하는 것이다. 나아가 균특회계의 일부 재원을 지역으로 정액예산으로 교부하여 지역 차원에서 정책사업으로 자유롭게 사용할 수 있도록 하는 것이 요구된다. 물론 정액예산의 경우 소비성 지출이나 도로와 같은 사회간접자본에 투자하지 못하도록 하고 지역의 연구개발이나 지역에 맞는 지역혁신사업을 기획하여 집행하도록 중앙정부에서 가이드라인을 마련해야 할 것이다.

지역혁신사업의 효과적인 추진을 위해서는 거점기관을 지정하여 육성하는 것이 필요하다. 거점기관을 중심으로 혁신사업을 통합 연계 운영할 수 있도록 해야 하며 특히 기업지원과 관련된 지역혁신인프라는 거점기관에만 구축할 수 있도록 제한하는 것이 타당하다.

금년부터 부산지역은 전략산업성과관리시스템을 구축함으로써 지역산업정책 거버넌스의 새로운 모델을 시도해 나가고 있다. 이러한 거버넌스가 실질적인 효과를 거두기 위해서는 지역혁신사업들의 기획 평가기능이 실질적으로 지방정부로 이관되어야 한다. 현재 지역혁신사업의 거의 모든 의사결정권한이 중앙정부에만 있기 때문에 지역 차원의 기획평가기능을 강화하더라도 한계에 부딪힐 수밖에 없다. 궁극적으로 지역산업육성정책의 중심주체는 지역이 되도록 해야 한다. 기획과 성과평가의 권한이 지역으로 대폭적으로 이양되어야 한다. 개별적인 단위사업에 대한 성과평가는 지역에서 수행하고 지역산업 육성사업의 총괄평가만을 중앙정부에서 시행하는 것이 바람직하다. 특히 지자체 자금이 매칭으로 투입되는 단위사업에 대해 사업의 조정권한을 지자체에 부여함으로써 사업성과에 대한 지자체의 책임성을 강화해나갈 필요가 있다.

중앙정부는 사업성과에 대한 총괄평가를 통해 국비지원 규모를 전체적으로 매년 조정해나가면 될 것이다. 특히 지자체에서 수행하기 어려운 광역경제권 사업을 발굴·지원하고 광역권별 추진체계를 정립하는 데 집중해야 한다. 또한 지방세 신설, 균특회계 재원의 일부를 지역에 이전하는 등 지역사업을 지역이 책임성 있게 추진할 수 있는 예산제도의 개편이 시급히 이루어져야 한다.

〈참고자료〉

산업자원부, 한국산업기술평가원(2006) 『2006년도 지역혁신사업 안내』.
부산광역시, 부산전략산업기획단(2005) 『부산지역 10대전략산업 마스터플랜』.
정승진(2006) 『Dream MAP21사업 성과평가지표 개발』 전략산업기획단 기획연구 06-1.
정승진, 김현식(2004) 『부산지역 산업클러스터 구축방안』 부산전략산업기획단.

제3장

부산관광 거버넌스의 현황과 개선방안: BCVB의 거버넌스화를 중심으로

조윤식(신라대학교 호텔 · 관광이벤트경영학과)

I. 서 론

1. 거버넌스 개념의 고찰

최근 정부를 의미하는 'government'의 대안으로 다양한 구성원들이 함께 참여하여 상호독립을 유지하면서 네트워크 상황에서 공유된 목적을 수행하는 새로운 공적인 업무의 수행방법인 'governance'가 떠오르고 있다. Rhodes(1997)에 의하면, '거버넌스'라는 용어는 정부의 의미가 변화되었음을 뜻하며, 동시에 공적인 업무의 수행방법의 변화를 지칭한다고 한다. 정부(government)는 공식적인 권위에 근거한 관리활동을 지칭하는 반면, 거버넌스는 공유된 목적에 의해 일어나는 관리활동을 의미한다. 이러한 논리에 근거하여 최근에는 정부 없는 거버넌스(governance without government) 또는 정부에서 거버넌스로(from government to governance)로 표현하기도 한다. 거버넌스의 가장 중요한 특징은 중앙정부, 지방정부, 정치적·사회적 단체, NGO, 민간 조직 등의 다양한 구성원들로 이루어진 네트워크를 구성하고, 네트워크의 참여자들은 상호독립성을 유지한다. 물론 모든 구성요소들이 상호독립이라는 것이 모든 참여자가 동등하다는 것을 의미하는 것은 아니다. 특히 정부는 전통적 정부처럼 우월한 것도 아니고, 항상 동등한 입장도 아니다. 즉 정부는 기본적으로 동등한 입장에서 전체 네트워크를 관리하는 조정자의 입장에 있다고 하여야 할 것이다. 그리고 이러한 네트워크의 연결성도 순수시장 메커니즘보다는 종속적이지만, 계층제적인 전통적 조직보다는 덜 종속적이다. 이러한 네트워크 구조의 영향으로 정부와 사회의 역할분담의 균형점이 이동하고 있다. 즉 전통적인 하향적이고 집권적인 조향에서 사회의 자기조향 능력(self-steering capacity)이 강조되고, 공동규제(co-regulation), 공동조향(co-steering), 공동생산(co-production), 공동지도(co-guidance)가 강조되는 방향으로 이동되고 있다. 즉, 참여자 모두가 공공서비스와 관련하여 네트워크(연계, 상호작용)를 강조하는 개념으로 이해하여야 된다.

일부 학자들은 시장적 정부(market government), 참여적 정부(participative government), 유연한 정부(flexible government), 그리고 탈규제정부(deregulated government) 등 4가지의 이론적 유형을 제시하기도 하

였다. 그런데 이러한 거버넌스의 개념이 요구되는 이유는 점점 불확실성이 증대되어 가고 있는 사회 속에서 그동안 정부나 기업들도 경험해 보지도 못했던 불확실하고 복잡한 문제가 자주 발생하고 있는 상황에서 거버넌스는 공·사를 막론하고 어떠한 조직도 혼자의 힘으로는 해결할 수 없는 사회문제가 증가함에 따라, 사회 구성원 간의 협조가 절실히 요구되고 있는 시대적 요구를 충족시키기 위해 형성된 개념인 것이다.

거버넌스이론하에서 네트워크 관리자로서의 정부의 전략은 첫째, 바람직한 목적의 달성을 지휘하는 지휘자의 역할, 둘째, 협동과 연계를 촉진하는 중재자의 역할, 셋째, 문제해결과 정책결정의 여건을 조성하는 역할, 넷째, 행정관료들은 새로운 기술, 즉, 게임상황관리, 협동, 상호조정, 연결망 형성 등의 새로운 기술을 습득하여야 한다는 것이다. 다섯째, 국민에게 협력의 능력을 신장시키기 위해 '시민의 능력'의 향상을 돕는 것이 된다. 이를 위해서는 보다 많은 정보가 국민이 실제로 손쉽게 이용할 수 있는 형태로 국민에게 제공되어야 한다.

그리고 최근에는 '로컬 거버넌스'의 개념을 도입해야 한다는 주장이 제기되고 있다. 지방정부가 중앙집권적 정치·행정 체제를 벗어나 변혁의 물결에 주체적, 능동적으로 대응하기 위해서는 '로컬 거버넌스'(Local Governance) 개념을 도입해야 한다는 주장이 제기됐다.

〈표 1〉 거버넌스 개념의 요약

구 분	구체적인 내용
Who	다양한 구성원들(중앙정부, 지방정부, 정치적·사회적·경제적 단체, NGO, 민간단체 등)이
What	불확실하고 복잡한 문제가 발생하고 있는 상황에서 공·사를 막론하고 어떠한 조직도 혼자의 힘으로는 해결할 수 없는 사회문제를
How	다양한 구성원들과 함께 참여하여 네트워크를 형성하여, 자기조향 능력(self−steering capacity), 공동규제(co−regulation), 공동조향(co−steering), 공동생산, 공동지도(co−guidance)를 하여
Why	전통의 Government의 폐해인 정책의 경직성, 비민주성, 저효율성, 비생산성을 타파하고 보다 효율적이고, 보다 효과적이며, 보다 생산적으로 불확실하고 복잡한 문제를 해결하는 것을 목적으로 한다.

거버넌스 개념을 요약하면 <표 1>과 같다. <표 1>에서 보는 바와 같이 거버넌스란 다양한 구성원들(중앙정부, 지방정부, 정치적·사회적·경제적 단체, NGO, 민간단체 등)이 불확실하고 복잡한 문제가 발생하고 있는 상황에서 공·사를 막론하고 어떠한 조직도 혼자의 힘으로는 해결할 수 없는 사회문제를 다양한 구성원들과 함께 참여하여 네트워크를 형성하여, 자기조향 능력(self−steering capacity), 공동규제(co−regulation), 공동조향(co−steering), 공동생산, 공동지도(co−guidance)를 하여 전통의 Government의 폐해인 정책의 경직성, 비민주성, 저효율성, 비생산성을 타파하여, 보다 효율적이고, 보다 효과적이며, 보다 생산적으로 불확실하고 복잡한 문제를 해결하는 것을 목적으로 하는 관리방식이다.

2. 문제의 제기 및 연구목적

앞에서 살펴보았듯이 지금까지는 일부 분야에서 거버넌스의 개념을 도입하여 활용해 왔으나, 관광분야의 경우, 아직 거버넌스 개념의 도입이 이루어지지 않고 있다. 관광분야에서도 거버넌스의 개념을 도입하여 관광분야가 안고 있는 불확실하고 복잡한 문제들을 거버넌스의 관점에서 접근할 필요가 있다. 이는 현재도 이미 그렇지만 미래사회는 더욱 불확실성과 복잡성이 더욱 심해질 것이다. 최근의 사회의 이슈는 '복잡계 관리방안'이다. 과거에는 1인의 영웅적 리더가 모든 문제를 해결했지만 이제는 더 이상 1인의 능력만으로는 불가능하기 때문에 다수의 지혜를 모아야 한다. 다수의 지혜를 모으는 방안 중의 하나가 바로 거버넌스인 것이다. 미래 학자인 갈브레이스도 『새로운 산업국가』라는 책에서 미래에는 의사결정구조가 다수의 전문가 집단인 'Technostructure'라는 조직에서 모든 의사결정을 내릴 것으로 예견했었다. 현재 휴대폰을 비롯한 많은 첨단제품은 특정인이 발명한 것이 아니라 다수의 기술자들이 공동의 노력으로 발명한 제품인 것이다. 따라서 발명품은 있어도 발명자는 없다. 사실, 없는 것이 아니라 다수이기 때문에 공동발명자인 것이다.

따라서 본 연구에서는 관광분야 그중에서도 부산의 관광거버넌스의 현황과 안고 있는 문제점을 도출하고, 이에 따른 개선방안을 제시하는 것을 연구목적으로 하고자 한다.

Ⅱ. CVB(Convention & Visitors Bureau)에
거버넌스 개념의 도입 필요성

1. 컨벤션의 개념

컨벤션은 원래 미국에서 집회를 총칭하는 용어로 사용되어 왔는데, 그 뒤 국제회의를 비롯한 각종 회의 등에서 사람들이 모여 서로 이야기하는 것, 또는 사람을 중심으로 상품·지식·정보 등의 교류를 위한 모임, 회합의 장을 갖춘 각종 이벤트·전시회 의미로 사용하게 된 것이다. 컨벤션이 그 발생시기부터 물건·정보를 중심으로 사람이 모여서 교류하는 장소인 것에는 변함이 없으나, 근래에 와서 미국식으로 해석하면 광의의 컨벤션에는 다음과 같은 유형이 있다. 즉, ① 컨그레스, 컨퍼런스 등 학회·대회 및 회의 ② 세미나와 같은 강습회·연수회 ③ 견본시 ④ 박람회·스포츠대회 등 이벤트 ⑤ 영화회·음악회·축하회 등 리셉션 등이 포함되고 있다.

따라서 컨벤션이란 회의분야에서 일반적으로 쓰이는 용어로서, 정보전달을 목적으로 개최되는 정기집회를 의미하며, 흔히 컨벤션은 순수한 회의와는 달리 부가적인 행사 특히, 전시회가 수반되는 것이 일반적이다. 과거에 컨벤션이라는 용어가 국제적·국가기구 단체에서

개최하는 연차총회로 그 의미가 제한적으로 사용되어 왔으나, 최근에
는 각종 회의의 총회·휴회기간 중에 개최되는 소규모회의, 위원회
회의 등까지 포괄하는 의미로 사용되고 있다. 컨벤션 개념은 크게 사
전적 정의, 법적 정의, 국제관광기구의 정의, 학계의 정의, 협회 및 단
체의 정의로 구분할 수가 있는데 이를 요약하면 <표 2>와 같다.

〈표 2〉 컨벤션 관련 개념 정의

구 분	출처 / 주제	정 의	참가국 수	참가자 수	참가자중 외국인	회의기간
사전적 정의	Oxford(1970)	일반적인 목적 아래 사람을 모으거나 모이게 모이는 행위로 특히 정치적, 사회적, 종교적인 문제를 토의하거나 앰블을 위해 모이는 일반적인 집회				
	Lawson(1981)	어떤 특별한 목적을 달성하기 위해 사회나 정당회원들 간의 회의, 사업이나 무역에 있어서의 회의, 그리고 정부 또는 통치자 간의 회의				
	관광용어사전 (1985)	많은 사업가 또는 전문직업들의 회의로서 미국 이외의 여러 나라에서는 컨그레스라는 용어가 흔히 쓰임.				
	동아세국어사전 (1997)	국제적인 이해사항을 토의·결정하기 위하여 여러 나라의 대표가 모여서 여는 회의				
법적정의	국제회의산업 육성법(제2조)	국제기구 또는 국제기구에 가입한 기관 또는 법인, 단체가 개최하는 세미나, 토론회, 학술대회, 심포지엄, 전시회, 박람회, 기타 회의	5개국 이상	300인 이상	40% 이상	3일 이상
국제관광 기구정의	영국관광공사	사전에 안건이 마련된 회의		25명 이상		6시간 이상
	한국관광공사	국제기구 본부에서 주최하거나 국내 단체가 주관하는 회의	3개국 이상		10인 이상	2일 이상

구 분	출처 / 주체	정 의	참가국 수	참가자 수	참가자중 외국인	회의기간
협회정의	국제협회연합 (UIA)	국제기구가 주최 또는 후원하거나 국 제기구에 가입한 단체가 주최하는 국제 적인 규모의 회의	5개국 이상	300명 이상	40% 이상	3일 이상
	아시아컨벤션 부로협회 (AACVB)	공인된 단체나 법인이 주최하는 단체 회의나 학술심포지엄, 기업회의, 전시, 박 람회, 인센티브 관광 등 다양한 형태의 모임	2개 대륙 이상과 동일대륙 2개국 이상 참가		10% 이상	1일 이상
	국제회의 컨벤션협회 (ICCA)	정기적인 회의로서 최소한 4개국 이 상을 순회하면서 개최하는 정기적인 회 의	4개국 이상	50명 이상		
학계정의	Berman(1984)	특별한 목적을 달성하기 위한 사회단체나 정당원들 간의 회의(정기적, 부정기적 회의)				
	안경모(1999)	국제적인 이슈를 가졌거나 2개국 이상의 외국인 참가자와 함께 하는 회의				
	이정춘·박창수(2001)	국제적인 주체와 주체관련 사람·정보·물자·조직·네트워크가 모여 공통의 목적달성을 위한 만남을 형성하는 지역·공간·장소·시설을 기초로 의사교류·의사결정이 이루어지는 종합시스템으로 각종 대화·회의·집회·전시회·박람회·예술제 및 각종 행사를 포함				

Oxford 사전에 의하면 컨벤션이란 "일반적인 목적으로 사람을 모으거나 모이는 행위로 특히 정치적, 사회적, 종교적인 문제를 토의하거나 입법을 위해 모이는 일반적인 집회"로 정의하고 있다. 이와는 달리 법률적 측면에서 우리나라 국제회의산업육성에 관한 법률 제2조에 의하면, 국제기구 또는 국제기구에 가입한 기관 또는 법인, 단체가 개최하는 세미나, 토론회, 학술대회, 심포지엄, 전시회, 박람회, 기타 회의로 5개국 이상의 외국인이 참가하고 회의참가자가 300인 이상이고, 그중 외국인이 100명 이상이며 3일 이상 진행되는 회의, 그리고 국제기구에 가입하지 않은 기관 또는 법인단체가 주최 시에는 회의 참가자 중 외국인이 150명 이상이고 2일 이상 진행되는 회의라고 규정되어 있다. 법률적 정의는 사전에 의한 정의보다는 구체적으로 컨벤션의 범위와 참가국, 참가자, 참가자 중 외국인의 숫자, 회의기간 등을 명시하고 있어 사전적 정의보다는 구체적이라 할 수 있다.

〈표 3〉 컨벤션의 유형별 분류

기준	구분	정의	특징	비고
규모	대규모	전시회, 박람회, 스포츠행사, 올림픽 등	3000명 이상	
	중규모	국제협회회의, 세미나, 학술회의 등(주로 학술회의)	500~3000명	
	소규모	지역적인 국제회의, 정부·학술회의, 세미나 등	500명 미만	
명칭 형태에 의한 분류	명칭		프레젠테이션유형	회의형식
	Convention	회의분야에서 가장 일반적으로 쓰이는 용어로서, 정보전달을 주목적으로 하는 정기집회에 많이 사용되며, 전시회를 수반하는 경우가 많고 총회, 후회기간 중에 개최하는 각종 소규모회의, 위원회의 등을 포괄적으로 의미하는 용어	시장조사보고, 신상품소개, 기업의 세부전략수립	매년 개최되며 위원회행사
	Conference	컨퍼런스는 컨벤션과 거의 같은 의미를 가지고 있으며, 일반적으로 많은 토의와 참가자를 수반하는 것이다.	과학, 기술, 학문 분야의 새로운 지식 습득 및 특정 문제연구	회의참가자들에게 토론기회 줌
	Congress	컨그레스 용어는 유럽과 국제적인 이벤트에 가장 일반적으로 사용되는 것으로, 컨퍼런스의 특징과 유사하게 사용되는 것이다. 특이하게 미국에서만 일반부 자체를 대표하는 것으로 사용된다.		사교행사와 관광행사동반

기준	명칭	특징	프레젠테이션유형	회의형식
형태에 의한 분류 — 진행 방법에 의한 분류	Seminar	주로 교육목적을 띤 회의로서, 특정분야에 대한 각자의 지식이나 경험을 발표하고 토의된다.	모든 지식과 경험을 공유할 수 있음	참가자들이 많은 의견을 주고받음
	Symposium	제시된 안건에 대해 전문가들이 다수의 청중 앞에서 벌이는 공개토론회로서, 포럼에 비해 다소의 형식을 갖추며 청중의 질의 기회도 적게 주어진다.		질문의 기회가 적음
	Forum	일반적으로 패널리스트 또는 발표자를 정해놓은 것을 포럼이라 한다. 참가자들은 패널리스트와 청중 양자에게 모두 질문을 할 수 있다.	일반적으로 사회자가 요점을 정리하고 회의를 주도	많은 사람들이 토의하는 것이 특징
	Panel Discussion	청중이 모인 가운데 2~8명의 연사가 사회자의 주도하에 서로 다른 분야의 전문가적 견해를 발표하는 공개 토론회		청중도 자신의 의견을 발표
내용	Workshop	소집단이 포함되는 일반적인 세션의 형식으로 불리기도 하며 특별한 문제 또는 연구과제를 다룬다.	훈련기술과 숙달을 위해 지도하는 것	참가자들이 마주보는 것이 특징
	Lecture	강연은 매우 정형화되어 있거나 구조화된 것으로 한 사람의 전문가가 일정한 형식에 따라 강연하며 청중에게 질의 및 응답 시간을 주기도 한다.		
	Clinic	클리닉은 소그룹을 위해 특별한 기술을 훈련하고 교육하는 모임이다.		소집단으로 한정

기 준	명 칭	특 징	프레젠테이션유형	회의형식
형 태 에 의 한 분 류	Institute	컨퍼런스, 세미나, 그리고 워크숍은 때때로 강연회에서 주관하기도 한다. 무역 또는 전문가들이 개설한 강습하는 보다 광범위한 기회를 제공할 목적으로 운영한다.		매분기 교육프로그램
	Colloquium	주로 학문적 연구과제를 토론하는 비공식적인 회의로서 서로의 생각과 관심사를 교환한다.		
	Meeting	모든 종류의 모임을 총칭하는 가장 포괄적인 용어이다.		
	Retreat	전형적으로 결속력을 강화할 목적으로 집중적인 세션을 계획하고 또한 모든 것을 떠나 간단하게 진행하는 것		소규모회의

국제관광기구에 의한 정의는 개최장소와 최소회의시간, 최소회의 참가자, 사전에 안건이 마련된 회의와 주관 부서를 설정하고 있는 것이 특징이라 할 수 있다. 국제협회연합(UIA: union of international association)에 의하면 국제기구가 주최하거나 후원하는 회의 또는 국제기구에 소속된 국내지부가 주최하는 국내회의 가운데 전체 참가자 수가 300명 이상이고 참가자 중 외국인이 40% 이상이며 참가국 수가 5개국 이상인 가운데 회의기간이 3일 이상인 회의라고 규정하고 있다. 국제회의 컨벤션협회(ICCA: international congress and convention association)에 의하면 정기적인 회의로서 최소 4개국 이상을 순회하면서 개최되고 참가자가 50명 이상인 회의를 칭한다고 규정하고 있다.

종합해 보면 컨벤션이란 공인된 단체가 정기 또는 부정기적으로 개최하는 회의로서 국가 간에 이해조정과 참가자 간의 우호증진을 목적으로 하거나 국제기구의 사업결정을 위한 총회나 이사회 등 국적을 달리하는 특정 다수인이 모여 회합하거나 지식, 정보 등을 교류하는 행사임을 알 수 있다.

2. 우리나라 컨벤션 산업의 문제점

1) 정부 지원조직의 이원화

컨벤션 산업에 대한 중앙정부의 지원이 문화관광부와 산업자원부로 이원화되어 있고, 관련 법률도 '국제회의산업육성에관한법률'과 '전시산업육성에관한법률'로 나뉘어 있어 컨벤션 산업의 정책적 육성을 위한 체계적 추진이 곤란하고 정책 내용과 지원기준 등이 상충될 소지를 안고 있다.

2) 국제회의 전문시설 남발에 따른 경영수지의 악화

무분별한 지자체마다 경쟁적으로 세우고 있는 전시컨벤션센터들이 '애물단지' 소리를 듣고 있는 월드컵구장의 전철을 밟고 있어 매우 염려스럽다. 국제회의 전문시설의 경우 낮은 수익성, 투자규모의 대규모성 등을 감안할 때 금융 및 세제지원을 포함한 적극적인 민자 · 외자 투자유치 제도가 마련되지 않을 경우 단기간 내에 인프라 구축이 쉽지 않을 전망이다. 또한 국제회의 산업의 중장기적인 수급전망에 기초하지 않은 무분별한 시설건립 경쟁은 장래 시설의 유휴화 문제로 큰 후유증을 가져올 수 있을 뿐만 아니라, 취약한 지역경제에도 부담으로 작용할 수 있다.

그러나 지방분권이 현실화하는 상황에서 재정이 열악한 자치단체들이 '고부가가치 창출'을 내걸고 이처럼 전시컨벤션 산업에 뛰어들고 있으나 수백억~수천억 원의 막대한 예산이 투입되는 이 사업이 지자체 간 조정을 거치지 않고 전국적으로 동시다발로 추진되면서 중복투자, 자원낭비의 우려가 높아가고 있다. 특히 이들 컨벤션센터가 모두 계획대로 완성될 경우 공급과잉에 따른 '제 살 깎기'식 행사유치 경쟁과 그에 따른 적자운영이 불가피해 수익창출을 통한 지방재정 확보라는 당초 목표를 달성하기는커녕 시설비도 건지지 못할 것이란 우려가 많다. 실제로 한국관광공사가 전국 전시장과 호텔 등에서 개최된 국제행사를 조사, 집계한 자료를 보면 지난 2001년 국내에서 개최된 회의와 전시회를 포함한 국제행사는 556건으로 5년 전인 1996년 395건에 비해 41% 증가하는 데 그쳐 이 같은 우려가 기우가 아님을 보여준다. 결국 전시컨벤션센터들이 월드컵 구장의 전철을 밟아 '애물단지'로 전락할 가능성이 높다는 것이다. 따라서 신규 컨벤션센터 건립을 자제해야 할 뿐 아니라 기존 컨벤션시설을 보유한 지자체들이 협의를 거쳐 역할을 분담해야 한다고 전문가들은 강조하고 있다.

현재 국내에 있는 국제 규모의 전시컨벤션시설은 서울의 '코엑스'(COEX)와 'aT센터'(agro-Trade. Exhibition Center), 부산 '벡스코'(BEXCO), 대구 '엑스코'(EXCO), 제주 국제컨벤션센터(ICC JEJU) 등이 있지만 흑자를 낸 시설은 서울 코엑스 1곳에 불과했다. 코엑스는 지난해 총 135건의 전시회를 열어 지난 2001년과 비슷했으나 가동률이 90%로 크게 향상되면서 478억 원의 매출을 올려 재작년에 비해 67%의 신장률을 기록하고 13억 원의 당기 순익을 거뒀다. 그러나 지난 2001년 4월 문을 연 대구 엑스코는 작년 한 해 동안 41차례의 전시회를 포함해 총 620건의 행사를 유치하면서 52억 원의 매출을 올렸으나 44억 원이나 되는 적자를 기록했다. 엑스코의 지난해 적자액은 2001년(45억 원)과 거의 비슷한 수준으로, 엑스코 측은 올해 가동률을 지난해(35%)보다 2배가량 끌어올린다는 방침이지만 여전히 25억 원의 적자가 날 것으로 예상하고 있다. 제주 국제컨벤션센터는 총 1,806억 원이 투입됐으나 별도의 수익사업을 하지 않는 한 시설이 100% 가동되더라도 연간 최소 12억 원의 적자가 발생할 것으로 제주도는 전망하고 있다. 시작부터 적자운영을 안고 가는 셈이다. 이에 따라 제주도는 이를 만회하기 위해 컨벤션시설 내부에 내국인 면세점을 두는 방안과 인근에 대규모 호텔을 건립하는 방안을 각각 추진하고 있다.

3) 컨벤션보다는 전시행사에 치중한 운영상의 문제점

한국의 모든 전시-컨벤션센터는 경제적 파급효과가 큰 컨벤션의 유치는 미흡하고 대신에 전시행사유치에 치중함으로써 중요한 두 개의 축 중에서 하나에 매달리는 형상이다. 컨벤션을 주로 하고 컨벤션이 열리지 않는 여분의 시간에 전시행사를 채워 넣는 방식이 바람직한데도 현재 우리나라의 전시컨벤션센터는 대부분 전시행사에 치중하고 있는 것이 적자운영의 주된 이유가 되고 있다.

3. BEXCO의 현황과 문제점

1) 경영수지의 악화

총 사업비 1천600억 원이 투입돼 2001년 5월 개관한 BEXCO도 평균 40~50%의 저조한 가동률로 매년 적자를 기록하고 있다. BEXCO는 서울 코엑스의 시설부족 현상과 해양도시라는 장점, 인근의 대규모 공단(울산. 창원)과 관광지(경주) 등을 둔 지리적인 이점 등으로 빠른 성장을 이뤄냈다는 평가를 받고 있지만, 각 지방에 경쟁적으로 전시컨벤션시설들이 들어섬에 따라 행사유치에 어려움을 겪으면서 위기를 맞고 있다.

BEXCO는 부산, 울산, 경남권의 산업규모로 볼 때 국제 규모 전시회가 연간 50~60회 가능하지만, 현재 연간 30여 회 수준으로 유치율이 낮은 편이다. 경기도 고양에 컨벤션센터가 들어설 경우 서울 코엑스는 소비재관련 및 전문전시회 중심으로, 고양은 대규모 중장비 전시회 중심으로 각각 특화될 가능성이 높아 무주단층 전시장으로 중장비 전시가 장점인 BEXCO에는 치명타가 될 가능성이 높다. 또 동북아 전시컨벤션 행사를 놓고도 홍콩, 싱가포르, 도쿄 등 이 부문의 기존 선진도시와의 경쟁은 물론 중국 상하이, 베이징, 칭다오 등 신진 도시들과도 치열한 경쟁에서도 뒤지고 있어 여건은 점차 악화될 가능성이 있다. 특히 동북아 경제의 축이 중국으로 옮겨가는 것이 대세라고 볼 때 전시컨벤션의 중심축도 중국으로 이동하면서 한국이 주변부로 밀릴 가능성이 많기 때문에 국내는 물론 부산에서도 컨벤션시설에 대한 수급전망이 재검토돼야 하고 각 시설별 특화전략이 마련되지 않을 경우 막대한 투자비용을 건지지 못한 채 골칫거리로 전락할 가능성이 있다.

2) 전문 인력의 부족

컨벤션산업의 규모 및 중요성, 그리고 경제적, 사회적, 문화적 파급효과가 엄청남에도 불구하고 이러한 산업을 이끌어갈 전문 인력은 턱없이 부족하다. 현재, 몇몇 대학에서 국제회의 관련학과가 개설·운영되고 있으나, 체계적인 국제회의 전문 인력 양성프로그램이 개발되어 있지 못한 실정에 있다. 따라서 체계적인 전문교육을 받아 외국에서와 같이 컨벤션 전문자격증을 갖고 관련 산업에서 종사하고 있는 인력이 거의 없는 실정이다. 현재 컨벤션 산업이 하나의 산업분야로서 체계적인 조직구조를 갖추지 못하고 있는 것이 현실이다. 따라서 이 분야에서 필요로 하는 인력수요를 정확히 예측하기는 어려운 것도 사실이나, 국제회의 산업의 중요성이 부각되고 있고 국제회의 전문시설의 건립이 증가되고 있으며, 정부와 지방자치단체의 국제회의 산업 육성 의지가 높은 현재의 상황에서 컨벤션 산업의 전문 인력의 배출은 매우 시급하다고 할 것이다.

4. CVB문제점 해결방안으로서의 거버넌스 개념 도입

국제회의와 같은 컨벤션산업의 특성상 전시컨벤션센터의 대표 한 사람 또는 비전문가 직원 몇 사람이 국제회의 등 컨벤션행사를 연간 지속적으로 유치한다는 것은 거의 불가능하다고 볼 수 있다. 이러한 산업이 안고 있는 문제점을 해결할 수 있는 유일한 방안은 이 산업에 거버넌스의 개념을 도입하는 것이다. 이유는 국제회의와 같은 컨벤션산업은 그 특성상 중앙정부, 지방정부, 해당 전시컨벤션센터, 지역의 관광협회, 시민단체, 학술단체 등 수많은 관련 기관들이 공유된 목표를 설정하고 합심하여 노력을 할 때 가능한데, 이렇게 할 수 있는 방안이 바로 거버넌스이기 때문이다.

홍콩이나 싱가포르, 태국 등 아시아 주요 국가들은 거버넌스의 개념에 충실한 국제회의 유치 캠페인을 꾸준히 전개하고 있으며, 민관합동의 컨벤션뷰로를 설치·운영하고 있다. 우리나라도 한국관광공사 내에 컨벤션 전담부서인 컨벤션뷰로가 별도로 설치되어 국제회의 유치를 위한 홍보활동을 실시하고 있으나, 국제회의 유치단계에서의 지원책이 극히 미흡하고, 국제회의 참가자들을 위한 다양한 연계상품과 이벤트, 특별 숙박요금의 적용 등 국제회의 유치와 관련된 인센티브가 체계적으로 개발되지 못하고 있으며, 공공·민간기관에서의 국제회의 유치활동이 예산사정 등 여러 가지 요인으로 활발히 이루어지지 못하고 있다. 그나마 유치된 국제회의도 서울에 국한되고 있어 부산의 국제회의 유치는 요원하다 할 수 있다.

Ⅲ. 부산관광 거버넌스로서의 BCVB의 현황 및 문제점

로컬 관광거버넌스로서의 BCVB는 부산지역의 국제회의 등 컨벤션 행사의 유치를 위해 설립된 사단법인이다. BCVB의 외형은 거버넌스의 개념을 도입하고 있는 것처럼 보이지만 실질적으로는 거버넌스로서는 너무나 많은 한계점을 지니고 있어 누가, 언제, 어디에서 운영하고 있으며(Who, When, Where), 무엇을 운영하고(What) 있고, 왜(Why), 어떻게 (How) 운영하고 있는지를 체계적으로 분석해 보고자 한다.

1. 운영주제: Who

부산에서 관광거버넌스의 역할을 수행하고 있는 기관은 부산컨벤션뷰로(BCVB, Busan Convention & Visitors Bureau)이다. BCVB는 2001년 5월 부산광역시 산하 행정조직(국제협력과)으로 운영하다가, 2004년 9월 13일 뷰로 설립과 관련한 관련업체 대표회의를 개최했고, 동년 10월 21일 법인설립 발기인 회의를 하였고, 10월 27일 창립총회를 열어 이사장(안준태 부산광역시 정무부시장)을 선출하였다. 운영조직은 이사장 밑에 3명의 부이사장(부산관광협회 회장, BEXCO사장, 상공회의소 부회장)과 사무국장이 있으며, 사무국장은 총무팀(직원 2명), 홍보팀(직원 3명), 및 마케팅팀(직원 3명)을 관리하고 있다. 이는 외형상 부산광역시의 정무 부시장이 이사장을 맡고, 부산광광협회 회장, BEXCO사장, 그리고 부산상공회의소 부회장이 부이사장직을 수행하고 있다. 이사장과 부이사장 모두 자신의 본업이 있고, BCVB는 하나의 사이드잡의 성격으로 맡고 있어 BCVB의 업무를 제대로 수행하기 어렵다. 실질적인 BCVB의 업무는 사무국장(기자 출신)이 하고 있는 실정이다. 또한 3개 팀의 직원 8명도 전문가 2명, 상공회의소에서 2명, BEXCO에서 2명, 공무원 2명 등 관련기관에서 파견 나온 전문성이 떨어지는 직원들로 구성되어 있다. BCVB의 전담 책임자는 없고, 이사장이 대표자로 되어 있는데, BCVB의 대표자가 이사장이라는 직함은 어울리지 않는다. 전담 대표자가 있어야 함은 물론 컨벤션유치와 관련한 전문 인력을 확보하여 업무를 수행해야 한다.

2. 창립일시 및 사무실 위치: When & Where

2004년 11월 19일 (사)부산컨벤션뷰로 법인설립을 허가받았고, 2005년 01월 01일 벡스코 내 사무실로 이전하였다. 2005년 01월 18일 사단법인 부산컨벤션뷰로 개소식을 갖고 정식업무를 보기 시작했다. BCVB는 창립한 지 이제 3년 정도밖에 되지 않는 신생조직이다.

3. 운영내용: What

BCVB의 컨벤션유치를 위해 총무팀, 홍보팀, 및 마케팅팀 등 3개 팀을 관리하고 있다. 비록 팀의 개수는 3개이지만, 총무팀을 제외한 홍보팀과 마케팅팀만 존재하는 경우이다. 그것도 BCVB의 핵심업무인 컨벤션유치업무, 컨벤션지원업무, 국제협력업무, 이벤트기획 및 관리업무 등을 담당하는 팀이 없다. 이는 조직의 구성이 매우 열악하다고 할 수 있다. 한국컨벤션뷰로인 Korea_CVB와 비교해도 팀 구성이 매우 열악함을 알 수 있다. 전문 인력을 보완하여 컨벤션유치팀이 강화된 새로운 형태의 조직구조로 변모해야 한다. 그리고 부산에 국제회의 등 다양한 컨벤션행사를 지속적으로 유치해야 한다.

〈표 4〉 Korea_CVB의 팀 구성과 주요업무

부 서	기 능	주요 업무 내용
컨벤션지원팀	컨벤션 해외홍보	컨벤션 관련 전문해외매체 광고 내역 해외전문전시박람회참가계획 및 결과보고서 제작 및 발행계획, 발송 계획
	업계지원	제작 및 발행계획, 발송 계획 운영 계획 및 안건, 결과보고 홈페이지 구축 및 운영 관련사항
컨벤션유치팀	국제기구 협력활동	국내 국제회의 유치기반 조성을 위한 국제회의 관련 국제기구와의 협력활동 정리 • 세계국제회의 전문협회(ICCA) • 아시아컨벤션뷰로협회(AACVB) • 세계컨벤션뷰로협회(IACVB)
	국제회의 지원	국제회의 유치 및 개최 지원활동 정리
국제협력팀	국제기구 협력활동	2004 PATA 총회 개최 준비 관광관련 국제기구 총회참가 및 홍보활동
이벤트팀	Fun Ski & Snow Festival, Grand Sale, Hi Seoul Festival, 전통음식팸투어 Visa Korea Partnership	−기본계획 및 상품내용 −행사결과보고서 −기본계획 및 업무진행사항 −기본계획 −홍보방안 및 팸투어 시행계획 −기본계획 및 국고 정산 −결과보고 및 해외 기사화 실적 −공동 홍보 및 기타 프로모션 계획(안) −기본계획 및 해외 홍보계획(안)

부 서	기 능	주요 업무 내용
이벤트팀	Fun Ski & Snow Festival, Grand Sale, Hi Seoul Festival, 전통음식팸투어 Visa Korea Partnership	−X−Game Asia 유치 및 시행계획(안) −한류한마당 기본계획(안) −한류콘서트 계획(안) −이벤트 개최 지원사항 −이벤트 후원 내역 −PGA Korea Tour 유치 및 기획 −스폰서 유치 및 부대행사 기획

4. 운영목적: Why

 거버넌스의 운영목적은 전통의 Government의 폐해인 정책의 경직성, 비민주성, 저효율성, 비생산성을 타파하고 보다 효율적이고, 보다 효과적이며, 보다 생산적으로 불확실하고 복잡한 문제를 해결하는 것이다. BCVB의 설립목적은 정관 제2조(목적) "본 뷰로는 컨벤션의 유치 및 개최지원을 위한 홍보, 섭외, 교류, 조사, 연구 등의 활동을 통하여 지역 컨벤션산업 발전과 관광산업 진흥에 기여함을 목적으로 한다."라고 되어 있다. 그리고 구체적으로 수행하고자 하는 사업으로는 다음과 같다.

 −컨벤션 및 관광객 유치를 위한 홍보 및 섭외활동
 −컨벤션의 유치 및 개최자에 대한 지원활동

- 컨벤션에 관한 조사, 연구, 및 각종 자료의 수집 또는 간행
- 지역의 컨벤션 개최환경 홍보를 위한 각종 자료의 제작 및 전파
- 컨벤션 관련 국내외 기구가입 및 교류증진활동
- 컨벤션 참가자들의 편의를 위한 각종 서비스 제공
- 컨벤션관련 교육 및 학술프로그램 개설운영
- 항공노선 증설 등 컨벤션산업 인프라 확충활동
- 정부, 지방자치단체, 국제기구, 공공기관 및 단체 등으로부터의 수탁사업 수행
- 위 각 호의 업무를 수행하는 데 필요한 경비를 충당하기 위한 사업
- 컨벤션산업정책에 대한 지문 및 건의활동
- 기타 컨벤션산업의 발전과 회원의 권익 및 친목증진활동

이러한 운영목적은 적합하지만 이러한 BCVB의 사업계획은 현재의 조직구조와 체계로는 불가능하다.

5. 운영방법: How

전통의 Government의 폐해인 정책의 경직성, 비민주성, 저효율성,

비생산성을 타파하고 보다 효율적이고, 보다 효과적이며, 보다 생산적으로 불확실하고 복잡한 문제를 해결한다는 목적을 달성하기 위해서는 거버넌스는 다양한 구성원들과 함께 참여하여 네트워크를 형성하여, 자기조향 능력(self-steering capacity), 공동규제(co-regulation), 공동조향(co-steering), 공동생산, 공동지도(co-guidance)를 해야 한다. 현재의 BCVB의 운영재원은 시비·국비 보조금, 기부금, 회원사의 회비 등으로 운영된다.

Ⅳ. 결 론

현재의 BCVB의 운영은 외형상 거버넌스와 닮았으나 내용상 특히 운영 주체, 운영내용, 운영방법이 아직은 영세성을 탈피하지 못하고 있으며, 비전문가에 의한, 비상근 대표자에 의한 운영 등으로 수많은 문제점을 내포하고 있다. 지금도 늦었지만 진정한 거버넌스의 개념 하에 현재의 BCVB를 개혁해야 할 것이다.

참고문헌

강 민·김욱경(2000), "Post-IMF 거버넌스의 정치경제론: 위기관리 거버넌스의 딜레마를 중심으로", 한국정치학회 Post-IMF Governance 하계학술회의 논문집.

김정렬(2000), "정부의 미래와 거버넌스", 「한국행정학보」 제34권 제1호, p.21-39.

배태영 외(2001), 『Governance 실현을 위한 지방정부의 바람직한 모형』, 한국정책과학학회보 5, 1(2001. 4) pp.159-196.

안기성(1997), "교육에서의 '거버넌스'(governance)의 문제와 그의 장래", 교육정치학연구4('97.8) pp.1-20.

조영곤(1999), "The effects of corporate governance on corporate strategy", 서울대학교 박사학위논문.

최성남(2000), "거버넌스에 관한 연구" 연세대학교 석사학위논문.

Andrew Gamble(2000), "Economic Governance" 『Debating Governance』 Jon Pierre etd. Oxford Univ Press. p.110-137.

Ash Amin, Jerzy Hausner etd(1997), 『Beyond market and hierarchy: interactive governance and social complexity』, Cheltenham, Glos, UK; Lyme, NH: Edward Elgar.

Assem Prakash and Jeffrey A. Hart edt, 『Globalization and governance』, Routledge.

B. Guy Peters(2000), "Governance and Comparative Politics", 『Debating Governance』Jon Pierre etd. OXFORD Univ Press. p.36-53.

Caroline Thomas(2000), 『Global governance, development and human security: the challenge of poverty and inequality』, London: Pluto Press.

Cornelius F. Murphy, Jr(1999), 『Theories of world governance: a study in the history of ideas』, Washington, DC: Catholic University of America Press.

Dante B. Canlas, Shigeaki Fujisaki edt(1999), 『Studies in governance and regulation: the Philippines』, Institute of Developing Economies.

DiGaetano, A. and Klemanski, J. S. 1999. *Power and City Governance: Comparative Perspective on Urban Development.* Minneapolis: the University of Minnesota Press.

DiGaetano, A. Urban Governing Alignments and Realignment in Comparative Perspective: Development Politics in Boston, Massachusetts, and Bristol, England, 1980－1996. *Urban Affairs Review.* 32(6): 844－70.

Gerry Stoker, (2000), "Urban Political Science and the Challenge of Urban Governance", 『Debating Governance』Jon Pierre etd. OXFORD Univ Press. p.91－109.

Giovanni Arrighi and Beverly J. Silver with Iftikhar Ahmad etal(1999), 『Chaos and governance in the modern world system』, University of Minnesota Press.

Goodwin, M. and Painter, J. 1996. Local Governance: the Crises of Fordism and the Changing Geographies of Regulation. *Transactions of the Institute British Geographers.* 21: 635－48.

Holli, M. G. 1999. *The American Mayor: The Best & The Worst Big－City Leaders.* University Park: The Pennsylvania State Press.

Ian Clark(2000), 『Governance, the state, regulation and industrial relations』,

Routledge.

James N, Rosenau and Ernst−Otto Czempiel(1992), 『Governance without government, order and change in world politics』, Cambridge Univ Press.

James N. Rosenau(2000), "Change, Complexity, and Governance in a Globalizing Space", 『Debating Governance』Jon Pierre etd. OXFORD Univ Press. p.167−200.

Jan Kooiman(2000), "Societal Governance: Levels, modes, and Orders of Social−Political Interaction", 『Debating Governance』Jon Pierre etd. OXFORD Univ Press. p.138−166.

Jenet Dine(2000), 『The governance of corporate groups』, Cambridge; New York: Cambridge Univ Press.

Jens Hoff, Ivan Horrocks, and Pieter Tops edt(1999), 『Democratic governance and new technology: technologically mediated innovations in political practice in Western Europe』, Routledge.

Jessop, B.(1999), "The Changing Governance of Welfare: Recent Trends in its Primary Functions, Scale, and Modes of Coordination." Social Policy Administration, 33(4): 348−359.

Jessop, B. 1997. Governance of Complexity and the Complexity of Governance: preliminary remarks on some problems and limits of economic guidance. In A. Amin and J. Hauser(eds.). *Beyond Market and Hierarchy: Interactive Governance and Social Complexity.* Cheltenham: Edward Elgar.

Jon Pierre and B. Guy Peters(2000), 『Governance, politics and the state』, New York: Macmillan Press.

Jon Pierre etd(2000), 『Debating Governance』, OXFORD Univ Press.

Joseph S. Nye, Jr. and John D. Donahue edt(2000), 『Governance in a globalizing world』, Washington, D.C.: Broookings Institution Press.

Kotter, J. P. and P. R. Lawrence. 1974. *Mayor in Action: Five Approaches to Urban Governance*. New York: Wiley Interscience.

Oscar van Heffen, Walter J.M. Kickert and Jacques J.A. Thomassen edt, (2000), 『Governance in modern society: effects, change and formation of government institutions』, Boston: Kluwer Academic Publisher.

P.H.A. Frissen / translation, Dr Chris Emery(1999), 『Politics, governance, and technology, a postmodern narrative on the virtual state』, Edward Elgar.

Paul Hirst and Grahme Thompson(1999), 『Globalization in question: the international economy and the possibillities of governance』, Polity Press.

Peter Somerville(2000), 『Social relations and social exclusion: rethinking political economy』, London: Routledge.

Pierre, Jon.(1999), Models of Urban Governance: The Institutional Dimension of Urban Politics. *Urban Affairs Review*, 34(3): 372−396.

Rhodes, R. A. W. 1999. Forword: Governance and Networks. in G. Stoker(ed.). *The New management of British Local Governance*. London: Macmillan Press Ltd.

Rhodes, R.A.W. 1997. *Understanding Governance: Policy Networks, Governance and Accountability*. Buckingham: Open University Press.

Steve Fuller(2000), 『The governance of science: ideology and the future of the open society』, Philadelpia, PA; Buckingham, MK: Open

Univ Press.

Stoker, G. 1998. Public−Private Partnerships and Urban Governance. In J. Pierre(ed.). *Partners in Urban Governance: European and American Experience.* London: Macmillan.

Stone, C. 1995. Political Leadership in Urban Politics. In D. Judge eds. *Theories of Urban Politics.* Thousand Oaks, CA: SAGE Publications Inc.: 96−116.

Stuart Thomson(2000), 『The social democratic dillemma: ideology, governance and globalization』, London: Macmillan Press.

Tsao, King K.(1996). Institutional and Administrative Reform. In Y. M. Yeung & Sung Yun−wing(eds.). *Shanghai: Transformation and Modernization under China's Open Policy.* Hong Kong: The Chinese University Press.

Vincent Cable(1999), 『Globalization and governance』, London; New York: Royal Institute of International Affairs.

지역인적자원개발 활성화를 위한 거버넌스의 역할

박수홍(부산대학교 교육학과)

Ⅰ. 들어가기

지식과 정보가 경쟁력의 원천이 되는 21세기 지식정보화 사회를
맞이하여 지식을 창출하고 활용하는 주체로서 인적자원의 중요성이
강조되고 있다. 경쟁력을 가지고 있는 인적자원은 지역의 경쟁우위
를 창출하는 원동력이라 할 수 있으며, 지역의 지속적인 생존과 발
전을 위한 핵심요소라 할 수 있다.

기업의 시설투자를 10% 늘리면 생산성 향상이 3.6%에 그치지만
교육훈련과 같은 인적자원개발투자는 그 두 배 이상인 8.4%의 생산
성을 증가시킨다는 미국기업에 대한 연구결과가 대변해 주듯이, 지
식의 생성, 활용, 관리를 담당하는 인적자원개발의 중요성이 강조되

는 시점이다(삼성경제연구소, 2001).

또한 세방화(Glocalization)라는 신조어가 함의하는 바와 같이, 지식, 정보기반시대에서는 변혁의 구심점은 국가단위가 아니라 지역단위의 경쟁력을 강조하게 된다. 세계적으로, 혁신의 창출, 확산, 활용의 성공사례가 지역수준에서 출현하는 것도 눈여겨볼 만하다(OECD, 1997). 동시에, 우리나라에서도 최근에 혁신체제와 인적자원개발체제를 구축하는 움직임도 지역 차원에서 이루어지고 있는 것이다.

이러한 배경하에서, 2003년에 우리나라에서는 최초로 지역단위에서 '인적자원개발기본계획'이 발표되었다. 이른바 교육인적자원부에서 주도한 지역인적자원개발사업은 3개의 광역지방자치단체인 광주광역시와 충북지역과 함께 부산광역시가 시범지역으로 선정됨으로써, 부산에서는 물론이고 전국 처음으로 지역단위의 인적자원개발기본계획을 수립하여 발표하였다.

시범지역 중에서도 부산광역시는 지역인재의 중요성을 인식하고 2003년 1월에 제정된 '부산광역시 인재개발 및 과학기술진흥에 관한 조례'를 제정하고 이듬해, 2004년에 지역의 인적자원 전반으로 정책대상을 확대한 '부산광역시 인적자원개발 및 과학기술 진흥에 관한 조례'로 그 명칭 및 일부 내용이 개정되었다.

특히, 조례 5조에서는 인적자원개발관련 정책의 종합적인 협의, 조정, 심의는 지역혁신협의회 산하 인적자원개발분과협의회(이하 협의회)에서 담당하는 것으로 명시하고 있다. 즉, 부산지역인적자원개발의 핵심적 거버넌스 체제는 인적자원개발분과협의회라는 것을 알 수 있다. 그리고 이 협의회에서 인적자원개발을 위한 법령 및 제도개선,

인적자원개발과 관련된 조사, 연구, 분석 및 인적자원개발을 위한 기획단 구성 / 운영 등의 사상을 심의하는 기능을 맡는 것으로 되어 있다. 또한, 부산인적자원개발원(이하 개발원)이라는 독립적인 재단법인을 설립하여 지역인적자원개발의 실질적 추진을 담당하고 있다(백성준 외, 2004).

부산지역에서는 심의기구인 인적자원개발분과협의회와 지역인적자원개발을 위한 실무추진기관인 독립된 부산인적자원개발원과 같은 거버넌스 체제를 보유하고 있다. 협의회에서 인적자원개발을 위해 필요한 제반사항(법령 및 제도개선, 연구, 평가 등)에 대한 심의기능을 맡고 있다. 독립 재단법인으로 설립된 부산인적자원개발원은 지역인적자원개발에 대한 실무를 담당하고 있다. 따라서 부산인적자원개발을 위한 거버넌스의 실체는 HRD 분과협의회와 인자원의 두 축으로 구성되어 있음을 알 수 있다.

이러한 맥락에서 본 연구는 지역 최초로 독립된 지역인적자원개발 담당기관을 보유하고 있는 부산의 지역인적자원개발의 활성화를 거버넌스의 기능을 높이기 위한 아이디어를 얻기 위해, 먼저 지역인적자원개발의 개념을 음미해 보고, 둘째, 지역인적자원개발의 방향키 역할을 해야 하는 지역거버넌스에 대한 의미를 파악하고, 셋째, 기구축된 지역인적자원개발 거버넌스의 현황을 파악하여, 마지막으로 지역인적자원개발의 개념 및 지역 거버넌스의 의미에 터하여 향후 지역거버넌스의 발전방향에 대하여 알아보는 것으로 한다.

Ⅱ. 지역인적자원개발의 개념

지역인적자원개발의 효과를 극대화하기 위한 향후 거버넌스의 역할에 대한 바람직한 안내를 제공하려고 하면, 우선 지역인적자원개발의 개념에 대한 이해가 있어야 할 것이다.

인적자원개발(이하 HRD)이란 조직의 수행역량, 경쟁력, 그리고 변화가능성을 강화하기 위해 이루어지는 조직적인 조치들과 활동, 그리고 경영관리 행위들을 통해 조직의 학습, 수행, 변화를 촉진하는 과정(Gilley & Maycunich, 2006)이라는 정의에서도 알 수 있듯이, 인적자원개발이라는 독립학문적 입장에서 바라볼 때, 인적자원개발에 지역이 일반적으로 포함되지 않고 있다. 또한 인적자원개발의 영역도 개인개발, 경력개발, 조직개발이라는 3영역을 주로 다루고 있는 지극히 조직수준에 응용되는 학문이라고 할 수 있다.

학문과 현실 간의 이러한 문제를 해결하기 위해서 본 연구자는 지역인적자원개발의 개념을 전통적인 인적자원개발의 개념에 포함시켜야 할 것을 요청한다. 그렇게 되면 인적자원개발의 영역은 개인개발, 경력개발, 조직개발에 지역개발이라는 또 다른 영역이 포함되게 되어, 지속적인 학문적 연구활동의 터전이 마련될 수 있겠다. 지역개발이라는 새로운 영역이 포함된 지역인적자원개발의 정의는 종래의 조직 차원에서 초점을 맞추고 있는 것을 지역 차원으로 확대 재정의

하여야 할 것이다.[1]

이러한 맥락에서 지역인적자원개발을 "지역의 전략적 이슈인 지역경제를 활성화시키고, 지역의 바람직한 문화를 형성할 수 있도록 교육적 또는 교육외적인 해결방안을 실천하는 활동이다."라고 잠정적으로 정의 내리고자 한다. 이 정의에서 두 가지 사항을 강조하고 있다.

하나는 해결방안의 실천, 즉 단순히 지식을 습득하고 이해하는 차원이 아니라, 지역에 산재하는 난제를 해결해 낼 수 있는 역량을 길러주어야 한다는 점이다. 인적자원개발의 수단으로 흔히 알고 있는 교육 기능도 시대패러다임의 변화에 따라, 단지 지식을 전수하는 기능에서, 지역 생태에 도움이 되는 새로운 지식을 창출할 수 있도록 역량을 길러주는 방향으로 전회하고 있다. 또한 이 분야의 현재 진행 중인 담론도 HRD를 위한 HRD에서 벗어나서, 지역의 전략적 이슈에 직접적인 임팩트를 가하고, 지역의 핵심문제를 해결하는 강력한 수단으로 HRD를 바라보는 방향으로 인식전환이 요구된다 하겠다. 이것은 학문이 점차 사회성을 띠기 시작한다는 것으로 사회문제 해결에 학문이 기여하기 위해서는 분파적 마인드를 버리고, 보다 체제적이며, 통합적으로 접근해야 한다는 것이다.

둘째, 교육적 또는 교육외적인 해결방안을 강조하고 있다. 인적자원개발을 위한 솔루션에 대한 안목도 다양해야 할 것으로 판단된다. 가령, 부산지역이 국제회의 도시로의 비전을 지향하고 있다면, 그러한 비전을 실현할 수 있도록 지역이 보유해야 하는 역량을 다각적으

---

[1] 종래의 조직차원에서 지역 차원으로 확대된 인적자원개발의 재정의는 차후 연구과제로 남긴다.

로 도출해 내야 한다. 만일, 도출된 핵심역량의 하나가 '국제적 의사소통역량'의 개발이라면, 종래의 HRD 기능을 관련 학습자를 모집하여 외국어 능력을 길러주는 교육프로그램을 운영해야 한다는 고정관념에서 벗어나, 근본적으로 그러한 핵심역량을 키워내기 위해서 필요한 해결방안이 무엇인지에 대하여 교육적 솔루션 및 교육외적인 솔루션의 관점에서 다각적으로 탐색할 필요가 있다는 것이다. 가정컨대, 그러한 역량을 길러내는 데 보다 영속적으로 효과적인 방법 중의 하나가 외국어 공영 지역으로 법제도를 바꾸는 것이 확실한 솔루션이라고 전문가 집단에서 판단이 서면, 이러한 솔루션이 구현될 수 있도록 하는 액션플랜과 변화관리에 대한 전략을 만들어 내는 것이 HRD의 기능인 것이다, 즉 종래의 HRD의 기능의 핵심은 교육이라는 고정관점을 탈피해야 한다는 점을 강조하고 싶다.

종합하면, 전략적 이슈와 유기된 지역인적자원개발은 투자보다는 비용적인 측면으로 인식될 수 있다. 따라서 지역인적자원개발의 개념에는 지역전략산업역량 강화, 매력적인 지역문화 구축과 같은 지역 전략적 이슈와 연동이 되어 진행되어야 한다는 점이 내포되어야 한다. 또한, 지역인적자원개발 핵심 전문가 집단은 지역인적자원개발의 지역의 전략적 이슈나 지역에 산재된 난제에 우선적 초점을 맞추어 인적자원개발 전략이 수립되어야 하며, 전략 구상도 다양한 차원에서 이루어져야 할 것을 강조한다. 예컨대, 지역문제해결을 위한 효과적인 전문가 집단구성의 이해를 돕기 위하여, 쉽게 의사와 환자의 관계로 비유하면, 외과의사는 환자를 만나면 외과적 수술을 우선적 해결방안으로 들 수 있으며, 정신과의사는 문제의 해결방안을 심리적 외상치유에 관심을 들 수 있다. 즉, 전문가라는 좁은 시각에서 문제해결방안을 바라본다는 사실이다. 지역문제를 해결하기 위한 인적자원개발 전문가 집단은 다양한 영역의 전문가로 구성되어 다양한 해결방안의 스펙트럼을 소유하여, 지역문제에 최적의 해결방안을 선별해 낼 수 있는 진정한 의미에서 전문가팀이 될 수 있도록 역량구축(capacity building)이 이루어져야 할 것이다.

Ⅲ. 지역인적자원개발 거버넌스의 의미

지역인적자원개발을 통해 지역의 문제를 효과적으로 해결해 나가기 위해서는 지역인적자원개발에 사명과 책임감으로 무장된 리더십 주체들의 역할이 심히 중요한 것이다. 이러한 리더십 주체들은 올바른 비전과 방향을 제시해 주어야 하며, 인적자원개발의 효과를 실질적으로 이끌어 낼 수 있도록 다양한 전략과 지원을 이끌어내야 한다. 리더십의 주체가 종래의 중앙 중심이나, 관료제 중심(government)에서 지역 중심이나, 지역의 다양한 조직의 전문가 집단(governance) 옮겨야 지역의 잠재력과 역량이 키워지게 되는 것이다.

지역인적자원개발 영역에서의 거버넌스(governance)는 전통적인 중앙집권적인 통치(government)와 대비되는 개념으로 "공동의 목적으로 실현하기 위하여 정부, 민간부문 그리고 시민사회단체 등이 네트워크를 형성하여 권한을 배분하고 의사 결정하는 방식"이다 (김찬동, 2005). 이 경우 정부조직은 촉진자로서의 역할이나 공동작업의 파트너로서의 역할에 대한 부분이 증대하게 되며, 이는 정부조직이 다른 사회 제 집단과 동등한 수준에 위치하게 되고, 단지 조정자의 역할을 수행하는 점에서만 우월성을 가진다고 할 수 있다.

지방정부는 지역의 정치적인 이익을 대표하고 조정하는 역할과 지역의 생활권에 필요한 공공서비스를 공급하는 역학을 가지고 있다고 할 수 있다. 이 두 가지 역할은 각각 법제도적인 틀과 행정관리적인 틀을 통해서 수행될 수 있다. 전자는 지방의회와 단체장을 선거를 통해 뽑는 정치적인 과정을 통해서 확보되고, 후자는 효율적인 행정관리의 방법을 통하여 수행되는데, 지금까지 관료제에 의한 공공서비스의 공급이 가장 효과적이라고 믿어졌지만, 최근에 들어서 시장메커니즘에 의한 공공서비스의 공급이 보다 효율적이라는 인식이 보편화되어 왔으며, 지역공동체에 의한 공공서비스의 공급이 복지국가의 공공서비스를 공급하는 데 효율적이라고 하는 인식들이 높아지고 있는 것이다.

인적자원개발이라는 지역 초두의 경제 및 문화정책이 실효성을 거두기 위해서는 이 분야의 지역 거버넌스가 강화되어야 하며, 지역정부의 파트너가 될 수 있는 커뮤니티(community)의 형성이 전제되어야 한다. 지방정부의 파트너가 될 수 있는 커뮤니티로서는 지역소재

기업이나 지역의 NPO를 들 수 있다. 커뮤니티의 형성은 새로운 추진 주체나 지역기관들이 함께 일하고 협력하려고 노력함으로써 추진될 수 있다. 커뮤니티의 형성은 지역의 문제를 해결할 수 있는 사람과 기관들 간의 상호관계와 정보교류를 가능하게 해준다. 따라서 커뮤니티 형성이란 지역을 중심으로 공유된 비전을 창출하고 계획하고 집행하는 지역시민 모두와 함께 지역발전을 도모하게 하는 기반을 제공해 주는 것이다.

인적자원개발이란 주제는 고도의 전문적인 식견과 안목이 요구되는 영역이라고 할 수 있다. 따라서 커뮤니티 핵심에 이 분야의 전문집단이 포진되어야 지역의 총체적인 발전에 인적자원개발이 성과를 만들어 낼 수 있다는 점을 강조하고자 한다. 인적자원개발의 거버넌스를 이루고 있는 집단의 역량구축(capacity building), 말하자면, 올바른 인적자원개발의 비전과 그 비전을 현실화시키는 실천력을 길러낼 수 있는 것들이 지속적으로 이루어져야 한다.

파트너십을 통하여 협력적인 지역문제해결은 형식적인 거버넌스의 구축을 통해 이루어지는 것이 아니라, 협력적 문제해결을 위한 역량이 축적되어야 하는 지속적인 노력이 이루어지고, 초기 발전단계에서 지자체와 같은 핵심 참여기관의 역할이 중요하고, 조타수적인 역할을 주도적으로 행하면서 점진적으로 주도권을 전체 거버넌스에 이전해 주는 방식이 좋을 것이다.

부산지역인적자원개발의 거버넌스의 핵심 파트너로는 기업과 같은 산업계 조직, 대학, 지역개발 연구기관, 관체 지자체, 교육청, 중소기업청과 같은 기관이 중심이 될 수 있으며, 외국의 사례에서는 지역소재 기업이 중심이 되어 성공한 사례들이 많은데, 부산지역은 지역 소재의 우수한 기업들이 흔치 않다는 문제점을 가지고 있다. 부연하면, 기업조직, 특히 대기업의 경우 전반적으로 HRD기능이 타 조직에 비하여 수월하며, 많은 노하우와 성공사례를 가지고 있기 때문에 거버넌스의 선도파트너가 될 수 있지만, 부산지역에는 이러한 약점을 가지고 있다.

Ⅳ. 부산지역인적자원개발 거버넌스 체제 현황

서두에서 언급한 바와 같이 현재 부산지역의 인적자원개발 거버넌스 체제는 두 개의 모습으로 형성되어 있다. 하나는 부산광역시 지역혁신협의회의 인적자원개발분과협의회(이하 협의회)이며, 다른 하나는 부산인적자원개발원(이하, 개발원)이다. 각각에 대한 현황과 특징을 알아보자(백성준 외, 2005).

1. 부산광역시 인적자원개발분과협의회

협의회는 부산광역시 지역혁신협의회 산하의 한 분과이다. 현재 부산광역시 지역혁신협의회 산하에는 기획조정분과, 전략산업 제1분과, 전략산업 제2분과, 인적자원개발분과, 그리고 과학기술분과와 같이 모두 5개의 분과협의회가 있다. 협의회는 파트너십 형태로 구성된 비상설기구이며, 공공기관, 학계, 산업계, 노동계, 직업훈련기관, 언론계, 여성계 대표 등으로 구성되어 있다. 공공기관으로 부산광역시, 부산광역시의회, 부산광역시교육청, 부산지방노동청, 부산울산중소기업청이 참여하고 있다.

위원장과 간사 모두 부산광역시 공무원이 담당하고 있다는 점에서 지방자치단체 중심의 거버넌스의 형태를 띠고 있으며, 비상설기구로서 정기회의는 반기별로 1회씩 연 2회 개최를 원칙으로 하고 있다. 부산광역시는 (재)부산인적자원개발원 설립을 지원하였으며, 현재 개발원의 운영비와 사업비를 부담하고 있다.

의사결정은 크게 3단계 과정을 거치면서 이루어진다. 먼저 부산인적자원개발원이 사업계획을 포함한 심의자료를 작성하여 지역인적자원분화협의회로 상정하면, 분화협의회는 이를 심의하여, 그것을 지역혁신협의회에서 확정하는 절차를 가진다.

2. 부산인적자원개발원

협의회가 비상설기구로 설치, 운영되고 있기 때문에 실무기능은 개발원이 담당하고 있다. 2004년 5월에 설립된 개발원은 지역인적자원개발을 통한 지역발전을 촉진하기 위해 국가인적자원개발기본계획과 부산광역시인적자원개발 및 과학기술진흥에 관한 조례에 근거하여 지역인적자원개발과 관련된 연구, 기획, 용역, 교육, 훈련 등에 관한 업무를 수행함을 목적으로 하고 있다. 설립은 부산지역대학 총장 간담회에서 인적자원개발관련 신설법인을 설립하기로 합의한 후, 신설법인 설립을 받게 되었다. 정관에 기재된 핵심 사항 중의 하나가 '파트너십에 기초한 운영'이었으며, 이는 이사회와 운영위원회 모두에 적용되었다. 이사회는 부산지역 산학연관의 기관장으로 구성되어 있다.

개발원의 핵심사업은 연구 및 지원 사업, 지역인재양성프로그램 사업의 실적 분석 및 평가, 지역인적자원 관련 지표개발 및 정보의 생성, 유동, 활용, 지역인적자원관련 파트너십 구축 및 기타 사업과 같이 크게 네 개로 구성되어 있다.

재단법인으로 설립된 부산인적자원개발원의 운영위원회 역시 지역인적자원개발의 거버넌스 체제이다. 즉 운영위원회는 산학과 등이 참여하는 파트너십 조직이다. 그리고 지역혁신협의회 산하 인적자원개발분과협의회 위원 구성과 마찬가지로 운영위원회의 위원 역시 대학관계자가 절대적인 다수를 차지하고 있다. 운영위원회의 핵심기능으로는, 부산인적자원개발원은 법인의 주요사업을 기획 및 계획을 수립하며 심의하는 것이다. 그런 점에서 운영위원회의 역할은 부산인적자원개발원의 운영 및 부산지역인적자원개발정책의 구상, 실행에서 대단히 크다고 판단된다.

3. 거버넌스의 특징과 시사점

부산지역인적자원개발 거버넌스 체제에서 가장 중요한 주체는 부산광역시이다. 부산광역시는 협의회의 위원 선임, 개발원에 대한 예산 지원 등 거버넌스 체제 작동의 핵심적 정책수단들을 가지고 있다. 그런 점에서 하나의 독자적인 거버넌스 체제는 될 수 없지만, 거버넌스 체제의 핵심적 기능을 담당하고 있는 것이다.

부산지역인적자원개발 거버넌스 체제의 또 다른 특성은 다른 지역의 경우 이 기능을 지역발전연구원에서 담당하는 것과는 달리 부산인적자원개발원이라는 재단법인 설립을 통해 수행하고 있다는 점이다. 이러한 독특한 형태는 교육인적자원부 등 중앙정부, 다른 지방자치단체들의 상당한 주목을 받고 있다. 인적자원개발의 중요성, 전문성을 반영하여 독자적인 기관을 설립한 것은 다른 지역에 비해 우수한 틀을 갖춘 점에서 평가받을 만하지만, 지역발전연구원 산하에 있는 11개 타 지역의 체제와 상이하기 때문에 업무협조관계에서 문제점이 생길 소지도 있는 것이다.

V. 지역인적자원개발 거버넌스의 향후 발전 전망

부산지역에서는 독자적인 지역인적자원개발을 위한 거버넌스의 기본 틀은 만들어졌다. 앞으로 연구해야 할 부분은 구축된 거버넌스를 통해 이를테면, 지역경제활성, 고용창출, 매력적인 도시문화와 도시이미지 구축과 같은 지역의 실질적인 전략적 이슈에 부응하는 성과를 만들어 내야 할 것이다.

지역인적자원개발 거버넌스를 성공적으로 구축하기 위해서는 첫째, 산·학·연·관 협력의 추진을 위한 전문지식을 갖춘 인재 네트워크가 구성되어야 하며, 둘째, 산·학·연·관 연계를 추진하는 강력한 리더십이 형성되어야 하며, 셋째, 지역문제를 적극적으로 해결하려는 의지와 해결해 줄 수 있는 기술 및 문제해결 능력을 거버넌스 내에 보유하고 있어야 한다는 점을 들 수 있다.

지역인적자원개발은 이해당사자 그룹이 첨예하게 대립될 수 있는 물리적 사업과 다르게, 지역 전체의 존폐와 직결되는 사업이므로, 위원 구성에서 대표성을 강조하기보다는 전문성을 중시하여야 한다.

다양한 전문가 그룹으로 전체 인적자원개발의 방향과 방법에 대한 노하우를 제공할 수 있는 인적자원개발의 핵심 전문가, 이론 전문가와, 실무 전문가, 지역의 무엇을 어떻게 개발하는지에 정통한 분야 전문가(산업, 문화, 복지 등), 실행 전문가, 평가 전문가 등 다기능적인 인적자원개발 리더십 팀이 구성되어야 하고, 또한 거버넌스 내의 구성원들이 역량구축(capacity building)을 지속적으로 이루어 구성원들 간에 협력적으로 문제를 해결해 나갈 수 있는 팀 개발이 시급한 것이다.

부산의 인적자원개발 거버넌스는 부산광역시라는 지방자치단체가 주도하고 이에 기초하여 파트너십이 구축, 운영되는 형태이다. 이는 거버넌스 체제 중에서 초보적인 단계라고 할 수 있다. 그리고 그것은 인적자원개발과 관련된 지역 전문 주체들 간의 실질적인 파트너십으로 전환되어야 할 필요가 있다.

부산지역인적자원개발 거버넌스의 중요한 약점은 지역기반의 산업체나 기업조직과 같은 인적자원개발의 주도세력이 흔치 않다는 것이다. 지역범위에서 벗어나 전국적으로 수요자인 산업체의 참여를 대폭 늘임으로써 효과적인 인적자원개발정책이 개발, 시행되어야 한다.

끝으로, 부산지역을 벗어나 부산·울산·경남을 포괄하는 동남권역을 통합하는 인적자원개발 거버넌스 체제 구축을 통해 권역의 경제 및 문화산업 발전에 기여할 필요가 있겠다.

참고문헌

김찬동(2005). 로컬 거버넌스 구축방향과 전략. 한국지방정부학회. 추계 학술대회 논문집. pp.513-540.

삼성경제연구소(2001). 인적자원 개발을 위한 긴급과제, CEO information (제300호).

류장수(2004). 지역혁신을 위한 부산인적자원개발원의 역할과 과제. (재)부산인적자원개발원. 개원기념 심포지엄 자료집. pp.99-124.

백성준 외 3인(2004). 지역인적자원개발 거버넌스 체제구축방안연구. 한국직업능력개발원.

백성준(2002). 지역혁신체제구축을 통한 인적자원개발. 정책토론회자료.

안영식, 박수홍, 정주영(2005). 지역인적자원개발을 위한 핵심역량도출. **한국교육, 32**(*3*). 한국교육개발원.

George V. K., Kazuo I., & Ikujiro N(2000). Enabling Knowledge Creation; How to Unlock the Mystery of Tacit Knowledge and Release the Power of Innovation. Oxford University Press, Inc.

OECD(1996). *Territorial Development and Human Capital In The Knowledge Economy: Towords A Policy Framework.* Paris.

OECD(1997). *Industrial Competitiveness In The Knowledge-Based Economy: The New Role of Governments.* Paris.

OECD(2001). Cities and Regions in th New Learning Economy.

Rogers, E. M. (1983). Diffusion of Innovations. The Free Press Division of Macmillan, Inc.

부 록

지역혁신체계 구축을 위한 지방정부의 지원 및 내부역량 강화방안*

박재욱(신라대학교 행정학과)

1. 지역전략산업 지원체제 구축

1) '지역전략산업지원센터' 사업

(1) 배 경

○ 최근 중앙정부와 지방자치단체들이 지역전략산업의 육성을 위해 지역산업지원센터를 설립하거나 지원하고 있음.

---

* 여기서 제시되는 사업제안 대부분은 지난 2004년 「부산광역시 제1차 지역혁신발전 5개년 계획」 수립 과정에서 논의는 되었으나 포함되지 않은 내용들이다. 다만, 이들 중에서는 이미 부산시정부에서 시행중인 사업도 있으며, 시행준비단계에 있는 사업도 있다. 하지만 이미 추진 중이거나 준비단계에 있는 사업도 사업추진의 당위성 및 중요성을 강조하고, 문제점 보완을 위해 제시하였음을 유의해주기 바란다.

(2) 목 적

○ 기존 지역산업지원센터들의 주요기능은 창업공간의 제공, 기존 전문기업들의 집적화, 기술개발 및 지원, 기술교육 및 훈련, 경영정보 제공, 기타 행정서비스 제공 등으로 구성되어 있음. 이를 지역전략산업 육성과 직접 연계시키는 방향에서 재구축할 필요성이 있음.

(3) 사업내용

○ 지역전략산업의 육성과 관련된 종합정보센터 기능 강화

- 지역의 특정분야 전문기업들이 수시로 전촉하고 필요한 정보를 얻을 수 있는 전문화된 지원조직으로 구축. 즉, 특정산업분야에 있어서 경영정보, 유통정보, 해외시장정보, 기술정보, 전시시설 등을 제공할 뿐 아니라, 고용과 노동, 법률자문 등을 종합적으로 지원함.

○ 관련 산업기술의 개발

- 산업클러스터 형성과 산업기술개발 촉진에 연계고리 역할을 수행하며 특히 전문기업들의 경우에는 산업집적지 내에 이러한 기술개발 기능을 확보하는 것이 긴요함.

○ 지역 내 기업 간 네트워크 구축

- 전문기업들의 제품생산정보를 공유함으로써, 역내 부품네트워크를 구축하는 데 기여하고 또한 기술정보의 상호교류와 물류, 판매망 등의 공동운영을 지원함.

- 전문기업들이 집적되어 생산 및 학습네트워크가 형성되도록 전
  문산업단지 지정과 연계하여 입지하는 것이 바람직함. 센터 자
  체만으로는 집적경제나 네트워크 효과가 제한되며, 여타 기업들
  과 고립하여 입지할 경우 생산 및 학습네트워크나 시너지 효과
  는 축소될 것임.

※ 참고: 독일의 헤센 멀티미디어 지원센터
　　　　 (Multimedia Support Center－Hessen)

2) 지역전략산업진흥지구제 도입

(1) 배 경

○ 지역전략산업의 입지적 지원시책으로서 지역전략산업진흥지구
제 도입 필요

○ 기존의 지역전략진흥지구와 유사한 제도로는 정보통신부가 1997
년에 고시한 소프트웨어진흥구역과 1999년 중소기업청이 도입한 벤
처기업육성촉진지구가 있음. 또한 산업자원부는 2001년에 도시첨단
산업단지를 '산업입지및개발에관한법률'에 반영하였음. 그러나 이들
제도들은 지원분야가 특정산업분야에 국한될 뿐 아니라 지원내용도
간접적인 지원에 그치고 있어 실효성이 낮음.

(2) 추진내용

○ 현행의 '산업입지및개발에관한법률'을 도시첨단산업단지를 개선하는 방향에서 개정할 수 있으며, 산자부가 '공업배치및공장설립에관한법률'을 개정하여 시행하려고 하는 '산업집적활성화및공장설립에관한법(안)'에 삽입할 수 있음.

○ 지식기반산업의 집적화
 － 지식기반산업이 집적해 있거나 집적 가능성이 높은 지역을 '지식기반산업집적지구'로 지정.
 － S / W 집적지를 활성화하고, 벤처기업육성촉진지구를 확대
   (소프트타운: 부산·인천·광주·대구·대전·전주·춘천)
 － 산업단지의 구조를 고도화하여 환경친화적인 산업단지로 재정비

○ 이전기업체·공공기관·대학 종사자에 대한 인센티브 부여
 － 주택자금 지원, 주택 취득에 따른 취·등록세, 소득세 감면 검토

2. 지역전략산업 육성을 위한
재정지원 및 재정확충 방안

1) 지역전략산업에 대한 입주보조금 지급과 특별회계 도입

(1) 추진내용

○ 지역전략산업 입주보조금 지원

- 지역전략산업 육성을 위해서 가장 효과적인 방안으로서 지역전략산업 분야 기업이 산업단지나 지역전략산업진흥지구에 입주할 경우 입주보조금을 지원함.

- 지방자치단체 독자 예산만으로 지원이 어려우므로 국가균형발전특별법에 지역전략산업 육성에 관한 조항을 삽입하여 입주보조금 지급을 명시하여야 함.

○ 특별회계제도 및 목적세의 도입

- 재정수지의 명확성, 예산집행기관의 자율성, 예산운용의 효율성 등을 높이기 위해서는 특별회계제도의 도입이 필요함.

- 이와 더불어 목적세를 신설함으로써 사후관리 및 예산의 탄력적 운용이 용이함. 또한 불필요한 특별회계의 축소·폐지, 수도권과밀부담금, 기존에 존치하는 유사·중복기금 등을 재원으로 활용하여 지역전략산업의 투자재원으로서뿐만 아니라 비합리적으로 운

용하고 있는 기금제도를 정리할 수 있는 부수적인 효과도 거둘 수 있음.

2) 지방세 감면제도 도입 및 조례제정

(1) 배　경

○ 현행 지역전략산업을 대상으로 한 지방세 감면제도는 주로 부동산과 관련하여 취득세, 등록세, 재산세, 종합토지세의 경감과 면제에 치중하고 있음. 즉, 지역균형개발을 목적으로 한 기업(공장)이전, 공단조성 및 소기업입지를 대상으로 한 부동산 매입과 같이 입지조건상의 혜택에 집중되어있음.

○ 기업유치를 목적으로 한 지방세 감면제도는 큰 실효성을 거두지 못하고 있음. 그 이유는 기업의 생존에 필수적인 경영안정, 자본투자, 기술개발보다는 입지상의 초기조건에 한정되어 있기 때문임.

○ 지방세 감면조례 역시 행정자치부의 표준안을 기초로 구성됨으로써 지방세법상의 감면규정과 큰 차이를 보이지 않으며 지역 간의 차별성도 미흡함.

(2) 추진내용

○ 지방세 보조제도의 도입

－지역적 생산 및 학습네트워크 형성에 직접적인 영향을 주는 전

문기업 및 기술개발, 인력양성, 자본투자 부문 등에 대한 조세
지원의 확대가 필요함. 지역혁신능력에 긍정적인 감면대상에 대
해서는 이를 확대하는 방식이 바람직함.

– 따라서 전문기업 유치 및 육성과 관련해서 보다 적극적인 지방
세 감면조항을 신설할 필요성이 있음. 또한 일본 토요타시와 같
이 '지방세 보조제도'를 도입하여 새로운 기업의 유치를 위해 3
년간 납부 지방세를 기업들에 되돌려주는 방식 채택.

○ 지방세 감면조례의 제정

– 지역전략산업 육성조례를 제정하여 전략산업과 군집지구를 지정
하고 다음과 같은 사항을 지방세 감면조례에 반영함. 이는 조세
특례제한법과 같이 적용시한을 정하는 일몰제도에 입각하여 사
후평가관리를 강화함.

① 벤처캐피탈(venture capital) 혹은 엔젤캐피탈(andgel capital) 형
태의 자본투자가 활성화될 수 있도록 이들의 부동산에 대해서도 취
득세, 등록세의 50% 이상의 감면

② TP, TIC, RRC, 창업보육센터 등 국가차원에서 이루어지는 지
역혁신사업의 참여기업과 대학 부동산의 취득세, 등록세 면제

③ 지방세법 276조 제1항을 확대 해석하여 자치단체가 지정한 지
역전략산업 군집지구(혹은 육성지구)에 입주한 관련 업종의 기업은
산업단지 입주기업과 동등 수준의 인센티브를 제공하되, 재산세와
종합토지세의 경감수준을 현재의 5년간 50%에서 100%로 확대

－취득세·등록세 면제 및 재산세·종합토지세 5년간 전액 면제

④ 기타 연구개발 및 경영활동에 대해서는 특별조례 혹은 탄력세율, 불균일과세제도를 적극적으로 활용

※ 지방세법상 기업부설연구소용 부동산에 대한 면제 이외에도 법인세 산출 시 기술개발준비금, 기술개발 및 인력개발에 대한 세액공제, 각종 세액감면(기술이전소득면제, 시험연구용 견본품에 대한 특별소비세 면제, 학술연구용품 수입에 대한 과세면제)이 이루어지고 있음. 따라서 연구개발을 위한 조세지원제도가 반드시 불충분한 것은 아니지만, 현재 추진 중인 지역혁신정책을 효과적으로 반영하기 위해서는 테크노파크, TIC, RRC 등의 추진형태가 산·학·연·관의 협력을 기반으로 하며, 혁신기술의 개발, 보급, 교육 등 일련의 기술 파급이 외부효과를 창출하는 공공재 성격이 강하므로 지방세법상의 감면대상에 포함시킬 수 있음.

3) 목적세 도입

○ 신세원을 확대하는 방안으로서 목적세 신설, 즉 현재 운용하는 목적세나 법정외세로서 새로운 목적세를 신설함으로써 지역전략산업 투자재원을 확보하고자 함.

○ 문제는 법정외세의 도입이 조세법률주의 원칙을 침해할 우려가 높으나, 조세법률주의의 범주 내에서 자치단체가 조례로 필요한 세

목과 세율을 선택하는 선택세제도를 확대하면 부분적으로 해결 가능함.

○ 이미 지역개발세가 사실상의 선택세로서의 기능을 수행하고 있으므로 광역자치단체와 기초자치단체를 대상으로 한 선택세를 도입하거나 지역개발세의 과세대상을 대폭 확대하여 실질적인 목적세로 기능하도록 조례를 제정함.

4) 연구개발 예산목표제 도입

(1) 배 경

○ 혁신정책이 수행되기 위해서는 충분한 예산 확보가 필수적임. 지역혁신기반은 자치단체별로 커다란 편차를 보이고 있는데, 이는 근본적으로 재정적 여건의 차이에서 비롯된 것임. 다시 말해, 재정력 취약 → 지역혁신기반 미흡 → 지역전략산업의 미성숙 → 지역경제의 침체라는 일련의 악순환에 직면해 있음.

○ 최근 지방교부세율이 15%에서 19.245% 수준으로 상향 조정됨에 따라 지방교부세 총액은 꾸준히 증가하고 있으나, 연구개발예산은 예산상의 우선순위에 밀려 증가분에 비해 미미한 형편이다.

(2) 목 적

○ 지역의 혁신능력을 강화하기 위해서는 자율적인 예산편성에 기대하기 보다는 중앙정부가 개입하여 외부효과를 내부화시키는 적극적인 조정역할이 필요하며, 구체적인 정책수단으로서 '연구개발예산

목표제'의 도입을 제안함.

(3) 추진내용

○ 지방재정은 국가재정에 비해 더욱 열악하지만, 총예산(일반회계＋특별회계)에 연동시켜 연차적으로 목표치를 상향 조정하는 전략 채택.

○ 연구개발예산 목표제의 실효성을 담보하기 위해서는 보통교부세 산정 시 기준재정수요액의 측정항목에 연구개발예산비를 추가하는 유인체계 도입.

(4) 기대효과

○ 연구개발예산비의 반영은 재정력지수를 변경함으로써 비단 보통교부세뿐만 아니라 지방양여금이나 국고보조금에도 파급되는 효과를 거둘 수 있음.

5) 특별교부세법 개정

(1) 배 경

○ 지방교부세에서는 연구개발수요를 기준재정수요액에 반영하는 방안을 도입하여 지역연구개발예산비를 증가시킬 수 있음. 연구개발은 지역혁신기반을 강화시키는 수단으로 유용하나 단기간에 가시적인 성과를 기대하기는 어려움.

○ 특별교부세는 시책사업수요(30%), 재정보전수요(20%), 지역개발수요(20%), 재해대책수요(10%), 특정현안수요(20%)로 구성되어 있으나, 지역전략산업이 명시적으로 산정항목에 구체화되어 있지는 않음.

(2) 목 적

○ 현행 특별교부세의 한계를 극복하기 위해 연구개발 이외의 다른 지원활동, 예를 들어, 전문 인력 양성, 도로·상하수도·통신망 등 인프라 구축, 디자인·마케팅지원센터 건립과 같은 단기성과를 기대할 수 있는 사업에 대해서는 특별교부세를 활용.

(3) 개정내용

○ 현행 특별교부세제도의 근간을 유지하면서 시책사업수요의 산정항목인 지역경제 활성화 시책을 지역경제 활성화 및 지역전략산업 육성시책으로 변경할 수 있음.

6) 국고보조금법 개정

(1) 배 경

○ 국고보조금의 경우 현재 158개 사업을 대상으로 함. 대부분이 자치단체에 위임한 국가사무에 지원되고 있음. 반면에 지역전략산업과 직간접적으로 관련된 사업은 농공단지 조성 및 폐수종말처리시설, 농촌특산단지 육성, 광산기반시설 확충 및 대체산업 육성, 지방

과학관 등 일부에 불과한 실정이다.

　○ 원칙적으로 지역전략산업에 대한 지원은 국고보조금제도를 활용하는 것이 바람직함. 이들은 전형적인 특정목적보조금으로서 용도를 지정하고, 정책목적을 구체화시켜 재원과 정책사업과 연속적 관계를 유지함으로써 지역전략산업과 가장 긴밀한 관련을 맺음.

　○ 현재 각 부처에서 추진하는 지역혁신사업은 중앙정부와 참여기업(대학)이 직접 연결되어 사업기획, 재정지원, 사후평가 등 일련의 과정을 중앙정부가 통제·조정하고 있음. 반면에 광역자치단체는 matching fund의 보조자로서 재원의 일부를 담당하면서도 추진과정상에 별다른 역할과 권한을 행사하지 못하고 있는 실정임. 자치단체가 참여주체 간의 네트워크를 형성하거나 정보확산, 인력양성, 마케팅·디자인 지원 등 다방면에서 지역혁신을 고취시킬 만한 여지가 충분함에도 불구하고 모호한 위치에서 재원만 부담하는 상황임.

　○ 현재 국고보조금을 활용한 지역전략산업은 주로 기타 항목(국가와 지방자치단체 사이에 이해관계가 있는 사업)을 활용하고 있는데 재원의 안정적 확보에 한계가 있음.

(2) 개정내용

　○ 국고보조사업과 기준보조율을 명시한 '보조금의 예산 및 관리에 관한 법률시행령'(제4조)의 개정을 통하여 부분적인 개선이 가능함.

　－따라서 기존 대상사업에 '지역전략산업단지 조성', '산·학·연 협력에 의한 네트워크 구축사업', '지역전략산업 전문 인력양성사업'을 추가로 재편성할 필요성이 있음. 또한 기준보조율은 자치

단체의 재정기반, 전략산업의 성격과 파급효과 등을 감안하여 차등화하되, 최소 50% 이상 유지함으로써 지방비 부담을 경감시켜야 실효성이 제고될 것임. 이 경우에도 사후평가제도의 엄격한 적용은 재원배분의 효율적 차원에서 반드시 시행해야 함.

3. 지방정부의 혁신체제 추진기구와 전략

1) 부산시 '지역혁신국' 신설

○ 부산시 산하의 지역혁신 관련 부서를 통폐합하여 혁신관련 업무의 체계적 관리 및 운용, 특정산업의 유치 및 육성에 관한 지원을 통일적으로 수행하도록 함.

2) 지역혁신추진 공동실무위원회 구성

○ 개혁주도기관의 실무담당자와 지방정부, 부처 하부기관 산하기관의 개혁실무담당자들이 참여하는 개혁추진공동실무위원회를 구성하여 각종 제도개혁이나 개혁프로그램의 현실적합성, 전제될 제도개

혁, 인력보강 등에 관한 사항을 진행상황에 따라 논의하도록 함.

○ 필요한 경우 개혁추진공동실무위원회에는 중앙부처 산하 연구기관과 광역자치단체에서 지원하는 연구원의 연구인력이 참여하여 현실적인 개선방안 도출을 유도함.

3) 규제일몰제 등 일몰심사제도의 개선: 경쟁적 제도와 조직문화 구축

○ 혁신자원의 역량 강화와 더불어 개혁여건과 인프라를 정비하는 것도 혁신역량을 강화하는 데 있어서 중요한 요소가 됨.

－혁신여건을 조성하기 위하여 우선 개혁관련 법규정을 개선하는 것이 중요함. 현재 획일적으로 적용되고 있는 조직, 정원, 규제 등에 관한 규정을 정비하여 차등, 경쟁, 성과지향적 내용을 담도록 하여야 할 것임.

－조직, 인력, 정책 등에 대한 주기적인 심사를 통하여 성과확보와 존재의 필요성이 입증될 경우에만 존속시키는 일몰시스템을 강화하여야 할 것임. 규제일몰제 등 개별적 일몰심사제도를 개선하여 조직별, 기관별 일몰심사제를 도입하고, 그 기관에 포함된 인력, 규정, 규제, 정책 등을 포괄적으로 심사할 필요가 있음.

○ 권한이양과 분권추진에 있어서도 성과나 정책의지를 중시함으

제4편 부 록 543

로써, 획일적인 권한이양에 따른 부작용을 줄이고, 성과중심적이고
경쟁촉진적이며 시민의 삶의 질을 중시하는 방향으로 나아가도록 하
여야 함.

- 조직의 관행과 문화를 혁신적으로 바꾸는 노력도 역량을 강화하
는 데 기여할 것임. 기존의 권위주의적 지시명령과 비공식적 지시
를 중시하는 관행을 탈피하고 수평적 의사전달과 토론의 문화, 혁
신과 개혁 아이디어를 중시하는 관행과 문화를 정착시키는 것이
중요함.

4. 혁신체제 강화를 위한 지방정부 내부개혁방안

1) 지방정부의 투명성 확보

가) 지방공무원 부패방지위원회 설치
나) 지방공무원 공직자윤리법의 개정 등 공직윤리관련법 정비
다) 지방정보통합체제 구축사업

(1) 목 적
○ 전자정보를 통한 서비스를 국민에게 제공하는 것임. 이를 위하

여 중앙행정기관, 지방자치시스템을 구축하여 전자적 거래까지 가능한 행정서비스를 제공하기 위한 추가적인 보완은 물론, 안내수준에 머무르고 있는 4,000여 종의 대민 서비스에 대한 철저한 업무재구축(BPR)을 통하여 선진행정서비스를 지향하여야 함.

○ 특히 향후 기술혁신방향에 대한 면밀한 예측을 통하여 모바일(mobile) 등 새로운 기술환경에 부응하는 전자정부사업의 전략적인 추진이 바람직함.

(2) 사업내용
○ 지방정부 차원의 차세대 통합 전산환경의 구축
○ 재정을 포함한 시도 및 시군구 행정업무의 추가적인 전자화
○ 국가 및 지방자치단체의 재정 및 인사관리 시스템의 연계
○ 고용 및 의료서비스를 포함한 국가 종합복지 시스템 구축
○ 국민 및 공무원 전자학습체계의 구축
○ 프라이버시 등 정보보안에 대한 강화
○ 각종 법·제도의 전자적 환경에 맞는 방향으로의 개편

라) 시민참여 네트워크 구축사업

○ 주민참여 활성화를 위해서는 주민참여 주도집단의 형성과 이들과의 유기적 협조관계를 유지할 필요가 있음. 중앙부처와 지방정부는 시민단체들과 정기적인 주민참여 네트워크를 형성하고 활용할 필요가 있음.

마) 정보공개법 개정 추진

○ 정보공개제도는 행정의 투명성 확보를 위한 가장 중요하고 기본이 되는 제도라고 할 수 있음. 즉 행정상의 많은 문제가 행정처리 상의 비밀주의와 폐쇄주의에 의하여 발생하고 있다는 점에서, 행정기관 내의 중요한 정보의 공개는 투명하고 공정한 행정행위를 확보하는 데 매우 중요한 도구로서 활용될 수 있음.

○ 정보공개와 관련된 현행법 제정은 매우 긍정적으로 평가할 수 있지만, 아직까지 유용한 정보가 충분히 생산되지 못하고 있음. 또한 대국민 정보공개 자체도 용이하게 이루어지지 않고 있어서, 정보공개에 대한 일반적인 만족도는 그렇게 높지 않은 실정임.

○ 이에 따라서 현재의 '정보공개에관한법률'을 개정할 필요가 있음. 특히 정보공개의 방법에 있어서, 공개되는 정보의 범위를 대폭 확대할 수 있는 네거티브 어프로치로 전환할 필요가 있음.

2) 효율적인 공공서비스 공급을 위한 개혁

가) 공공서비스 포털정보망 구축 사업

○ 서비스 정보의 전달방법과 체계 개편: 소비자를 위한 정책지향에서 중점을 두어야 되는 부문은 정확하고 객관적인 정책 혹은 서비

스 정보를 전달하는 방법과 체계를 개편하는 것임.

○ 중간관리업무의 대폭 축소: 소비자에 대한 공공서비스 전달을 담당하고 있는 행정부서에서는 궁극적으로 기대되고 있는 '서비스의 전달 자체' 활동이 강화될 수 있도록 업무수행방식이 개선되어야 함.

○ 정보의 접근편리성 제고를 위한 포털정보검색사이트 개선: 시민들의 일상생활에서 활용빈도가 높거나 정부에서 장려해야 하는 각종 공공서비스 정보에 대한 정보검색창구를 단일화해야 함. 공급자 중심의 정보서비스체제가 소비자 중심으로 단일화되는 '공공서비스 포털정보망'을 구축해야 함.

나) 규제영향분석(RIA)의 내실화 추진사업

○ 현재 우리나라는 규제를 신설, 강화하고자 하는 행정기관은 규제영향분석을 실시하고, 그 결과를 기초로 관계전문가의 의견을 수렴하도록 하는 등 자체심사를 규정하고 있음.

- 그러나 부처의 무관심, 심사의 행정요식화, 일부 입법에 대한 예외 인정(의원입법에 대해서는 규제영향분석에서 제외) 등으로 인하여 실효성 있는 규제영향분석이 이루어지지 않고 있음.
- 앞으로 비용편익분석의 효과적 적용, 기법적용의 일관성과 투명성 요구, 규제영향분석에 대한 외부평가 강화 등을 통하여 규제영향분석이 실질적으로 이루어질 수 있도록 하여야 함.

다) 성과중심의 규제품질 제고 방안

○ 질 높은 규제를 위해서는 규제의 감축보다는 탄력적인 규제, 시장유인적 규제, 대안적 규제의 개발, 법적 명확성과 투명성 제고 등 노력이 이루어져야 할 것임.

○ 규제원칙의 설정, 규제관리역량의 제고, 규제일몰제 등과 더불어 식품, 의약, 환경 등 국민들의 건강과 삶의 질에 중요한 영향을 미치는 규제에 대해서는 규제방식을 개선하거나 규제를 강화하는 노력이 이루어져야만 규제의 성과 및 품질을 강화할 수 있을 것임.

3) 역량 있는 행정관리체제 구축을 위한 개혁과제

가) 국과장 책임경영제 도입

○ 자율적인 조직운영을 통한 성과확보를 위해서는 단체장이 관장하던 주요 권한의 상당부분을 하위부서, 특히 조직운영과 정책추진에 있어서 실질적인 권한을 담당하는 국과장에게 이양하는 노력이 이루어져야 할 것임.

나) 보직경로제 및 내부인력시장제 도입

○ 일정직위까지는 연관되는 기능 및 업무를 담당할 수 있도록 보

직을 부여하는 보직경로제를 실시하여 공직자의 전문성과 직무역량을 강화하도록 함. 일정 상위직 이후에는 전문성뿐만 아니라 일반행정가적 리더십도 요구되므로 보직경로제의 적용범위에서 제외시키도록 함.

○ 보직경로제와 더불어 공직자의 과거 업적, 경험, 적성, 성과, 희망 등을 고려하여 보직을 부여하는 내부인력시장제를 도입할 필요가 있음. 하나의 보직에 대하여 다수의 희망자가 경쟁하여 가장 적합하고 유력한 후보가 보직되도록 함으로써 공직자의 경쟁력과 업무성과를 제고할 수 있음.

다) 산하 연구조직에 대한 전략적 활용 방안

○ 부산발전연구원 등 지방정부 출연연구기관의 연구 인력을 전략적으로 활용하여 행정조직의 한계를 극복하고 전문성과 정책역량을 제고하는 방안을 검토하여야 할 것임.

라) 내부 혁신역량 강화 프로그램

(1) 목 적
○ 혁신자원(reform resource)인 개인과 조직(시스템)의 역량 개선이 핵심적인 요소라고 할 수 있는데, 개인의 변화대응능력, 문제해결능력, 전문지식, 직무수행능력, 전략적 사고 등을 갖추도록 하는 것이 우선적으로 필요함.

(2) 사업내용

○ 교육훈련을 통한 공직자의 자질과 전문성 향상

○ 개방직의 확대나 고급공무원단(SCS: Senior Civil Service)의 구성
－새로운 전문가 영입 및 부처 간의 인사교류장벽의 완화

○ 지식활용과 정책개발에 대한 유인 강화

○ 능력과 적성에 맞는 보직시스템(내부인력시장제 등)을 도입

○ 지식의 창출과 유통 및 활용의 장려를 위해 지식데이터베이스 강화

○ 개인이 보유한 암묵적 지식을 조직 내에 체화하는 등의 학습조직시스템(learning organization system)의 강화

○ 정보통신인프라를 구축하여 직무관련정보의 제공, 업무처리시스템의 개선, 새로운 고급지식의 창출, 개혁의 촉진 등에 활용

○ 리더십의 조건과 역량 강화

마) 개방형 직위제 확대 및 활성화 방안

○ 개방형 직위제는 국민의 정부에서 정부개혁과제로서 도입하였던 대표적인 정책이라고 할 수 있음. 기존의 폐쇄적인 공직사회를 전문성의 확보라는 차원에서 민간부문에 개방한 제도로서, 매우 획기적인 제도라고 할 수 있음.

바) 성과급 보수제 강화

○ 성과급 보수제는 개방형 임용제나 목표관리제와 마찬가지로 연공

서열식으로 운영되고 있는 기존의 공직운영체계를 성과중심적으로 전환하기 위하여 도입된 제도임.

○ 공직사회의 반발을 무마하기 위하여 결국 성과급 지급대상이 확대되고, 지급되는 성과급에 있어서 차이가 없어지고 말았음. 공직사회를 성과지향적 분위기로 전환하기 위해서는 보다 전향적인 개선이 이루어져야 할 것임. 특히 지급 범위를 축소하고, 평정방법을 성과지향적, 계량적으로 개선하고, 지급률의 격차를 확대하고, 이 도입된 목표관리제와의 연계를 강화하는 개선노력이 요구됨.

사) 목표관리제 활성화 방안

○ 목표관리제는 기존의 업무 수행방식을 목표중심으로 전환함으로써, 업무의 생산성 및 성과 제고와 더불어, 이를 토대로 객관적이고 공정한 인사를 실시하고자 하는 것으로서, 나름대로 기존 공직사회를 변화시키는 데 기여를 하는 것으로 긍정적인 평가를 할 수 있음.

○ 이와 같은 긍정적 취지에도 불구하고, 아직까지 목표관리제는 형식적 운영과 활용이 대부분인 실정임. 즉 목표의 설정에서 평정지표 및 평가방법, 활용에 이르기까지 체계성이 충분히 확보되지 못하고 있어서, 이에 대한 개선이 필요한 실정임.

○ 즉 성과지표의 개발을 비롯한 객관적이고 공정한 측정방법의 개발, 다면평가의 활용 강화, 행정자치부와 중앙인사위원회 간에 분리된 운영체계의 일원화, 실질적인 활용방법의 구상 등이 요구됨. 특히 목표관리제는 성과급 지급 등을 비롯하여 성과지향적 인력관리를 위

한 중요한 기틀이라는 점에서 보다 적극적인 활성화와 개선이 필요함.

아) 인력관리기구의 전문화 방안

○ 인적 자원(human capital) 및 인력관리의 중요성 증대에도 불구하고 체계적인 인력관리를 위한 전담 기구는 고사하고, 현재 인력관리의 대부분이 총무기능 등 다양한 기능들과 혼재되어 구성되어 있어서, 인력관리의 중요성이나 전문성 등에 대한 인식조차 제대로 이루어지지 못하고 있다고 할 수 있음.

○ 인력관리기구의 전문화, 독립화가 무엇보다도 중요한 개혁과제로서 추진되어야 할 것임. 이를 통하여 인적자원 관리에 대한 종합적인 계획의 수립은 물론 공정하고 객관적인 인력관리가 가능할 것임.

4) 성과 지향적 예산운영과 체계적인 재정관리

가) 성과지향적 재정관리체제 구축사업

(1) 추진내용
○ 불신과 통제지향적 성격을 가진 현행 품목별 예산 형식을 개편하여 정책의 성과와 관련 예산에 대한 정보가 구체적으로 제시될 수 있도록 사업별 예산체제(program budget)로 전환해야 함.

○ 성과지향 예산제도의 전면 시행

- 현재 시범적으로 운영하고 있는 성과주의 예산제도를 정부 전체로 확대 시행하고 이를 위한 제도적 기반을 구축하고 제도 운영의 효과성을 확보하기 위한 개혁노력을 강화함. 성과주의 예산제도는 우리나라와 경쟁하고 있는 주요 선진 국가에서는 형식과 법적 기반은 달라도 이미 공공부문에 전면적으로 실시되었음.

○ 기금 재원의 성격에 대한 재설정과 기금운영체제 개편

- 기금을 전면 재평가하여 일반회계나 특별회계와 통합하여 희소한 재정자원의 효율적 배분을 추구해야 함.

- 기금정책국을 신설하고 기금사업에 대한 성과평가를 실시하여 방만하고 비효율적이었던 기금운영의 병리현상을 억제하였던 실적은 긍정적으로 평가할 수 있음. 하지만 이는 기본적으로 기금운영에 대해 집권적인 통제지향적 관리 차원에서 개혁시책임.

○ 일반회계와 특별회계의 사업조정 및 특별회계 예산사정 등 합리화

○ 공공자산관리프로그램 개발

- 정부자산에 대해서는 소극적인 유지관리 및 현황파악 수준에 그치고 있어 폭넓은 관점에서 전략적인 자산관리정책이 추진되어야 함.

- 90년대 경제규모가 급성장하였으며 물리적 자산인 SOC에 대한 투자도 급격히 증대되었음. 민자유치사업도 활발히 전개되어 수

십 년이 지나면 정부에 기부 채납되어 정부자산으로 귀속됨.

- 각종 도시기반시설이나 아파트 등 대형 구조물(특히 공간의 생산성이 낮은 도시주변 및 준농림지역의 고층아파트)에 대한 투자와 공급도 급증하여 장기적으로는 유지관리를 위한 공공재정 수요가 적지 않은 재정부담으로 작용할 가능성이 큼.
- 공공자산관리프로그램에는 국공유지 활용계획, SOC 기반시설의 성능유지 및 향상 계획, 기부채납 대상이 되는 민자유치사업 시설의 성능유지 계획, 도심 지역 재개발을 위한 공공재원 확보 계획 등이 포함되어야 함.

* 필자 약력(집필자순)

최우용(崔祐溶): 일본 와세다대학(早稻田大學) 대학원에서 법학박사학위(現代自治立法權の法理と實態に關する硏究, 1999.10)를 취득하였으며, 현재 동아대학교 법과대학 법학부 교수로 재직 중이다. 2005년 2월부터 6개월 간 미국 일리노이 주립대학 로스쿨 객원교수를 역임한 바 있다. 주요관심분야는 지방자치법과 환경법 분야이며, 두 분야를 접목한 지방자치단체의 환경문제에 대해 법적인 고찰을 계속하고 있다. 저서로는 지방자치법강의(개정판, 2004), 환경분쟁과 환경법(2003), 현대행정과 지방자치법(2002) 등이 있으며, 그 외, 40여 편의 논문이 있다. 동아대학교 법과대학 부학장, 동아대학교 교수협의회 간사, 국회 입법자문위원 등을 역임하였고, 한국공법학회 이사, 한국비교공법학회 상임이사, 환경법학회 및 법과 사회이론학회의 편집위원, 부산광역시의회 자문위원 등을 맡고 있다(wychoi@dau.ac.kr).

권 승(權 昇): 연세대학교 정치외교학과를 졸업한 후, 미국 Ohio State University에서 사회복지학 석사학위(MSW)를, 미국 Columbia University에서 사회복지학 박사학위(Ph.D.)를 취득하였다. 현재 동의 대학교 사회복지학과 교수로 재직 중이다. 중점분야(Concentration)는 사회복지 정책, 전공분야(Specialization)는 가족정책이며. 주요 관심 분야는 사회복지행정서비스 전달체계를 비롯하여 저출산과 고령화, 이혼, 돌봄노동 등이다. 주요 논문으로는 "비취업 대상 조건부 수급 자의 수급권 탈피에 관한 연구: 수급권 탈피의 결정요인과 자활사업 의 '단계적 발전전략' 논리의 검증을 중심으로", "인구구조 변화가 사회복지지출을 포함한 국가재정에 미치는 영향에 관한 실증적 분 석", "기혼성의 고용형태에 따른 가정 내 성평등에 관한 연구", "The Analysis of Organizational Characteristics Leading to the Adoption of Voluntary Family－Friendly Benefits in the Workplace" 등이다. 부산 복지개발원 이사, 한국 사회복지행정학회 이사, 외무·행정고시 출 제, 검토, 선정위원, 동의대학교 전포종합사회복지관 관장 등을 현재 맡고 있다(ks1120@deu.ac.kr).

박재욱(朴在郁): 1996년 연세대에서 정치학 박사학위를 수여하였 다(논문제목: 「대기업주도형 도시정치의 특성」). 현재 신라대학교 법 경찰행정학부 교수로 재직 중이다. 1993～1996년까지 경남대 극동문 제연구소 책임연구원과 일본 법정대학(1997)과 중국 대외경제무역대 학(2005)에서 방문연구교수를 역임하였다. 주요 학문적 관심분야는 로컬 거버넌스와 도시(지방)정치 및 행정이다. 최근 논문으로서는 "광역경제권의 통합-협력을 위한 광역 거버넌스 구축방안"(2008), "2006년 이후 지방자치제도 변화의 정치적 효과: 기존 논의의 평가와 쟁점"(2007), "세계화 시대 중국의 도시혁신과 거버넌스"(2007), "도시의 지배구조와 통치양식: 이론모형의 한국적 적실성 탐색"(2006), "일본 오사카 대도시권의 도시혁신과 거버넌스: 도시재생전략을 중심으로"(2006), "동북아 도시의 성장전략과 거버넌스 비교연구: 부산·오사카·상하이를 중심으로"(2006), "지방선거에서의 정당 공천제와 경선제: 5.31지방선거를 중심으로"(2006), "부산 정치-행정의 연구현황과 과제: 1995~2003년간 실증연구를 중심으로"(2004) 등. 공저: 「새한국정부론」(2006), 「부산의 이해」(2006), 「한국 지방민주주의의 위기: 도전과 과제」(2002), 「정치학으로의 산책」(2002) 등. 주요 학회경력: 「지방정부연구」(한국지방정부학회) 편집부위원장(2000-2002)과 「한국정치학회보」(한국정치학회)의 편집위원(2003) 역임. 현재 한국정치학회 이사, 한국지방정치학회 부회장 및 한국지방정부학회 상임이사 등을 맡고 있다(jopark@silla.ac.kr).

김홍수(金鴻秀): 경북대학교 대학원에서 정치학박사학위(중국 개혁시대 중앙정부와 지방정부의 권력관계, 2008.2)를 취득하였으며, 현재 영산대학교 중국학과 교수로 재직 중이다. 주요 관심분야는 현대중국정치 및 외교, 동북아지역협력, 통일 및 북한 등이며, 최근 부산의 세계화 및 다문화 정책을 통한 동북아 평화에 관심을 갖고 있다. 주요 논문으로는 "2005 APEC 정상회의와 아태지역의 정치경제" (2005), "참여정부의 전반기 대북정책 평가와 과제"(2005), "지방정부의 세계화 전략: 부산광역시와 경상남도의 중국진출 사례"(2004) 등이고, 주요저서는 정치학으로의 산책(공저, 2004), 중국정치산책(공저, 2002), 현대중국의 권력분산(1998) 등이 있다. 2005 APEC 정상회의 준비위원회 민간자문위원(국무총리 산하), 부산중국연구회 회장, 한국국제정치학회 무임소 이사, 21세기정치학회 총무이사 등을 역임하였고, 영산대학교 외국어대학 학장, 한국정치학회 무임소이사, 대통령자문 동북아시대위원회 외교안보 전문위원, 그린닥터스 남북의료협력본부 학술위원장, 사)동북아해양도시시민포럼 회장, 부산상공회의소 경제정책자문위원, 해운대구외국인지원시책 자문위원(부위원장) 해운대구 선거방송토론위원회 위원 등을 맡고 있다(khsoo@ysu.ac.kr).

김창수(金昌洙): 서울대학교에서 행정학박사학위(환경정책 집행영향요인의 분석, 2000)를 취득하고, 현재 부경대학교 행정학과 부교수로 재직하고 있다. 주요 학문적 관심분야는 환경정책, 해양수산정책 등이다. 최근 발표된 논문으로는 "정책혼란의 시차적 해석"(2004), "협력과 강압의 환경정책수단 선택조건"(2004), "관료와 시민사회 협력의 성공조건: 부산광역시 온천천 복원사례를 중심으로"(2005), "환경정책의 난제와 윤리기준의 적용"(2006) 등이 있으며, 저서로는 『수질환경정책의 구조와 논리: 한강과 낙동강의 스키마와 메타포』(2006, 한국학술정보) 등이 있다. 현재 한국지방정부학회 편집이사를 맡고 있다(csookim@pknu.ac.kr).

차재권(車載權): 미국 University of Kansas 정치학과 대학원에서 정치학박사학위("Government's Credible Commitment in Korean Industrial Development", 2004년 7월)를 취득하였으며, 현재 동의대학교 정치외교학과에 재직 중이다. 2005년 한국행정연구원 부연구위원으로 근무한 바 있다. 주요 연구업적으로는 "Cross-National Variation in Policy Adoption: The Case of Environmental Policy"(2004년, *International Review of Public Administration* 8-2), "Women's Political Representation: A Cross-National Analysis"(21세기 정치학회보 14-2), "Government Credible Commitment in Korea's Information and Telecommunications Sector Development"(2004년, Korea Observer 35-4), "거버넌스의 관점에서 바라본 정보통신분야의 기술표준경쟁과 시민사회운동: 자유공개소프트웨어운동(FLOSS)의 사례를 중심으로"(2006년, 국제정치연구9-2), "신뢰할 만한 커미트먼트 이론과 커미트먼트의 측정: 정보통신산업의 발전 사례를 중심으로"(2006년, 21세기 정치학회보 16-3) 등이 있다(jkcha@deu.ac.kr).

김 인(金 仁): 서울대학교 대학원에서 행정학박사학위(공공서비스배분의 결정요인과 형평성에 관한 연구, 1986.8)를 취득하였으며, 현재 부산대학교 행정학과에 교수로 재직 중이다. 1992년부터 1년간 미국 인디아나대학교 '정치이론 및 정책분석연구소'에서 풀브라이트 객원교수를 역임한 바 있다. 주요 관심분야는 도시공공서비스론, 정책분석론, 정책평가론 등이며, 주요 논문으로서는 "지방정부의 공공서비스 전달에 있어서 거버넌스 구조가 성과에 미치는 영향: 서비스 유형별 비교분석"(2006), 자율관리어업 시범사업 정책효과평가(2004), Policy Implementation and Policy Effects: Focused on the Model project for Self-governing Coastal Fisheries in Korea(2005) 등이다. 부산대학교 행정대학원장, 한국지방정부학회 회장, 서울행정학회 회장, 중앙인사위원회 업무평가위원, 부산광역시 인사위원 등을 역임하였고, 행정안전부 시민단체지원사업 심의위원, 부산광역시 행정서비스헌장 심의위원 등을 맡고 있다(inkim@pusan.edu).

우양호(禹良昊): 부산대학교 행정학과 박사과정을 수료(2007.2)하였다. 주요 관심분야는 정책학, 공공관리, 인사행정, 계량분석이다. 최근 주요 논문은 "SERV*OR 척도를 이용한 민원행정기관의 서비스지향성 분석(2005)", "행정학 분야 학문후속세대의 연구실태와 지원정책(2005)", "행정서비스 품질평가척도의 적합성 비교에 관한 연구: 민원행정서비스이용고객을 대상으로(2006)" 등이다(woo8425@hanmail.net).

허용훈(許勇勳): 부산대학교에서 행정학박사학위(지방자치단체 행정기관의 의사결정에 있어서 권력의 원천과 배분, 1993)를 취득하였으며 현재 부경대학교 인문사회과학대학 행정학과 교수로 재직 중이다. 주요 학문적 관심분야는 정책분석, 경찰행정, 복지행정 등이며 논문으로는 우리나라 지역경찰활동의 성과평가에 관한 연구(2005),

지역경찰제도에 대한 경찰관의 수용태도에 관한 연구(2004) 등이 있다(yhhuh@pknu.ac.kr).

문유석(文維錫): 인디애나대학교에서 박사학위를 받고(논문: Police Organizations' Response to Institutionalized Pressure for Community Policing, 2004) 현재 경성대학교 행정학과 조교수로 재직 중이다. 주요 학문적 관심분야로는 조직혁신관리, 지역사회경찰제도, 갈등관리 등이며 논문으로는 Transformative Mediation at Work: Employee and Supervisor Perceptions on USPS REDRESS Program(2007) 등이 있다(yumoon@ks.ac.kr).

최성두(崔成斗): 고려대학교 법과대학 행정학과를 졸업하고 동 대학원에서 행정학박사학위(논문: 통제불가능성과 정책의 설계 – 의료전달체계의 실패원인분석, 1996)를 취득하였으며, 현재 한국해양대학교 통상행정학부 부교수로 재직 중이다. 2005년부터 1년간 미국 Iowa State University에서 방문연구교수를 역임한 바 있다. 한국지방정부학회 연구이사(2006), 해양환경안전학회 연구이사(2007 – 8), 그리고 2006년부터 2008년 봄까지 한국해양대 부설 국제해양문제연구소 소장의 직을 맡았다. 주요 관심분야는 정책분석평가, 해양행정, 연안환경관리 등이며, 최근 발표된 연구논문으로 "미국 연안관리정책의 기본 이슈와 거버넌스 평가"(2007), "미국의 해양행정: 특성과 전망"(2007), "국제 해양환경안전 이슈와 정책레짐 변화"(2006), "선원 삶의 질 제고를 위한 사회복지행정 개선방안"(2006) 등이 있고, 저서로 「해양과 행정」(2004), 「해양경찰학개론」(공저, 2002), 「정책의 이해」(1998)가 있다(sdchoi@hhu.ac.kr).

정승진(鄭勝鎭): 부산대학교 대학원에서 경제학박사학위(내생적 가격경직성하에서 통화와 공급충격의 효과분석, 1997.2)를 취득하였으며, 부산발전연구원 연구1부장, 동남경제연구원 연구기획실장을 거쳐 현재 부산테크노파크 전략산업기획단 단장으로 재직 중이다. 부산지역산업 및 과학기술정책 기획과 연구개발사업 성과평가 업무를 총괄하고 있다. 주요 관심분야는 지역전략산업클러스터정책, 차세대신성장동력산업기술정책, 정책성과평가시스템, 경제윤리 등이며, 주요 연구로는 부산지역 2단계 지역산업진흥사업 평가지표 개발(2006), 재물에 대한 윤리규범 연구(2006), 부산지역 과학기술혁신계획(공저, 2005), 부산경제발전을 위한 산업클러스터 구축방안(공저, 2004) 등이다 (goel@paran.com).

조윤식(趙胤湜): 계명대학교 대학원에서 경영학박사학위(서비스업의 마케팅믹스전략에 관한 연구, 1991.12)를 취득하였으며, 현재 신라대학교 호텔·관광이벤트경영학과에 교수로 재직 중이다. 2000년에 1년간 미국 Texas A&M University에서 Visiting Professor를 역임한 바 있다. 주요 관심분야는 관광마케팅론, 관광정책론, 축제이벤트론 등이며, 주요 논문으로서는 "A Comparative Analysis of the Pre-and Post-Construction Image Analysis of the Nakdong Estuary as Costal Tourism Resource" (2005), 낙동강 하구둑 건설에 따른 을숙도 이용객의 여가패턴 분석(2005) 등이다. 신라대학교 교무부처장, 학생지원처장을 비롯하여, 여러 관광관련 학회의 이사 등을 역임하였다(choys@silla.ac.kr).

박수홍(朴修弘): 인디애나대학교 대학원에서 교수체제공학박사(팀학습 지원시스템 설계에 관한 연구, 2001)를 취득하였으며 현재 부산대학교 교육학과 교육공학 전공 교수로 재직 중이다. 주요 관심분야는 수행지원시스템(PSS) 설계, 학습조직(LO) 구축, 실행공동체(CoP) 지원, 지식경영(㎞), 문제중심학습 및 액션러닝 프로그램 및 콘텐츠 개발이다. 논문으로는 대학교육 혁신에 대한 체제적 사고: 학습프로세스리 엔지니어링을 중심으로(2006), 미디어교육을 위한 블랜디드 프로젝트 학습 프로그램 개발(2006), 핵심역량 강화를 위한 액션러닝 프로그램 개발(2005), 액션러닝 프로그램 설계(2005), 기업교육의 뉴패러다임(2002), 체제성과 체계성의 이중구조 교수체제모형(2003) 등이다. 현재 부산대학교 교수학습지원센터 소장으로 있으며, 교육인적자원부 교육정보화 정책포럼 위원, U부산포럼의 유러닝 분과위원장, 한국교육정보미디어학회 상임이사, 한국유러닝연합회 이사, 부산시 유시티 자문위원, 한국정보진흥원 평가위원 등을 맡고 있다(suhongpark@pusan.ac.kr).

부/산/의
도시혁신과 거버넌스

- 초판 인쇄   2008년 5월 23일
- 초판 발행   2008년 5월 23일

- 지 은 이   신라대학교 부산학연구센터 편
- 펴 낸 이   채종준
- 펴 낸 곳   한국학술정보㈜
             경기도 파주시 교하읍 문발리 513-5
             파주출판문화정보산업단지
             전화 031) 908-3181(대표) · 팩스 031) 908-3189
             홈페이지 http://www.kstudy.com
             e-mail(출판사업부) publish@kstudy.com
- 등   록   제일산-115호.(2000. 6. 19)
- 가   격   47,000원

ISBN   978-89-534-9211-0 93350 (Paper Book)
          978-89-534-9212-7 98350 (e-Book)